東大の世界史

25カ年［第9版］

教学社編集部 編

教学社

はしがき

東京大学の問題は独特です。特に第１問で課せられる長文論述問題は，その 450 ～ 660 字前後という長さもさることながら，出題されるテーマ，求められている思考方法，論理の展開法など，他の大学とは違う独自性を持っています。幅広く正確な知識が必要なのは当然ですが，そうした知識が有機的にしっかりつながっているかどうか，そしてそこから正しい発想ができるかどうかが試されている，と言っていいかもしれません。では，そのような出題に対処するにはどうしたらよいのでしょうか？

当然，論述問題である以上，さまざまな大学の問題を演習することでたくさんの事例に触れ，論述問題そのものに慣れることはとても重要です。しかし，それだけで東京大学の問題の本質に触れることはなかなか困難です。東京大学の問題は，東京大学の問題でしか真の演習はできないという側面があるのです。

しかし，一般の受験生にとって，10 年分を超えるような過去問と，その解答や解説を入手するのは難しいことでしょう。そこで，本書が誕生したわけです。

「過去問を 25 年分解き切る」…無理ではないけれど，簡単でもないでしょう。しかも「同じ問題なんか二度と出ないのに，そんな昔の問題を解いてどうするの…」と思うかもしれません。しかし騙されたと思って，まずは始めてみてください。古い年度からでも新しい年度からでもいいでしょう。コツコツ進めていくと，あることに気づくはずです。「あれ？　これ前にも見たことあるな」

東京大学の入試問題全体を貫くコンセプトはずっと変わりません。学生にこれを理解しておいてほしい，こう考える力を持っておいてほしいという部分が変わらないということです。無論全く同じではないですが，何度も似たテーマ・問題が繰り返し出題されています。何事につけ反復練習が上達に向けて最も大事であることは，クラブ活動などを経験してきた方なら，すぐにわかると思います。先に述べた「東京大学の問題でしか真の演習はできない」とはこういうことです。

「熟慮を重ねることによってのみ，読まれたものは真に読者のものとなる。食物は食べることによってではなく，消化によって我々を養うのである」 これはドイツの哲学者ショウペンハウエルの『読書について』の有名な一節です。願わくは，数ある東京大学の世界史問題集の中から本書を選んだみなさんが，本書をじっくり「消化」して，自分の血肉としていただけますように。

編著者しるす

目　次

●編著，編集協力

1999～2021 年度：佐藤　貢
2022～2023 年度：向井太朗

●掲載内容についてのお断り

・下記の問題に使用されている著作物は，2024 年 1 月 25 日に著作権法第 67 条の 2 第 1 項の規定に基づく申請を行い，同条同項の規定の適用を受けて掲載しているものです。
　2020 年度第 1 問（第 1 章　4）史料Ａ・Ｂ・Ｃ
・本書に掲載されている入試問題の解答・解説は，出題校が公表したものではありません。

東大世界史の研究

概要

▶全体の形式

大 問 数：例年３題で固定している。
試験時間：地歴２科目で 150 分（＝１科目で 75 分程度が目安）。

▶大問ごとの形式

〔１〕大論述

450〜660 字（30 字×15〜22 行）の大論述１問の出題となっている。2014 年度以後はほぼ 600 字で固定されているが，2019 年度の字数は 660 字だった。また，ここ 25 年間は８つ前後の指定語句を使って論述する形になっている。

〔２〕小論述・記述問題 Ⅰ

30〜120 字（１〜４行）の小論述複数問で構成されている。全体の字数は 240〜480 字程度。2003 年度までは論述だけではなく語句や記号を答えさせる問題も相当数含まれており，記述問題がほとんどの年度もあった。2004 年度以降はほとんど小論述のみだが，2023〜2021・2018〜2014・2012・2010 年度には記述問題が数問出題され，2018 年度は選択問題が１問出題されている。

〔３〕小論述・記述問題 Ⅱ

設問に対して語句を答えさせる記述式の問題が中心。それに 30 字・60 字程度の短文論述が１，２問加わることもある。2013・2011 年度には正文・誤文選択が出題され，2018 年度には４つの略図から１つ選ぶ問題も出題された。

▶時間配分は？

時間配分は，第１問の大論述に 40 分，第２問と第３問で 30〜35 分といったところだろう。第１問に時間をかけすぎて第３問を最後まで解答しきれないという事態は避けたいところであるから，第３問から解きはじめて第１問を最後にするのが無難だろう。しかし，大論述に取りかかる時に残り時間が 30 分を切っているようだと，かなり焦ってしまうことになり，よい解答は望めない。

2 出題形式ごとの傾向分析

■ 大論述（第１問）

年度	表　題	論述字数	時代	分野
2023	1770年前後から1920年前後におけるヨーロッパ・南北アメリカ・東アジアの政体変化　＜地図＞	600(指)	近代・現代	政治
2022	８～19世紀におけるトルキスタンの歴史的展開	600(指)	中世～近代	政治・宗教・文化
2021	５～９世紀の地中海世界における３つの文化圏の成立過程	600(指)	中世	政治・宗教
2020	15世紀頃～19世紀までの東アジアにおける冊封体制とその崩壊　＜史料＞	600(指)	近世・近代	政治
2019	オスマン帝国の解体過程	660(指)	近代・現代	政治・宗教
2018	19～20世紀の女性の活動，女性参政権獲得の歩み，女性解放運動	600(指)	近代・現代	社会・政治・文化
2017	ローマ帝国と秦帝国成立までの社会変化	600(指)	古代	政治・社会・文化
2016	1970年代後半～80年代の東アジア，中東，中米・南米の政治状況の変化	600(指)	現代	政治
2015	「モンゴル時代」のユーラシアの経済・文化的交流	600(指)	中世	経済・文化
2014	19世紀ロシアの対外政策とユーラシア各地の変化	600(指)	近代	政治
2013	17～19世紀のカリブ海・北アメリカ両地域における開発・人の移動とそれに伴う軋轢	540(指)	近世・近代	政治・経済
2012	アジア・アフリカ諸国独立の過程とその後の動向	540(指)	現代	政治・宗教
2011	イスラーム文化と他地域への影響	510(指)	中世	文化
2010	オランダおよびオランダ系の人々の世界史における役割	600(指)	近世～現代	政治・経済・文化
2009	18世紀前半までの政治権力と宗教　＜史料＞	600(指)	近世	政治・宗教
2008	パクス・ブリタニカの展開と諸地域の対抗　＜史料＞	540(指)	近代	政治・経済
2007	11～19世紀における農業生産の変化	510(指)	中世～近代	社会・経済
2006	主権国家・戦争・国際秩序	510(指)	近世～現代	政治
2005	第二次世界大戦と1950年代の世界	510(指)	現代	政治
2004	銀を中心とする世界経済の一体化	480(指)	近世	経済
2003	運輸・通信手段の発展と植民地化・民族運動	510(指)	近代	政治・技術
2002	中国移民と中国革命	450(指)	近代	政治・社会
2001	エジプト通史	540(指)	古代～現代	政治
2000	18世紀のフランスと中国　＜史料＞	450(指)	近世	思想
1999	イベリア半島の歴史	450(指)	古代～近世	政治

(指)：指定語句あり

▶扱われているテーマの特徴

ⅰ）時代では

古代から第二次世界大戦後の現代史まで幅広く出題されているが，出題の中心となっているのは近世・近代・現代である。

古代史は単独での出題は長い間みられなかったが，2017 年度に久しぶりに出題された。中世までの出題も 2021・2015・2011 年度のみで，それ以外はすべて近世以降を含む出題となっている。また現代史では冷戦をテーマとした問題が 2005 年度に出題されたほか，2018 年度は戦後を含む女性解放運動に関連する記述，2016 年度は「新冷戦」に関連する問題，2012 年度は 21 世紀のできごとに関連する記述が求められており，現在の国際情勢を含めた現代史学習は不可欠であろう。ただし近年は，より長い時代・広い地域を扱った問題が中心となってきており，短い時代の細かい流れを問うような問題はあまりみられなくなっている。

ⅱ）地域では

全体をみれば，西ヨーロッパ・アメリカ合衆国を中心とした欧米地域がやや多いものの，アジア地域も重視されており，ほぼすべての地域が取り上げられているといってよい。また欧米地域でも東ヨーロッパやラテンアメリカ，アジア地域でも中国だけではなく朝鮮や東南アジア，インド，イスラーム世界もかなり取り上げられ，主要国中心の学習では対処できないだろう。

世界規模での地域相互の関係や，複数の地域の同時期の状況などを問う問題が多いのも東大大論述の大きな特徴ということができる。前者の典型は 2015・2004・2003 年度，後者の典型は 2023・2021・2016・2014・2012・2009 年度で，近年は特にこうした広い地域を扱った問題が出題されることが多くなっている。

ⅲ）分野では

25 年間を通してみると政治史からの出題が最も多く，戦争を中心とした国際関係，植民地体制の成立と民族独立運動，各地の革命運動などがよく問われる。こうした問題は政治史の基本的な流れを押さえていれば比較的書きやすい。一方，2015・2007・2004 年度のような経済史的な問題や，2018 年度のような社会問題を扱った問題も目立つようになっているが，この分野の問題は，論述の指針の立て方，全体の構成の方法などに工夫が必要で，点差がつきやすい。文化史は，あまり出題頻度は高くないが，出題される場合は，2015・2011 年度のように，複数の地域間における文化の交流・影響などについて問われることが多い。また，2021・2012・2009 年度のような宗教と政治との関連を問う問題にも気をつけたい。

▶設問の視点・切り口の特徴

大論述の視点・切り口，つまり問われ方には，次のようにいくつかのパターンがみられる。こうしたパターンは複合して使われることもあるが，意識しておくと，論述の構成を立てる場合に役立つことが多い。

ⅰ）１つの国，あるいは地域における歴史的な流れを叙述させるパターン

2019 年度が典型で，2001・1999 年度などもその類型と考えることができる。こうした問題は，指定語句を年代順に並べてから記述していけばよいので，最も書きやすいパターンといえる。また，2022〜2020 年度はその発展的なパターンで，地域内での相互の影響が重視されている点でより深い理解が求められている。

ⅱ）いくつかの地域における歴史的展開やそれらの関係について叙述させるパターン

2023・2016・2015・2012・2011・2007・2004 年度など最も多く使われるパターンである。一国史の集合ではない世界史の大きな流れを押さえながら，同時にそれぞれの地域の中での歴史的な流れも書き込む必要があり，構成や字数配分に工夫が必要になってくる。

ⅲ）いくつかの要素を指定し，それらと，各地の歴史的展開との関係を叙述させるパターン

2018・2014・2013・2003・2002 年度などが典型的なもので，設問の要求を正しくつかめるかどうか，指定された要素と歴史的事件との関係をうまく結びつけられるかどうかが問題となってくる。

ⅳ）２つ以上の歴史的事象を比較・対照して叙述させるパターン

2017 年度の問題は，はっきり「比較せよ」とは書かれていないが，ローマ帝国と秦帝国成立にいたる社会変化を，両者の類似点や相違点を意識させながら論述させる問題だった。また 2009・2006 年度なども，このパターンの問題と考えることができる。それぞれの特徴を的確につかんだうえで，それらをかなり少ない字数でまとめることを要求されるため，難度が高くなりやすい。

→「実践！　論述設計図」（p. 18〜20）で，それぞれのパターンと実際の解答例との関係を説明しています。

■ 小論述・記述問題 Ⅰ（第２問）

年度	表　題	論述字数	時代	分野
2023	⑴長江と中国 ⑵アッバース朝とマムルーク ⑶ナイル川とエジプト　＜地図＞	90／記述１問 60／60／記述１問 60／60	古代・近世 中世 古代～近世	政治・経済 政治・文化 経済
2022	⑴ハンムラビ法典，白色革命 ⑵大憲章，『君主論』 ⑶変法運動	60／60／記述１問 120／60 120／記述１問	古代･中世･現代 中世・近世 近代	政治・文化 政治・文化 政治
2021	⑴農奴の解放 ⑵1900 年前後のフィリピン ⑶アパルトヘイト	90／90 120／記述１問 90／記述１問	中世・近代 近代～現代 現代	政治・社会 政治 政治・社会
2020	⑴匈奴，辛亥革命前後のモンゴルとチベット ⑵イギリスのエジプト進出，白豪主義　＜視覚資料＞ ⑶KKK と移民法，アメリカ=メキシコ戦争	60／90 120／60 90／60	古代・現代 近世・近代 近代・現代	政治 政治・社会 政治・社会
2019	⑴ベンガル分割令 ⑵ミクロネシア，ニュージーランドの政治的地位　＜地図＞ ⑶４～７世紀の朝鮮半島，渤海と唐	90 60／60 60／60	現代 現代 古代	政治・宗教 政治 政治
2018	⑴ジャイナ教，ウパニシャッド，大乗仏教 ⑵雲崗石窟，典礼問題　＜視覚資料・地図＞ ⑶托鉢修道会，イギリス国教会	90／90／記述１問 90／選択１問 60／120	古代 古代・近世 中世・近世	宗教 宗教・政治 宗教・政治
2017	⑴ポーランドの盛衰，文化闘争 ⑵清の藩部支配，シンガポールの独立 ⑶ケベック州，米国南部の少数者集団	90／60 60／60 60／30／記述２問	中世～近代 近世・現代 近代・現代	政治・宗教 政治 政治・社会
2016	⑴イクター制，カピチュレーション ⑵マンサブダール制，アウラングゼーブ ⑶17 世紀英仏の経済政策	60／60／記述２問 60／60 120	中世・近世 近世 近世	政治・経済 政治・宗教 政治・経済
2015	⑴中世の身分制議会 ⑵唐の法制と官制 ⑶ロシアの十月宣言	60／記述１問 60／60 60／記述１問	中世 古代 現代	政治 政治 政治・文化
2014	⑴ビザンツ帝国とトルコ系民族 ⑵ジャワ製糖業への中国人の進出 ⑶ベトナム戦争とドル=ショック	120 60／記述１問 60／60	中世 近世 現代	政治 経済・社会 政治・経済
2013	⑴ローマ帝国とキリスト教 ⑵魏晋南北朝時代の仏教と道教 ⑶ゲルマン人の宗教	60／60 60／60 60／60	古代 古代 中世	宗教・政治 宗教 宗教・政治
2012	⑴フン族の動向，６世紀のササン朝 ⑵アッバース朝とマムルーク，セルジューク朝 ⑶武帝の対匈奴政策，土木の変	60／60 60／記述１問 60／記述１問	中世 中世 古代・近世	政治 政治 政治
2011	⑴古代ローマの公共施設と市民権 ⑵明・清の対外貿易と朝貢 ⑶アメリカの対外政策	60／60 120 60／90	古代 近世 近代	社会・政治 政治 政治

年度	表　題	論述字数	時代	分野
2010	(1)漢・唐代の儒学と詩文 (2)朝鮮王朝の文化事業，徐光啓 (3)18～19世紀アジアの改革運動	60／60 60／60 90／90／ 記述1問	古代 近世 近世・近代	文化 文化 宗教・文化
2009	(1)ポリスの形成過程と古代ギリシア人の民族意識 (2)殷・周の政治 (3)中世イタリア都市	60／60 60／60 60／60	古代 古代 中世	政治・文化 政治 政治・経済
2008	(1)ロシアの東方進出 (2)イスラエル国境をめぐる問題 (3)アルザスの帰属の変遷	120 60／60 120	近代 現代 近代・現代	政治 政治 政治
2007	(1)西アジアにおける暦の歴史 (2)仏革命・露革命における暦の変化 (3)元～清代における暦法の変遷	60／90 30／60 120	古代・中世 近代・現代 中世・近世	科学 政治 科学
2006	(1)インドのイスラーム化 (2)インドの植民地化 (3)エジプトをめぐる国際関係	120 120 120㊨	中世・近世 近代 近代・現代	政治・宗教 政治 政治
2005	(1)ガンダーラ美術の特質 (2)ヘレニズム文化の継承（イスラーム世界） (3)ヘレニズム文化の継承（西ヨーロッパ）	90 90 90	古代 中世 中世	文化 文化 文化
2004	(1)ユダヤ教の成立 (2)東西キリスト教教会と皇帝の関係 (3)カリフ制の変化	120 120 120	古代 中世 中世	政治・宗教 政治・宗教 政治・宗教
2003	(A)ヨーロッパにおける古典文化の受容 (B)古代インド・中国の文化とその影響	60／記述5問 30／記述3問	古代～近世 古代・中世	文化 文化
2002	近世アジアの諸王朝　<地図>	60／60／90／ 記述9問	近世	政治・文化
2001	(A)国際連盟，不戦条約，大西洋憲章　<史料> (B)パレスティナ問題 (C)第二次世界大戦後のアジア・アフリカ諸国	60／記述2問 60／記述2問 記述3問	現代 現代 現代	政治 政治 政治
2000	(A)中華人民共和国の少数民族　<表> (B)植民地時代の中南米の人種的階層 (C)ナチスとユダヤ人	記述4問 30／記述2問 30／記述2問	近世～現代 近世 現代	政治 政治・社会 政治
1999	(A)近世ヨーロッパの経済　<グラフ> (B)南・東南アジアの生産・交易形態　<表> (C)東南・東アジアの交易　<地図>	60／90／ 記述1問 120／ 記述1問 30／90／ 記述1問	近世 近代・現代 近世・近代	経済 経済 経済

㊨：指定語句あり

▶扱われているテーマの特徴

i）時代では

第1問と同じように古代から第二次世界大戦後まで非常に幅広い時代から出題されている。以前は第1問に比べると現代史の割合が比較的小さく，特に2009年度からの5年間は全く出題されなかったが，2014年度以降は現代史も含め，バランスよく出題されるようになっている。

ii）地域では

第1問と同じように，あるいはそれ以上に，様々な地域から幅広く出題される。2021年度のフィリピン，2019年度のミクロネシア，2010年度の朝鮮のように，いわゆる「主要国」の周辺の地域について問われることも多い。

iii）分野では

政治史・社会経済史・文化史と非常に幅広く出題され，大きな偏りはない。というよりも，そうした偏りがなく，様々な分野から様々な視点で出題されることこそが，東大世界史第2問の特徴ということができる。近年だけをみても，2023年度は「河川の歴史的役割」，2022年度は「法や制度を生み出す思想や理念・運動」，2021年度は「身分制度や集団間の不平等」，2020年度は「民族の対立や共存」というように，毎年のようにテーマが変わっている。しかし，問われている内容自体はそれほど特異なものではなく，オーソドックスな教科書学習で対処できる問題である。

▶設問の視点・切り口の特徴

小論述の視点・切り口もきわめてオーソドックスなもので，以下のような視点で問われることが多い。

①歴史的な名辞を説明させる

例：イクター制・マンサブダール制の説明（2016年度問(1)(a)，問(2)(a)）

②歴史的事象の原因や理由を述べさせる

例：ロシアの農奴解放令が不徹底に終わった理由（2021年度問(1)(b)）

③歴史的事象の影響を述べさせる

例：ドルと金の交換停止が国際経済に与えた影響（2014年度問(3)(b)）

④歴史的状況や文化・文明などの特色を述べさせる

例：ハンムラビ法典の内容の特徴（2022年度問(1)(a)），大乗仏教の特徴（2018年度問(1)(c)）

⑤2つのことを比較して述べさせる

例：7世紀前半と11世紀後半のカリフを比較（2004年度問(3)）

⑥歴史的な経緯や変化の過程を述べさせる

例：アルザスの帰属の変遷（2008年度問(3)）

このような問題は論述の基本とでもいうべきもので，第1問の大論述も，このような視点の組み合わせによって成り立っていると考えることもできるだろう。

■小論述・記述問題 Ⅱ（第3問）

年度	表題	論述字数*	時代	分野
2023	病気の歴史と医学の発展		古代～現代	政治・文化・社会
2022	戦争や軍事衝突が人々の生活・意識に与えた影響		古代～現代	政治・社会・経済
2021	人類の移動にまつわる歴史		中世～現代	政治・社会
2020	歴史上の思想とそれが与えた影響		古代～現代	政治・文化・宗教
2019	人の移動による文化の交流と生活や意識の変化		古代～近世	政治・文化・社会
2018	地域の人々のまとまりとその変容 <視覚資料・地図・史料>	30	古代～現代	政治・文化・宗教
2017	世界史における紛争や戦争		古代～現代	政治・文化
2016	世界史上の民衆		古代・近世～現代	政治・宗教
2015	ユネスコの世界記憶遺産関連		古代・近世～現代	政治・文化
2014	歴史上の「生産」に関わる事象	30／30	古代～現代	社会・経済・政治
2013	歴史上の「少数派」に関わる事象		中世～現代	政治・宗教・文化
2012	世界各地の建造物		古代～現代	政治・文化
2011	食糧と人類の生活圏		古代～現代	政治・社会・経済・文化
2010	世界史における歴史叙述		古代～現代	政治・文化
2009	世界史上の団体や結社		近代・現代	政治・宗教
2008	交通のあり方が果たした歴史上の役割		古代～現代	政治・経済・文化
2007	19～20世紀の植民地獲得競争と民族主義運動	30	近代・現代	政治
2006	政治的統合の諸形態と歴史 <地図>	30	古代～近世	政治
2005	人間とモノ，モノを通じた交流の歴史<視覚資料>		古代～近世	技術・社会
2004	書物の文化の歴史		古代～現代	文化・技術
2003	交通手段の発展とその影響 <地図>		中世～近代	社会・技術
2002	歴史の中の都市 <地図・視覚資料・表>		古代～近世	都市
2001	近代以前の商業交易		古代～近世	経済・文化
2000	地中海世界の宗教と都市 <地図>	30／60／60	古代・中世	宗教・都市
1999	19～20世紀の世界経済	60／60	近代・現代	経済

＊どの年度も記述・選択問題中心

▶扱われているテーマの特徴

ⅰ）時代では

第１問・第２問と同じように古代から第二次世界大戦後を含む現代まで幅広く出題されるが，第１問に比べると古代からの出題もかなり多くみられる。時代を限定せず，１つのテーマの中で古代から現代まで幅広く問うという形が多くなっている。

ⅱ）地域では

1990年代後半からは，１つのテーマのもとにより広い地域から出題するパターンが増え，西ヨーロッパと中国を中心としながらも，東南アジア・西アジア・アフリカなどに触れる問題が増加している。2023年度を例にとると，問われている語句はペロポネソス戦争・デカメロン・コッホ（ヨーロッパ），『本草綱目』・茶・陰陽家（中国），バタヴィア（東南アジア），京都議定書（日本），マウリヤ朝（インド），イブン=シーナー（西アジア）と，非常に多彩である。地域的に偏った学習は禁物である。

ⅲ）分野では

これも政治史・社会経済史・文化史など幅広く出題され，年度ごとにテーマが大きく変化している。ただ，一般的な私立大学の入試問題などに比べると，経済史や交流関係の問題の比重が大きいことは確かである。

▶設問の視点・切り口の特徴

30字・60字の短文論述が出題されることもあるが，基本的には語句を記述させる問題。一般的な入試問題に比べると設問文はかなり長いものが多く，テーマも一見かなり特殊なものに感じられることもあるが，要求されている語句は教科書・用語集レベルである。つまり，非常にオーソドックスな出題であるといってよい。

ただ，設問文以外に，地図・美術作品などの視覚資料，グラフなどが使われることが特徴といえるかもしれない。2000年度から2006年度にかけて，指定された都市を地図上の地点から選択させる問題がしばしば出題され，2018年度には指定された都市を描いた図を選択させる問題が出題された。問われている都市はほとんどの教科書に登場するものばかりだが，地図学習の必要性を痛感させられる問題である。

■ 東大世界史で求められる学力

東大世界史では重箱の隅をつつくような細かい知識を問われることはない。大論述の「指定語句」や記述問題の「解答例」をざっと眺めてみても，教科書，あるいは一般の受験用用語集に必ず掲載されている語句ばかりである。設問文自体も，決して難解なものではない。だが，だからといって600字前後の大論述がすらすら書けるわけではない。東大の論述問題，特に大論述では，**語句に関する基本的な知識に加えて，歴史の大きな流れや，その時代の状況に関する広く深い理解**が求められているのである。

▶タテのつながりでの理解

扱う時代が長い大論述では，大きな流れの中での理解が重要になってくる。「古代・中世…」といった時代区分（現代史についてはもう少し細かく）を基準にし，ある国や地域（の社会や制度など）について，**時代区分ごとにどう変化したのか**（しなかったのか）を押さえておく必要がある。

たとえば，2020年度第1問では，東アジアに成立した「冊封体制」は，どのようなもので，19世紀になぜ，どのように崩壊したかが問われた。「冊封体制」を中国に関する語句としてしか理解できていないと，こうした問題には対応できないだろう。大論述では現代史も頻出であるため，**現代世界の形成にいたる流れ**は，特に強く意識するようにしてほしい。

▶ヨコのひろがりでの理解

ひとつの歴史的事象を空間的なひろがりの中で理解していることも重要である。大論述では，「諸地域間の接触・交流」や「世界の一体化」がひんぱんに取り上げられている。こうした問題に対応するためには，**各地域の特性や互いの影響関係**について十分に理解している必要がある。

▶小論述では

小問単位では，ほぼ教科書の節のまとまりの範囲内で出題されているから，**教科書の基本的な知識とそれを自分の言葉でまとめなおす力**があれば十分に対処できる。加えて，第2問でしばしばみられる，あるひとつのテーマについて小問ごとに国や地域を変えて問うような問題（2023・2021・2019・2017・2015・2012・2007年度など）では，日ごろから国や地域ごとの歴史的展開の違いを意識できていると書きやすい。結局，第2問においても，よりよい答案を作成するために必要な学力は，大論述の場合とさほど異なるところはないといえるが，2016年度のイクター制・マンサブダール制のような歴史用語を正確に説明できることが大前提である。

3 効果的な学習法

▶教科書の活用

ｉ）教科書の精読

まずは教科書を通読してほしい。そして，読んでいる途中で少しでも理解があいまいな箇所が出てきたら，すぐに教科書の前のページに戻る，用語集類（山川出版社『世界史用語集』など）で調べるなどして知識を確実なものにしていこう。

ⅱ）ノートの作成

教科書での記述が分散していて流れがわかりづらいものについては，自分でノートにまとめてみると効果がある。国ごとの通史や地域史は，教科書から情報を拾って簡単な年表を作成するだけでも理解が深まる。重要な歴史的事件（二月革命など）が他国・他地域に与えた影響や，交易・流通関係（銀の流通や三角貿易）についても，図を描いてみるとよいだろう。

▶副教材の活用

ｉ）用語集類

アイウエオ順に並んでいる歴史事典よりも時代順に並んでいる用語集類の方が，関係する語句も調べられて効率的である。電子辞書を使う場合も，目的の用語を調べるだけでなく，説明の文章の中にある用語をさらに「ジャンプ」して調べることができるという特性を活用して世界史への理解を深めてほしい。

教科書にない細かい語句を覚えるために使うことも多いが，論述対策としては，もっと抽象的な用語──「3 世紀の危機」「絶対王政」「17 世紀の危機」など──の説明をじっくり読んで理解しておこう。小論述でこうした用語の説明を求められた時だけでなく，大論述の構成をたてる時にも必ず役に立つ。

ⅱ）参考書

持っているとよいが，通読する必要はない。重要事件の背景・原因，あるいは結果・影響などがまとまって記述されていることが多いので，歴史の流れをより深く理解するために利用するのがよいだろう。

ⅲ）資料集（地図・年表）

地図問題も時々出題される。しかし，地図学習のメリットは単なる問題演習以上に歴史地図をよく見る（読み取る）ことで“ヴェルサイユ体制下のヨーロッパ”や，“13 世紀のユーラシア大陸”などのような「ある時期の状況や全体像」に対する理解が深まることである。また，「ヒトやモノの移動」は東大でよく取り上げられるテーマである。市販の図説には時代ごとの世界全図やユーラシア・アフリカ広域図なども，ヒトやモノの移動経路付きで必ず掲載されているので，論述対策としても役立つことが多い。

年表も，タテの大きな流れの理解に活用するだけでなく，時には「ヨコに」読んで，同じ時期に様々な地域で起きた事件の関連を考えてみると，大論述に必要な発想を豊かにしてくれるだろう。

▶論述演習

知識だけでは論述は書けない。それなりの練習が必要である。まず，字数の少ないものから練習していこう。

i）小論述

「設問の視点・切り口の特徴」(p.11）や「論述問題のキーワード」(次ページ）を参考に，用語集などから書きやすそうなものを選び，用語の説明，事件の経緯・背景・原因・結果・影響などについて，字数を決めて書いてみよう。早めに基礎知識を固めて，夏休みごろには，こうした論述の練習に入っておきたい。

ii）大論述

まずは本書をじっくりと読み，出題形式と解答に必要な視点を見極めてほしい。

そのあとは，とにかく書き慣れることである。450〜660字という論述問題では，知識や理解だけでなく文章構成力や表現力も必要となるが，これは問題演習を重ねないと身につかない。できるだけ多くの問題にあたろう。ただ，自分で大論述のテーマを設定するのは難しいので，過去問の演習を中心にし，余裕があれば，問題集や他大学の過去問も活用するとよいだろう。

そして，書き終えたら必ず誰かに添削をしてもらおう。できれば高校や予備校の先生に頼みたいが，それが無理なら，友人同士で解答を交換し，意見を出し合うのでもよい。大論述では，細部よりも，発想がきちんとできていることが一番重要である。自分以外の人がどのような発想をしているのかを知ることは大いに参考になるだろう。

4 論述答案作成のコツ

■ 論述問題のキーワード　～こう問われたらこう答えよう～

論述問題には，いくつかのパターンがある（p.8，11）。よくある設問文については，それに対応する答え方を覚えておくと役に立つ。

①「～の歴史的意義を述べよ」

それによって生まれた歴史的変化について「大きな視点から」述べる。

例：大航海時代の歴史的意義を述べよ。
→「世界の一体化が始まった」「ヨーロッパの経済的発展が促進された」など。

②「～の影響について述べよ」

「意義」との区別が難しいが，「意義」よりも具体的な答え方でよい。

例：大航海時代がヨーロッパに与えた影響について述べよ。
→「価格革命が起こり，固定地代で生活する封建領主の没落が促進された」
「ヨーロッパ商業の中心が北イタリア諸都市から大西洋岸の諸都市に移った」など。

③「～にも触れながら述べよ」

あまり神経質にならず，ひとこと触れるだけでよい。

例：大航海時代がヨーロッパに与えた影響を中東欧諸国にも触れながら述べよ。
→「…。このような西欧の経済的発展に対して，ドイツなどでは農奴制が再強化されて西欧への輸出用穀物を栽培するグーツヘルシャフトが成立し…」など。

④「～を比較して述べよ」

ある程度まとめる方が書きやすいことが多い。

例：南北戦争前のアメリカ合衆国の南部と北部の主張を比較して述べよ。
→「南部は奴隷制の存続と自由貿易を主張し，州の自治の強化を求めた。北部は奴隷制の廃止と保護関税貿易，連邦主義を主張していた」など。

※「奴隷制に関して南部はこうで北部はこう，貿易に関して南部はこうで北部はこう…」と論点ごとに書いていくと，まとまりにくくなる。

■実践！ 論述設計図

ここでは，出題パターン（p.8）ごとに，取り組み方を考えてみたい。

①１つの国，あるいは地域における歴史的な流れを叙述させるパターン

例：2020年度
問題要旨：「明・清代の東アジアの国際関係のあり方と，その変容について述べよ」
指定語句：薩摩，下関条約，小中華，条約，清仏戦争，朝貢
史料：史料A（朝鮮の小中華思想），史料B（ベトナムの外交），史料C（琉球の貿易）
「明・清代の東アジアの国際関係」とは冊封体制のこと

冊封体制の①展開と②崩壊に分けて構成し，指定語句・史料を配置していく。

①冊封体制の展開：（冊封体制とは）→朝貢
（朝鮮・ベトナム・琉球）→小中華と史料A，薩摩と史料C
②冊封体制の崩壊：（清の動向）→条約
（琉球・ベトナム・朝鮮）→清仏戦争と史料B，下関条約

ここから，以下のような解答例を作成できる。

解答例	
東アジアでは，中国が朝貢してきた周辺国家の首長に官爵を与えて名目的な君臣関係を結ぶ冊封体制がとられてきた。	**冊封体制とは**
朝鮮は明から冊封を受けて制度や儒教倫理を取り入れ，壬辰・丁酉倭乱に際し明は宗主国として援軍を送っている。朝鮮は清からも冊封を受けたが，異民族王朝の清を明の後継国家とは認めず，自らを中華文明の後継者と自認する小中華の意識を支配に利用した（史料A）。ベトナムでも黎朝が明から冊封を受け集権的な制度を導入した。日本も室町幕府が勘合貿易のため明の冊封を受け，琉球は朝貢貿易を軸に中継貿易で繁栄し（史料C），薩摩藩の征服を受けた後も，明・清への朝貢を続け日中両属となった。	**冊封体制と朝鮮・ベトナム・琉球**
19世紀以降欧米が東アジアに進出し，中国が対等な関係で条約を結ぶ主権国家体制に組み込まれると，冊封体制にも変化が生じた。アヘン・アロー戦争に敗れた清は，総理衙門を設置して新たな体制を受け入れつつ，従来の冊封体制を維持しようとした。	**清の動向**
しかし日本は日清修好条規で清と対等の外交関係を結んだ後，琉球を沖縄県として領土に組み入れた。ベトナムは阮朝がフランスの進出を受けながらも清への朝貢を継続したが（史料B），清仏戦争の天津条約で清は宗主権を失った。朝鮮は日朝修好条規で開国され，清は壬午軍乱や甲申政変で宗主国としての影響力を確保しようとしたが，日清戦争に敗北し下関条約で朝鮮を独立国として認めたため，東アジアの冊封体制は崩壊することになった。	**琉球・ベトナム・朝鮮の冊封体制からの離脱**

②いくつかの地域における歴史的展開やそれらの関係について叙述させるパターン

例：2007 年度
問題要旨：「ほぼ 11 世紀から 19 世紀までに生じた農業生産の変化とその意義を述べよ」
指定語句：湖広熟すれば天下足る，アイルランド，トウモロコシ，農業革命，穀物法廃止，三圃制，アンデス，占城稲

まず，指定語句を地域別に分類，そのあと各地域での年代順を考える。

中国　　　：占城稲→湖広熟すれば天下足る
アメリカ　：トウモロコシ，アンデス
ヨーロッパ：三圃制→農業革命→アイルランド→穀物法廃止

次に，地域どうしの関係を考える。

ここから，以下のような解答例を作成できる。

解答例	地域
宋代の中国では，11世紀にベトナムから日照りに強い早稲種の占城稲が導入され，長江下流域で稲作が発展した。明代には，長江下流域で家内制手工業が発展し，原料となる綿花や桑の栽培が盛んになったため，稲作地は中流域に移動し，「湖広熟すれば天下足る」といわれた。	中国
16世紀以降，中央アメリカ原産のトウモロコシやアンデス原産のジャガイモが世界各地に普及したが，中国でもトウモロコシやサツマイモが導入され，米・麦以外の主食として人口増加を支えることになった。	アメリカ・中国
西ヨーロッパでは，11世紀頃から普及した三圃制農法と重量有輪犂の使用などが農業生産力を増大させ，人口増加とそれに伴う都市の発展や東方植民の背景となった。18世紀のイギリスではノーフォーク農法や第 2 次囲い込みに代表される農業革命で農業の資本主義化が進み，土地を失った農民が都市に流入して産業革命を支える労働力となった。また，産業資本家の要求で，地主保護法である穀物法廃止が実現し，イギリスの自由貿易体制が確立することになる。一方，穀物輸出地域であるアイルランドではジャガイモを主食としたため，19世紀半ばの「ジャガイモ飢饉」によって多くの餓死者が発生し，アメリカ大陸への移民が激増した。	ヨーロッパ・アメリカ

③いくつかの要素を指定し，それらと各地の歴史的展開の関係を叙述させるパターン

④2つ以上の歴史的事象を比較・対照して叙述させるパターン

→　指定語句は設問の要求にしたがって分類する。

例：2013年度
問題要旨：「17～19世紀の開発の内容や人の移動，および人の移動にともなう軋轢について，カリブ海・北アメリカ両地域への非白人系の移動を対象に，奴隷制廃止前後の差異に留意しながら論ぜよ」
指定語句：アメリカ移民法改正（1882年），リヴァプール，産業革命，大西洋三角貿易，奴隷州，ハイチ独立，年季労働者（クーリー），白人下層労働者

(i)指定語句を年代・地域ごとに分類する（指定語句を複数回使用できることを念頭に置きたい）。

(ii)そのなかで，「差異」に留意しながら「軋轢」を説明していく。

17～18世紀：大西洋三角貿易，リヴァプール，産業革命
19世紀：カリブ海―ハイチ独立，年季労働者（クーリー）
北アメリカ―産業革命，奴隷州，年季労働者（クーリー），白人下層労働者，アメリカ移民法改正（1882年）

ここから，以下のような解答例を作成できる。

17世紀以降，大西洋三角貿易が盛んとなり，黒人奴隷がプランテーションの労働力として新大陸に送られ，カリブ海ではサトウキビ，北アメリカ南部ではタバコ栽培が拡大した。18世紀にはイギリスが奴隷貿易を独占し，リヴァプールを拠点に莫大な利益を上げ，その資本蓄積は産業革命の背景となった。【17～18世紀】

19世紀に入るとカリブ海ではアメリカ独立やフランス革命の影響を受けて黒人奴隷反乱が相次ぎ，ハイチ独立が実現するなど自らの力で独立国家を誕生させた。またイギリスの奴隷貿易廃止で流入した年季労働者（クーリー）によるプランテーション経営がおこなわれ，貧富の差は残ったが混血が進み，人種構成が多様化することで非白人系への差別意識は低くなった。【19世紀・カリブ海地域】

一方アメリカ合衆国では，産業革命の進展に伴い南部で奴隷制による綿花栽培が発展したが，奴隷州と自由州の対立から南北戦争が起こり，北部の勝利によって奴隷制は廃止された。しかし黒人の大半は分益小作人となり，法的・社会的に差別され続けた。また，奴隷制廃止後中国系の年季労働者（クーリー）が流入し，鉱山労働や大陸横断鉄道建設に低賃金で働いたため，白人下層労働者による排斥運動が起こり，アメリカ移民法改正（1882年）によって中国人移民が禁止されるなど非白人系に対する差別は根強く残った。【19世紀・北アメリカ地域】

（網掛け）は「軋轢」に関わる部分

5 解答用紙について

▶独特の様式

東大の〈地理歴史〉は，「日本史」「世界史」「地理」から２科目を選択する形式で，解答用紙は各科目で共通となっている。

解答用紙の特徴
①横書き
②１行30字で20行前後（大問１題あたり）
③マス目のみ（設問番号などの記載はなし）
※実際の問題冊子には「草稿用紙」として下書き用のスペースが与えられている。

▶字数制限について

論述問題では「１行＝30字詰め」という書式を前提に，「○行で述べよ」などと行数が指定されている。このため，本書の解答例も「１行＝30字詰め」とし，細かい字数は示していない。

▶設問番号の付け方

解答用紙に設問番号の記載がないため，第２問・第３問では設問番号を自分で解答用紙に記入しなければならない。ほとんどの年度で「設問ごとに行を改め，冒頭に(1)〜(3)の番号を付して記しなさい」などと指定されているため，本書の解答例では設問番号を字数に含む形で示している。

例
(1)８世紀のビザンツ皇帝レオン３世の聖像禁止令を契機にローマ教
会は独立性を強め，1054年にお互いに破門しあって分裂した。

▶演習の際には

試験当日と同じ30字詰めの原稿用紙を使って，独特の様式に慣れておこう。次ページにある**解答用紙のサンプル**をコピーして利用してほしい。

●解答用紙のサンプル●

このページを以下の設定でコピーすると，実際の解答用紙に近いものが出来上がります。

用紙：Ａ４，倍率：141％

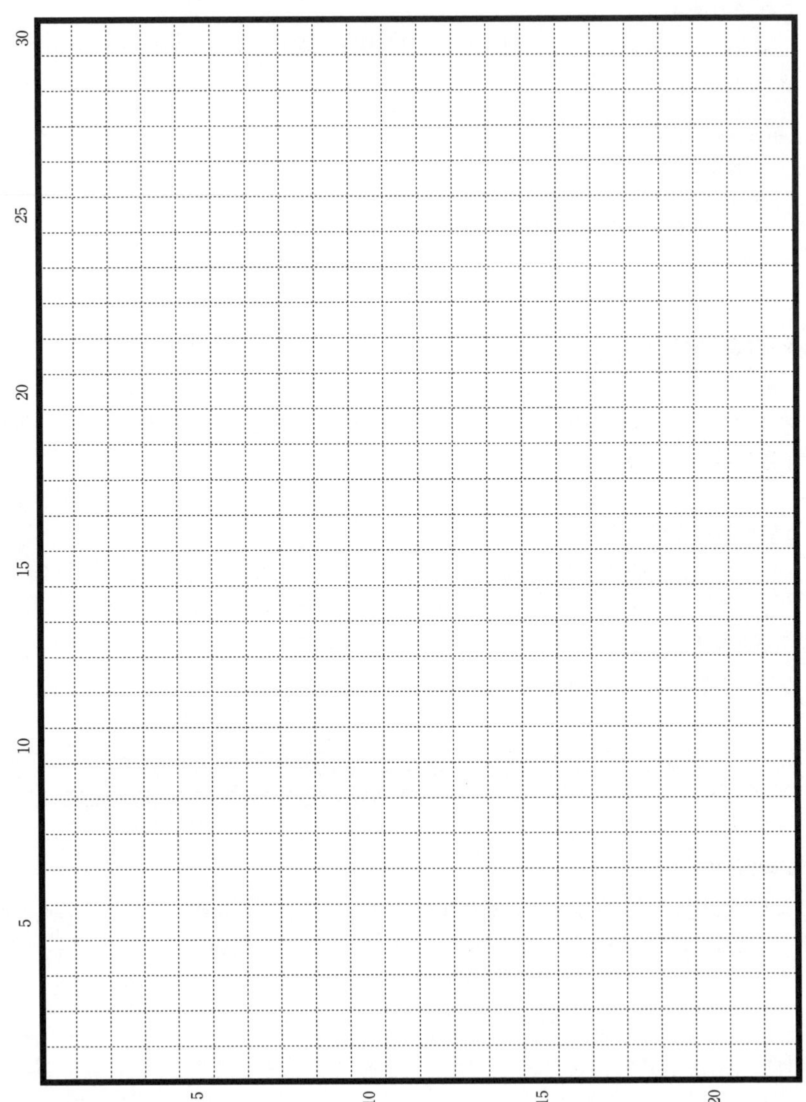

横書きで使用すること。

第1章　大論述

解答用紙は，横書きで<地理歴史>共通。１行：30字詰。

1 1770 年前後から 1920 年前後におけるヨーロッパ・南北アメリカ・東アジアの政体変化 (2023 年度 第１問)

〔地域〕ヨーロッパ・南北アメリカ・東アジア 〔時代〕近代・現代 〔分野〕政治

いくつかの地域における歴史的展開やそれらの関係について述べる問題は，東京大学で最も多く出題されるパターンであるが，この問題は２枚の地図を参考資料として用いる条件が付いた点が特徴的である。３つの地域への指定語句の振り分けは比較的容易であるが，地図には多くの国家が示されているため，論述をどのような構成にするか判断に時間がかかる可能性がある。題意に沿うような内容を書き切れる国家・地域は限られているので，いち早くそれを見抜いて論の骨子を考え出したい。

設問の要求

〔主題〕1770 年前後から 1920 年前後までのヨーロッパ・南北アメリカ・東アジアにおける政治のしくみの変化，およびどのような政体の独立国が誕生したか。
〔条件〕地図Ⅰ・Ⅱを参考にする。

ポイントは２つある。１つ目は，問題文の「植民地が独立して国家をつくったり」，「一つの国の分裂や解体によって新しい独立国が生まれたり」，「当初からの独立国であっても，革命によって政体が変わる」の部分から，①植民地からの独立，②国家の分裂・解体による独立，③革命による政体変化の３つのパターンの国家独立・政体変化を念頭におくことである。

２つ目は，「憲法を定めるか，議会にどこまで権力を与えるか，国民の政治参加をどの範囲まで認めるか」の部分から，④各国の憲法，⑤議会の権限，⑥参政権を意識することである。

指定語句の整理

ヨーロッパ：選挙法改正（注より第４回まで）…1832 年（第１回）～1918 年（第４回）
二月革命（注よりフランスの二月革命）…1848 年
帝国議会（注よりドイツ帝国の議会）…1871 年に初開催
ヴェルサイユ体制…1919 年成立

南北アメリカ：アメリカ独立革命…1775～83 年
シモン=ボリバル→ラテンアメリカ独立…1810 年頃～20 年代

東アジア：大日本帝国憲法…1889 年発布
光緒新政…義和団事件後の 1901 年～辛亥革命勃発の 1911 年

①～⑥について，ヨーロッパ・南北アメリカ・東アジアの３地域に分け，３地域に関連する指定語句を考えながら論述の骨子を作っていこう。時系列に沿って年代順に書く方法もあるが，３地域別に構成した方が書きやすい。

▶地図Ⅰ・Ⅱからどの国家・地域を扱うかの考察

〔設問の要求〕で述べた①〜③と，〔指定語句の整理〕，地図Ⅰ・Ⅱから，どの国家・地域を 3 地域の中から扱うべきか考え，その国家・地域に関する④〜⑥の観点を踏まえて，方向性を形作りたい。

①植民地からの独立

地図Ⅰ・Ⅱ，および指定語句のうち年代が最も古いアメリカ合衆国，ラテンアメリカ諸国から書くのが妥当だろう。合衆国については④の観点，すなわち人民主権の共和政を定めた近代的憲法を，ラテンアメリカ諸国については，⑥の観点，すなわち独立して共和政国家となったものの，白人支配層による寡頭政が続いたことを挙げたい。なお，ポルトガル植民地であったブラジルは，ナポレオン戦争の影響で自立して帝政ブラジルが成立し，その後，共和政に移行しており，経緯が複雑なので避けた方が無難である。

②国家の分裂・解体による独立

「分裂」については，地図Ⅰ・Ⅱからベルギーのオランダからの分離独立，ギリシア，ルーマニア，セルビア，モンテネグロなどのオスマン帝国からの独立がこれに当てはまる。ただ，これらについて④〜⑥に言及するのは難しいと思われる。「解体」については，地図Ⅱが 1914 年頃，時期指定が 1920 年前後まで，指定語句にヴェルサイユ体制があることに着目したい。第一次世界大戦後のロシア帝国やオーストリア=ハンガリー帝国の解体，ヴェルサイユ体制下での民族自決に基づく東欧諸国の独立に気づけるだろう。ポーランドのピウスツキ独裁やハンガリーのホルティ独裁など，東欧諸国が強権主義・権威主義に陥った点を想起できる。また，東アジアでは，日本も江戸幕府の解体から新国家として明治政府が成立し，大日本帝国憲法が成立しているので，④〜⑥に触れることが可能である。

③革命による政体変化

革命による政体変化としては，フランス革命とロシア革命はすぐに想起できるだろうが，ドイツ革命と辛亥革命も導き出しておく必要がある。

南北アメリカ	【指定語句】アメリカ独立革命，シモン=ボリバル
北アメリカ	：アメリカ独立革命で 1776 年アメリカ合衆国が成立 →人民主権に基づく憲法を制定
ラテンアメリカ	：アメリカ独立革命の影響でシモン=ボリバルらが独立運動を展開 →植民地支配を脱して共和国に →少数の白人支配層による寡頭政が継続

▶アメリカ合衆国とラテンアメリカ諸国の独立

アメリカは，イギリスからの独立戦争の際，1776 年に独立宣言を発し，合衆国として独立する。1787 年には近代的民主憲法を制定し，共和政となった。このアメリカ独立革命からの流れが，ラテンアメリカ諸国の独立やフランス革命に大きな影響を与えた。その後ジャクソン大統領の下で白人男性普通選挙が普及したこと，南北戦争後の黒人への選挙権付与とその法的剝奪，1920年の女性参政権実現についても指摘することが可能であるが，全体のバランスから字数的に厳しいと思われる。

ラテンアメリカ諸国のスペインからの独立は，シモン=ボリバルやサン=マルティンらクリオーリョ層によって牽引され実現したが，独立共和国となってからは，クリオーリョ層の地主や地域実力者による寡頭政治が続いた。

ヨーロッパ　【指定語句】二月革命，選挙法改正，帝国議会，ヴェルサイユ体制

フランス：フランス革命で絶対王政崩壊
→共和政・帝政・王政と政体が変転する中，二月革命で男子普通選挙実現
→第二帝政後の第三共和政で政体が安定

イギリス：成文憲法を持たず，早くから責任内閣制が成立
→選挙法改正で参政権の拡大が進み，議会優位の立憲君主政が確立

ドイツ：普通選挙で選ばれた帝国議会の権限が弱く，外見的立憲主義
→ドイツ革命後，ヴァイマル共和国成立＝男女普通選挙実施

ロシア：日露戦争後，国会（ドゥーマ）開設
→ロシア革命で帝政が倒れ，世界初の社会主義国家「ソ連」が誕生

東欧諸国：ヴェルサイユ体制のもと，民族自決に基づき多数の共和国が独立
→強権主義や権威主義に陥る国が多い

▶フランス革命とその後の政体変化

1789年に始まったフランス革命で，ブルボン朝の絶対王政が打倒されて第一共和政に移行し，数度にわたり民主的憲法が制定された。周辺国の介入から革命戦争が起こる中，台頭したのが軍人ナポレオンで，彼が国民投票で皇帝に就任し第一帝政がスタートした。しかし，ライプツィヒの戦い（諸国民戦争）によってナポレオンは失権し，以後は「復古王政→七月王政→第二共和政→第二帝政→第三共和政」のように次々に政体が変わっていく。この間，二月革命で成立した第二共和政のもとで男子普通選挙が行われたが，ナポレオン3世による第二帝政に回帰し，その後，普仏戦争の敗北によって第三共和政が成立したことでようやく共和政体が安定することとなる。

▶イギリス立憲君主政

イギリス革命が起こり王政から共和政となったのは17世紀で，その後，王政復古以後は王政が継続したので，①～③のいずれにも当てはまらない。また，地図Ⅰ・Ⅱには☆がいずれにもついていない。イギリスは成文憲法を制定していない国家で，現在に至るまでこの形は堅持されている。イギリスが他のヨーロッパの国と比べて異なっている以下の点を解答には盛り込むべきであろう。

・成文憲法を持たない（④の観点）
・早くから責任内閣制が成立（⑤の観点）

・選挙法改正で参政権が徐々に拡大（⑥の観点）

イギリスでは，18 世紀には責任内閣制が成立し，その後二大政党制が確立していった。19 世紀には自由主義的改革が進む中，選挙法改正が数回にわたって行われ参政権が拡大，1918 年の第 4 回選挙法改正では女性参政権が認められている。第一次世界大戦下，総力戦で女性が活躍したことで，戦後の欧米各国で女性参政権が認められる流れができたことについても触れると，論に厚みが出るだろう。

▶ドイツ革命

1871 年にドイツ帝国が成立し，ドイツ帝国憲法によって設置された議会は，連邦参議院と帝国議会の二院制であった。帝国議会は普通選挙で議員が選出され，予算審議権を持ったが他の権限は弱かった。宰相は皇帝に対して責任を負うという形で責任内閣制でもなく，ドイツ帝国は外見的立憲主義にすぎなかった。第一次世界大戦末期のドイツ革命によってドイツ帝国は崩壊し，戦後ヴァイマル共和国が誕生した。当時最も民主的とうたわれたヴァイマル憲法の下，男女普通選挙が実現することになる。

▶ロシア革命

帝政が続いたロシアでは，日露戦争の後，制限選挙による国会（ドゥーマ）開設が公約された（十月宣言）。民主化の一歩に見えるが，ストルイピン首相が国会を無視した反動政治を展開するなど，実態は自由主義には程遠いものであった。その社会不安の増大から 1917 年のロシア革命につながっていく。この革命により帝政が打倒され，世界初の社会主義国家「ソ連」が誕生することになる。

▶ヴェルサイユ体制と東欧諸国

第一次世界大戦後，ロシア帝国やオーストリア=ハンガリー帝国が解体し，ヴェルサイユ体制下で民族自決に基づいて，ポーランドやチェコスロヴァキア，ハンガリーなど東欧諸国が共和国や王国として独立した。しかしポーランドのピウスツキ独裁，ハンガリーのホルティ独裁など，強権主義・権威主義に陥る国も多かった。

東アジア　　**【指定語句】大日本帝国憲法，光緒新政**

日本：明治維新で大日本帝国憲法を制定・帝国議会開設
　　　→参政権は一部に限られる
清　：光緒新政の下，憲法大綱制定・国会開設を約し立憲君主政へ
　　　→辛亥革命で，共和政の中華民国が成立

▶明治維新と辛亥革命

日本では，明治維新によってドイツ憲法を範とする大日本帝国憲法が 1889 年に発布され，衆議院・貴族院の二院制からなる帝国議会が開設されたが，天皇大権が強く議会の権限は弱かった。当初，衆議院は制限選挙で，1925 年に普通選挙法が導入されたが，「1920 年前後まで」とあるので普通選挙法に言及する必要はない。

清では，日清戦争敗北後，日本の明治維新を範として立憲君主政をめざす変法運動

が行われたが，西太后ら保守派によって挫折した。その後，義和団事件で列強の圧力に屈したことから，清朝継続のため立憲君主政への移行をめざす光緒新政が行われた。しかし，結局は清の延命策にすぎず，孫文らの革命派による 1911 年の辛亥革命に至る。革命によって清朝は滅亡し，中国には共和政体の中華民国が成立した。

ポイント

①指定語句と照らし合わせ，2枚の地図を考察し3つの地域の中から扱うべき国家を確実に選定する。

②問題文の要求に従って「独立」「政体変化」「憲法の特徴」「議会権限」「参政権」といった記述のポイントを絞り，広く浅く書いていくこと。

解答例

アメリカ独立革命を経て人民主権に基づく憲法が制定され，共和政のアメリカ合衆国が成立した。中南米ではシモン=ボリバルらの指導でスペイン植民地から多くの共和国が独立したが，少数の白人支配層による寡頭政が続いた。フランス革命は絶対王政を倒し，憲法制定や共和政を実現したが，その後，帝政，王政，共和政と政体は変転，二月革命で男子普通選挙が実現し，2度目の帝政とその崩壊後，共和政が継続することになった。イギリスは成文憲法を持たないが，早くから責任内閣制が形成され，数回の選挙法改正で参政権が拡大した。ドイツ帝国では憲法が制定され，帝国議会は男子普通選挙で選ばれたが，その権限は弱く外見的立憲主義であった。その後，ドイツ革命を経て成立したヴァイマル共和国の憲法では男女普通選挙が実現した。ロシア帝国では日露戦争後に国会が開設されたが，ロシア革命で帝政は倒れ，社会主義国家ソ連が誕生した。第一次世界大戦後，ヴェルサイユ体制のもとで民族自決に基づいて旧ロシアやオーストリアから多数の共和国が独立したが，強権主義に陥る国も多かった。また欧米各国では総力戦での活躍を背景に女性参政権が次第に実現していった。日本では明治維新後，ドイツ憲法を範とする大日本帝国憲法が制定され国会も開設されたが，参政権は一部に限られた。清も光緒新政で憲法大綱制定・国会開設など立憲君主政を模索したが，辛亥革命で共和政の中華民国が成立した。

論述作成上の注意

□一つ一つの革命などを詳述する問題ではない。

□各地域の事例について，端的にまとめて書くこと。

2 8 ～19 世紀におけるトルキスタンの歴史的展開

（2022 年度 第 1 問）

〔地域〕西アジア・中央アジア・東アジア 〔時代〕中世～近代 〔分野〕政治・宗教・文化

8 世紀から 19 世紀までの「トルキスタン」の歴史的展開について 600 字で説明する問題。問いかけとして複雑さはないが，「トルキスタン」をテーマとしたところが東京大学らしく，難易度が高くなっている。この地域の歴史は教科書で飛び飛びに記述されており，東部と西部は異なる勢力の影響下にあることも多かった。そこを分けつつ，さらに長期間の歴史を追うとなると，論の骨子を作るのも大変であり，何を書き，何を書かないかという取捨選択の能力も求められる。

設問の要求

〔主題〕 8 ～19 世紀におけるトルキスタンの歴史的展開。
〔条件〕 ①トルキスタンの周辺地域の勢力の進出に着目する。
　　　　②トルキスタンに勃興した勢力が周辺地域に及ぼした影響にも言及する。

1つの国，あるいは地域における歴史的な流れを述べる問題の場合，時系列で論を展開するのが手法としては望ましいが，西トルキスタン（以下西部）と東トルキスタン（以下東部）では異なる展開が見られることが多かった。さらに条件①・②のように周辺地域も意識せねばならない。指定語句の整理も時代別だけでなく，③西部と④東部に分けて考え，周辺地域も念頭に置きつつ，論述の骨子を考えるのがよいだろう。

指定語句の整理

世紀	③西部	④東部
8	唐の保護下，ソグド人が交易 →アッバース朝が進出① イスラーム化の進展	唐の支配下①
9	サーマーン朝成立	ウイグル滅亡→この地へ① トルコ化が進む
10	サーマーン朝	**カラハン朝**（初のトルコ系ムスリム王朝） 自立，西部にも進出② →トルコ人のイスラーム化の進展
11	セルジューク朝成立① →西アジアへ勢力拡大② **ホラズム朝**成立	カラハン朝
12	セルジューク朝滅亡 ホラズム朝→交易で繁栄拡大②	**宋**と金に敗れた遼の皇族が西走 →カラハン朝を倒し西遼（カラキタイ）建国①

13	大モンゴル国によりホラズム朝滅亡① →チャガタイ=ハン国	大モンゴル国，西遼を乗っ取ったナイマンを滅ぼす① →チャガタイ=ハン国
14	チャガタイ=ハン国の分裂 →西チャガタイ=ハン国よりティムールが自立し，ティムール朝成立	ティムール朝支配
15	ティムールが**アンカラの戦い**でオスマン帝国撃破② **トルコ=イスラーム文化**の開花	ティムール朝
16	ウズベク人の台頭，ティムール朝滅亡 →**ブハラ・ヒヴァ両ハン国**成立① →**バーブル**，インドへ逃れる②	ティムール朝滅亡
17	ブハラ・ヒヴァ両ハン国	ジュンガルの勢力拡大①
18	ブハラ・ヒヴァ両ハン国 コーカンド=ハン国が自立	清の**乾隆帝**，ジュンガルを滅ぼす① →藩部に組み込み，新疆を設定
19	ロシアの南下① →ブハラ・ヒヴァ両ハン国が保護国に	ロシア，ムスリム反乱を機に新疆に進出① →清とのイリ事件

8～10世紀　　**【指定語句】カラハン朝**

〔**西部**〕 唐の保護下でソグド人が隊商交易→アッバース朝の進出
サーマーン朝が成立し，イスラーム化が進展
〔**東部**〕 モンゴル高原でトルコ系のウイグルが滅亡し西走→トルキスタン東部に定住
この地のトルコ化が進展（トルキスタンの呼称が定着）

▶イスラーム化とトルコ化

8世紀，後に「トルキスタン」と呼ばれるこの地域は東部も西部も唐の影響下にあった。西部のソグディアナ地方では，サマルカンドを拠点とするイラン系のソグド人が唐の庇護下で隊商交易を営んでいたが，ここに西よりイスラーム勢力が拡大してくる。751年，タラス河畔においてアッバース朝軍と唐の軍勢が衝突すると，唐の勢力はここから後退し，西部におけるイスラーム化が進むことになる。

一方，744年にモンゴル高原のトルコ系遊牧民ウイグルが王国を建設した。安史の乱に際して唐に援軍を送り，その後は唐と有利な条件で絹馬貿易を行うなど一時強勢を誇った。しかし840年に同じくトルコ系のキルギスの攻撃を受け，ウイグル王国は瓦解した。敗れて四散したウイグルの一部はパミール高原東部に移住し，オアシス地域に定住するようになり，この地のトルコ化が進むことになる。

▶「トルキスタン」の呼称

パミール高原の西部では875年，イラン系のサーマーン朝がアッバース朝より自立

し，ブハラを都にこの地のイスラーム化を進めた。サーマーン朝下でイスラームに改宗するトルコ人も現れたが，その流れは初のトルコ系ムスリム王朝となった東部のカラハン朝のもとでより一層進展した。カラハン朝は後に西部にも進出し，このころから「トルキスタン」の呼称が定着していくこととなる。

11〜13世紀　　**【指定語句】ホラズム朝，宋，カラハン朝**

〔西部〕 セルジューク朝の成立→イラン・アナトリアへ進出→同地のトルコ化進展
ホラズム朝の繁栄→大モンゴル国の侵入により滅亡
→チャガタイ=ハン国がこの地を統治

〔東部〕 遼の西走→カラハン朝を倒し西遼（カラキタイ）成立
西遼（カラキタイ）がナイマンに取って代わられる
→大モンゴル国の侵入によりナイマン滅亡
→チャガタイ=ハン国がこの地を統治

▶11・12世紀の東部と西部

11世紀に西部でトルコ人のセルジューク朝が勃興した。この国はイランを経てイラクに進出し，ブワイフ朝勢力をバグダードから駆逐，君主トゥグリル=ベクはアッバース朝カリフよりスルタンの称号を得た。さらにアナトリアに進出してビザンツ帝国を圧迫，十字軍遠征のきっかけを作ることともなった。セルジューク朝の拡大がイランやアナトリア（西アジア）のトルコ化を進展させた点は歴史上大きな意味を持つ。セルジューク朝の分裂・衰退に伴い，交易国家として繁栄したのがホラズム朝である。

一方，中国北部で1125年，宋と金が遼を挟撃して滅ぼすと，遼の皇族耶律大石がトルキスタンに逃れた。この逃亡集団は，カラハン朝を滅ぼして1132年に西遼（カラキタイ）を建国した。しかし，その後西遼はナイマンによって王位を簒奪される。

▶チンギス=ハンの台頭と大モンゴル国の支配

東部のナイマンや西部のホラズム朝を一気に攻略するのが，チンギス=ハン率いるモンゴルの軍勢である。以後，東西トルキスタンは大モンゴル国（モンゴル帝国）の勢力下に入った。大モンゴル国は，チンギス=ハンの子や孫がハンとして治める地方政権と，大ハンが治める本国の緩やかな連合体である。東西トルキスタンを押さえた地方政権は，チンギス=ハンの次男チャガタイの系統であるチャガタイ=ハン国（チャガタイ=ウルス）であった。この国は14世紀に内紛で東西に分裂することになる。

14〜16世紀
【指定語句】アンカラの戦い，トルコ=イスラーム文化，ブハラ・ヒヴァ両ハン国，バーブル

〔西部〕 西チャガタイ=ハン国の武将ティムールが台頭→ティムール朝建国・拡大
ティムール，アナトリアに進出しアンカラの戦いでオスマン帝国を破る
イラン人世界とトルコ人世界を融合し，トルコ=イスラーム文化が開花

〔東部〕 ティムール朝の支配→その後は一時オイラトの勢力が伸長

▶ティムール朝の台頭とトルコ=イスラーム文化の開花

西チャガタイ=ハン国から台頭したのが，武将のティムールである。彼は1370年にティムール朝を建国すると，瞬く間に東部の東チャガタイ=ハン国を服属させ，旧イル=ハン国領のイラン・イラクを支配し，キプチャク平原や北インドにまで進出，広大な帝国を築き上げた。その後アナトリアに進出し，1402年にはオスマン帝国と戦い，スルタンのバヤジット1世を捕虜にした。これがアンカラの戦いで，オスマン帝国は一時亡国の危機に瀕することになる。次にティムールは明への遠征を目論んだが，その途上オトラルで病没した。ティムールによるトルコ人世界とイラン人世界の融合は，イラン=イスラーム文化をトルキスタンに伝える契機となり，首都サマルカンドを中心にトルコ=イスラーム文化が開花した。

▶ブハラ・ヒヴァ両ハン国の成立とムガル帝国の建国

ティムールの死後，王朝は内紛などで安定せず，16世紀初頭にウズベク人（遊牧ウズベク）の侵入によって滅亡した。西部ではこれに先だってウズベク人のブハラ=ハン国が1500年に，ヒヴァ=ハン国がその後1512年に成立し，19世紀まで継続することになる。ティムール朝の滅亡の際，ティムールの末裔であったバーブルはアフガニスタン・北インド方面に逃れ，パーニーパットの戦いで北インドのロディー朝（デリー=スルタン朝最後の王朝）を破り，1526年にムガル帝国を建国した。

17〜19世紀　　【指定語句】乾隆帝

〔西部〕 ブハラ・ヒヴァ両ハン国の支配
（18世紀にブハラ=ハン国よりコーカンド=ハン国が自立）
→19世紀にロシアが進出し，両ハン国を保護国化（コーカンド=ハン国は併合），
ロシア領トルキスタンの成立

〔東部〕 ジュンガルが勢力を拡大（清の康熙帝・雍正帝の遠征）
→清の乾隆帝がジュンガルを制圧し，新疆を設定
→新疆でムスリム反乱発生→清とロシアが介入，両国間でイリ事件が勃発

▶ジュンガルの勢力拡大と清による征服

17世紀，東部にオイラトを継承したジュンガルが勢力を伸ばした。ジュンガルは族長のガルダンが，外モンゴル・チベット・青海に勢力を拡大した。これを清の康熙帝が親征で打ち破ったものの，争いは次の雍正帝時代も続いた。18世紀後半，乾隆帝の遠征により，ようやくジュンガルを滅ぼすことに成功した。乾隆帝は東部を藩部に編入，回部と合わせて「新疆」と名付けた。

▶清とロシアの衝突

19世紀になると，ロシア帝国がトルキスタンに向けて南下政策を展開する。この動きはインドを支配下におくイギリスに危機感を与え，英露両国のアフガニスタンをめぐるいわゆる“グレート・ゲーム”に発展する。ロシアはブハラ・ヒヴァ両ハン国を保護国化，コーカンド=ハン国を併合する一方，新疆で起こったムスリムの反乱に

介入してイリ地方を占領し，トルキスタンへの進出を強めた。反乱は左宗棠率いる清軍が鎮圧したものの，ロシアが撤兵せず，清朝との間に対立を生じた（イリ事件）。この対立はイリ条約によってイリ地方の大半が清に返還され，ロシアへ新疆における通商権が認められたことで終結した。

ポイント

①時系列でまとめていく際に，東部と西部を分けて考える。
②周辺地域からの進出，周辺地域への影響を念頭に置く。
③指定語句とされている国家以外にも核となる国家（唐・サーマーン朝・ロシア等）を導き出し，解答に反映する。

解答例

8世紀，唐がパミール高原の東西を支配し，その保護の下でイラン系ソグド人が隊商貿易を営んでいたが，唐がアッバース朝とのタラス河畔の戦いに敗れ後退すると，同地のイスラーム化が進んだ。9世紀，キルギスに敗れたウイグルが東部に逃れてトルコ化が始まり，西部ではイラン系サーマーン朝のもとトルコ人のイスラーム化が進んだ。10世紀には東部で初のトルコ系ムスリム王朝であるカラハン朝が成立した。11世紀，西部に興ったセルジューク朝が拡大してトルコ人の西アジア進出を促す一方，ホラズム朝が成立した。12世紀，東部で宋・金に敗れた遼の皇族がカラハン朝を倒し，西遼を建国した。13世紀，ナイマンが西遼を滅ぼしたが，モンゴルがナイマンを征服，ホラズム朝も滅ぼし，東西トルキスタンはチャガタイ=ハン国が支配した。14世紀に西チャガタイ=ハン国出身のティムールが自立し，アンカラの戦いではオスマン帝国を破った。ティムール朝ではイラン文化の影響を受けたトルコ=イスラーム文化が開花したが，ウズベク人の侵入で滅亡し，西部にブハラ・ヒヴァ両ハン国が成立した。また，ティムール朝滅亡の際，一族のバーブルが北インドに逃れムガル帝国を建国した。17世紀，東部でジュンガルが台頭したが，18世紀，清の乾隆帝に敗れてこの地は藩部とされた。19世紀，ロシアが南下して西部に進出，両ハン国を保護国化し，東部では新疆のムスリム反乱を機に清とイリ事件を引き起こした。

論述作成上の注意

□トルキスタンの西部・東部いずれかに偏ることなくバランスよく言及する。
□セルジューク朝や大モンゴル国などの説明に字数を割き過ぎない。
□時代のスパンが長いので，一つ一つの事象を端的に説明していくこと。

3 5～9世紀の地中海世界における3つの文化圏の成立過程

(2021年度 第1問)

〔地域〕ヨーロッパ・西アジア・アフリカ 〔時代〕中世 〔分野〕政治・宗教

5～9世紀の地中海世界で，3つの文化圏が成立していく過程を600字で述べる問題。複数の地域や文化圏を比較対照しながら述べるという，比較的よく出題される形で，些末な知識よりも大きな歴史の流れを理解し，それを簡潔に表現することを求めている。そして，3つの文化圏が形成されていく過程の中で，その地理的な範囲が時々の情勢によって変化していく状況がある程度想起できるような書き方をする必要がある。また，古代から中世への過渡期にあたる時代の全体像をつかんでいる必要もある。

設問の要求

〔主題〕5～9世紀の地中海世界における3つの文化圏の成立過程。
〔条件〕宗教の問題に着目する。

5～9世紀の地中海世界に3つの文化圏が成立していく過程を述べる問題。「宗教の問題に着目しながら」とあるので，3つの文化圏は，西ヨーロッパ（カトリック），東ヨーロッパ（ギリシア正教），イスラーム世界であるということを念頭に，指定語句を考えながら述べていきたい。

指定語句の整理

5～6世紀：クローヴィス…フランク王国を建国し，カトリックへ改宗
グレゴリウス１世…ゲルマン人へカトリックを布教したローマ教皇
7～8世紀：ギリシア語…ビザンツ帝国で7世紀に公用語→東ヨーロッパ文化圏に影響
聖像画（イコン）…イスラーム勢力への対抗からレオン3世が聖像禁止令で使用を禁止。↔カトリック教会はゲルマン人への布教に使用
マワーリー…非アラブのイスラーム改宗者。ウマイヤ朝ではアラブ人ムスリムと同じ権利や地位が認められず→アッバース朝成立を支援
ジズヤ…イスラームの人頭税。ウマイヤ朝ではマワーリーも負担→アッバース朝ではムスリムは民族に関係なく免除
9世紀：バルカン半島…7世紀にスラヴ人が侵入→9世紀頃からスラヴ人へのギリシア正教布教

なお，「3つの文化圏」については，教科書で定まった歴史用語として述べられていないため，解答例では地域的な分類を採用しているが，カトリック文化圏，ギリシア正教文化圏などとしても許容されると思われる。

5～6世紀　　【指定語句】クローヴィス，グレゴリウス1世

〔地中海世界西部〕
西ローマ帝国滅亡後，ゲルマン人国家が分立
フランク王国が台頭←クローヴィスのカトリック改宗
ローマ教会もゲルマン人へのカトリック布教で影響力を強化
〔地中海世界東部〕
ビザンツ（東ローマ）帝国がゲルマン人の大移動時にも旧領土を維持
6世紀：ユスティニアヌス帝が一時地中海再統一→死後は統一が崩壊

▶フランク王国とローマ=カトリック教会の発展

西ヨーロッパには，ゲルマン人の傭兵隊長オドアケルによって476年に西ローマ帝国が滅ぼされる前後からゲルマン人諸国家が分立していたが，その中で特に発展したのがフランク王国だった。フランク王国では481年にクローヴィスがメロヴィング朝を建て，496年にアタナシウス派（カトリック）へ改宗している。これによりローマ教会の支持を取り付け，支配下においた旧ローマ帝国の有力者や住民の支持も獲得し，異端のアリウス派を信仰していた他のゲルマン人国家より発展することができた。

ローマ=カトリック教会はフランク王国の改宗以後，ゲルマン人への布教を進めていたが，そのなかで特に功績があったとされるのが教皇グレゴリウス1世（位590～604年）で，イングランド方面に修道士を派遣してアングロ=サクソン人への布教を行ったことで有名である。こうしてゲルマン人のカトリックへの改宗が進むと，西ヨーロッパ世界ではローマ=カトリック教会が次第に影響力を強めていった。

▶ビザンツ帝国の動向

問題文にある「生き延びたローマ帝国」とは，ビザンツ帝国を指す。ビザンツ帝国（東ローマ帝国）はゲルマン人の大移動の混乱期にもその領土を維持し，6世紀になるとユスティニアヌス帝（位527～565年）が地中海再統一の夢を抱いて西方に遠征軍を派遣した。北アフリカのヴァンダル王国を534年に，イタリアの東ゴート王国を555年に滅ぼし，イベリア半島の沿岸部分も獲得して地中海の再統一に成功した。しかし，帝の死後はイタリアにランゴバルド人が侵入するなど，西方から次第に撤退していくことになった。

7～8世紀 【指定語句】ギリシア語，聖像画（イコン），マワーリー，ジズヤ

〔地中海世界東部〕
7世紀：公用語がラテン語からギリシア語に
　　　　イスラーム勢力台頭→ビザンツ帝国はシリア・エジプト喪失
726年：ビザンツ皇帝レオン3世がイスラームに対抗して聖像禁止令発布
〔地中海世界西部〕
ローマ=カトリック教会が聖像禁止令に反発→新たな後ろ盾を求めてフランク王国に接近
800年：カール大帝をローマ皇帝として戴冠＝西ヨーロッパ世界が確立
➡西ヨーロッパ文化圏の成立
〔地中海世界南部〕
ジズヤをめぐるマワーリーの不満からウマイヤ朝が滅亡→アッバース朝成立
➡イスラーム文化圏の成立

▶ビザンツ帝国の領土縮小とイスラーム勢力の台頭

7世紀に地中海世界東部・南部は大きな変動期を迎えた。ササン朝ペルシアに続いてイスラーム勢力（アラブ人）の侵入が激しくなった。ムハンマドは，イスラーム教によるアラビア半島のゆるやかな統一に成功し，後の正統カリフ時代にはイランのササン朝を滅ぼし，ビザンツ帝国領であったシリア・エジプトを占領した。さらに，661年に成立したウマイヤ朝は，アフリカ北部を征服し，711年にはイベリア半島にあった西ゴート王国を滅ぼして地中海世界西部の一部を領有することになった。

一方，ビザンツ帝国では7世紀には公用語はラテン語からギリシア語となり，西ヨーロッパとは異なる文化圏が成立していくことになった。

▶西ヨーロッパ文化圏の成立

ビザンツ帝国皇帝レオン3世は，726年に偶像崇拝を厳禁するイスラームに対抗するため聖像禁止令を発布した。ゲルマン人への布教で聖像画を用いていたローマ=カトリック教会は反発し，ビザンツ帝国に対抗するためフランク王国へ接近していくことになった。

折しもフランク王国の宮宰カール=マルテルは，732年のトゥール・ポワティエ間の戦いで，ピレネー山脈を越えて侵入してきたウマイヤ朝を撃退し，キリスト教世界を救っていた。751年カール=マルテルの子ピピン（ピピン3世）がクーデタによってメロヴィング朝を倒し，カロリング朝を開くとローマ教皇はそれを支持，ピピンはランゴバルド王国を討ってその一部のラヴェンナ付近を教皇領として寄進した。

フランク王国とローマ教会の提携はピピンの子のカール大帝の時にさらに強まり，カールがイタリアのランゴバルド王国を滅ぼし，アヴァール人の侵入を撃退すると，教皇レオ3世はカールをローマ皇帝として戴冠した。これは「こちらにも皇帝がいるので，もうあなたの世話にはなりません」というビザンツ帝国に対する絶縁宣言でもあった。ローマ教会がビザンツ帝国から自立すると，ローマ的要素・ゲルマン的要

素・カトリック的要素が融合した西ヨーロッパ世界が確立した。これは，カトリックと聖書の言葉であるラテン語を特徴とする西ヨーロッパ文化圏の誕生でもあった。

▶イスラーム文化圏の成立

イスラーム世界では，8世紀に入るとウマイヤ朝内の矛盾が表面化するようになった。ウマイヤ朝はアラブ人による征服国家であり，要職はアラブ人が独占し，イラン人などの非アラブ諸民族はさまざまな差別を受けていた。その代表的なものが税制上の差別で，特に人頭税であるジズヤは，アラブ人は免除されていたが，非アラブ人はたとえイスラーム教に改宗してもジズヤを課された。非アラブ人のイスラーム教改宗者であるマワーリーは「これは神の前の信者の平等というコーランの教えに反している」として，ウマイヤ朝に対する不満を高めていった。

この不満を利用したアッバース家のアブー=アルアッバースはマワーリーやシーア派の支持のもと，750年ウマイヤ朝を倒してアッバース朝を興した。アッバース朝ではイラン人なども要職に起用されるようになるとともに，アラブ人も土地所有者はハラージュを負担し，非アラブ人もイスラームに改宗すればジズヤを免除されるようになるなど税制も改革された。なお，異教徒はジズヤを負担している。

こうしてイスラーム教徒（ムスリム）間の平等を達成したアッバース朝は「イスラーム帝国」と呼ばれるようになり，アッバース朝のもとで，イスラーム教と聖典『コーラン』の言葉であるアラビア語に立脚したイスラーム文化圏を形成していくことになった。

9世紀　　【指定語句】バルカン半島，ギリシア語

〔地中海世界東部〕
ビザンツ帝国がバルカン半島で積極的にギリシア正教を布教
南スラヴ人，ブルガール人が改宗＝ビザンツ帝国の下でギリシア正教圏の拡大
➡東ヨーロッパ文化圏の成立

▶東ヨーロッパ文化圏の成立

イスラーム教徒の攻撃からアナトリアを死守したビザンツ帝国は，9世紀頃から積極的にバルカン半島へのギリシア正教布教を進めた。7世紀からバルカン半島に侵入・定住したセルビア人などの南スラヴ人や，トルコ系のブルガール人に対して，9世紀からキュリロスが考案したグラゴール文字（ギリシア文字をもとに作成）を使って布教し，彼らをギリシア正教に改宗させていった。グラゴール文字はのちに改良されてキリル文字となり，現在のロシア文字の母体となっている。こうしてビザンツ帝国はバルカン半島を影響下におき，地中海世界東部ではギリシア正教とギリシア語を主体とする東ヨーロッパ文化圏が成立することになった。

ポイント

①「文化圏」を宗教と言語から考える。
②具体的な文化を例示することは求められていない。

解答例

5世紀の西ローマ帝国滅亡後，ゲルマン人国家が分立したが，フランク王国はクローヴィスのアタナシウス派改宗により旧ローマ支配層の支持を獲得した。ローマ教会は教皇グレゴリウス1世がゲルマン人への布教を進めた。6世紀に東ローマ皇帝ユスティニアヌスが地中海世界を再統一したが，彼の死後統一は崩れ，7世紀にはギリシア語が公用語とされ西欧との差異が明確化した。その頃，アラビア半島からイスラーム勢力が台頭し，ビザンツ帝国からシリア・エジプトを奪い，8世紀初めにはウマイヤ朝が西ゴート王国を滅ぼしてヨーロッパにも進出した。これに対抗しビザンツ皇帝レオン3世が聖像禁止令を発布すると，布教に聖像画（イコン）を使用するローマ教会は反発し，東西両教会の対立が決定的となった。政治的保護者を求めたローマ教会はウマイヤ朝の侵入を撃退したフランク王国に接近し，カール大帝をローマ皇帝として戴冠した。こうして地中海世界西方に，学術・宗教用語であるラテン語とカトリックによる西ヨーロッパ文化圏が成立した。南方では，ウマイヤ朝のジズヤ徴収に不満を持つマワーリーの支持を背景にアッバース朝が成立し，ムスリム間の平等が実現，『コーラン』の言葉であるアラビア語とイスラーム教によるイスラーム文化圏が広がった。9世紀にはビザンツ帝国がバルカン半島のスラヴ人への布教を進め，東方にはギリシア語とギリシア正教による東ヨーロッパ文化圏が形成された。

論述作成上の注意

□3つの文化圏をそれぞれ個別に述べることも可能だが，互いに影響し合っているため，まとめ方が難しいと思われる。
□地中海世界の地理を意識しながら論述する。

4 15 世紀頃～19 世紀までの東アジアにおける冊封体制とその崩壊

（2020 年度 第1問）

〔地域〕東アジア 〔時代〕近世・近代 〔分野〕政治

東アジアにおける伝統的な国際秩序である冊封体制が，明・清代においてどのように展開されていったのか，そしてアヘン戦争以後の欧米列強進出の中でその体制がどのように変容ないし崩壊していったのかを 600 字で論述する問題。中国の周辺国としてベトナムと朝鮮があげられているが，指定語句に「薩摩」があるので，琉球そして日本についてもふれる必要がある。テーマとしては特異なものではないが，3つの史料を論述内容の事例として使用する点が斬新である。史料自体は教科書に記載されているような有名なものではないが，読めば内容とともに解答の構成においてどこで使用すべきか理解できるだろう。ただ，指定語句の「小中華」という用語が理解できていないと，史料の使用だけでなく，朝鮮関係の記述が難しくなってしまうだろう。

設問の要求

〔主題〕東アジアにおける伝統的な国際関係のあり方と近代におけるその変容。
〔条件〕① 15 世紀頃から 19 世紀末まで
②朝鮮・ベトナムを中心に（※指定語句の薩摩から，琉球への言及も必要）
③ 3 つの史料を事例として用いる

「東アジアの伝統的な国際関係のあり方」とは冊封体制のことなので，最初にこの冊封体制の説明を入れた方が出だしの文が書きやすくなると思われる。

「朝鮮とベトナムの事例を中心に」と指定されているが，指定語句に「薩摩」があるので，薩摩藩に征服された琉球，それに関連して日本にも少しふれる必要があるだろう。

論述の方向性としては，この 3 つの地域それぞれについて通史的に述べていく方法もあるが，やはり時系列に沿って，①明・清代の冊封体制の展開，② 19 世紀における冊封体制の崩壊過程の 2 つに分けて述べていくのが簡明であろう。

指定語句の整理

①明・清代の冊封体制の展開
朝貢 …冊封は朝貢に対する官爵の授与という形で成立
小中華…清に対して朝鮮が持った意識＝中華の伝統は朝鮮が保持している
薩摩 …17 世紀初頭に琉球を征服。琉球は日中両属体制に

② 19 世紀における冊封体制の崩壊過程
条約 …主権国家が対等の立場で結ぶもので，冊封に代わる新しい国際関係の根幹
清仏戦争…ベトナムをめぐる戦争。清はベトナムの宗主権を失う
下関条約…日清戦争の講和条約。清は朝鮮の宗主権を失う

▶史料の解説と用い方

史料A…①で使用。「崇禎」とは明最後の皇帝崇禎帝が使用していた年号で，崇禎帝の自殺（1644年）で明は滅亡し，清がかわって中国を支配した。朝鮮は，明の制度・文化を取り入れ，「華夷の別」を強調する朱子学を官学としてきたことから，女真（満州人）が支配する清を明の後継国家とは認めず，中華文明は朝鮮のみが維持し続けているという小中華意識をもつようになり，明最後の年号である「崇禎」を使用し続けた。

史料B…フエはベトナムの阮朝の首都。1870年代にフランスのベトナム進出が本格化した後も，阮朝が清への朝貢を続けていたことが述べられている。したがって，①②どちらでも使用することができるだろう。

史料C…①で使用。史料は1458年に琉球国王が鋳造させた「万国津梁の鐘」の銘文で，漢文で記されている。琉球が明と日本との中間に位置し，中継貿易で繁栄している様子が述べられている。

明・清代の冊封体制の展開　　**【指定語句】朝貢，小中華，薩摩**

朝鮮　　…明に朝貢，明の制度・文化を導入。豊臣秀吉の出兵に際し明の援助を得る
清にも朝貢するが，支配階層の間では「小中華」の意識が高まる
ベトナム…明の支配から黎朝が独立，明に朝貢
1802年阮朝が成立。清に朝貢，冊封を受ける
琉球　　…尚氏による統一後，明に朝貢，日中間の中継貿易で繁栄
1609年の薩摩藩による征服後は日中両属体制をとる
※日本　…足利義満は勘合貿易のため一時明の冊封を受ける

▶冊封体制

冊封体制とは，中国の皇帝が朝貢してきた周辺諸国の君主に官位や爵位を与えることで君臣関係を結び，彼らにその統治を認める一方，宗主国と藩属国という従属的関係に置くことを指す。これによって中国は中華思想のもとで皇帝の徳を周辺国に及ぼすとともに国際関係の安定をはかり，周辺国の君主は中国の脅威から逃れたうえで国内における正当性を維持した。また，朝貢に対して中国皇帝は威徳を示すため貢物以上の返礼品を与えたため，周辺国にとって貿易上の利益も大きかった。

▶朝鮮

朝鮮半島では高麗の部将で倭寇討伐に活躍した李成桂が1392年に新王朝を建て，明（1368年成立）に朝貢して朝鮮国王に封じられ，明の冊封体制下に入った（正式に朝鮮国王として冊封されたのは第3代太宗の時であるが，そこまで言及する必要はないだろう）。以後，朝鮮では明の制度や文化（儒教倫理，特に朱子学）を取り入れ，また明との関係を支配の強化に利用していった。16世紀末の豊臣秀吉による朝鮮出兵に際しては明の援助によって撃退に成功している。

朝鮮は明滅亡（1644年）以前の1637年に清の侵攻を受けて服属し，清の属国として清の年号を使うことが義務づけられた。しかし，異民族王朝の清が中国も支配するようになると，知識人の間では「中国では古代の聖王の制度は失われた。中国の伝統的な制度や文化を維持しているのはわが朝鮮だけである」という小中華意識が高まり，史料Aにあるように明最後の皇帝の年号である崇禎を使い続けることになった。

▶ベトナム

ベトナムは元の侵入を3度にわたって撃退した陳朝が1400年に滅亡すると，明の永楽帝が一時ベトナム北部を支配下に置いたが，1428年黎朝がそこから独立し，明に朝貢して大越国王として封じられた。以後科挙を行うなど中国式の集権制度の確立が目指された。その後ベトナムでは1802年に阮福暎が阮朝を建て，清から越南国王として封じられているが，清時代のベトナムについてはフランスの進出時に触れる形でよいと思われる。

▶琉球（日本）

琉球では北山・中山・南山の3つの小国が抗争していたが，1429年中山王の尚巴志が統一し，明に朝貢して琉球国王として封じられた。以後，史料Cにあるように中国・朝鮮・日本を結ぶ中継貿易で繁栄した。しかし，琉球は，江戸幕府が成立した後の1609年に島津氏の侵入を受け，薩摩藩の支配下に入ることになったが，明・清への朝貢を続けたため日中両属という形になった。

日本では室町幕府の足利義満が1401年に明に遣使し，翌年「日本国王源道義」の称号を得，その後の日本からの国書でも「日本国王臣源」と署名している。これは日本が明の冊封体制下に入ったことを意味するが，目的は朝貢貿易の形式で行われる利潤の大きい勘合貿易にあった。第4代将軍足利義持はこのような朝貢形式を屈辱的であるとして勘合貿易を一時中断している。その後，勘合貿易が再開したこともあったが，最終的に断絶し，江戸幕府も明・清と貿易は行ったが冊封関係を結ぶことはなかった。

19世紀における冊封体制の崩壊過程　【指定語句】条約，清仏戦争，下関条約

アヘン戦争以後，清が欧米諸国と条約を締結＝主権国家体制に組み込まれる
＋
琉球…日本が1879年沖縄県設置＝清の影響下から離脱
ベトナム…フランス進出後も朝貢継続→清仏戦争の結果，清は宗主権喪失
朝鮮…日清戦争の下関条約で清は朝鮮の独立を承認
→ 冊封体制崩壊

▶清の動揺

清はアヘン戦争，アロー戦争に敗れ，南京条約（1842年），天津条約（1858年），北京条約（1860年）などの不平等条約を結んだ。内容はともあれ，条約というもの

は対等な国（主権国家）同士が合意によって結ぶものであるから，清が英仏を冊封体制に組み込んだわけではなく，逆に総理衙門（総理各国事務衙門）の設置に見られるように清が近代的な主権国家体制に組み込まれたことを意味し，それは東アジアの冊封体制全体を揺るがすものであった。

▶琉球

明治維新によって近代的国家体制と国際関係を構築しようとしていた日本は，1871年に清と対等の立場で日清修好条規を結ぶと，翌年には琉球王国を琉球藩として外務省の管轄下に置き，1875年以後琉球藩の清への朝貢を禁止し，明治年号の使用を命じた。これらに清は抗議したが日本は無視し，1879年には沖縄県が設置され，併合を完了した。こうして清と琉球の冊封関係は消滅した。

▶ベトナム

ベトナムでは阮朝の建国当初から阮福暎がフランスの宣教師ピニョーの支援を受けたこともあってフランスの影響力が強かったが，ナポレオン3世の1860年代に本格的な進出が始まり，1862年のサイゴン条約でコーチシナ東部を獲得し，第三共和政下のユエ（フエ）条約（1883・84年）でベトナムを保護国化した。しかし，そうした中でも史料Bに見られるように阮朝は清に朝貢し続けていた。こうしてベトナム全土の支配をねらうフランスと，冊封体制の維持を図る清の間で清仏戦争（1884～85年）が勃発するが，敗れた清は天津条約でベトナムの宗主権を放棄しフランスのベトナム保護権を認めることになった。

▶朝鮮

日本は1875年の江華島事件を機に，翌年日朝修好条規を結んで朝鮮を開国させたが，この条約には朝鮮に独立国として日本との国交を開かせるため，朝鮮の自主独立宣言も含まれていた。これに対して清も朝鮮への干渉を強め，以後朝鮮では清と結ぶ勢力と日本と結ぶ勢力との抗争が続いて複雑な展開を見せ，清は壬午軍乱や甲申政変で朝鮮の内政に干渉する形で影響力を維持しようとした。結局日本と清の対立は1894～95年の日清戦争につながって日本の勝利に終わった。講和条約の下関条約では清も朝鮮の自主独立を認めることとなり，その後1897年に朝鮮は国号を大韓帝国と改称し，清の冊封から完全に離れることになった。

こうして，清と琉球・ベトナム・朝鮮を含む東アジアの冊封体制は完全に崩壊することになった。

ポイント

①解答の大枠として，冊封体制の展開と崩壊過程を明確に分けると書きやすい。
②小中華を史料Aと必ず結びつけること。
③日本の勘合貿易の成立・経緯や朝鮮の近代史を詳述することは求められていない。

解答例

東アジアでは，中国が朝貢してきた周辺国家の首長に官爵を与えて名目的な君臣関係を結ぶ冊封体制がとられてきた。朝鮮は明から冊封を受けて制度や儒教倫理を取り入れ，壬辰・丁酉倭乱に際し明は宗主国として援軍を送っている。朝鮮は清からも冊封を受けたが，異民族王朝の清を明の後継国家とは認めず，自らを中華文明の後継者と自認する小中華の意識を支配に利用した（史料A）。ベトナムでも黎朝が明から冊封を受け集権的な制度を導入した。日本も室町幕府が勘合貿易のため明の冊封を受け，琉球は朝貢貿易を軸に中継貿易で繁栄し（史料C），薩摩藩の征服を受けた後も，明・清への朝貢を続け日中両属となった。19世紀以降欧米が東アジアに進出し，中国が対等な関係で条約を結ぶ主権国家体制に組み込まれると，冊封体制にも変化が生じた。アヘン・アロー戦争に敗れた清は，総理衙門を設置して新たな体制を受け入れつつ，従来の冊封体制を維持しようとした。しかし日本は日清修好条規で清と対等の外交関係を結んだ後，琉球を沖縄県として領土に組み入れた。ベトナムは阮朝がフランスの進出を受けながらも清への朝貢を継続したが（史料B），清仏戦争の天津条約で清は宗主権を失った。朝鮮は日朝修好条規で開国され，清は壬午軍乱や甲申政変で宗主国としての影響力を確保しようとしたが，日清戦争に敗北し下関条約で朝鮮を独立国として認めたため，東アジアの冊封体制は崩壊することになった。

論述作成上の注意

□指定語句と各史料の関連性を正確に把握すること。
□冊封体制の崩壊過程では，清，琉球，ベトナム，朝鮮を個別に説明すると書きやすい。

5 オスマン帝国の解体過程 (2019年度 第1問)

〔地域〕西アジア（ヨーロッパも関連）〔時代〕近代・現代 〔分野〕政治・宗教

18世紀半ばから1920年代までのオスマン帝国の解体過程を660字で論述する問題。字数は過去最長であるが，「オスマン帝国の衰退＝領土の縮小」というテーマ自体は論述問題としては定番であって，このテーマで対策を立てていた人も多かったと思われる。指定語句にも難解なものはない。ただ「帝国内の民族運動や帝国の維持を目指す動き」に注目しつつ論述するには正確な歴史理解と文章構成力が求められるだろう。また，単に「タンジマートによって帝国の統一を図った」だけでは説明不足であり，アフガーニーのパン=イスラーム主義もその背景まで言及できるかがポイントとなるだろう。

設問の要求

〔主題〕18世紀半ばから1920年代までのオスマン帝国の解体過程
〔条件〕帝国内の民族運動や帝国の維持を目指す動きに注目する

解答は時系列にしたがって書くことになるので，まず領土の縮小と民族運動にかかわることを合わせた以下の年表を見て，「帝国の維持を目指す動き」をどのように関連付けていくか考えよう。「帝国の維持を目指す動き」に関するものは白丸をつけ，太字としている。

18世紀	●アラビア半島でのワッハーブ王国の建国（1744年頃） ●ロシア（エカチェリーナ2世）が黒海北岸奪取（1774年）
19世紀	**○イェニチェリの廃止（1826年）…軍制改革** ●ギリシア独立戦争（1821～29年）…1830年のロンドン会議で独立承認 ●エジプト=トルコ戦争（1831～40年）…ムハンマド=アリーが実質独立 **○タンジマート（1839～76年）…オスマン主義による帝国の維持** ●クリミア戦争（1853～56年）…英仏の支援で勝利→以後対外債務が増加 **○ミドハト憲法制定（1876年）…アジア初の憲法** ●露土戦争（1877～78年）…バルカンのキリスト教地域をほぼ失う **○パン=イスラーム主義…ムスリムの団結によって帝国の維持を図る** **○統一と進歩団の結成（1889年）**
20世紀	**○青年トルコ革命（1908年）…憲法復活＋トルコ民族主義が台頭** ●伊土戦争（1911～12年）…唯一のアフリカ領リビアを失う ●バルカン戦争（1912～13年）…ヨーロッパの領土をほぼ失う ●第一次世界大戦（1914～18年）…同盟国側で参戦 ●フサイン=マクマホン協定（1915年）…イギリスがアラブ人国家建設

を承認

- バルフォア宣言（1917年）…イギリスがユダヤ人の国家建設を承認
- セーヴル条約（1920年）…アラブ人居住地域を喪失
- ムスタファ=ケマルの革命によって滅亡（1922年）

※戦争には勝利して領土は縮小していないクリミア戦争の扱いには注意が必要。

※なお，指定語句のアフガーニーは，イスラーム教徒の団結によってヨーロッパ植民地主義に対抗しようというパン=イスラーム主義を唱えた人物で，19世紀末アブデュルハミト2世はこれを利用して帝国の維持を図った，という形で使用したい。

18世紀のオスマン帝国　　【指定語句】サウード家

アラビア半島で豪族サウード家と結んだワッハーブ派が王国を建設
ロシアのエカチェリーナ2世が黒海北岸を奪取

オスマン帝国は16世紀にはスレイマン1世のウィーン包囲などでヨーロッパに脅威を与えたが，17世紀末のカルロヴィッツ条約でオーストリアにハンガリーを奪われた頃から力関係が逆転し，帝国内のアラブ人，スラヴ人などの民族運動も活発になった。

18世紀にアラビア半島ではイブン=アブドゥル=ワッハーブが神秘主義を否定しイスラームの原点復帰を唱えて支持を得た。このワッハーブ派の運動は豪族サウード家の政治運動と結びつき，1744年頃にはワッハーブ王国が建設された。この国は1818年にムハンマド=アリーに敗れるが，1823年に再興され，後に中断したものの，現在のサウジアラビアにつながることは周知であろう。一方，北からのロシアの圧迫も強まり，18世紀後半にはエカチェリーナ2世に黒海北岸を奪われ，保護下にあったクリミア半島のクリム=ハン国も支配下から離れた。

19世紀のオスマン帝国
【指定語句】ロンドン会議（1830），ギュルハネ勅令，ミドハト憲法，アフガーニー

ロンドン会議（1830）でギリシアが独立＋エジプトのムハンマド=アリーが実質独立
↓
ギュルハネ勅令でタンジマート開始…オスマン主義による帝国統一を図る
1876年ミドハト憲法制定…アジア初の憲法，法治国家体制の確立を目指す
×
アブデュルハミト2世が露土戦争を期に憲法を停止＝専制体制復活
アフガーニーが唱えたパン=イスラーム主義で帝国の統一を図る

▶ギリシア独立・エジプトの実質独立とタンジマート

19世紀に入るとオスマン帝国ではイェニチェリを全廃するなど改革を模索し始め

たが，1821 年から始まったギリシア独立戦争には帝国の弱体化をねらうロシア・イギリス・フランスが参加し，1830 年のロンドン会議でギリシア独立が認められた。またこの戦争でオスマン帝国を支援したエジプト総督ムハンマド=アリーが独立とシリアを要求して二度にわたるエジプト=トルコ戦争を起こし，1840 年のロンドン会議でエジプト総督の世襲権が認められて実質的に帝国の支配から離れた。

このような帝国の危機の中，アブデュルメジト 1 世が 1839 年に発したギュルハネ勅令で開始されたのがタンジマート（恩恵改革）であった。タンジマートは西欧モデルの近代化を目指して行政・司法・軍事・経済・教育などの改革を行う富国強兵策であるが，ムスリム・非ムスリムを問わず全国民の法の下の平等を掲げることで民族運動を抑え，帝国の統一を強化するねらいがあった。これをオスマン主義という。しかし改革にともなう出費の増大による財政難が激しくなり，さらにロシアがギリシア正教徒保護を口実に仕掛けたクリミア戦争（1853～56 年）が勃発した。戦争自体はロシアの南下を警戒するイギリス・フランスの支援で勝利したが，列強への対外債務は激増し，市場開放に便乗した列強の経済進出が激しくなった。

▶ミドハト憲法，露土戦争とパン=イスラーム主義

1876 年に即位したアブデュルハミト 2 世はミドハト=パシャを登用してアジア最初の憲法であるミドハト憲法を発布し，立憲君主政を確立することで帝国の破綻を食い止めようとした。しかし，翌年露土戦争（ロシア=トルコ戦争）が起こるとそれを口実に憲法を停止し専制政治を復活させた。そして露土戦争のサン=ステファノ条約・ベルリン条約によってルーマニア・セルビアなどキリスト教徒の居住地域が独立したため，戦争後はアフガーニーが唱えた，ヨーロッパ植民地主義に対抗するため一致協力してイスラーム世界を打ち立てるべきだとするパン=イスラーム主義を政治的に利用し，ムスリムを団結させることで帝国の統一と自己の独裁権の強化を図った。

20 世紀のオスマン帝国

【指定語句】日露戦争，フサイン=マクマホン協定，セーヴル条約

1905 年日露戦争における日本の勝利

↓

1908 年青年トルコ革命で憲法復活→以後トルコ民族主義が台頭

↓

1914～18 年第一次世界大戦…帝国は同盟国側で参戦

　1915 年フサイン=マクマホン協定…イギリスがアラブ人の国家建設を承認

　1917 年バルフォア宣言…イギリスがユダヤ人の国家建設を承認

1920 年セーヴル条約…アラブ人居住地域を喪失

1922 年ムスタファ=ケマルのトルコ革命でスルタン制廃止＝帝国滅亡

▶青年トルコ革命

このような状況の中，タンジマートによって西欧思想の影響を受けたエリート層は1889年に統一と進歩団を結成し，専制政治を打倒し憲法を復活しようとする運動を起こした。彼らは日露戦争における日本の勝利やイラン立憲革命に刺激され，青年将校を中心に1908年，青年トルコ革命を起こしスルタンに憲法の復活を認めさせ，翌年にはアブデュルハミト2世を退位に追い込んで政権を握った。そしてこれ以後は，パン=イスラーム主義にかわって民族としてのトルコ人を優先するトルコ民族主義が台頭していくことになる。しかし，青年トルコ革命以後も政情は不安定で，外圧はさらに強まり，1908年の革命に便乗してブルガリアが正式に独立し，イタリアとの戦争（伊土戦争：1911〜12年）に敗れてアフリカに唯一保持していたトリポリ・キレナイカ（現リビア）を失い，さらにロシアの支援を受けたバルカン同盟との戦争（バルカン戦争：1912〜13年）に敗れてヨーロッパの領土はほぼ失われた。

▶第一次世界大戦と帝国の滅亡

第一次世界大戦が勃発すると，ロシアに対抗するためにドイツの支援を受けていた帝国は同盟国側で参戦し領土の奪回を図ったが，この間にアラブ人の民族主義はさらに高まり，イギリスはこれを利用するためにフサイン=マクマホン協定を結んで帝国内のアラブ人の独立を約束して協力を得た。一方でイギリスはユダヤ民族国家建設を目指すシオニズムを支援するバルフォア宣言を発してユダヤ系財閥の援助を得たため，現在のパレスチナ問題の元凶をつくった。この論述はイギリスの二重外交を述べる問題ではないが，これは「帝国内の民族運動」に関する事項と考えたい。

大戦に敗北したオスマン帝国はセーヴル条約でトルコ人居住地域以外を失い，アラブ人居住地域はイギリス・フランスの委任統治下におかれた。オスマン帝国はムスタファ=ケマルらが指導するトルコ革命によってスルタン制が廃止され，1922年に滅亡することになる。

ポイント

領土の縮小を詳述するよりも，帝国の維持を目指す動きとの関連性を重視して書き進めよう。

解答例

18世紀半ば以後アラビア半島ではイスラーム復古主義を説くワッハーブ派が豪族サウード家と結んで王国を建てるなどアラブ民族意識が高まり，ロシアには黒海北岸を奪われた。19世紀に入るとイェニチェリ廃止などの軍制改革を行ったが，ギリシアがロンドン会議（1830）で独立を認められ，エジプトでもムハンマド=アリーが自立した。こうした中アブデュルメジト1世はギュルハネ勅令によって西欧モデルの近代化を目指すタンジマートを開始し，宗教の別を問わない法的な平等を認めるオスマン主義によって帝国の統一を図ったが，クリミア戦争以後の外債累積で対外的従属は深まった。こうした中で立憲運動が起こり，ミドハト憲法が制定され法治国家の体制が整うかに見えたが，アブデュルハミト2世は露土戦争を口実に憲法を停止して専制政治を復活させた。そしてこの戦争でバルカンのキリスト教地域が独立すると，アフガーニーが唱えたパン=イスラーム主義を利用して帝国の統一を保とうとした。これに対して，日露戦争での日本の勝利に刺激されて起きた青年トルコ革命によって憲法は復活され，以後トルコ民族主義が強まっていったが，バルカン戦争などでヨーロッパの領土はほぼ失われた。第一次世界大戦が起こると同盟国側で参戦したが，アラブ人はイギリスへの協力の代償にフサイン=マクマホン協定で独立の支援を取り付け，ユダヤ人もバルフォア宣言でシオニズムへの支援を得た。大戦に敗れた帝国はセーヴル条約でアラブ居住地域が英仏の委任統治領となって解体し，ムスタファ=ケマルのトルコ革命によって滅亡した。

論述作成上の注意

□問題はオスマン帝国の解体過程であるから，トルコ共和国になってからの諸改革には触れる必要はない。

6 19〜20 世紀の女性の活動，女性参政権獲得の歩み，女性解放運動

（2018 年度 第 1 問）

〔地域〕全世界（欧米中心）〔時代〕近代・現代 〔分野〕社会・政治・文化

女性参政権獲得運動や女性解放運動というテーマは大学入試でも比較的見られるが，東京大学でこれが取り上げられたことは受験生にとって予想外であったと思われる。しかし現在の日本においても「ジェンダー（生物学上の雌雄ではなく，歴史的・文化的・社会的に作られた男女の差異）」の問題は取り上げられることが多く，これに関して問題意識を持つことの重要性を提示するような出題となっている。題意は明確に示され，問題文の最後で論述の方向性についてもある程度の指標が示されているので「なにを書けばいいのか」悩む問題ではないが，指定語句の「産業革命」「人権宣言」「総力戦」などを女性差別の問題と結びつけるには深い歴史理解が必要であり，限られた時間内に 600 字の文章にまとめるのはやはり至難の業といえるだろう。

設問の要求

〔主題〕①19〜20 世紀の女性の活動
②女性参政権獲得までの歩み
③第二次世界大戦後の女性解放運動

漫然と書いていっても論旨がぼやけてしまうので，上記の①〜③の順に論述を進めるが，まず指定語句がどれに該当するか整理することから始めよう。

指定語句の整理

①19〜20 世紀の女性の活動
人権宣言…フランス革命→自然権を規定×女性の権利は？
産業革命…分業体制の成立→女性の社会進出の端緒に
ナイティンゲール…近代看護制度を確立した女性
キュリー（マリー）…放射性物質を発見した女性

②女性参政権獲得までの歩み
総力戦…第一次世界大戦→女性が戦争遂行に貢献
第 4 次選挙法改正（1918）…イギリスで初めて女性に参政権

③第二次世界大戦後の女性解放運動
フェミニズム…1960 年代にさかんになった女性解放運動
女性差別撤廃条約（1979）…国連総会で採決された条約

①ではフランス革命中に発せられた人権宣言が女性の権利に言及しているのかどうか，産業革命が女性の社会的立場にどのような変化をもたらしたかを述べ，そうした時代に活躍した２人の女性の功績に言及する。②では総力戦となった第一次世界大戦

後に女性参政権獲得が進んだ理由を述べる。③では第二次世界大戦後にさかんとなったフェミニズム（女性解放運動）に言及する。

フランス革命・産業革命と女性，19～20 世紀の女性の活動

人権宣言（1789 年）…自由・所有・安全および圧政への抵抗権を規定×女性の権利には言及せず
産業革命…女性の社会進出の端緒に→男女の分業化も進む
×
そうした時代に活躍した女性
ナイティンゲール…クリミア戦争で看護活動→近代看護制度を創始
キュリー（マリー）…ポーランド生まれの科学者，放射性物質を発見

▶人権宣言と女性

フランス革命の際，1789 年 8 月，国民議会で採択された人権宣言（人間と市民の権利の宣言）では第 2 条で自由・所有・安全および圧政への抵抗権を自然権と規定しているが，それは男性の権利を指すもので，女性の権利は全く考慮されていない。これに対してオランプ=ド=グージュという女性が，1791 年に「女性と女性市民の権利宣言（女権宣言）」を発表している。しかしこのような女権論には反発も強く，彼女は 1793 年反革命の嫌疑で処刑されている。いずれにしても人権宣言は女性の権利については言及していない点を指摘しておきたい。

また 1804 年に公布されたナポレオン法典（フランス民法典）では男性の家父長権が強化されており，妻の権利は無力化されているので，これについても言及したい。

▶産業革命と女性

産業革命と女性に関しては 2 つの側面がある。1 つは産業革命によって職住分離（職場と家庭の分離）が進み，男性は外（工場や会社）で働き，女性は家庭を守るという近代の家族形態が成立した点である。産業革命以前の農業中心社会では女性も補助的ではあっても農業労働に従事していたのだが，産業革命の進展によって男性が外で働き女性は家庭内で家事を行うという家族形態（分業化）が一般化していった。もう 1 つの側面は，いかに低賃金で労働環境が劣悪であろうが，産業革命によって女性も外で働き，経済的に環境が整うことで社会進出の機会が得られるようになった点があげられる。女性労働者は男性らと一緒に働くことで男性との賃金格差だけでなく，政治的にも無権利であることを自覚し，このことが女性解放運動の端緒となった。

▶男性中心社会の中で活躍した女性

ナイティンゲールはイギリスの裕福な家庭の出身で，クリミア戦争（1853～56 年）で献身的に傷病者の救護活動を行い，近代看護制度を確立した。その活動は国際赤十字社を創設したデュナンにも大きな影響を与えた。ここではクリミア戦争，看護制度，あるいは国際赤十字社への影響などに言及すれば十分だろう。

キュリー（マリー）はポーランド出身で，フランスの物理学者ピエールと結婚し，夫とともにラジウム，ポロニウムを発見し，1903年ノーベル物理学賞を受賞，夫の死後ラジウムの分離に成功し1911年には単独でノーベル化学賞を受賞している。

女性参政権獲得までの歩み

19世紀イギリス・アメリカで男性普通選挙が実現→女性参政権獲得運動も開始

↓

第一次世界大戦が総力戦に＝女性も軍需工場での労働などで戦争遂行に貢献

↓

イギリス・アメリカ・ドイツ・ソヴィエトなどで女性参政権が実現

▶19世紀の女性参政権獲得運動

イギリスでは1832年の第1次選挙法改正で新たに産業資本家などが参政権を得たが，参政権を獲得できなかった労働者はチャーティスト運動を展開し「人民憲章」を議会に提出した。この「人民憲章」では男性普通選挙が掲げられ，女性参政権は目標とさえされていなかった。しかし，次第に男性の選挙権が拡大していくと，産業革命で社会進出を始めた女性の中から男性と同様の参政権獲得のための運動が始まった。

▶第一次世界大戦と女性参政権

1914年に勃発した第一次世界大戦は世界初の「総力戦」となった。総力戦とは戦争の勝敗が個々の戦闘ではなく，国家全体の経済力や生産力，国民の動員力によって決する戦争のことで，そのため，戦場で戦う男性だけでなく，女性も軍需工場での労働や治安維持などで戦争遂行に大きな役割を果たすようになった。その結果，戦争中や戦後にかけて女性の発言権が強まり，女性の参政権が実現していくことになる。

具体的には，指定語句の第4次選挙法改正（1918）で女性参政権が実現したイギリスは必須だが，そのほかアメリカ・ドイツ，そしてソヴィエト政権などを取り上げてもよいだろう。イギリスの第4次選挙法改正（1918年）では30歳以上の女性（男性は21歳）に参政権が与えられ，1928年の第5次選挙法改正では男女とも21歳以上となった。アメリカではウィルソン政権下の1920年，ドイツでは1919年に発布されたヴァイマル憲法で実現している。なお，アジアではトルコ革命によって成立したトルコ共和国で，1934年に女性参政権が与えられている。

第二次世界大戦後の女性解放運動

国連の世界人権宣言（1948年）で性差別の廃止を明記×女性差別は残存
1960年代黒人解放運動・ベトナム反戦運動が世界的に拡大
↓
女性解放を目指すフェミニズム運動が高揚
1979年国連で女性差別撤廃条約を採択→日本で男女雇用機会均等法が成立

第二次世界大戦では第一次世界大戦以上に女性が戦争遂行に大きな役割をはたしたため，大戦直後に発足した国際連合では男女同権が明記された世界人権宣言が採択された。また家電の普及などで家事負担が減少した女性の社会進出が進んでいったが，現実の社会では進学・就職・昇進・賃金などでさまざまな男女差別が残存した。

こうした中，1960年代のアメリカで公民権運動やベトナム反戦運動が盛り上がると，その刺激を受けてフェミニズムが高揚していった。フェミニズムは男性中心の社会を批判し，女性の諸権利の獲得だけでなく，意識改革をすすめて，目には見えない日常的な性差別の撤廃によって女性解放を実現しようとするものである。

このフェミニズムが1970年代以降世界的な広がりをみせると，1979年国連総会では女性差別撤廃条約が採択された。これを受けて日本でも1986年に男女雇用機会均等法が施行され，1999年には男女が社会の対等な構成員として社会活動に参画する機会を確保する男女共同参画社会基本法も制定された。

ポイント

産業革命・総力戦となった第一次世界大戦が女性の社会的地位に与えた影響，第二次世界大戦後フェミニズムが高揚した背景を明記すること。

解答例

フランス革命の人権宣言で唱えられた自然権は男性に限定されたものであり，ナポレオンのフランス民法典でも男性の家父長権が強調された。産業革命は，男性は職場，女性は家庭という分業関係を強めたが，一方で女性の社会進出の端緒ともなった。女性の労働環境は劣悪で，男性との賃金格差も大きかったが，クリミア戦争で活躍し近代看護制度を確立したナイティンゲールや，放射性物質を発見したキュリー（マリー）のような女性も現れた。イギリスやアメリカで男性の選挙権獲得運動が進展していくにつれ，女性参政権獲得運動も始まった。20世紀初頭の第一次世界大戦は国家の生産力が勝敗を左右する総力戦となり，女性も軍需工場での労働などで戦争遂行に大きく貢献したため，大戦末期のイギリスでは第４次選挙法改正（1918）で30歳以上の女性に参政権が認められ，大戦後にはアメリカ，ドイツなど各国で女性参政権が実現し，トルコなどアジアにも拡大していった。第二次世界大戦後には国際連合の世界人権宣言で男女の平等がうたわれたが，社会的・経済的な女性差別は依然として残存していた。1960年代になると公民権運動などに刺激を受け，意識改革によって，全ての男女差別撤廃を目指し，その必要性を訴えるフェミニズムが起こった。こうした動きは1970年代には世界的な広がりをみせ，国連総会で女性差別撤廃条約（1979）が決議され，これを受け日本でも男女雇用機会均等法が施行された。

論述作成上の注意

□世界初の女性参政権を実現したニュージーランド，第二次世界大戦後に実現した日本などは問題で言及されているので書く必要はない。

7 ローマ帝国と秦帝国成立までの社会変化

（2017年度 第1問）

〔地域〕ヨーロッパ・中国 〔時代〕古代 〔分野〕政治・社会・文化

「帝国」の概念に関しては，古代帝国だけでなく，中世の神聖ローマ帝国やアラブ帝国，近世以降のロシア帝国，オスマン帝国，そして大英帝国などの定義，類似点や相違点について，現在でも様々な議論が続けられている。しかし，最も一般的な「帝国」の定義としては，王国を超えた広い領域を持ち，領土内に多民族を内包するような国を指す，といったところであろう。しかし，諸地域の帝国が成立するまでの経緯には大きな違いがあるわけで，本問では，前2世紀以後のローマ，春秋時代以後の黄河・長江流域における「古代帝国」成立までの社会変化について，両地域の類似点と相違点に留意しながら述べることが求められている。8つの指定語句を4つずつ2つの地域に分けるのは容易であろうし，政治的経緯についてだけ論述するのであれば書きやすい問題といえる。しかし，その政治的経緯の背景となった社会変化について述べることが求められているのが東大大論述ならではといえ，総合的な理解と文章構成力が求められる論述問題である。

設問の要求

〔主題〕前2世紀以後のローマ，春秋時代以後の黄河・長江流域における「古代帝国」成立までの社会変化。
〔条件〕「帝国」統治者の呼び名が登場する経緯の違いに留意する。

二つの地域の「帝国」成立過程における社会変化の類似点と相違点や「帝国」統治者の呼び名が登場する経緯の違いにも留意する必要があるが，これらを同時進行で書いていくわけにはいかない。実際は，ローマと黄河・長江流域に分けて記述することになる。

指定語句の整理

ローマ：属州…イタリア半島以外の領土のこと
私兵…有力者が無産市民を私兵化して抗争
同盟市戦争…半島内の同盟市が市民権を要求→市民権が拡大
第一人者…オクタウィアヌスが自称＝共和政の制度を尊重
黄河・長江流域：宗法…宗族（氏族）を統制するための規範
邑…城郭都市。春秋時代以後，解体が進む
諸侯…周王から封土を与えられた君主だが，春秋時代以後，領域国家を形成
漢字…秦の始皇帝が書体を篆書で統一

ローマに関しては前2世紀，ポエニ戦争で属州が拡大するなかで，重装歩兵市民団の中核だった中小農民が没落し，奴隷制の大農園が発展したという社会変化と，その

後の内乱の１世紀の間に，市民権の拡大によってローマが都市国家連合から領域国家に変貌するとともに共和政が形骸化し，オクタウィアヌスによる実質的な帝政開始につながったという点を述べる。またオクタウィアヌスは始皇帝のように「皇帝」という称号を使わず，あくまで市民の「第一人者」と称した点にふれたい。

黄河・長江流域に関しては，春秋時代から，宗族間の規範である宗法や，氏族的な共同体から生まれた邑という城郭都市（都市国家）を基盤とした国家体制が崩れ，封建制が動揺し，領域国家の形成が進んだことを述べる。そして統一を果たした始皇帝が，王の上に立つ称号として自ら皇帝と称した点を取り上げたい。

ローマ

中小農民（ローマ市民団の中核）の没落←長期の従軍・属州の拡大による安価な穀物の流入

↓←グラックス兄弟の改革（自作農再興）も失敗

貧富の差拡大＋有力者が没落農民など無産市民を私兵化，抗争＝共和政が形骸化

同盟市戦争→市民権の拡大でローマが都市国家連合から領域国家へ

↓

オクタウィアヌスが混乱収拾＋「第一人者」の称号＝共和政の伝統尊重

▶中小農民の没落による社会変化

ティベル河畔の都市国家から出発したローマの基盤は，重装歩兵を担う市民団であり，その中核は中小の自作農民であった。しかし，イタリア統一の戦争に続いてポエニ戦争に従軍した彼らの中には戦死や耕地の荒廃によって没落する者が現れ，また新たに獲得した属州から流入する安価な穀物は，彼らの没落に拍車をかけた。彼らは土地を捨ててローマに流入し，「パンと見世物」を求める無産市民となっていった。一方，徴税請負などで財をなした騎士階級や貴族は，公有地を私有地化したうえ，没落した農民の土地も集積し，征服地の住民を奴隷として使役する大農園（ラティフンディア）を経営するようになった。この市民団解体という共和政の危機に対応しようとしたのが，前 133 年と前 123 年に行われたグラックス兄弟の改革である。これは，大土地所有を制限し，その土地を無産市民に与えて市民団を再建しようとしたものであるが，元老院保守派の反対にあって失敗した。

▶内乱の１世紀

市民団解体という混乱のなかで，閥族派と平民派が対立し，有力者は，無産市民を金で雇って私兵化するようになった。平民派のマリウスは，武器自弁による市民皆兵の原則を捨てて，無産市民を傭兵とする軍制改革を行ったことで知られる。このような対立のなかで起こった同盟市戦争は，イタリア半島内の同盟都市が市民権を要求したもので，この結果，ローマ市民権はイタリア半島内の全ての自由民に拡大されたため，ローマは都市国家，あるいは都市国家の連合体から，領域国家へと変貌した。

この混乱は，既得権を守ろうとする元老院に対抗するため成立した第1回三頭政治を勝ち抜いたカエサルの独裁で一段落するが，カエサルは，本来は任期半年・再任不可のはずの独裁官（ディクタトル）に，終身独裁官として就任した。このように，混乱のなかで権力が特定の実力者に集中する傾向が生まれ，共和政は形骸化していった。

▶元首政の開始

カエサルが共和派に暗殺されたあと，オクタウィアヌス・アントニウス・レピドゥスによる第2回三頭政治が行われるが，最終的に，プトレマイオス朝エジプトの女王クレオパトラと結んだアントニウスをオクタウィアヌスが破り，混乱を収拾すると同時に，エジプト征服によって地中海世界の統一にも成功した。彼は元老院からアウグストゥス（尊厳なる者）の称号を与えられたが，養父カエサル暗殺の経験から，独裁者とみられるのを避けるため「第一人者（プリンケプス）」として表面上は元老院と協調し，共和政の伝統を尊重しながら要職を独占する形で，実質的な帝政を開始した。

黄河・長江流域

春秋・戦国時代…家族単位の農業が可能に←鉄製農具や牛耕普及で農業生産力増大
↓
宗法に基づく氏族共同体の結束弱まる＝封建制の動揺
国家も邑（城郭都市）の連合体から領域国家へ＋諸侯は富国強兵を進めて王を称する
↓
前221年秦王政が統一…諸王の上に立つ称号として「皇帝」の称号採用
漢字の書体を篆書に統一→漢字文化圏形成の契機に

▶邑制国家体制の解体と封建制の動揺

殷や周の時代は農業生産力が低く，農作業には多数の人間の共同作業が不可欠であった。共同作業の基礎となったのは血縁で結ばれた共同体であり，この共同体が発展したものが邑と呼ばれる城郭都市であって，殷や周は，王のもとにこれらの邑が連合する国家体制（邑制国家）であった。しかし，春秋時代末期から鉄製農具や牛耕が普及し農業生産力が高まると，共同作業を行わなくとも家族単位で農業を営むことが可能となり，血縁で結ばれた共同体は解体していき，この結果，邑の氏族的共同体の結合が次第に弱まり，邑制国家体制は解体していった。また春秋時代の諸侯は，周王室の血縁者や功臣であって，封建制のもとで土地を封じられ，宗法という氏族的な規約にしたがっていた。しかし，周王室の権威の失墜や血縁の疎遠化などにより次第に自立するようになり，封建制は動揺した。このような時代に人々は新しい社会のあり方を模索し，諸子百家と呼ばれる多くの思想家が現れるなど，実力主義の風潮が強まった。自立した諸侯は，商工業を保護して，血縁や家柄によらず能力本位で官僚や軍人を登用し，国内の邑を解体して，人民や土地を直接支配下に置く領域国家を形成し，王と称するようになった。

▶秦による統一と皇帝の称号

陝西地方にあった秦は，前4世紀に，法家の商鞅の改革で強大化し，前221年に，王の政が他の六国を滅ぼし，黄河・長江流域を統一した。六国の王を滅ぼした政は，王の上位となる称号として皇帝と称し，自らを始皇帝とした。皇帝は「光り輝く天の支配者」という意味である。ある程度中央集権化が進んでいた諸国を統一し，諸王の上に立つ存在として自ら皇帝という称号を使って神格化を図った点が，秦の特徴といえる。始皇帝は統一後，法家の李斯を丞相として官僚制の整備，郡県制の施行，貨幣の統一などを行ったが，特筆すべきは，春秋・戦国時代に各国で差異が現れていた漢字を篆書（小篆）という書体で統一したことであろう。こうした文字の統一は，命令文書の伝達などに役立ったのはもちろんだが，中国文化の統一性を保つのに意義があり，さらに朝鮮や日本などに伝播し，東アジア漢字文化圏を形成する端緒となった。

ポイント

両地域の類似点と相違点に留意しながら論述を進めること。

類似点…どちらも社会変化のなかで都市国家連合から領域国家へと変貌した。

相違点…「帝国」統治者の呼び名が持つ意味合い。

解答例

都市国家ローマはポエニ戦争によって属州を拡大したが，その過程で重装歩兵として発展を担った中小農民が没落し，有力者は土地を集積して奴隷制の大農園を営んだ。市民団再建を図ったグラックス兄弟の改革が失敗すると，有力者が無産市民を私兵化して抗争する内乱の1世紀に突入し，混乱収拾の過程で実力者に権力が集中し共和政が形骸化するとともに，内乱中の同盟市戦争で市民権が半島内自由民に拡大され，ローマは都市国家連合から領域国家へと変貌した。その後カエサルの独裁を経てオクタウィアヌスが地中海世界を統一すると元老院はアウグストゥスの称号を与えたが，彼は市民の第一人者として共和政の理念を尊重しつつ要職を独占する元首政の形をとって実質的な帝政を開始した。黄河・長江流域では，春秋時代末から鉄製農具や牛耕の普及により農業生産が増大して家族単位の農業が可能になり，従来の宗法に基づく氏族共同体の結束が弱まり封建制は動揺した。国家も城郭都市である邑の連合体から君主が人民を直接支配する領域国家へと変貌し，諸侯は富国強兵のため商工業を奨励し，有能な人材を実力本位で登用，自ら王を称して互いに抗争した。その後法家思想を採用した秦が中国を統一，秦王政は諸王の上に立つ皇帝の称号を採用し神格化を図った。始皇帝は官僚制の整備や郡県制により中央集権を確立するとともに，文字を篆書で統一して東アジア全域に及ぶ漢字文化圏形成の契機を作った。

論述作成上の注意

□ローマの政治的な流れを詳述すると，社会変化を述べたり，黄河・長江流域に関して述べたりするスペースが少なくなるので注意しよう。

8 1970年代後半〜80年代の東アジア，中東，中米・南米の政治状況の変化 （2016年度 第1問）

〔地域〕アジア・アメリカ大陸　〔時代〕現代　〔分野〕政治

第1問の長文論述問題でこのような第二次世界大戦後のみを扱った問題は，たいへん珍しい。東京大学が戦後史の学習によって現在の世界への理解を求めていることの表れといえる。この1970年代後半から1980年代にかけての時代が，1990年代から現在へと続く世界の混迷の原因となっているという点を念頭におきながら書くことを求められており，またヨーロッパやアメリカ合衆国ではなく，アジアや中東，中南米の変化が問われているところが東京大学らしいというべきであろう。

なお，問題文中の「新冷戦」という言葉はなじみがないかもしれないが，一般的には，1970年代にデタントと呼ばれる緊張緩和が進んだあと，1979年のソ連のアフガニスタン侵攻を機に再び深まった米ソ対立のことで，1980年代後半からのソ連におけるペレストロイカの進展で弱まり，1989年のマルタ会談での冷戦終結宣言で終焉を迎えたとされる。ただ，21世紀になってアメリカの一極支配が強まるなか，これにロシアが対抗していく状況も「新冷戦」と呼ばれる場合がある。

設問の要求

〔主題〕1970年代後半から1980年代にかけての東アジア，中東，中米・南米の政治状況の変化。

〔条件〕1990年代以降につながる変化としてとらえる。

指定語句からみて，東アジアは中国と韓国，中東はイランとイラク，エジプトとイスラエル，中米はグレナダ，南米はアルゼンチンの，この時代における変化について述べる。条件として1990年代以降につながる変化とあるが，これはそうした意識のもとに整理し考えるということで，1990年代以降のことまで述べるわけではない。

指定語句の整理

東アジア	：鄧小平…中国。プロレタリア文化大革命終結以後，改革・開放政策を推進
	アジアニーズ…韓国の経済発展
	光州事件…韓国の民主化運動弾圧事件
中東	：イラン=イスラーム共和国…1979年の革命で成立
	サダム=フセイン…イラクの独裁者。1980年イラン=イラク戦争を起こす
	シナイ半島…1979年のイスラエルとエジプトの和解でエジプトに返還
中米・南米	：グレナダ…中米。1979年に成立した左翼政権をアメリカが打倒
	フォークランド紛争…南米のアルゼンチンとイギリスとの領土争い

東アジアでは，中国と韓国のいずれも経済発展が始まるが，民主化は進まず，天安門事件や光州事件が起こったという，ある程度の共通点を念頭に述べたい。

中東では，ただ事件の内容を述べるだけでなく，現在も続く中東の混迷の火種がこの時期に生まれたという視点から述べることが大事であろう。

中南米ではラテンアメリカ全体を総合的に書ければ一番良いが，かなり難度が高くなる。また，中米・南米と明確に分けて述べていくのが簡明であろう。

東アジア―経済発展と民主化の問題

中国…1970年代末から鄧小平の改革・開放政策→経済成長が始まる
×
民主化は停滞→民主化運動が高揚→1989年天安門事件

韓国…1970年代朴正熙の開発独裁→経済発展開始→アジアニーズの一員に
×
民主化は停滞→1980年光州事件→80年代後半には民主化が進展

▶中国の改革・開放政策と天安門事件

中国では1976年の毛沢東の死と四人組の失脚でプロレタリア文化大革命が終わり，その後実権を握った鄧小平が1978年から改革・開放政策を開始した。これは人民公社を解体して農業の各戸経営を認め，市場経済の推進，外国資本・技術の導入などを進めるもので，これらの政策によって急速な経済発展が始まった。しかし政治的には共産党一党独裁体制が続いて民主化は進まず，これに対する不満から，1989年，北京の天安門広場に多数の学生らが集結して民主化を求めたが，政府は人民解放軍によってこれを弾圧し，多くの犠牲者を出した。経済は自由化するが，民主化運動は抑えるという，現在の中国の基本姿勢はこの時期に定まったといえる。

▶韓国の開発独裁と経済発展，民主化の弾圧とその後の民主化の進展

韓国は朴正熙大統領の「開発独裁」と呼ばれる政府主導の経済発展政策によって急速な経済成長を遂げ，台湾・香港などとともにアジアニーズ（アジアの新興工業経済地域，NIES）の一員となった。しかし，中国と同じく民主化は進まず，1979年に朴正熙が側近によって暗殺されると民主化運動が高揚したものの，軍の実権を握った全斗煥により弾圧され（光州事件），全斗煥がその後大統領となった。しかし，1988年平和的な選挙により盧泰愚が大統領になると，同年のソウルオリンピックなどをきっかけに民主化が始まり，1990年代には文民出身の金泳三大統領のもとで加速することになる。

中東—現在も続く混迷の原点

イラン・イラク …1979 年イラン革命→イラン=イスラーム共和国成立→反米に転換
イラクの独裁者サダム=フセインによりイラン=イラク戦争勃発
→アメリカの支援で軍事大国化→のちにクウェート侵攻

エジプト・イスラエル…1979 年に平和条約締結→エジプトにシナイ半島を返還
→他のアラブ諸国・PLO が非難→中東混迷の一因に

▶イラン・イラク

イランでは国王のパフレヴィー 2 世がアメリカの援助で白色革命と呼ばれる上からの近代化を進めていたが，貧富の差の拡大などの不満から 1979 年ホメイニが指導する革命が成功，国王は亡命，シーア派のイラン=イスラーム共和国が成立した。政府は反ソ・反米を掲げたが，特にアメリカが国王の亡命を受け入れると対米感情が悪化した。イラン革命は周辺の国に大きな影響を与え，「新冷戦」のきっかけともなったソ連のアフガニスタン侵攻は，アフガニスタンにイランのイスラーム革命が波及するのを恐れたことも原因の一つであった。

隣国イラクでは，1970 年代からサダム=フセインを中心とするバース党の独裁政治が行われていたが，国民の 3 分の 2 近くをシーア派が占めるのに対し支配層はスンナ派アラブ人が握るという構造だったため，イラン革命の波及を恐れたフセインが 1980 年にイラン=イラク戦争を起こした。イラク側をアラブ諸国やアメリカが支援したため戦争は長期化，そのなかでアメリカの支援によりイラクが軍事大国化し，1990 年クウェートへ侵攻し湾岸戦争を引き起こすなど，中東情勢を混迷化させることになった。

▶エジプト・イスラエル

エジプトは第 3 次中東戦争でイスラエルにシナイ半島などを奪われ，第 4 次中東戦争でも奪還できなかった。これに対しサダト大統領はイスラエルを訪問して世界を驚かせ，1979 年にはアメリカのカーター大統領の仲介でエジプト=イスラエル平和条約を結んでイスラエルを公式に承認した。この結果，シナイ半島はエジプトに返還されたが，エジプトの「裏切り」に対して PLO やアラブ諸国の反発は強く，エジプトは孤立し，サダトも 1981 年に暗殺された。こうしてアラブ諸国間の結束が弱まると同時に，アメリカをはじめ西欧諸国への反発が強まったこともあって，イスラーム原理主義が台頭，2001 年の同時多発テロやその後の IS の活動などへとつながっていった。

中米・南米―アメリカの反共政策と対外債務による民政移行

中米…グレナダの左翼政権の内紛にアメリカが介入→親米政権の樹立
　　　ニカラグアの左翼政権にもアメリカが介入→1990年まで内戦が続行
南米…アルゼンチンによるフォークランド諸島占領の失敗→民政に移行
　　　周辺国も対外債務の累積から民政への移行が進む

▶中米

アメリカはカリブ海諸国での社会主義運動や革命を抑えてきたが，1979年カリブ海のグレナダで左翼のビショップ政権が誕生した。1983年この左翼政権内で混乱が発生すると，レーガン大統領は同年グレナダに侵攻し，親米政権を建てた。またパナマ運河に近いニカラグアでも1979年サンディニスタ民族解放戦線の革命が成功したが，ここでもアメリカが介入，1990年まで内戦が続くことになった。こうした国々では，その後アメリカ寄りの政権のもとで民主化が進展していくことになった。

▶南米

アルゼンチンは第二次世界大戦後，クーデターによる軍部政権の交替が続いていたが，1982年ガルティエリ政権は，1833年以来イギリスが実効支配を続けていたフォークランド諸島を軍事占領した。これに対してイギリスのサッチャー政権は軍隊を派遣し戦争となったが，イギリスの完勝に終わった。敗戦の責任をとってガルティエリ大統領は辞任，翌年アルゼンチンは民政に移行した。こののち周辺国では，工業化による経済発展にともない累積債務が深刻化する一方で，中産階級の成長によって，開発独裁体制からブラジルなどのような民政移行が実現していくことになった。

ポイント

①どの地域でも1979年が大きな転換点であったことを理解しよう。
②中東では1990年代以降の混迷につながった点をイメージして書こう。
③イランやイラク，中米では，アメリカとの関係がキーポイントとなる。

解答例

中国では文化大革命終結後に実権を握った鄧小平が改革・開放政策を進め，経済成長が始まった。しかし共産党の一党独裁体制に対する不満から民主化運動が高揚すると，天安門事件でこれを徹底的に弾圧した。韓国では北朝鮮との対立が続くなか，朴正熙の開発独裁によって経済が発展し，アジアニーズの一員に数えられるようになった。朴正熙暗殺を機に高まった民主化運動は光州事件で弾圧されたが，さらなる経済発展やソウル五輪などを背景に民主化が進展していった。中東では，アメリカの援助で国王の独裁が続いていたイランで革命が起こり，イラン＝イスラーム共和国が成立し反米に転じた。この影響を恐れたイラクのサダム＝フセイン政権がイラン＝イラク戦争を起こすと，アメリカがフセインを支援したためイラクが軍事大国化し，のちのクウェート侵攻につながった。一方アラブの盟主だったエジプトはイスラエルと和解しシナイ半島返還を実現したが，他のアラブ諸国やPLOから非難を浴び，イスラエルに対するアラブの団結を揺るがし，中東の混迷を深めた。中米ではグレナダやニカラグアで左翼政権が成立したがアメリカの介入で崩壊したように，アメリカに対する従属は続き，累積債務や貧富の差の拡大もあって不安定な政情が続いた。南米ではアルゼンチンがフォークランド紛争に敗れたあと軍事政権が倒れて民政に移行し，ブラジルなどでも工業化による中産階級の成長とともに民政に移行した。

論述作成上の注意

□中国や韓国を詳しく書きすぎると，あとで解答欄が不足して慌てることになる。東アジア，中東，中米・南米で3分の1ずつ程度とイメージしよう。

9 「モンゴル時代」のユーラシアの経済・文化的交流

（2015年度 第1問）

〔地域〕ヨーロッパ・アジア　〔時代〕中世　〔分野〕経済・文化

13世紀後半から14世紀にかけてユーラシア大陸全体を包み込んだ交易が活発化したが，近年，これを「第1次大交易時代」と称するようになった。これはユーラシア大陸をモンゴルが支配することで一体化した陸上交易ネットワークと，中国商人・ムスリム商人が担う海上交易ネットワークが結びついたことを意味する。本問は，このようにして成立した交易ネットワークにおける交流について，経済面と文化面に焦点を当てて論述する問題である。指定語句では「博多」以外は使いやすく，個々についてはある程度文章を作ることはできるだろうが，全体をまとまった文として仕上げるにはかなりの文章力・論述力が必要となっている。

設問の要求

〔主題〕13～14世紀における日本列島からヨーロッパまでの交流の諸相。
〔条件〕経済的側面および文化的（宗教を含む）側面に焦点を当てる。

日本列島からヨーロッパまでという非常に広い交易ネットワークがテーマとなっているため，地域ごとにまとめるのは無理がある。したがって「交流の諸相」を，条件で示されている経済的側面と文化的側面に分けて記述するのが簡明であろう。

指定語句の整理

経済的側面の交流：ジャムチ（陸路の整備）
ダウ船（ムスリム商人の高速帆船）
東方貿易（アジアの物産がヨーロッパへ）
博多（日元貿易の拠点）
文化的側面の交流：授時暦（イスラーム天文学の影響下に郭守敬が作成）
染付（イラン産の顔料を用いる陶磁器が元以後発展）
モンテ=コルヴィノ（大都でカトリックを布教）
負の側面：ペスト（アジアの疫病が交易ネットワークに乗りヨーロッパで流行）

経済的側面の交流については，当時の交易ネットワークがどのようなものであったかを説明していけばよい。どの地域でどのようなものが誰によって取引されたかという視点で考えていきたい。

文化的（宗教を含む）側面に関しては，3つの指定語句の他にも，マルコ=ポーロや細密画，東南アジアでのイスラーム教の普及などにも言及したい。また宗教と文化は分けて記述した方がわかりやすいだろう。

指定語句のペストについては疫病の流行というマイナス面としてとらえ，それがヨーロッパの社会に与えた影響について言及したい。

経済的側面の交流

元はジャムチ，大運河，港湾を整備→陸路と海路を結合
↓
日本…元寇撃退後，博多が日元貿易の拠点に→銅銭が日本に流入
南シナ海とインド洋…中国商人がジャンク船を使って陶磁器などを東南アジアへ
ムスリム商人はダウ船を使って中国・東南アジアの物産を西方に
東方貿易…イタリア商人がカーリミー商人を介してアジアの物産をヨーロッパに
↓
日本からヨーロッパに至る交易ネットワークが成立

▶モンゴル帝国・元における陸路と海路の結合

ジャムチは，一定の間隔ごとに駅亭を置き，馬や食料・飼料などを供給させたもので，陸路による交通が安全となったことから，主にムスリム商人の隊商交易が活発化した。元は従来の大運河を改修しただけでなく，山東半島を横切る運河を開削し，杭州・泉州・広州などの港湾を整備し，市舶司を置いて貿易を管理した。元では交易活動で得た銀をもとに，銀との交換可能な兌換紙幣の交鈔を発行したが，これは多額の取引や輸送に便利であったため主要通貨となり，貨幣経済の発展を促した。

▶日元貿易

日本は元の侵攻を受けたため正式な国交は成立しなかったが，民間レベルでは九州の博多を拠点に盛んに貿易が行われた。元で交鈔が発行されたことから，使用されなくなった銅銭が大量に輸入され，貨幣経済の発達が促された。他の輸出入品もあるが，日本がネットワークに組み込まれたことをなにより強調したい。

▶南シナ海とインド洋の貿易

南シナ海へはすでに宋代から中国商人が進出していたが，元代も引き続き交易活動が活発で，中国商人はジャンク船で陶磁器などを運んだ。一方，ムスリム商人は中国や東南アジアの産品をダウ船で西方へ運んだ。こうして東アジア交易圏とインド洋交易圏が結ばれ，「海の道」を利用した交易は空前の活況を見せることになった。

▶東方貿易

ヴェネツィアやジェノヴァなどのイタリア商人は，エジプトのアイユーブ朝やマムルーク朝の保護でアレクサンドリアを中心に活動したカーリミー商人と取引を行い，中国から運ばれた陶磁器や絹織物，インドや東南アジアから運ばれた香辛料などを東方貿易によってヨーロッパに輸入した。こうして日本列島からヨーロッパまでの交易ネットワークが成立していくのである。

文化（宗教）的側面の交流

宗教的交流：モンテ=コルヴィノが大都でカトリックを布教
　　　　　　スーフィーの活動により東南アジアでイスラーム教が普及
文化的交流：郭守敬がイスラーム天文学の影響下に授時暦作成
　　　　　　イランの顔料を用いた陶磁器（染付）が中国で発展
　　　　　　中国絵画が西方へ伝播→イスラーム世界で細密画が発達

▶宗教的交流

キリスト教：モンテ=コルヴィノはフランチェスコ派のカトリック宣教師で，1294年大都に至り，大司教に任ぜられてカトリックを布教した。中国には唐の時代，ローマで異端とされたネストリウス派キリスト教が伝わり景教として一部に流行したが，正統のカトリックが布教されたのはこれが初めてであった。

イスラーム教：神秘主義者スーフィーの活動がムスリム商人の交易ネットワークにそって東南アジアに拡大し，イスラーム教を普及させていった。なお，マラッカ王国がイスラーム化したのは15世紀半ばなので，これは取り上げなくてよいだろう。

▶文化的交流

授時暦は郭守敬がイスラーム天文学の影響を受けて作成したきわめて正確な太陰太陽暦である。染付は宋代に完成した白磁にイラン産の顔料（コバルト）で絵付けをした焼き物で，イスラーム世界やヨーロッパで珍重された。

中国からは写実的で着色された院体画系の絵画がイル=ハン国経由でイスラーム世界に伝わり，ミニアチュールと呼ばれる細密画が発達した。偶像崇拝を厳禁するイスラーム世界では絵画があまり発達しなかったが，細密画は本の挿絵，装飾，装丁などで使われるようになった。

マルコ=ポーロとイブン=バットゥータは指定語句にはないものの，元代の東西交流では欠かせない人物なので〔解答例〕でも言及している。

「負の側面」としてのペストの流行

アジアの風土病ペストが交易ネットワークに乗ってヨーロッパに拡大
↓
ヨーロッパでは人口が激減＝約3分の1が死亡
↓
領主の直営地経営が困難に→荘園制解体の一因に→封建社会の動揺

ペストはアジアの風土病といわれているが，こうした東西の交易ネットワークに乗って流行を拡大させ，イタリア商人を介してヨーロッパに上陸，14世紀半ばに猛威を振るい，ヨーロッパでは人口の3分の1が死亡したといわれる。人口の激減によって領主は荘園での直営地経営が困難となり，農民の待遇を向上させたが，これは荘園制解体の原因の一つとなった。

ポイント

①元によって陸路と海路による交易が結びついたことに言及する。
②海上交易については，南シナ海貿易とインド洋貿易が結びついたことを重視したい。

解答例

モンゴル帝国が駅伝制度のジャムチを整備したことにより，陸路の交通路は主にムスリム商人の隊商貿易によって発展した。元は大運河や泉州・広州などの湾港を整備し，陸路と海路の交易圏が結合され，交易によって得た銀をもとに交鈔が発行されるなど貨幣経済を発展させた。日本もこの交易圏に組み込まれ，博多が日元貿易の拠点となり銅銭などが輸入された。中国商人が主に活躍した南シナ海とムスリム商人が主に活躍したインド洋の交易も活発化し，ムスリム商人がダウ船を用いて陶磁器や香辛料を西方へ運んだ。エジプトのカーリミー商人が紅海と地中海を結びつけ，イタリア商人は東方貿易でアジアの物産をヨーロッパに持ち込んだ。こうして東西の交流が活発化し，宗教面ではモンテ=コルヴィノが大都を訪れてカトリックを布教する一方，ムスリム商人の活動とともに東南アジアにイスラーム教が広まっていった。文化面ではイスラーム天文学の影響を受けた郭守敬が授時暦を作成した。イランから輸入された顔料を用いた染付の生産が景徳鎮で盛んとなって重要な輸出品となるとともに，中国絵画の影響でイランでは細密画が発達した。また，マルコ=ポーロやイブン=バットゥータが元を訪れて旅行記を著している。しかし，この交易ネットワークは疫病の伝播経路ともなり，14世紀半ばにはペストがヨーロッパで大流行し，人口の激減によって荘園制解体が進むなどの影響も与えている。

論述作成上の注意

□モンゴルによる遠征・征服・建国は交易ネットワーク形成の要因ではあるが，題意から見て，それらを詳述する問題ではないので注意しよう。

10 19世紀ロシアの対外政策とユーラシア各地の変化

（2014年度 第1問）

〔地域〕ヨーロッパ・アジア 〔時代〕近代 〔分野〕政治

19世紀ロシアの対外政策である「南下政策」はヨーロッパに限定したものではなく，イランや中央アジア，そして中国・朝鮮といった極東でも見られた。そうしたロシアの政策をただ列挙するだけならさほど難しくはないだろうが，それが当時の国際状況にどのような変化をもたらしたかを，西欧列強の対応にもふれながら述べることが求められているので，指定語句から想起される国際情勢の変化を理解し，的確に構成していく論述力が試される。

設問の要求

〔主題〕19世紀のロシアの対外政策がユーラシア各地の国際情勢にもたらした変化。
〔条件〕西欧列強の対応にも注意する。

ユーラシア各地が問われているが，諸地域を同時進行で時系列的に述べていくのはまとめ方が非常に難しいため，①ヨーロッパ，②イラン・中央アジア，③極東（中国方面）に分けて論述していくのが簡明であろう。

指定語句の整理

ヨーロッパ	：ポーランド…ウィーン会議でロシアが支配 クリミア戦争・ベルリン会議（1878年）…南下政策の失敗
イラン・中央アジア	：トルコマンチャーイ条約・イリ地方…ロシアの進出 アフガニスタン…イギリスがロシアに対抗して進出
極　東	：沿海州…アロー戦争でロシアが獲得 旅順…三国干渉後ロシアが租借

ヨーロッパに関しては，ウィーン体制とロシアの関係，また地中海進出をねらうロシアが行ったエジプト=トルコ戦争介入，クリミア戦争，ロシア=トルコ戦争とそれに対する列強の対応を述べる。基本的にはイギリスがこれに対抗していく形だが，国家統一に成功したドイツがロシアにどのような対応をしたのかについても言及したい。

イラン・中央アジアに関しては，イランのカージャール朝とのトルコマンチャーイ条約，ウズベク人の3ハン国制圧，イリ地方占領などを取り上げ，イギリスがこれにどういう対応をしたのかを述べる。

極東に関しては，アロー戦争に乗じた沿海州獲得，シベリア鉄道の建設，三国干渉と旅順租借などのロシアの進出を述べ，それが日本との対立，そしてイギリスに外交政策の転換をもたらしたことにふれる。

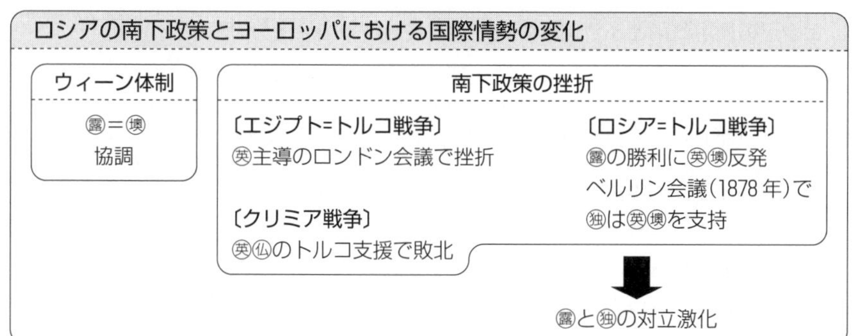

▶ウィーン体制とロシア

ポーランドはウィーン会議で立憲君主国となったが，王はロシア皇帝が兼ねたため実質的にロシアの支配下に置かれた。ロシアはそれ以上西欧への進出をはかることはなく，神聖同盟を提唱してオーストリアとともにウィーン体制の維持・強化をはかった。

▶ロシアの南下政策とイギリス

ロシアは地中海への出口を求め南下政策を展開した。エジプト総督ムハンマド=アリーがエジプト=トルコ戦争を開始すると，ロシアはトルコを支援する代わりにウンキャル=スケレッシ条約（1833年）でボスフォラス・ダーダネルス両海峡の通行権を得たが，イギリス主導のロンドン会議でこの条約は破棄された。1853年にはトルコに対してクリミア戦争を起こしたが，ロシアの地中海進出を警戒するイギリスはフランスとともにトルコ側で参戦し，パリ条約で黒海が中立化されロシアの南下政策は挫折した。

▶ロシアとドイツの関係の変化

1871年に国家統一に成功したドイツのビスマルクは，三帝同盟にはじまる複雑な同盟網の形成をはかった。イギリスと対立するロシアと結ぶことでヨーロッパの勢力均衡をはかり，プロイセン=フランス戦争の復讐をねらうフランスを孤立させようとしたのである。しかし，この体制はロシア=トルコ戦争でロシアが勝利し，サン=ステファノ条約で南下に成功したことで亀裂が生じた。英・墺の抗議に対してベルリン会議が開催され，ビスマルクが勢力均衡維持のため英・墺を支持し，ロシアの南下を阻止したことでロシア・ドイツの関係が悪化したのである。

ロシアの南下政策とイラン・中央アジアにおける国際情勢の変化

ロシアの進出…トルコマンチャーイ条約でイランからアルメニアを奪う
↓　　　　ウズベク人の3ハン国を支配，中国のイリ地方を占領
イギリスの対応…インド防衛のためアフガニスタンに進出・保護国化

▶ロシアのイラン・中央アジア進出

ロシアは，まずカージャール朝イランと1828年にトルコマンチャーイ条約を結んで治外法権を認めさせ，アルメニアの大半を割譲させた。また，ティムール朝滅亡後，中央アジアにトルコ系ウズベク人が建てていたブハラ=ハン国，ヒヴァ=ハン国，コーカンド=ハン国を次々に支配下に置いた。さらに，清に対して，現在の新疆ウイグル自治区西北のイリ地方で起こったイスラーム教徒の反乱を利用して，1871年にここを占領している（1881年のイリ条約で清に返還したが貿易上の利権を獲得）。

▶イギリスの対応

1877年にインド帝国を成立させたイギリスは，イラン・中央アジアにおけるロシアの進出に脅威を覚え，インド防衛のためにインド西北のアフガニスタンに進出した。第1次・第2次アフガン戦争を起こして1880年にはアフガニスタンを保護国化し，イランにも進出したためロシアとの対立が激化することになった。

ロシアの南下政策と極東における国際情勢の変化

アロー戦争に乗じて黒竜江以北，沿海州獲得，ウラジヴォストーク建設
露仏同盟締結→フランスの資本でシベリア鉄道建設
三国干渉の代償に東清鉄道敷設権獲得，旅順・大連を租借
↓
日本との対立激化＋ロシアを警戒するイギリスは日本に接近

▶アイグン条約と北京条約によるロシアの領土拡大

ロシアは，英・仏と清の間でアロー戦争（1856～60年）が起こると，東シベリア総督ムラヴィヨフがこれに便乗して1858年アイグン条約で黒竜江以北を獲得した。さらに1860年の北京条約を仲介した代償として沿海州を獲得し，そこに極東の軍事基地としてウラジヴォストークを建設した。

▶露仏同盟と三国干渉

ロシアは，ドイツとの対立が激化し，1890年に独露再保障条約の更新が拒否されると，ドイツの対仏包囲網で孤立していたフランスと露仏同盟を結び（1894年正式調印），フランス資本を導入してシベリア鉄道の建設に着手した。日清戦争で日本が勝利すると仏・独を誘って三国干渉を行い，日本から遼東半島を中国に返還させ，三国干渉の代償として中国領土内を通過してウラジヴォストークへ至る東清鉄道敷設権を獲得するとともに，1898年には遼東半島先端にある旅順と大連を租借した。

▶日本とイギリスの接近

このようなロシアの進出は日本との対立を激化させるとともに，イギリスにも警戒心を持たせ，1902 年に日英同盟が締結された。ただし，本問で求められているのは 19 世紀末までなので〔解答例〕ではイギリスが日本に接近したという表現にとどめた。

ポイント

①ヨーロッパではオーストリア・ドイツとの関係の変化にも言及したい。
②イラン・中央アジア，極東ではロシアに対するイギリスの対応を考える。

解答例

ロシアはウィーン会議でポーランドを実質的に支配下に置き，神聖同盟を提唱してオーストリアと提携し，ウィーン体制の維持・強化をはかりつつ，地中海への出口を求めエジプト=トルコ戦争に介入したが，イギリス主導のロンドン会議で挫折した。その後，トルコに対してクリミア戦争を起こしたが，英・仏がトルコ側についたため敗北，黒海は中立化された。一方，ドイツ統一後，ビスマルクは墺・露と三帝同盟を結んで勢力均衡をはかった。しかし，ロシア=トルコ戦争でロシアが勝利すると，ドイツはベルリン会議（1878年）で英・墺を支持してロシアの南下を阻止したことから両国間に亀裂が生じ，19世紀末にはバルカン半島をめぐって，ロシアのパン=スラヴ主義とドイツのパン=ゲルマン主義の対立が激化した。他方，ロシアはトルコマンチャーイ条約でイランからアルメニアを奪い，中央アジアの 3 ハン国を支配下に置き，中国のイリ地方を占領したため，脅威を感じたイギリスはインド防衛のためアフガニスタンに進出してこれを保護国化した。ロシアは極東で，アロー戦争に乗じて沿海州を獲得してウラジヴォストークを建設し，ドイツに対抗する露仏同盟を結んでシベリア鉄道建設を進めた。日清戦争後は三国干渉で日本に遼東半島を返還させ，見返りとして旅順を租借するなど中国進出を強めたため日本との対立が激化するとともに，ロシアを警戒するイギリスは光栄ある孤立政策を捨て日本に接近した。

論述作成上の注意

□エジプト=トルコ戦争，クリミア戦争，ロシア=トルコ戦争に関する経緯を詳しく解説する余裕はない。
□中央アジアではロシアとイギリスの政策を混同しないようにしたい。

11 17～19世紀のカリブ海・北アメリカ両地域における開発・人の移動とそれに伴う軋轢

（2013年度 第1問）

〔地域〕アメリカ大陸 〔時代〕近世・近代 〔分野〕政治・経済

17～19世紀アメリカ大陸でどのような開発がおこなわれ，どのような人たちが移動していったのか，そしてその結果どのような軋轢が起こったのかを述べる問題。テーマだけをみると非常に難問のように思えるが，具体的にカリブ海や北アメリカで生産された商品（サトウキビ・綿花）や，その地域に移動していった非白人系の人たち（アフリカからの黒人奴隷・アジアからの年季労働者（クーリー））を思い浮かべていくと解答も見えてくるだろう。しかし，両地域で起こった軋轢や奴隷制廃止前後の差異を明らかにするのはなかなか難しいいし，指定語句もリヴァプールや産業革命などが意外と使いにくい。幅広い視野をもってこの時期の欧米の全体像が捉えられているかが問われる問題といえる。

設問の要求

〔主題〕17～19世紀のカリブ海・北アメリカ両地域における開発（商品）の内容・人の移動とそれに伴う軋轢。
〔条件〕非白人系の移動に限定，奴隷制廃止前後の両地域の差異に留意。

両地域で奴隷制が廃止されるのも軋轢の面で差異が現れるのも19世紀なので，17～18世紀は両地域に共通した大西洋三角貿易や，それが産業革命に与えた影響などを述べ，19世紀から両地域の比較をしながら述べる方法がわかりやすいだろう。

指定語句の整理

17～18世紀 ：大西洋三角貿易・リヴァプール…奴隷貿易によるイギリスの繁栄
→産業革命の重要な要因に
19世紀 ：カリブ海…ハイチ独立（軋轢），年季労働者（人の移動）
北 米 …奴隷州（軋轢＝南北戦争）
年季労働者・白人下層労働者（移動＋軋轢）
→アメリカ移民法改正（1882年）

17～18世紀は大西洋三角貿易について，人の移動と開発によって生み出された商品を指摘し，イギリスがリヴァプールを拠点とする奴隷貿易によって資本を蓄積し，それが産業革命の背景となった点を説明したい。

19世紀は奴隷制が廃止された世紀であることをふまえ，奴隷制廃止前後の開発と非白人系の人々の移動，それに伴う軋轢を，カリブ海地域と北アメリカ地域の差異を考えながら説明する。なお，年季労働者（クーリー）は両地域で使うことができるが，中心は奴隷制廃止後の北アメリカにおける中国系の年季労働者（クーリー）であろう。

17〜18 世紀

大西洋三角貿易…ヨーロッパ・アフリカ・新大陸を結ぶ貿易
｜　アフリカから新大陸へ黒人奴隷が流入
ユトレヒト条約でイギリスが奴隷貿易独占権（アシエント）を獲得→産業革命の原資に

▶大西洋三角貿易

ヨーロッパから西アフリカへ武器や雑貨を，西アフリカから新大陸へ黒人奴隷を，新大陸からヨーロッパへ砂糖・タバコ・綿花などを運んだ貿易で，カリブ海と北アメリカへの人の移動（黒人奴隷）と生産された商品（砂糖・タバコ）を具体的に示そう。

▶イギリスの奴隷貿易と産業革命

イギリスはスペイン継承戦争の講和条約であるユトレヒト条約（1713 年）で奴隷貿易の独占権（アシエント）を獲得している。これによって奴隷貿易を独占したイギリスのリヴァプールがその拠点として繁栄したこと，そして奴隷貿易によって蓄えられた莫大な富（資本）が，囲い込みによる工場労働者の創出，広大な海外市場とともにイギリス産業革命の大きな要因となったことを説明したい。

19 世紀のカリブ海地域

〔人の移動〕17 世紀以来の黒人奴隷の流入
〔軋轢〕サン=ドマングの黒人反乱→ハイチの独立
↓
19 世紀前半における奴隷制度の廃止
↓
〔人の移動〕インドなどからの年季労働者の流入→人種構成の多様化

▶ハイチの独立

カリブ海のフランス植民地サン=ドマングでは，アメリカ独立やフランス革命の影響を受けて 1791 年黒人奴隷たちによる反乱が起こり，フランスは 1794 年奴隷制の廃止を宣言したが，反乱はトゥサン=ルヴェルチュールを指導者とする独立運動に発展し，1804 年独立を達成した。この反乱・独立は軋轢の典型といえるが，ハイチの場合，初の黒人共和国となった点と，自らの手で独立を達成したという点が重要である。

▶奴隷制廃止と年季労働者の流入

フランスに続きイギリスも 1807 年に奴隷貿易を廃止し，1833 年には奴隷制そのものを廃止するが，これは安価な労働力を望む本国の産業資本家の要求によるものであった。この結果，カリブ海におけるサトウキビなどのプランテーションの新たな労働力として年季労働者（クーリー）が流入する。具体的にはイギリス支配が進みつつあったインドからの労働者が多いが，これは詳しく言及する必要はないだろう。

※年季労働者（クーリー）とは…渡航費用などを肩代わりしてもらう代わりに，渡

航先で一定期間不自由労働に服す者をいう。年季が明ければ自由労働者となり，現地でインド人や中国人コミュニティを作っていくことになる。

19世紀の北アメリカ（アメリカ合衆国）

〔人の移動〕黒人奴隷の流入…産業革命進展後は南部の綿花栽培に従事
〔軋轢〕奴隷州と自由州の対立→南北戦争
↓
北部の勝利により奴隷制廃止…黒人は自立できず，差別も継続
↓
〔新たな人の移動〕中国系の年季労働者が流入
〔軋轢〕白人下層労働者との対立→アメリカ移民法の改正

▶南部における綿花栽培の発展と南北戦争

アフリカやカリブ海地域から流入した黒人奴隷は最初タバコ栽培などに従事していたが，イギリス産業革命の進展に伴い，綿工業の原料である綿花栽培が発展していった。特に1793年のホイットニーによる綿繰り機の発明を契機として，綿花プランテーションは急速に拡大していった。こうした中で西部の開拓が進展していくと，合衆国では奴隷制を認める奴隷州と，認めない自由州の対立が次第に激しくなり，1861年の南北戦争勃発にいたる。南北戦争の原因は奴隷制の是非だけでなく，貿易政策・政治体制など多岐にわたるが，戦争の経緯も含め詳述する必要はないだろう。

▶年季労働者の流入と軋轢

南北戦争後，憲法修正第13条によって奴隷制は廃止されたが，解放された黒人は分益小作人（シェアクロッパー）となって経済的に自立できず，黒人取締法などによってその権利は制限されたままの状況が続くことになった。一方，奴隷制廃止後中国系の年季労働者（クーリー）が激増し，特に大陸横断鉄道建設の主要な労働力となった。低賃金で働く中国系労働者は，白人下層労働者にとって大きな脅威となり，中国人コミュニティへの反感，人種差別感情もあって，1882年にはアメリカ移民法が改正され，中国人の移民は実質的に禁止されることになった。この中国人の流入は，白人下層労働者との「軋轢」という意味も持つので，丁寧に論述していきたい。

▶カリブ海・北アメリカ両地域の差異について

奴隷制廃止前　カリブ海では黒人奴隷が自ら反乱を起こして独立をめざしたが，北アメリカでは，南北戦争という白人側（支配者）の政治的対立が奴隷制廃止をもたらしたことなどが「差異」としてあげられるだろう。

奴隷制廃止後　カリブ海では，大土地所有制が存続し，貧富の差と社会的不平等は残ったが，北アメリカのような非白人系を排除するような人種的反感は低く，人種的には多様な社会が成立していくことになった。一方，北アメリカでは，憲法修正第13条によって黒人が奴隷身分から解放されたにもかかわらず，黒人取締法などの

ような立法措置によって差別が継続し，新たに流入してきた中国系の年季労働者も立法措置によって排除されるなど，非白人系に対する差別的対応が続いた。

ポイント

①「産業革命」の語は，アメリカ南部における綿花栽培の発展で使用してもよい。
②「軋轢」という言葉をよく考えよう。黒人奴隷の反乱，独立戦争，南北戦争なども人の流入から起こった軋轢である。
③「非白人系の移動」と限定してあるので，アメリカ合衆国におけるアイルランド移民，1880年代以降の南欧・東欧出身の新移民などを取り上げると題意から外れてしまう。

解答例

17世紀以降，大西洋三角貿易が盛んとなり，黒人奴隷がプランテーションの労働力として新大陸に送られ，カリブ海ではサトウキビ，北アメリカ南部ではタバコ栽培が拡大した。18世紀にはイギリスが奴隷貿易を独占し，リヴァプールを拠点に莫大な利益を上げ，その資本蓄積は産業革命の背景となった。19世紀に入るとカリブ海ではアメリカ独立やフランス革命の影響を受けて黒人奴隷反乱が相次ぎ，ハイチ独立が実現するなど自らの力で独立国家を誕生させた。またイギリスの奴隷貿易廃止で流入した年季労働者（クーリー）によるプランテーション経営がおこなわれ，貧富の差は残ったが混血が進み，人種構成が多様化することで非白人系への差別意識は低くなった。一方アメリカ合衆国では，産業革命の進展に伴い南部で奴隷制による綿花栽培が発展したが，奴隷州と自由州の対立から南北戦争が起こり，北部の勝利によって奴隷制は廃止された。しかし黒人の大半は分益小作人となり，法的・社会的に差別され続けた。また，奴隷制廃止後中国系の年季労働者（クーリー）が流入し，鉱山労働や大陸横断鉄道建設に低賃金で働いたため，白人下層労働者による排斥運動が起こり，アメリカ移民法改正（1882年）によって中国人移民が禁止されるなど非白人系に対する差別は根強く残った。

論述作成上の注意

□「カリブ海地域」とあるので，南米諸国の独立に言及する必要はない。
□アメリカ合衆国に関することが最も書きやすいと思われるが，そこに論述が偏らないようにしたい。
□特に南北戦争の背景・経過などを詳述する余裕はないはず。

12 アジア・アフリカ諸国独立の過程とその後の動向

(2012年度 第1問)

〔地域〕アジア・アフリカ 〔時代〕現代 〔分野〕政治・宗教

アジア・アフリカ，具体的にはインド・ベトナム・エジプト・アルジェリア4国の独立の過程とその後の動向を述べる問題。まずこの4つの国を想起できるかが最初の課題だが，例によって8つの指定語句があり，4つの国にそれぞれ2つずつ配分されているので比較的わかりやすい。これを正確に配分できればある程度は書ける問題といえる。ただ，問題文にある宗主国の「植民地政策の差異」や「社会主義や宗教運動などの影響」からくる地域ごとの様相の違いを明確にしていくのはかなりの力量を必要とするし，特定の国に偏重せず，指定の字数内に収めるのは意外に難しいため，詳細な知識よりも根本的な理解とバランス感覚が求められる問題といえる。

設問の要求

〔主題〕アジア・アフリカにおける植民地独立の過程とその後の動向。
〔条件〕地域ごとの様相の違いを明確にする。

指定語句から，インド・ベトナム・エジプト・アルジェリアの独立の過程とその後の動向について論じるよう求められていることがわかる。そのうえで，設問文に示されている留意点は以下のようになる。

植民地独立の過程

旧宗主国の植民地政策の差異，社会主義の影響，宗教運動の影響

その後の動向 上記の留意点に加え

旧宗主国への経済的従属，同化政策，移民などの旧宗主国との関係

これらを論述文の中にいかに取り入れていくかがポイントとなる。

指定語句の整理

〔イギリス植民地〕
インド ：非暴力・不服従（独立の過程）・カシミール紛争（その後の動向）
エジプト：ワフド党（独立の過程）・スエズ運河国有化（その後の動向）
〔フランス植民地〕
ベトナム ：ディエンビエンフー（独立の過程）・ドイモイ（その後の動向）
アルジェリア：アルジェリア戦争（独立の過程）・宗教的標章法（その後の動向）

このうち，宗教的標章法はなじみがないが，（注）からムスリム系のフランス植民地，指定語句のアルジェリア戦争と関連するものであることがわかる。また，それが問題文中の移民との関連で述べることも想起できるだろう。

▶各国別の記述か，時系列的な記述か？

論述の展開として，4国それぞれの独立の過程・独立後の動向をまとめて述べる方法と，全体を時系列的に述べ，それぞれの時期に4国を取り上げる方法が考えられるが，時系列的な書き方は繁雑になりやすく，限られた字数内で国名を何度も列挙するのは無駄でもあるため，4国それぞれをまとめていく方が簡明であろう。またイギリスの植民地であるインド・エジプトが激しい武力闘争なしに独立を達成したのに対し，フランスの植民地であるベトナム・アルジェリアは長く激しい武力闘争を経て独立を達成したことを英仏の植民地支配の差異という面で捉えることもできるが，まとめ方に工夫が必要となるだろう。

インド

〔関連する指定語句〕 非暴力・不服従…大戦間期のガンディーの運動
カシミール紛争…独立後のインド・パキスタンの対立
〔中心となる留意点〕 イギリスの植民地政策…分断統治
宗教運動の影響…ヒンドゥー・イスラームの対立

▶独立の過程

第一次世界大戦が始まるとイギリスはインドに戦後の自治を約束して戦争に協力させたが，戦後は逆にローラット法を施行して民族独立運動を弾圧した。これに対してガンディーが中心となって展開されたのが非暴力・不服従の運動である。一時はイスラーム教徒も参加した大衆運動に発展したが，これに対してイギリスはヒンドゥー教徒とイスラーム教徒の対立を利用する分断政策をより強化した。この結果，1947 年イギリスが独立を認めた時，ヒンドゥー教徒のインドとイスラーム教徒のパキスタンに分離独立することになった。

▶独立後の動向

分離独立の際，北西部のカシミール地方は独立前の藩王がヒンドゥー系，住民はイスラーム系であったため，その帰属をめぐってインド・パキスタン両国で対立が起こり，一時は武力衝突にまで発展，未だに帰属が決定していない。イギリスによる分断政策は現在まで続く紛争を生むことになった。

エジプト

〔関連する指定語句〕 ワフド党…独立運動の中心となった団体
スエズ運河国有化…1956 年ナセルが強行→スエズ戦争
〔中心となる留意点〕 独立承認後の経済的支配とそこからの脱却

▶独立の過程

イギリスの保護国となっていたエジプトでは第一次世界大戦末期に結成されたワフ

ド党が独立運動の中心となった。1922年には立憲君主国家のエジプト王国として独立したが，スエズ運河の権利はもちろん，スエズ運河地帯駐屯権やエジプト防衛権などをイギリスが握る不完全な独立だった。1936年には完全な独立を達成したが，スエズ運河に関してはイギリスが権利を握り続け，また経済的にもイギリスの支配下にあった。

▶独立後の動向

第二次世界大戦後の1952年自由将校団の革命によって翌年エジプト共和国が成立すると，1956年第2代大統領ナセルはアスワン=ハイダム建設費用のためスエズ運河国有化を宣言し，これに対して英・仏・イスラエルが出兵してスエズ戦争（第2次中東戦争）が勃発した。このスエズ運河国有化宣言は単にアスワン=ハイダムの問題ではなく，イギリスの経済的支配からの脱却という側面があった。そしてこの成功によってエジプトのアラブ民族主義は高揚し，以後中東諸国のリーダー的存在となった。

ベトナム

〔関連する指定語句〕ディエンビエンフー…インドシナ戦争中の戦い→フランス敗北
ドイモイ…1986年から始まった改革開放路線
〔中心となる留意点〕社会主義の影響…冷戦とベトナム戦争，統一後の政策

▶独立の過程

ベトナムではホー=チ=ミンが結成したインドシナ共産党がフランスからの独立運動の中心となった。1945年に独立を宣言したベトナム民主共和国に対し，フランスはこれを認めずインドシナ戦争（1946〜54年）が勃発したが，ディエンビエンフーの戦いに敗れジュネーヴ休戦協定で撤兵した。この協定ではフランスが戦争中に建てたベトナム国との軍事境界線を北緯17度線とし，南北統一選挙を実施することが約されていたが，冷戦構造の中でベトナムの共産化を恐れたアメリカが介入し，ベトナム戦争となった。アメリカは敗れベトナム（パリ）和平協定で撤兵，1975年には南ベトナムの首都サイゴンが陥落して南北統一がようやく実現した。ベトナム戦争は単なる独立戦争ではなく冷戦構造の中で戦われた点を取り上げたい。

▶独立後の動向

国家統一を成し遂げ，1976年にベトナム社会主義共和国が成立すると，社会主義に立脚した国家建設がめざされたが，1970年代末になるとカンボジアへの侵攻，中越戦争などの混乱で大量のインドシナ難民が発生するなど社会主義建設は行き詰まりを見せ，ゴルバチョフのペレストロイカなどの影響を受け，1986年から市場経済や外国資本の導入などをめざすドイモイ政策がとられることになった。

アルジェリア

〔関連する指定語句〕アルジェリア戦争…対仏独立戦争→フランスに与えた影響
　　　　　　　　　宗教的標章法…フランスへの移民の増加による宗教的軋轢
〔中心となる留意点〕フランスの同化政策と移民

▶独立の過程

インドシナ戦争敗北後，フランスは地下資源が豊富でフランス人入植者が多かったアルジェリアの経営に力を注いだが，インドシナ戦争やアラブ民族主義高揚の中で1954年独立を求めるアルジェリア戦争が勃発した。フランス人入植者や現地の軍は独立に強硬に反対し，アルジェリア戦争は本国の政局も混乱させ，1958年のド=ゴール政権（第五共和政）成立の原因となり，1962年ド=ゴールによってアルジェリア独立が認められた。

▶独立後の動向

独立後のアルジェリアは，政治・経済的に安定せず，地理的な近さもあって旧宗主国であるフランスとの関係は強いままであった。同化政策によってフランス語教育を受けていたアルジェリア人のフランスへの移民が独立後激増し，その結果フランスではムスリムとの宗教的軋轢が生じることになった。そうした中で2004年指定語句の宗教的標章法が制定されたが，これはムスリムに対し「公的な場に宗教的シンボルを持ち込まない」というフランスの政教分離の原則にしたがうことを求めた法律で，問題文の「移民増加による旧宗主国内の社会問題」に対応しようとしたものである。

ポイント

①独立の過程を詳述するのではなく，宗教運動・社会主義の影響，旧宗主国の支配政策との関係を明確にすることが第一。
②イギリスが比較的平和的に独立を認めたのに対し，フランスは両地域とも独立を認めず，独立戦争が勃発したことを強調してもよいだろう。

解答例

インドで起こったガンディーの非暴力・不服従による独立運動に対し，イギリスはヒンドゥー・イスラーム両教徒の分断政策をとったため宗教対立が激化，その結果インド・パキスタンが分離独立し，両国はカシミール紛争で対立を続けることになった。エジプトはワフド党の運動によって独立を達成したが，イギリスはスエズ運河地帯に駐屯し続けるなど影響力を維持した。しかしエジプト革命で親英の王政を打倒したナセルはスエズ運河国有化を断行し，スエズ戦争によってイギリスの影響力を排除，アラブ民族主義の中心的役割を担うようになった。ベトナムでは，ホー＝チ＝ミンが結成したインドシナ共産党が中心となり戦後独立を宣言したが，フランスはこれを認めずインドシナ戦争が起こった。ディエンビエンフーの戦いに敗れフランスは撤退したが，共産化を恐れたアメリカが介入しベトナム戦争となった。ベトナムはこれに勝利して国家統一を果たしたが，その後は社会主義建設に行き詰まりドイモイ政策で市場経済導入をはかった。アルジェリアもフランスとのアルジェリア戦争を戦い独立を達成した。その後はフランスがとっていた同化政策の影響で，ムスリム移民がフランスに多数流入し，政教分離の原則から宗教的標章法が制定されるなど宗教的軋轢が生じることになった。

論述作成上の注意

□インド民族運動，ベトナム戦争などで字数を使いすぎないように注意しよう。

□4国への配分の多寡はある程度仕方ないが，独立の過程・独立後の状況という2つの論点には必ず言及するようにしたい。

13 イスラーム文化と他地域への影響 (2011 年度 第1問)

〔地域〕アジア・ヨーロッパ 〔時代〕中世 〔分野〕文化

字数が 510 字とやや少なめで, 8つの指定語句が具体的であるため, 比較的書きやすい問題といえる。ただ, イスラーム勢力の拡大の経緯などに字数を割いてしまうと, 主題から離れてしまううえに字数的にも苦しくなるので注意が必要である。イスラームの発展の経緯やイスラーム文化の詳しい内容よりも, 中世の文化史において, アラブ=イスラーム文化圏が果たした役割が把握できているかどうかが問われた問題といえる。

設問の要求

〔主題〕アラブ=イスラーム文化圏における異文化の摂取と他地域への影響。
〔条件〕7 世紀から 13 世紀。

設問文から, 3つの段階にわけて考えたい。

①アラブ=イスラーム文化圏が受け入れた文化は何か
②アラブ=イスラーム文化圏で発展した文化は何か
③アラブ=イスラーム文化圏が及ぼした影響は何か

指定語句の整理

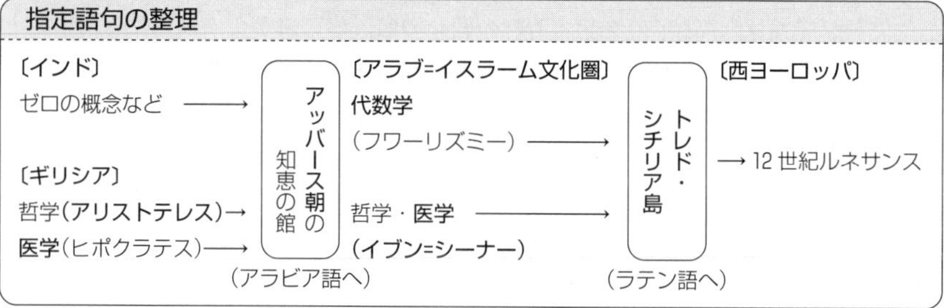

指定語句を整理してみると, “アラブ=イスラーム文化圏が古代ギリシア文化を継承し, それがトレドやシチリア島で行われた翻訳によって西ヨーロッパに流入した” という内容のほかに,「代数学」という語句からアラブ=イスラーム文化圏がインド文化を受け入れたことにふれることが求められていることがわかる。これに加え, 設問文が「周辺の他地域」をとくに限定しているわけではないことを考えて, インドと西ヨーロッパ以外の地域にも目配りすると, 解答に深みが出るだろう。〔解答例〕では「製紙法」「郭守敬の授時暦」を通じて, 中国との関わりに言及している。

アラブ=イスラーム世界が受け入れた文化

〔支配領域の拡大〕		〔流入した文化〕
シリア・エジプト奪取	⟶	古代ギリシア・ローマ文化（ビザンツ帝国から）
中央アジアに進出	⟶	製紙法（中国から）
インダス川流域に進出	⟶	ゼロの概念，十進法など（インドから）

▶アラブ=イスラーム世界の拡大

7世紀にアラビア半島から起こったイスラーム勢力は，正統カリフ時代にはビザンツ帝国からシリア・エジプトを奪って古代ギリシア・ローマ文化圏を，ササン朝を征服してイラン文化圏を支配下においた。さらにウマイヤ朝時代には西ゴート王国を滅ぼしてイベリア半島を支配下におき，東方ではインダス川流域まで進出してインド文化圏とも隣接することになった。

▶アラブ=イスラーム世界が取り入れた文化

シリア・エジプトを征服したイスラーム勢力は，ビザンツ帝国で受け継がれてきた古代ギリシア文化と接することになった。具体的にはアリストテレス哲学，ヒポクラテスの医学，エウクレイデスの幾何学，プトレマイオスの天文学などがあげられる。

また，インドで生まれたゼロの概念，十進法，インド数字がイスラーム世界に伝わったことで数学に画期的な進歩がもたらされた。現在の算用数字の原型となったアラビア数字はインド数字を元にイスラーム世界で完成されている。

中央アジアでは，751年のタラス河畔の戦いの際，唐の紙漉工が捕虜になったことで，中国で生まれた製紙法がイスラーム世界に伝わった。製紙法はイスラーム文化の発展に大きく貢献するとともに，イベリア半島を経てヨーロッパに伝わっている。

アラブ=イスラーム文化圏で育まれた文化

「知恵の館」での翻訳（ギリシア語からアラビア語へ）
↓
哲　学：イブン=ルシュドのアリストテレス研究・注釈
医　学：**イブン=シーナー**『医学典範』
代数学：フワーリズミー

▶「外来の学問」の発展

イスラーム世界の学問のうち，法学・神学・歴史学など『コーラン』に基づくアラブ人固有の学問を「固有の学問」といい，哲学・医学・数学・天文学などギリシアやインドから流入した学問を「外来の学問」という。

哲学では，イブン=ルシュドがアリストテレス哲学の著作を研究し，多くの注釈を残したことなどが代表的事例としてあげられる。医学では，イブン=シーナーがヒポクラテスなどのギリシア医学の影響を受け，『医学典範』でギリシア・アラビア医学を集大成したことで知られる。イブン=シーナーは哲学者としても活躍し，アリストテレス哲学や新プラトン主義の哲学の研究で優れた業績を残している。数学は，インドから流入したゼロの概念，十進法，インド数字などによって発展し，9 世紀に活躍したイラン系のフワーリズミーが代数学の基礎を固めたとされる。

「外来の学問」の発展の要因としては，アッバース朝の首都バグダードに 9 世紀に建設された「知恵の館」と呼ばれる研究所でギリシア語文献のアラビア語への翻訳が組織的に行われたことが重要である。

アラブ=イスラーム文化が与えた影響

〔西ヨーロッパ〕トレド・シチリア島などが翻訳拠点に（アラビア語からラテン語へ）
アリストテレス注釈 ――→ スコラ哲学の確立
『医学典範』※ ――→ サレルノ大学などで教科書に
※ 『医学典範』のラテン語訳は北イタリアのクレモナで行われた
〔中国〕モンゴルの支配下でイスラーム文化圏との交渉が増加
イスラーム天文学 ――→ 郭守敬の授時暦

▶西方（西ヨーロッパ）に与えた影響

トレドは西ゴート王国の首都であった都市で，ウマイヤ朝の征服後はイスラーム文化の中心として栄えたが，11 世紀カスティリャによる奪取後はイスラーム文化のヨーロッパ移入の拠点となった。またシチリア島のパレルモでも両シチリア王国の支配下で，アラビア語やギリシア語文献のラテン語への翻訳が行われた。これらの地域で翻訳されたアラビア語文献には，イスラーム文化に関する文献の他，ビザンツ帝国を経てイスラーム世界で保存されていた古代ギリシア文化の文献も含まれており，これらがラテン語に翻訳されたことで，中世ヨーロッパの学問に大きな影響を与えている。

具体的には，13 世紀のトマス=アクィナスがイブン=ルシュドの著作を通じてアリストテレス哲学を吸収しスコラ哲学を体系化したことや，イブン=シーナーの『医学典範』が南イタリアのサレルノ大学などで教授され，中世ヨーロッパにおいて実用的に使用されたことなどが代表的な事例として考えられる。

▶東方（中国）に与えた影響

取り上げやすいのは郭守敬と授時暦であろう。モンゴル勢力がイスラーム世界も征服していったことによってイスラーム文化は中国にも伝播し，フビライ=ハンに仕えた元の郭守敬は，イスラームの精密な天文観測をもとに授時暦を制定している。

ポイント

①イスラーム勢力の拡大過程を年代順に書く問題ではない。
②受け入れ→発展→他地域への影響，という大きな流れは意識しなくてはいけないが，細かい前後関係にこだわる必要はない。
③「13 世紀まで」とあるので，トルコ=イスラーム文化やインド=イスラーム文化に言及する必要はないだろう。

解答例

アラブ人は正統カリフ時代にビザンツ帝国からエジプトを奪い，ササン朝を滅ぼしてイランを支配し，ウマイヤ朝時代にはイベリア半島やインダス川流域まで領域を広げた。こうした領域の拡大過程で，ビザンツ帝国で保存されていた古代ギリシア・ローマ文化が吸収され，アッバース朝の首都バグダードに建てられた「知恵の館」ではアリストテレスの哲学やヒポクラテスの医学などの文献がアラビア語に翻訳され，さらに研究が深められた。インドからはゼロの概念や十進法などが伝わり，フワーリズミーによる代数学の確立に大きく寄与した。またタラス河畔の戦いによって中国から製紙法が伝えられた。これらは，イベリア半島のトレドやシチリア島においてアラビア語文献がラテン語に翻訳されたことや十字軍・レコンキスタの過程でヨーロッパに流入し，「12世紀ルネサンス」に大きな影響を与えた。医学ではイブン＝シーナーの『医学典範』が中世ヨーロッパの大学の講義にも使われ，イブン＝ルシュドによるアリストテレスの注釈はトマス＝アクィナスによるスコラ哲学の体系化に寄与した。また，イスラームの暦学に基づいて元の郭守敬が授時暦を作成するなどヨーロッパだけでなく中国にも影響を及ぼしている。

論述作成上の注意

□イスラーム勢力の拡大過程の記述は最小限にとどめる。
□イスラーム文化圏で育まれた文化については，流入・影響のどちらかと一緒に記述するのが簡明である。

14 オランダおよびオランダ系の人々の世界史における役割

（2010 年度 第 1 問）

〔地域〕全地域　〔時代〕近世〜現代　〔分野〕政治・経済・文化

一国ないし一地域の歴史を通史的に論述させる問題は，過去にも「イベリア半島の歴史」（1999 年度第 1 問），「エジプトの歴史」（2001 年度第 1 問）などで出題されているが，この問題では単に「オランダの歴史」を述べるのではなく，「オランダの世界史における役割」について述べることを要求されていることに注目したい。オランダの通史を書くだけであれば，独立戦争→発展→衰退，といった流れに沿って年代順に歴史事象を並べるだけで済むが，この問題では世界史の流れのなかでオランダがどのような役割（立場）にあったかを考えながら論述しなければならない。歴史的な知識が十分にあったとしても，こうしたことを考えながら 600 字におよぶ文章を組み立てていくためには，かなりの文章構成力が必要であることは間違いない。

設問の要求

〔主題〕オランダおよびオランダ系の人びとが世界史においてどのような役割を果たしてきたか。

〔条件〕中世末から，国家をこえた統合の進みつつある現在までの展望のなかで述べる。

オランダの独立宣言は 1581 年であるから，「中世末」については独立以前はどういう状態であったか，簡単に述べるだけでよいだろう。第二次世界大戦後に関しては問題文にあるように，ヨーロッパの「国家をこえた統合」，つまり EEC（ヨーロッパ経済共同体），EC（ヨーロッパ共同体），そして EU（ヨーロッパ連合）の設立にオランダが積極的に関与したことにふれておくことが大事である。

設問文にはオランダ史の大きな流れが示されており，論述のヒントになる。

●オランダ史の流れ

早くから都市と産業が発達，内陸と海域を結ぶ交易が展開

16 世紀末に連邦として成立，ヨーロッパの経済や文化の中心となり，多くの人材が集まり，また海外に進出

近代は植民地主義の国でもあった

国家をこえた統合の進みつつある現在…

指定語句の整理

独立と商業覇権の確立	：ハプスブルク家，グロティウス，長崎
商業覇権の喪失と植民地経営	：ニューヨーク，コーヒー
植民地の喪失と欧州統合	：南アフリカ戦争，太平洋戦争，マーストリヒト条約

オランダは17世紀後半のイギリス=オランダ戦争（英蘭戦争：1652～74年に3度）の敗北によって商業覇権を失っていくので，近世（16～18世紀）→近代（18世紀末～19世紀）という枠組みで叙述するのは無理があるため，発展期→衰退期→現代という大きな流れでとらえるのが得策である。商業覇権を失っていく中で，植民地経営に中心を移していく点に言及できるかどうかがポイントとなるだろう。

独立と商業覇権の確立

中世末から商工業発達 ⟶ 商業覇権の確立：各地に拠点を建設
ハプスブルク家の支配
↓
16世紀後半独立戦争開始
17世紀初めに事実上独立

ニューアムステルダム・
バタヴィア・台湾・**長崎**など
→アムステルダムの繁栄
グロティウス→国際法の確立

▶独立までのオランダ

中世のネーデルラントが商業と毛織物工業で有名であったことを思い出したい。中心はネーデルラント南部のフランドル地方であるが，北部でもこれらの産業の発達が見られた。また北海・バルト海貿易の中継港としても重要であった。

独立については，題意から考えて，スペイン=ハプスブルク家からの独立であることなど，最小限の記述にとどめたい。

▶国際商業ネットワークの形成

オランダは独立戦争中の1602年に東インド会社を設立してアジア貿易に本格的に参入し，先にアジアに進出していたポルトガルやライバルのイギリスを駆逐してアジアの香辛料貿易を一時独占した。台湾や長崎を拠点としたことからもわかるように，その活動は東アジアにも及んだ。さらに，新大陸ではニューアムステルダムを建設し，アフリカ南端にもケープ植民地を建設している。こうして首都のアムステルダムは国際商業ネットワークの中心として繁栄した。

▶オランダ盛期の文化

オランダの世界的規模での商業覇権は，資本の集積だけでなく，有能な人材や最新の情報をもたらすことになり，そのなかで新しい思想も生まれた。オランダの海外発展を擁護するためにグロティウスは公海の自由などを訴えたが，これはのちに国際法が整備されていく上で大きな役割を果たした。

商業覇権の喪失　―→	植民地経営への方針転換
英蘭戦争の敗北→北米植民地喪失 （ニューアムステルダム→**ニューヨーク**） 英仏の重商主義政策推進 →商業覇権の喪失	ジャワ島における植民地経営強化 →強制栽培制度（**コーヒー**など）の実施 ケープ植民地喪失後は内陸を開拓 →オレンジ自由国などを建設

▶海外拠点の喪失

オランダは国際商業ネットワークの中心となったが，それは中継貿易の上に成り立っていた。イギリスによる航海法制定（1651 年）をきっかけとして起こったイギリス=オランダ戦争に敗れたことで，新大陸のニューアムステルダムをイギリスに奪われてニューヨークと改称され，また英仏の重商主義政策の中で商業覇権そのものも失っていくことになった。19 世紀初頭のウィーン会議では，アフリカのケープ植民地とセイロンも失った。

▶オランダの植民地経営

商業覇権喪失後，オランダは植民地経営に重点を移し，19 世紀前半までにジャワ島をほぼ支配下におくと，住民にコーヒー・サトウキビなどの商品作物を栽培させる強制栽培制度を実施し，大きな利益を上げた。またケープ植民地喪失後，オランダ系移民の子孫は奥地を開拓し，トランスヴァール共和国・オレンジ自由国を建てた。

植民地の喪失　―→	ヨーロッパ統合への積極的関与
南アフリカ戦争でオレンジ自由国など喪失 英は孤立政策をすて日英同盟へ ＋ インドネシアが日本の占領を経て独立	ECSC（1952 年）の設立から参加 ↓ **マーストリヒト条約**はオランダで締結 EU 成立でも大きな役割を果たす

▶植民地の喪失

1899～1902 年の南アフリカ戦争でトランスヴァール共和国とオレンジ自由国がイギリスに征服されたが，このときのオランダ系移民の子孫（ブール人）の頑強な抵抗はイギリスの多くの兵力をこの戦争に割かせた。その結果，義和団事件以後のロシアの極東進出に対して，極東に兵力を回す余裕を失ったイギリスは従来の「光栄ある孤立政策」を放棄し，1902 年に日英同盟を結ぶことになるのである。

一方，インドネシアも太平洋戦争中に日本に占領され，大戦後オランダはインドネシア再支配をねらったが，スカルノを中心とした独立戦争がおこり，1949 年のハーグ協定で独立を認められた。

▶ヨーロッパ統合への積極的関与

植民地を失ったオランダはヨーロッパ統合に活路を見いだし，ECSC（ヨーロッパ石炭鉄鋼共同体）の設立ではフランスとともに大きな役割を果たし，その後も 1958

年のEEC，1967年のECの設立のすべてにかかわった。そして1992年にオランダのマーストリヒトで結ばれた条約で，現在のEUが成立することになる。

ポイント
①商業覇権喪失後のオランダはどのような国家政策をとっていったのか。
②海外植民地喪失後のオランダはどのような国家政策をとっていったのか。

解答例

中世末から商工業が栄えたネーデルラントは，17世紀初めにハプスブルク家のスペインから事実上の独立を達成した。オランダは東インド会社の活動によって，ジャワ島のバタヴィアを拠点に香辛料貿易を独占し，日本とは長崎の出島で貿易を行うなど各地に拠点を築き，国際商業ネットワークの中心として繁栄した。こうしたなかグロティウスは『海洋自由論』で貿易・航海の自由を主張し国際法の確立を促した。しかし，17世紀後半の英蘭戦争の敗北により，北米の植民地をイギリスに奪われ，ニューアムステルダムはニューヨークと改称された。中継貿易主体であったオランダは，重商主義政策をとる英仏を前に急速に商業覇権を失い，植民地経営に路線を転換することになる。19世紀初頭のウィーン会議でケープ植民地やセイロンをイギリスに奪われたが，ジャワではコーヒーなどの商品作物の強制栽培で大きな利益を上げた。19世紀末からの南アフリカ戦争では，オランダ系のブール人が建てたオレンジ自由国などがイギリス領となったが，ブール人の抵抗はこの戦争に多くの兵員を割いたイギリスに，光栄ある孤立を放棄し極東でロシアに対抗するための日英同盟を結ばせることになった。その後，太平洋戦争中の日本の占領を経てインドネシアが独立し，植民地を失ったオランダは国家をこえた経済圏をめざすヨーロッパ統合に積極的に関与し，オランダで結ばれたマーストリヒト条約でEUが発足することになる。

論述作成上の注意
□単に「オランダの歴史」を述べる問題ではない。
□独立戦争の部分を詳しく書きすぎるとあとで苦しくなる。
□植民地に関してはある程度具体的な記述が必要となる。

15 18 世紀前半までの政治権力と宗教

（2009 年度 第 1 問）

〔地域〕西ヨーロッパ・西アジア・東アジア 〔時代〕近世 〔分野〕政治・宗教

前近代の政治権力が支配領域内の宗教・宗派，あるいはそれに属する人々に対してどのような態度でのぞんだかを，3 つの地域を比較して述べる問題。与えられた指定語句をどの地域で使用すべきかは判断しやすいが，幅広い知識が求められているうえ，まとまりのある文章として解答を組み上げるのは易しくはない。各地域の特徴を深く理解している必要があるし，しっかりした文章構成力も求められている。

設問の要求

〔主題〕18 世紀前半までの政治権力が支配領域内の宗教・宗派とそれらに属する人々をどのように取り扱っていたか。

〔条件〕①西ヨーロッパ・西アジア・東アジアについて具体的な実例を挙げ，
②３地域の特徴を比較する。

日本国憲法第二十条は信教の自由と政教分離にかかわる条文である。これらの原則はフランス人権宣言第 10 条およびアメリカ合衆国憲法修正第 1 条でも明文化されている。したがって，「それ以前の時期」である「18 世紀前半まで」は，“世界各地でこの条文に反するようなことがしばしば行われていた”と考えると，具体例を思いつきやすいだろう。

指定語句の整理

西ヨーロッパ：首長法，ナントの王令廃止，領邦教会制
西アジア：ジズヤ，ミッレト
東アジア：ダライ=ラマ，理藩院

設問の要求は「18 世紀前半まで」であるが，指定語句はほとんどが近世に関連する用語となっている。字数を考慮すると，近世を中心に述べていくのが無難であろう。

西ヨーロッパ：西方キリスト教世界

宗教改革 → 各政治権力がそれぞれ宗派を選択，住民に強制

〔イギリス〕	〔フランス〕	〔ドイツ〕
首長法で国教会成立	**ナントの王令廃止**	アウクスブルクの和議で
国教会強制	カトリック強制	領邦ごとに宗派を選択
(→ピューリタン革命へ)	ユグノーは亡命	**領邦教会制**成立

▶西ヨーロッパの宗教的特質

西ヨーロッパは，西方キリスト教世界と定義できる。キリスト教は 392 年にローマ帝国で国教とされて以来政治権力と結びつき，西ヨーロッパでは，ユダヤ教徒への差別などにみられるようにキリスト教以外の宗教が排除・弾圧される傾向が強かった。宗教改革期の西ヨーロッパは主権国家の形成期にあたり，キリスト教の特定の宗派と結びついた政治権力が，領域内の住民にその宗派を強制していく傾向があった。

▶イギリス国教会の確立

イギリスでは，ヘンリ 8 世が自身の離婚問題から 1534 年首長法（国王至上法）を制定し，国王をイギリス国教会の唯一最高の首長と規定した。この法令はイギリス国教会がローマ教会から分離・独立し，国王が国内の宗教も統制することを意味した。この国教会体制はピューリタン革命によって一時中断するものの，名誉革命を経て再び確立される。

▶フランスにおけるカトリック強制

フランスはカトリックにとどまったが，国内に多数のユグノー（カルヴァン派）を抱えていた。このため，アンリ 4 世は 1598 年にナントの王令によってユグノーに対しその信仰を認めたが，ルイ 14 世は 1685 年にこれを廃止し，カトリック信仰を強制した。この結果，ユグノーの多くが国外に亡命することとなった。

▶ドイツにおける領邦教会制の成立

ドイツでは 1555 年のアウクスブルクの宗教和議で領邦君主にルター派とカトリックの選択権が与えられ，君主が領邦内の教会を支配する領邦教会制が成立していく。領邦教会制のもとでは，住民は君主が選択した宗派に従うこととなった。

●西ヨーロッパでは，住民にキリスト教の特定の宗派が強制される傾向があった。

西アジア：イスラーム世界

〔イスラーム教の原則〕　〔オスマン帝国〕
ムスリム間の平等
「啓典の民」を認める ──→ ミッレト（宗教共同体）における自治の容認

▶西アジアとイスラーム教

西アジアでは 7 世紀以降イスラーム教が支配者の宗教となり，イスラーム化が進んだ。イスラーム教では神の前での平等が説かれ，アッバース朝時代にはアラブ人の特権が失われてムスリムの平等が実現した。また，サファヴィー朝がシーア派を国教として積極的にその布教を進めた例などもあるが，西アジアの政治権力がその支配領域に住む異教徒を排除したり弾圧したりすることはほとんどなく，「啓典の民」と呼ばれたユダヤ教徒・キリスト教徒はジズヤを支払えばその信仰を認められた。

▶オスマン帝国における多宗教共存

オスマン帝国は，聖地メッカ・メディナの保護者としてイスラーム世界の盟主を自認した王朝であるが，多民族国家であったため，領域内に多くの異教徒が居住していた。そのため，イスラーム国家における啓典の民の伝統を引き継ぎ，ユダヤ教徒やキリスト教徒などに対して宗教別共同体であるミッレトを認め，自治権を与えていた。これは，同時期の西ヨーロッパに比べて，異教徒に寛容な政策であった。

●イスラーム政権は，ジズヤの支払いと引きかえに領域内に異教徒の存在を認めた。

東アジア：儒教・仏教・道教など多様な宗教の世界

一般に，被支配者の信仰にはほぼ不干渉

〔清朝〕 中国本土：儒教的な皇帝として直接統治，白蓮教などは弾圧

藩　部　：**理藩院**を通じ間接統治（自治を認める）

チベットに対してはチベット仏教保護，**ダライ=ラマ**厚遇

▶東アジアの宗教的特質

東アジアでは，この地域を特徴づける儒教・道教・仏教といった宗教が厳格な一神教ではなく，異教に寛容な性格を持つこともあって，政治権力が1つの宗教で国家を統制しようとする傾向は少なかった。ただ，中国や朝鮮・日本の支配者がつねに全ての宗教に寛容だったわけではなく，体制の脅威となる場合は，日本のキリシタン弾圧や中国における白蓮教徒への弾圧のように徹底的な排除が行われたこともあった。

▶清とチベット仏教

清は，中国本土にすでに深く根を下ろしていた儒教・道教・仏教などに対しては，反清的な思想につながらない限り干渉を加えなかった。一方，藩部では，チベットやモンゴルではチベット仏教，新疆ではイスラーム教など中国本土とは異なる宗教が信仰されていたが，清はこれら藩部に対し，理藩院の監督のもとに広範な自治を認め，その信仰にも干渉しなかった。むしろ藩部の離反を防ぐため，皇帝はチベット仏教を手厚く保護した。

●東アジアの政治権力は，体制の脅威とならない限り多様な宗教に寛容であった。

ポイント

①宗教改革後のドイツの領邦は，事実上の主権国家と考えよう。

②オスマン帝国におけるミッレトはイスラーム法にその根拠をもつ制度である。

③清朝については，直轄地と藩部の両方に目を配りたい。

解答例

西ヨーロッパでは，キリスト教以外は排除される傾向が強く，主権国家確立期には国家権力強化のため特定の宗派が強制された。ドイツでは宗教改革以後各領邦国家がその地の教会を支配する領邦教会制をとり，住民は領主の選択した宗派に従わされた。イギリスではヘンリ8世が首長法を発してイギリス国教会を創始し，この国教会強制は後にピューリタンとの対立を生むことになった。フランスでもルイ14世がナントの王令廃止によってユグノーを排除し，カトリックによる国内統一を目論んだ。西アジアでは，アッバース朝時代にアラブ人の特権が廃されてイスラーム教徒であれば平等に扱うという原則が成立する一方，ジズヤの支払いを条件にユダヤ教徒やキリスト教徒のような異教徒の存在を認めていた。オスマン帝国ではユダヤ教徒やキリスト教徒はミッレトと呼ばれる宗教共同体の中で自治やその信仰の維持が認められている。東アジアでは，儒教・仏教・道教，日本の神道のように多様な宗教が信仰され，政治権力が民衆レベルの信仰に圧力を加えることは少なかったが，農民反乱と結びついた白蓮教が歴代の中国王朝によって邪教とされたように，体制の脅威となる場合は弾圧が行われた。清では，社会的・宗教的に中国と大きく異なる藩部は理藩院のもとで大幅な自治が認められ，チベット仏教やイスラーム教の信仰も容認されていた。とりわけチベット仏教とその教主ダライ＝ラマは，手厚い保護を受けた。

論述作成上の注意

□600字という字数に圧倒されず，配分を考えて記述したい。
□東アジアは，チベット関係の内容だけで終わらないようにしたい。

16 パクス・ブリタニカの展開と諸地域の対抗

（2008年度 第1問）

〔地域〕全地域 〔時代〕近代 〔分野〕政治・経済

1850年ころから1870年代までにパクス・ブリタニカ，つまりイギリスの政治的・経済的覇権がどのように展開・伸張していき，またそれに対して日本を含む諸地域でどのような対抗する動きが起こったかを論述させる問題。論点は比較的わかりやすいが，幅広い視野が求められており，指定語句もそれぞれの事象がパクス・ブリタニカとどのような形で関係しているかを論証するには各地の状況に関する深い理解が必要。特に近現代史においては，世界各地の出来事が本質的にどのような意味をもち，どのように関連しあっているかを理解することが大切であることを痛感させられる問題である。

設問の要求

〔主題〕1850年ころから1870年代までに諸地域がパクス・ブリタニカに
①どのように組み込まれ，
②またそれに対抗してどのような動きが起こったか。
〔条件〕「諸地域」には日本を含む。

パクス・ブリタニカとは，「イギリスの平和」を意味するラテン語。19世紀中葉のイギリスの圧倒的な軍事力・経済力を，古代ローマ帝国の「パクス・ロマーナ」になぞらえたものである。この時代のイギリスの圧倒的な国力は欧米・アジアの内政・経済・外交に大きな影響を与えたが，特に経済的な視点から考えることが重要である。

1850〜60年代前後は，クリミア戦争，アロー戦争にみられるようにイギリスの軍事力が，また「世界の工場」と呼ばれた経済力が世界を大きく動かした時期であったが，1870年代にはドイツ・アメリカ合衆国をはじめ欧米諸国で経済が発展して帝国主義の段階に入り，一方アジアにおいても列強の圧力に対抗する動きがみられるようになった。このような大きな歴史の流れをふまえた上で，各地域の状況について考察することが大事である。

指定語句の整理

イギリス：第1回万国博覧会・クリミア戦争
欧　米　：ビスマルク（ドイツ），綿花プランテーション（アメリカ）
アジア　：ミドハト憲法（オスマン帝国），インド大反乱（インド），
総理衙門（清），日米修好通商条約・江華島事件（日本）

まずこの時代のイギリスの状況を指定語句を用いて説明し，次いで，地域別・国別にどのようにパクス・ブリタニカに組み込まれ，それにどう対抗したのかを，説明し

ていくと文章を組み立てやすい。

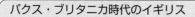

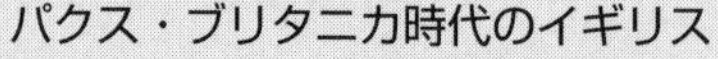

パクス・ブリタニカ時代のイギリス

〔経済〕	〔国際政治〕
「世界の工場」に	**クリミア戦争**でロシアが敗北
↓	↓
1851年に**第1回万国博覧会**開催 技術力と経済力を誇示	ロシアの挫折で ヨーロッパ随一の大国に

▶イギリスの覇権

世界で最初に産業革命を達成した「世界の工場」イギリスは，国力誇示の場として1851年第1回万国博覧会をロンドンで開催し，外交面ではクリミア戦争（1853～56年）でオスマン帝国を支援，パリ条約でロシアの南下政策を挫折させている。これらはイギリスの繁栄，外交における影響力の大きさを象徴するものとしてとらえたい。

欧米諸国とパクス・ブリタニカの関係

〔組み込まれ方〕		〔対抗の仕方〕
農業生産物輸出・工業製品輸入	⟶	国家主導の工業化・自国産業の保護
｛ロシア・ドイツ：穀物供給地 　アメリカ：**綿花プランテーション**		｛ロシア：農奴解放令（労働力創出） 　アメリカ・ドイツ：保護関税政策
		↓
		ビスマルクによるベルリン会議（政治的にも対抗） アメリカ・ドイツの工業発展

▶パクス・ブリタニカと欧米

19世紀の欧米諸国は，産業革命を進行・完成させていくイギリスの経済構造と密接な関係を持たざるを得なかった。ロシア・ドイツは穀物，アメリカは南部が綿花をイギリスに輸出し，イギリスから生活必需品や工業製品などを輸入するかたちでイギリス経済と密接な関係を持った。しかし，イギリスに遅れて各国でも産業革命が開始・進展すると，それぞれイギリスの経済的覇権からの自立を目指すようになる。

ロシアではクリミア戦争敗北後，1861年アレクサンドル2世が農奴解放令を発し，フランスの資本と技術を導入して重工業が徐々に成長していった。

国家統一途上にあったドイツは，ドイツ関税同盟（1834年）で経済的統合を進め，1871年にはドイツ帝国を成立させ政治的統一を完成したが，その過程で，穀物輸出に立脚した農業中心から，工業中心の産業構造への転換を図った。ビスマルクが保護関税政策をとって国内産業の成長を促し，露土戦争後のベルリン会議（1878年）で英墺・露間を調停したことはイギリスの経済的・政治的覇権への対抗としてとらえることができる。

アメリカは，南部は黒人奴隷を使役する綿花プランテーション地帯で，綿花を「世界の工場」イギリスに輸出していた。工業化が進展しつつあった北部はイギリスからの工業製品流入を防ぐため保護関税政策を唱えて南部と対立し，奴隷制をめぐる対立もあって南北戦争となった。南北戦争は北部がイギリスに経済的に従属する南部に勝利したものでパクス・ブリタニカへの対抗と考えることができる。

アジア諸国とパクス・ブリタニカの関係

〔組み込まれ方〕　〔対抗の仕方〕

イギリス製品の原料供給地・市場に ⟶ { インド：**インド大反乱** / オスマン帝国：**ミドハト憲法**制定（近代化） }

東アジアでは軍事力背景に開国・通商せまる

中国：**総理衙門**設置	⟶	洋務運動（近代化）
日本：**日米修好通商条約**	⟶	明治維新（近代化），**江華島事件**（対外進出）

▶オスマン帝国への経済的進出とタンジマート，ミドハト憲法

オスマン帝国の弱体化の中で，アブデュル=メジト1世は近代化政策であるタンジマート（1839～76年）を始めたが，保守派の反対で成果は上がらず，1838年に結ばれたトルコ=イギリス通商条約によって市場が開放された結果，イギリスへの経済的従属が強まった。クリミア戦争でロシアに勝利したものの，財政は破綻し，バルカン半島における民族独立運動も帝国を揺るがした。ミドハト憲法はこうした状況に対する改革の一環として1876年に発布された。

▶インドの経済的従属とインド大反乱

イギリスは19世紀中葉にインドを支配下におき，インドはイギリス綿工業の原料供給地・市場とされ，伝統的な綿工業は壊滅的打撃を受けた。インド大反乱はインドがパクス・ブリタニカに組み込まれたことに対抗する動きと考えられるが，反乱鎮圧後，インドは直轄植民地とされ，1877年にはインド帝国が成立しているので，結果としてインド大反乱はパクス・ブリタニカをさらに進展させたと考えることも可能かもしれない。

▶中国の朝貢体制崩壊と洋務運動

アヘン戦争とアロー戦争における敗北は欧米列強の中国への経済的進出の足がかりとなった。アロー戦争後の北京条約により外国公使の北京駐在を認め，伝統的な朝貢貿易ではなく対等の外交関係に対処するため設置された総理衙門は，清がパクス・ブリタニカに組み込まれた一例として解釈できる。こうした状況に対し，1860年代から行われた洋務運動を対抗例としてあげることができるが，中国の伝統的な思想・体制を温存したため表面的な改革に終わった。

▶日本の開国と明治維新・対外進出の開始

日米修好通商条約は1858年に江戸幕府が結んだもので，領事裁判権，関税自主権の放棄などを含む不平等条約であり，日本はこれによりイギリスを中心とする当時の資本主義経済体制に組み込まれることになった。明治維新（1868年）後の日本は，殖産興業と富国強兵を進めることで国家の近代化を目指し，対外的には江華島事件（1875年）を起こして朝鮮を開国させることになる。

ポイント

①欧米諸国の「組み込まれ方」は長期的な視野で考える。
②アジア諸国の近代化への動きをイギリスの覇権と結びつけて考える。
③指定語句以外にも適宜「組み込まれた例」「対抗した例」を示したい。

解答例

イギリスは第１回万国博覧会を開催して圧倒的な国力を誇示し，クリミア戦争に介入してロシアの南下を阻止するなどヨーロッパ外交の主導権を握った。ロシア・ドイツはイギリスへ穀物を輸出し，工業製品を輸入していたが，ロシアは農奴解放令を発布して近代化を模索し，ドイツではビスマルクが国内工業を育成して，ベルリン会議で外交の主導権を握ろうとした。アメリカは南部の綿花プランテーション地域がイギリスの原料供給地となっていたが，南北戦争後は北部主導により急速な工業化が進んだ。オスマン帝国ではタンジマートの進行と並行してイギリスの経済的進出が強まったが，クリミア戦争後立憲制への要求が高まりアジア最初の憲法であるミドハト憲法が発布された。イギリス産業の原料供給地・商品市場に転落していたインドではインド大反乱が起きたが，鎮圧後は直轄植民地とされインド帝国が成立した。アヘン戦争・アロー戦争に敗れた清はイギリス中心の世界経済に組み込まれ，また対等外交を強いられたため総理衙門を設置したが，洋務運動が展開されて近代化への動きが始まった。そして日本は日米修好通商条約によって世界の資本主義体制に組み込まれたが，明治維新により国内の近代化をはかり，対外的には江華島事件を起こして朝鮮へ進出を開始した。

論述作成上の注意

□「組み込まれた例」「対抗した例」は国ごとにまとめて述べる方が書きやすい。
□それぞれの事象を詳しく説明する余裕はない。大きな視点で捉えたい。

17 11～19 世紀における農業生産の変化

（2007 年度 第1問）

〔地域〕中国・ヨーロッパ 〔時代〕中世～近代 〔分野〕社会・経済

中世～近代における農業生産の変化が社会にもたらした影響が問われており，社会経済史全般に対する目配りが欠かせない。地域・時代の幅が広いため，指定字数内でまとめるのには苦労するかもしれない。指定語句の「アンデス」をどう使うかがポイント。なお，2004 年度第 1 問でも，近世の銀の流通に関するスケールの大きな経済史が出題されている。

設問の要求

〔主題〕①11～19 世紀に生じた農業生産の変化。
②その意義。
〔条件〕設問文の提示する論点（後述）を考慮する。

条件にある「論点」は，設問文の第 1 段落に示されている。

〔論点〕変　化：耕地の拡大，農法の改良，新作物の伝播
意　義：人口成長 → 経済成長（＝商品作物栽培・工業化）
留意点：凶作による飢饉 → 世界各地にたびたび危機をもたらした

これらの「論点」をふまえ，農業生産の変化の「意義」としては，主に社会・経済面への影響を考える。

指定語句の整理

中　国　：占城稲（北宋代にチャンパーより伝来，干ばつに強い早稲種）
湖広熟すれば天下足る（明代には長江中流域が穀倉地帯）
ヨーロッパ：三圃制（10～11 世紀頃から開始）
農業革命（イギリス・18 世紀）
穀物法廃止（イギリス・1846 年）
アイルランド（1840 年代のジャガイモ飢饉 → アメリカへの移民）
アメリカ　：トウモロコシ（中央アメリカ原産）
アンデス（ジャガイモの原産地，トウモロコシも栽培）

与えられた語句の検討から，**中国**と**ヨーロッパ**の 2 地域が中心となることがわかる。特に 19 世紀はイギリスとアイルランドに言及することが求められている。**アメリカ**については「新作物の原産地」と位置づければ，中国とヨーロッパの両方に組み込むことができる。「アンデス」は「アイルランド」（＝ジャガイモ飢饉）との関連から「ジャガイモの原産地」と考えるのがよいだろう。

中国における農業生産の変化

〔宋　代〕	〔明　代〕	〔明末清初〕
占城稲の伝播・普及	**「湖広熟すれば天下足る」**	**トウモロコシ**の伝播・普及
長江下流域で米作	長江中流域で米作	米作に不適な華北
「江浙熟すれば天下足る」	（長江下流域は手工業）	などで栽培可能

▶穀倉地帯の移動

11世紀初め，宋代の中国では，干ばつや痩せ地に強い早稲種の占城稲がベトナムから導入され，二期作が行われるなど集約的な農法が発達した。これにより長江下流の蘇州・湖州（江蘇・浙江）が穀倉地帯となり，「蘇湖（江浙）熟すれば天下足る」といわれた。

明代になると長江下流地帯では綿織物や絹織物など手工業が発展し，これに伴って綿花や桑（絹を作る蚕の餌）の栽培地が増加したことから，湖南・湖北を中心とした長江中流域が新たな穀倉地帯として著しい発展をみせ，「湖広熟すれば天下足る」といわれた。清代になると江南の農業生産はさらに発展し，経済の発展もあって爆発的な人口増加を支えることになった。

▶新作物の普及

一方，アジアに来航するようになったヨーロッパ人たちがもたらしたアメリカ大陸原産の作物のうち，華北では17世紀頃からトウモロコシが，江南ではサツマイモが広く栽培されるようになった。これらの作物は，山間部でも栽培可能で，水稲に比べて栽培しやすく，米や麦の不作を補い飢饉時にも役立った。

なお，明清代の農業生産については，人口の増大に耕地の拡大が追いつかなかった面もある。このため人々の辺境部への移住や開拓が進み，福建・広東など沿海部からは東南アジア方面へ移住する者が増え，のちの南洋華僑の起源となっており，そこから「人の移動」という視点で述べることもできるが，答案ではそこまでふれる余裕はないと思われる。

●海外から移入された作物が，農業生産増大の背景の1つとなり，明清代の人口増加を支えた。

ヨーロッパにおける農業生産の変化

〔11世紀＝中世〕	〔18世紀＝近世〕	〔1840年代〕
三圃制の普及	**農業革命** → 産業革命 →	**穀物法廃止**（1846年） アイルランドのジャガイモ飢饉 （アンデス原産）

▶三圃制による農業生産力の増大と社会変化

三圃制では，春播き作物（エン麦・大麦），秋播き作物（小麦・ライ麦）のほかに豆類や野菜類など多様な作物が栽培された。また，重量有輪犂の導入によって耕地を深く耕せるようになったこともあって，中世西ヨーロッパにおける農業生産効率は大きく向上し，穀物の収穫量が増大した。こうした農業生産の増大は，人口の増加，余剰生産物の流通による商業の復活，都市の発展，東方植民の進展など，ヨーロッパ内部に変化をもたらすことになった。

●三圃制の導入，重量有輪犂の導入などで穀物の生産量が増大した。

▶イギリスの農業革命

18世紀後半，イギリスでは地主企業家が三圃制の休閑地などの有効利用のため土地を囲い込み（第2次エンクロージャー），「大麦→クローバー→小麦→かぶ」の4年輪作によるノーフォーク農法を取り入れ，家畜飼料，肥料などを同時に供給可能とし，農業資本家が労働者を雇用する資本主義的農業経営も確立した。こうした新しい農業が人口の増大する都市への食糧供給を支え，土地を失った農民は都市の工業労働者となって産業革命を支える社会体制が確立した。

▶イギリスの政策転換

ナポレオン戦争後の1815年，イギリスは地主・農業経営者の利益のために大陸からの安い穀物の流入を防ぐため，穀物輸入に関税をかける穀物法を制定した。しかし，産業革命により台頭した産業資本家は労働者の低賃金を維持するために安価な穀物の輸入を望み，不満を強めた。結局，1846年ピール保守党内閣のもとで穀物法廃止が実施され，イギリスが自由貿易政策に転ずる大きな流れを作った。

● 18世紀に起こったイギリスの農業革命が産業革命の前提となった。
●食糧・原料を輸入し工業製品を輸出するのがイギリス自由貿易体制の基本。

▶ジャガイモ飢饉

1840年代半ばに，アイルランドでジャガイモの病気が発生したことで極端な不作となり大飢饉が発生したが，これをジャガイモ飢饉という。17世紀にクロムウェルに征服されて以来，アイルランドは事実上イギリスの植民地となっており，イギリス人地主は収穫された小麦をイギリス本国に送ることで利益をあげたため，アイルランド人小作農には小麦が行き渡らず，安価なジャガイモが主食とされていたのである。このジャガイモ飢饉により，多数のアイルランド農民がアメリカ大陸へ移民していくことになった。

ポイント

①新大陸原産の作物はヨーロッパだけでなく中国にも導入されている。

②アイルランドについては，ジャガイモ飢饉からアメリカ移民が起こったという「人の移動」について言及するとよい。

解答例

宋代の中国では，11世紀にベトナムから日照りに強い早稲種の占城稲が導入され，長江下流域で稲作が発展した。明代には，長江下流域で家内制手工業が発展し，原料となる綿花や桑の栽培が盛んになったため，稲作地は中流域に移動し，「湖広熟すれば天下足る」といわれた。16世紀以降，中央アメリカ原産のトウモロコシやアンデス原産のジャガイモが世界各地に普及したが，中国でもトウモロコシやサツマイモが導入され，米・麦以外の主食として人口増加を支えることになった。西ヨーロッパでは，11世紀頃から普及した三圃制農法と重量有輪犂の使用などが農業生産力を増大させ，人口増加とそれに伴う都市の発展や東方植民の背景となった。18世紀のイギリスではノーフォーク農法や第2次囲い込みに代表される農業革命で農業の資本主義化が進み，土地を失った農民が都市に流入して産業革命を支える労働力となった。また，産業資本家の要求で，地主保護法である穀物法廃止が実現し，イギリスの自由貿易体制が確立することになる。一方，穀物輸出地域であるアイルランドではジャガイモを主食としたため，19世紀半ばの「ジャガイモ飢饉」によって多くの餓死者が発生し，アメリカ大陸への移民が激増した。

論述作成上の注意

□指定語句を用いながら具体的な事実に沿って述べればよいが，「変化」と「意義」についてはある程度抽象化して述べる必要がある。

□19世紀の中国については直接関わる語句がないので，無理に述べなくてもよい。

18 主権国家・戦争・国際秩序 （2006 年度 第1問）

〔地域〕ヨーロッパ 〔時代〕近世〜現代 〔分野〕政治

近世以降の主権国家体制の発展と国際秩序のありかたを戦争との関連で述べさせる問題である。主権国家体制においては，戦争を決断し，遂行する主体が主権をもつ国家であるが，また戦争を防止し，平和的な国際秩序をつくる主体も主権国家である。主権国家の意味をうまくとらえていると論述に厚みが出るだろう。

設問の要求

〔主題〕三十年戦争，フランス革命戦争，第一次世界大戦において，戦争を助長あるいは抑制する傾向がどのように現れたか。

論述に際しては，この3つの戦争がそれぞれの時代の特徴を色濃く反映していることを意識しよう。また「助長」「抑制」の両方に必ず言及するよう注意すること。

●**戦争の助長と抑制の例**（設問文第1段落のまとめ）
助長：主権国家の誕生・民主主義の成長
→ 国内社会の民主化
→ 国民意識の高揚・対外戦争を支える国内基盤の整備 → 各地で戦争が多発
抑制：戦争勃発を防ぐ努力＝国際法の制定・国際機関の設立

「助長」は，戦争の**直接の原因**とは別のものであると考えよう。また設問文の例から考えると，「抑制」の方は必ずしも戦争中の事象でなくともよいだろう。

指定語句の整理

三十年戦争：ウェストファリア条約，『戦争と平和の法』
フランス革命戦争：ナショナリズム，徴兵制
第一次世界大戦：総力戦，平和に関する布告，十四カ条，国際連盟

「徴兵制」と「ナショナリズム」は，フランス革命戦争と第一次世界大戦のどちらでも用いることができそうであるが，ここでは，この2つを近代の特質と考え，フランス革命戦争との関連で用いている。

三十年戦争

〔原因〕	〔助長〕	〔抑制策〕
ドイツ国内の宗教戦争	普遍的権威の喪失 絶対主義国家の国益追求 傭兵の使用	**ウェストファリア条約** 主権国家体制確立を前提とした国際法理念の採用

▶主権国家体制の成立

16・17世紀にヨーロッパで成立した絶対主義国家は主権国家の最初の形態である。この時代には，宗教改革によってローマ教皇の普遍的権威が否定され，教皇の権威に支えられていた皇帝権もその普遍性を失った。この結果，国家は，ローマ教皇や皇帝といった普遍的権威に対する自立性を獲得し，国内的にも王権が領域内の諸身分・諸地域・諸民族に対する超越的権力であると考えられるようになった。この誰にも拘束されない国家の権力が主権である。

三十年戦争はベーメンの新教徒の反乱に端を発した宗教内乱として始まったが，旧教国フランスがハプスブルク家打倒のために新教側で参戦したことで，この戦争は宗教戦争から当時成立しつつあった主権国家間の勢力争いへと様相を変えていった。つまり主権国家の成立が戦争を助長したと考えることができる。そして，講和条約であるウェストファリア条約によって西ヨーロッパには主権国家による国際秩序＝主権国家体制が確立することになる。

▶国際法の成立

主権国家体制が確立されたことによって，国家間の関係を規定する国際法が可能に（必要に）なった。グロティウスは戦争の惨禍を最小とし，主権をもつ国家間の暴力を規制することを**『戦争と平和の法』**で主張した。この書物では，戦争の禁止・制限・許容について，また戦争中においても守られるべき規則について論じている。

●中世的秩序の崩壊が主権国家の成立を可能にした。
●主権国家体制という原則は近代・現代にも続いていく。

フランス革命戦争

〔原因〕	〔助長〕	〔抑制策〕
自国の防衛	民主化	ウィーン体制
革命理念の拡大	**ナショナリズム**と	「勢力均衡」の確認
	徴兵制の成立	反動的体制（民主化の阻止）

▶国民国家的戦争の始まり

フランス革命は人民主権の観念を掲げて民主化を推し進めたため，国家の主体となった市民は，国家への帰属心を強め，外国軍の侵入に対し“祖国の危機”のため兵士として立ち向かう心情が生まれた。こうした心情（ナショナリズム）が徴兵制による国民軍を可能とし，広くヨーロッパを巻き込む戦争を継続させたのである。

▶ウィーン体制

革命戦争を経て成立したウィーン体制は，近世以来の勢力均衡の原則を再確認すると同時に，各国の民主化・自由化の動きを抑圧し，現状（＝平和）を維持するための反動的体制となった。しかしこの体制は30年あまりで倒れ，ナショナリズムの高揚とともに自由と民主主義は確実にヨーロッパ諸国に浸透していく。

●**革命期のフランスは近代国民国家の原型である。**

第一次世界大戦

〔原因〕	〔助長〕	〔抑制策〕
民族主義の高揚	帝国主義諸国の植民地争奪 複雑化した同盟関係 **総力戦**への動員 （↔ 総力戦の疲労）	**平和に関する布告** 無賠償・無併合 **十四カ条**の平和原則 **国際連盟**設立 民族自決の容認など

▶帝国主義時代における戦争

第一次世界大戦の直接の原因はバルカン半島におけるナショナリズムの高揚であったが，植民地争奪などをめぐって対立を深めていた帝国主義諸国がその複雑化した同盟関係にしたがって参戦したため，戦線が拡大していった。

第一次世界大戦はそれまでの戦争と異なり，大量消費，大量動員，大量破壊を伴ったため，参戦国は軍事力だけでなく，国家の総力をあげて戦争を遂行しなければならなかった。こうした総力戦体制は，戦争を助長する面と抑制する面の両方をもつ。講和には国民の犠牲に見合うだけの成果や世論への配慮が必要となるため戦争が泥沼化しがちな一方で，ロシア革命・ドイツ革命に見られるように，総力戦への動員に疲れた国民が政権を転覆させ戦争終結を早める場合もあった。

▶戦争抑制策の模索

戦争末期，アメリカ大統領ウィルソンは，十四カ条の平和原則を提案した。そのひとつである恒久的国際平和機関の設立は1920年の国際連盟の発足で実現するが，現実の国際連盟はアメリカの不参加やソ連・ドイツの排除など弱点を抱え，その役割は制約されたものとなった。一方，ウィルソンの十四カ条に先がけてソヴィエト政府が「平和に関する布告」で交戦国に呼びかけた無併合・無賠償の和平は，戦勝国側には受け入れられなかった。

●**総力戦には戦争を助長する面と抑制する面があった。**
●**国際連盟は発足時から大きな弱点を抱えていた。**

ポイント

①戦争のありかたは，各時代の国家のありかたと密接な関係にある。
②戦争を抑制する方法は，戦争の原因や戦争を助長する傾向との対比によって考える。

解答例

三十年戦争はドイツにおける宗教対立から始まったが，周辺の絶対主義国家が国益を求めて干渉し，国際戦争に発展していった。講和条約のウェストファリア条約は，主権国家体制を確立させたヨーロッパ初の近代的国際条約であり，グロティウスが『戦争と平和の法』で唱えた自然法に基づく国際法に戦争抑制の役割が期待された。フランス革命戦争では，国家の主権者となった国民のナショナリズムが高揚し，徴兵制により戦争の担い手となった彼らは革命の防衛と拡大をめざして革命戦争を助長した。革命戦争とそれに続くナポレオン戦争後に成立したウィーン体制では，国家間の勢力均衡と革命を抑圧する反動政治による平和維持が図られた。第一次世界大戦では帝国主義諸国間の植民地争奪が戦争を拡大し，国民生活や資源の全てを戦争に向ける総力戦が戦争を長期化させた。こうした中，ロシアのソヴィエト政府が平和に関する布告で無賠償・無併合の和平を提唱し，米大統領ウィルソンが十四カ条の平和原則で民族自決や恒久的国際平和機関の設立を提示するなど，戦争を抑制する新しい国際秩序の形成が試みられた。後者は，戦後，史上初の国際平和機関である国際連盟が発足するなど部分的に実現した。

論述作成上の注意

□戦争の「原因」について詳述する問題ではない。
□それぞれの戦争の本質については言及する必要がある。
□「ナショナリズム」は第一次世界大戦で使用してもよい。

19 第二次世界大戦と 1950 年代の世界

（2005 年度 第1問）

〔地域〕全地域 〔時代〕現代 〔分野〕政治

第二次世界大戦から 1950 年代までの戦後国際秩序の形成の過程を記述させようとするもの。現代史は手薄になりがちな分野であるが，ここで要求されているような基本的な事柄はしっかり学習しておきたい。日本国憲法，台湾，パレスチナ難民，北朝鮮の政治体制などは現在に続く歴史的な重要課題と深く関連している。きわめて現実的なテーマでの出題といえよう。アウトラインを明確にして，簡潔にまとめる能力が試される。

設問の要求

〔主題〕第二次世界大戦中に生じた出来事が，いかなる形で 1950 年代までの世界のありかたに影響を与えたのか。

1950 年代は第二次世界大戦後に形成された冷戦体制がヨーロッパ・東アジアで固定化する一方，世界の多極化が始まる時期である。大きな流れをふまえてまとめたい。

●設問文第 2 段落では，戦後世界を形成した要素として，**「米ソの対立」**とともに**「各地の民族運動」**を挙げている。米ソ・ヨーロッパ中心の冷戦史にならないように，バランスを考えよう。

指定語句の整理

戦後構想 ：**大西洋憲章**（国際連合）
米ソの対立：**東ドイツ，金日成**（分断国家の成立）
　　　　　　EEC，日本国憲法（西側世界の再編成）
民族運動 ：**台湾**（中国の分裂）
　　　　　　アウシュヴィッツ，パレスチナ難民（イスラエルの建国・中東問題）

指定語句が欧米・東アジア・西アジアと広い地域に関連しているため，散漫にならないようテーマを明確化し，指定語句に関連した文章が長くなりすぎないよう注意を払いたい。「台湾」は，冷戦期の国家形成という文脈で用いてもよいだろう。

連合国による戦後構想

	〔国際連合〕	〔占領政策〕
〔戦中〕	**大西洋憲章**で原則提示	連合国による戦後構想 ＋ 英米・ソ連の対立
〔戦後〕	国際連合憲章が採択され発足	米ソによる世界分割・冷戦の開始

▶国際連合の設立

第二次世界大戦中の1941年8月に発表された「大西洋憲章」は国際協調と民族自決を戦後国際秩序の原則とし，一般的安全保障の恒久的制度の樹立を表明した。この原則は1944年8～10月のダンバートン=オークス会議で作成された「国際連合憲章草案」に結実した。その後，拒否権等に関する米ソの合意が成立し，1945年6月サンフランシスコ会議で国際連合憲章が採択され，同年10月に国際連合が発足した。

▶冷戦の進展

第二次世界大戦では，米英とソ連は連合国としてともに戦ったが，ヨーロッパにおける第二戦線形成問題やドイツの戦後処理などで，相互不信や対立が戦争中から深まっていた。戦後，スターリンが東欧で「人民民主主義」という形の共産主義政権を支援しはじめると，米英はこれを共産主義の膨張とみなしてトルーマン=ドクトリンやマーシャル=プランを発表し，冷戦体制が形成されていった。

- ●国際連合の構想は第二次世界大戦中の大西洋憲章で発表された。
- ●戦後間もなく，これまで水面下にあった米ソの対立が表面化した。

第二次世界大戦後におけるドイツ・朝鮮半島・日本の状況

	〔ドイツ〕	〔朝鮮半島〕	〔日本〕
〔戦　後〕	米英仏ソの4カ国分割占領 ベルリン封鎖 東西分断国家の成立	米ソの分割占領 分断国家成立	米の単独占領 **日本国憲法**成立
〔1950年代〕	西独を西ヨーロッパに 経済的統合 （ECSC，**EEC**成立）	朝鮮戦争で 分断固定化	西側陣営に編入 （日米安全保障条約）

▶ドイツの分断

戦後，ドイツは米・英・仏・ソの4カ国分割占領（管理）下におかれた。1948年の米・英・仏による通貨改革とそれに反発したソ連が敢行した「ベルリン封鎖」によって東西の緊張は極度に高まった。1949年西側占領地区にボンを暫定首都とするドイツ連邦共和国（西ドイツ）が誕生すると，ソ連占領地区にはドイツ民主共和国（東ドイツ）が成立，東西ドイツは東西冷戦体制の最前線で対峙することになった。

東西ドイツはそれぞれ米・ソを中心とした同盟関係に組み込まれたが，1952年，西ドイツは西ヨーロッパ5カ国とともにヨーロッパ石炭鉄鋼共同体（ECSC）を発足させた。これは，1958年にヨーロッパ経済共同体（EEC）に発展し，ヨーロッパ統合の出発点となった。

▶朝鮮半島の分断と日本の変容

戦後，日本の植民地支配を脱した朝鮮半島は北緯38度線を境界に米ソに分割占領され，1948年南に大韓民国が成立，北には**金日成**を首相とする朝鮮民主主義人民共和国がソ連の支援の下に独立し，南北分断国家が形成された。1950年北朝鮮の軍事侵攻に始まった朝鮮戦争は東西の緊張対立を一層高め，朝鮮半島の分断を決定づけた。

一方，事実上アメリカの単独占領となった日本では，1946年，主権在民・戦争放棄・基本的人権の尊重をうたう日本国憲法が公布された。しかし冷戦の進展とともに，アメリカは東アジアでの日本の戦略的重要性を認識し，1951年日本が主権を回復すると同時に，日米安全保障条約を締結し，日本を西側陣営に結びつけた。また，1950年朝鮮戦争開始に際して，警察予備隊（1954年に自衛隊と改称）も発足した。

- 1940年代末には，米ソ対立の影響でドイツと朝鮮半島に分断国家ができた。
- 1950年代には，西ヨーロッパからヨーロッパ統合の動きが始まった。

第二次世界大戦と民族運動（中国とパレスチナ）

	〔中国〕	〔パレスチナ〕
〔戦中〕	国共対立しつつも抗日で共闘	ユダヤ人迫害 → ユダヤ人移住者増加 **アウシュヴィッツ**などでのユダヤ人虐殺
〔戦後〕	国共内戦 中華人民共和国と 中華民国（**台湾**）に分裂	シオニズム運動高揚 <パレスチナ分割案> イスラエル建国・パレスチナ戦争 → **パレスチナ難民**の発生

▶国共内戦と2つの中国

日本軍撤退後の中国では，国民党政権（中華民国政府）と共産党が統一国家のあり方をめぐって対立し，国共内戦がおこった。国民党はアメリカの援助を受けたが，土地均分化政策で広く農民の支持を得た共産党が1949年中華人民共和国の成立を宣言し，翌年，中ソ友好同盟相互援助条約を結び東側陣営に加わった。一方，蔣介石の国民党軍は台湾に逃れ，アメリカの支持の下，反共政権として中華民国政府を維持した。

▶パレスチナ問題

パレスチナでは，戦前からシオニズム運動の影響を受けて移住したユダヤ人移民と，アラブ系住民との間に摩擦が生じていた。戦後，ナチス=ドイツのユダヤ人大量虐殺が明らかになると，国際世論はユダヤ人に同情的になり，ユダヤ人国家をパレスチナに建国する動きが加速した。

1947年，国連総会で，イギリスの委任統治終了後にパレスチナをユダヤ人とアラブ人の両国家に分割するパレスチナ分割案が採択され，翌年ユダヤ人側はイスラエル国家成立を宣言，米ソもこれを承認した。しかし，アラブ側諸国はこれを認めず，パレスチナ戦争（第1次中東戦争：1948～49年）が勃発，勝利したイスラエルは分割案の約1.5倍の領土を確保した。一方，アラブ系住民がイスラエルの占領地から追放され100万人以上のパレスチナ難民が生まれた。

●中国では民族運動の方針の相違が国家分裂の一因となった。
●パレスチナ分割案とイスラエル建国，第1次中東戦争が長期にわたる中東問題の原因。

ポイント
①ドイツ・朝鮮半島・中国の分断・分裂はどのようにして生じたのか。
②日本は第二次世界大戦後どのような立場に立たされたのか。

解答例

大戦中に米英首脳が大西洋憲章で示した戦後国際秩序の原則は1945年の国際連合設立に結実した。しかし戦争中から戦後処理をめぐり米英とソ連は相互不信を深め，この対立が戦後世界を二分し，ヨーロッパに西ドイツと東ドイツという分断国家を生み出した。1950年代になると西ヨーロッパでは独仏対立への反省から石炭鉄鋼の共同管理をはかるＥＣＳＣが成立し，これがＥＥＣへと発展していった。東アジアでも米ソ対立の影響は大きく，朝鮮半島でもソ連が支持する金日成が北に朝鮮民主主義人民共和国を，アメリカが支持する李承晩が南に大韓民国を独立させ，朝鮮戦争を経て南北分断が固定化した。日本はアメリカ占領下で成立した日本国憲法で戦力を放棄したが，米ソ対立が激化すると西側陣営に組み込まれ，自衛隊も発足した。また，中国では抗日戦争中の国民党・共産党の勢力争いが戦後の国共内戦に発展し，共産党が中華人民共和国を建国すると敗れた国民党は台湾に移り反共国家を維持した。パレスチナでは，大戦中のアウシュヴィッツなどでのユダヤ人虐殺を背景に戦後ユダヤ人国家イスラエルが国連の決議をもとに建国され，アラブ諸国とのパレスチナ戦争を引き起こして多数のパレスチナ難民が生まれた。

論述作成上の注意
□冷戦の経過を詳述する問題ではない。戦争中からの対立（米ソ，国民党と共産党など）が，戦後世界の分断・分裂に与えた影響という視点を堅持する。
□パレスチナ問題に関しては第一次世界大戦中のフセイン=マクマホン協定やバルフォア宣言まで取り上げる余裕はないだろう。

20 銀を中心とする世界経済の一体化

(2004年度 第1問)

〔地域〕全地域 〔時代〕近世 〔分野〕経済

16〜18世紀における世界経済の一体化の流れを，銀を中心として概観させる問題である。8つの指定語句からどのような地域や内容が要求されているか推定できる。一見つながりのないような語句を，テーマをふまえてどのような文脈で盛り込むか，論理の構成力も問われている。ヨーロッパ・新大陸・アジアという空間的な広がりの中で地域と地域の関係を見るという地理的視点も要求されていて，2003年度第1問から2年連続でグローバルな視点からの論述問題となった。

設問の要求

〔主題〕16〜18世紀における銀を中心とする世界経済の一体化の流れを概観する。
〔条件〕「世界経済の一体化は16，17世紀に大量の銀が世界市場に供給されたことに始まる」ことをふまえる。

16，17世紀における世界経済の一体化は頻出事項であるが，ここでは18世紀についても求められていることに注意しよう。

指定語句の整理

16世紀 ：ポトシ（新大陸）
グーツヘルシャフト，価格革命，アントウェルペン（ヨーロッパ）
一条鞭法，日本銀（アジア）
17・18世紀：東インド会社，綿織物

「流れを概観」する問題なので，まず年代順，続いて地域別に整理する。「綿織物」の語は，18世紀後半の産業革命への展開を意識して使用したい。

新大陸・ヨーロッパ経済の一体化（16世紀）

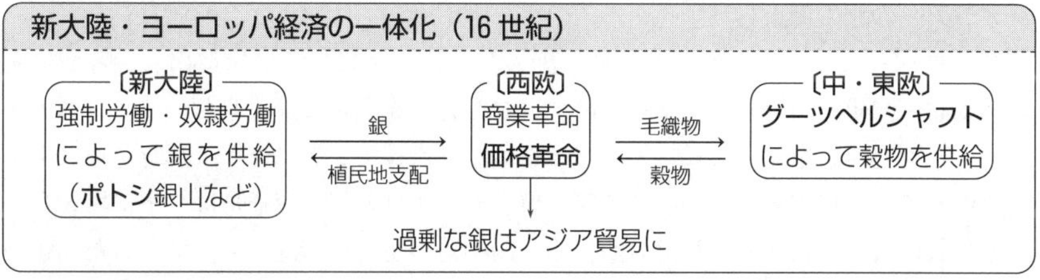

▶価格革命と商業革命

16世紀に新大陸での銀山開発が進むとヨーロッパに大量の銀が流入し，ヨーロッパの物価が騰貴した。その結果，西欧での商業が活発になる一方，それまで南ドイツの銀を独占していたフッガー家などの没落を決定的にし，貨幣地代で生活していた領主層にも打撃を与えた。これが価格革命である。

また，新大陸やインド航路の発見によって商業圏は世界的規模に拡大した。ヨーロッパにおける国際商業の中心は地中海から大西洋へと移り，その結果，東方貿易で隆盛を誇った北イタリア都市や，バルト海貿易を担った北ドイツ諸都市はその地位を低下させ，かわってポルトガルのリスボンやスペイン領ネーデルラントの**アントウェルペン**などが繁栄した。この一連の動きが商業革命である。

17 世紀になるとポルトガルとスペインの退潮にともなって国際商業・国際金融の中心はオランダのアムステルダムに移り，さらに 17 世紀後半にはロンドンをはじめとするイギリス諸都市が中心地となっていった。

▶グーツヘルシャフトの成立

商業が活性化した西ヨーロッパの市場では穀物への需要が高まり，エルベ川以東の地域から西ヨーロッパへの穀物輸出が拡大した。この地域では，地主貴族（土地領主）が農民の土地保有権を奪い，賦役を強化して直営農場を拡大・整備し，西ヨーロッパへの輸出作物の生産を行った。こうした農場領主制をグーツヘルシャフトと呼ぶ。以降，エルベ川以東の中・東欧地域は，穀物供給地として，西ヨーロッパ世界と密接な経済的関係で結びつけられるようになった。

●新大陸は西ヨーロッパに銀を供給し，拡大する国際商業の出発点となった。
● 16 世紀にはヨーロッパの東西で分業体制が成立した。

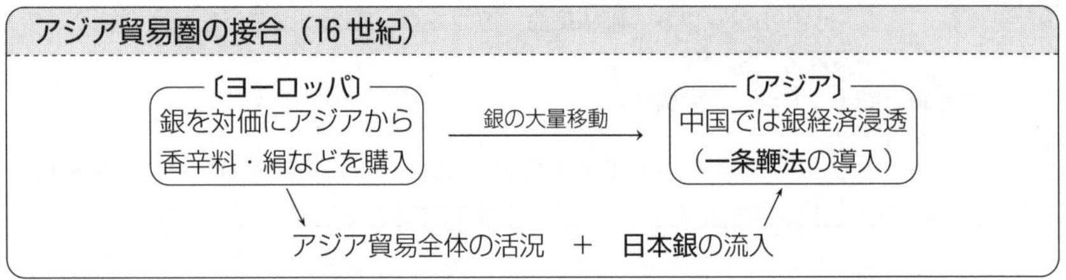
アジア貿易圏の接合（16 世紀）
〔ヨーロッパ〕
銀を対価にアジアから
香辛料・絹などを購入
銀の大量移動
〔アジア〕
中国では銀経済浸透
（一条鞭法の導入）
アジア貿易全体の活況 ＋ 日本銀の流入

▶アジアへの銀の流入

ヨーロッパ人は，新大陸から大量に流入した銀を手にアジアに進出し，香辛料・絹・綿布・陶磁器，のちには茶などのアジアの物産を大量に購入した。特にスペインはメキシコ産の銀をフィリピンのマニラを通じて直接アジアに運び，当時急速に生産を伸ばしていた日本銀と合流してアジア貿易圏における銀の流通量は一挙に増大した。

とりわけ大量の銀が流入したのが，絹・陶磁器の主要生産地の中国であった。銀の流入の増大は，中国に貨幣経済を浸透させ，税制も唐代からの両税法にかわって，諸税を一括して銀で納める一条鞭法が明代に導入されることになった。

こうして，中国を中心とした従来の朝貢貿易体制にスペイン・ポルトガルが参入する形で，ヨーロッパ・新大陸貿易圏とアジア貿易圏が結びつけられるようになった。

●新大陸から流入した銀が，ヨーロッパ商人のアジア進出を可能にした。
●大量の銀の流入は，中国の税制も変えるにいたった。

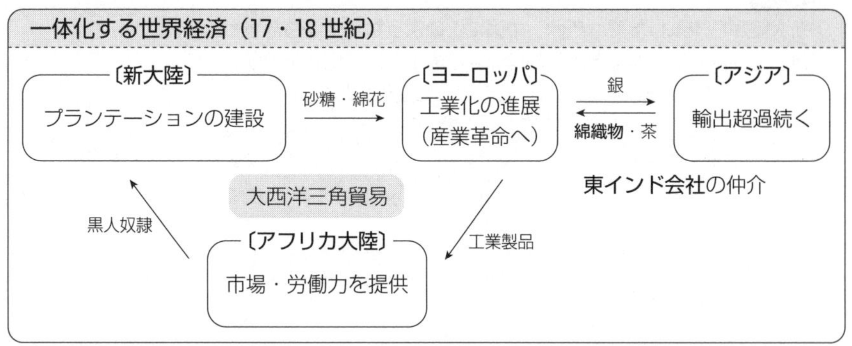

▶ **17世紀以降のアジア貿易**

17世紀に入ると，オランダ・イギリス・フランスはそれぞれ東インド会社を設立してアジア進出を競い，17世紀後半にはイギリスが世界貿易の覇権を確立した。

イギリス東インド会社の扱った最大の人気商品はインド産綿織物で，この需要拡大が産業革命の要因となっていく。また，18世紀後半，イギリスで喫茶の習慣が拡大し，中国の茶が大量に輸入されるようになると，イギリスは対価とした銀の流出に苦しみ，これを是正するためにインド産のアヘンが中国に持ち込まれるようになる。

▶ **大西洋三角貿易－アフリカ大陸の接合**

17世紀のヨーロッパは，戦争の頻発，疫病の流行など様々な危機に見舞われたが，これを「17世紀の危機」という。各国では16世紀から続いてきた経済成長が停滞し，富（銀）の流出を警戒して自国の工業育成や植民地での農業経営につとめるようになり，国家が経済活動に介入する重商主義が本格化した。

18世紀には，大西洋を挟んでヨーロッパ・アフリカ・新大陸間の三角貿易が活発化したが，これにより，アフリカは労働力の供給地・工業製品の市場としてヨーロッパを中心とする経済圏に組み込まれていった。特にイギリスは大西洋三角貿易によって資本を蓄積し，産業革命を推進していくことになる。

▶ **産業革命以降の展開**

18世紀後半，イギリスは産業革命を開始し，綿織物をはじめ工業生産においてアジアの優位に立ち，輸出国に転じた。19世紀前半にはイギリスが開始したアヘン貿易によって中国からも銀の流出が始まり，19世紀には欧米諸国による支配のもとでの世界経済の一体化が確立する。

●大西洋三角貿易でアフリカがヨーロッパ経済圏に組み込まれる。
●産業革命を契機として，銀の流れはアジアからヨーロッパへと逆転する。

ポイント
①新大陸から流入した銀は西欧・中国にどのような変化をもたらしたか。
②ヨーロッパでは，西欧と東欧の関係はどのように変化したのか。
③17世紀以降，世界の銀の流れはどのように変化したのか。

解答例

15世紀末に始まるヨーロッパ諸国の新航路開拓は，16世紀以降の国際商業の発展と世界経済の一体化を促した。まず，新大陸のポトシ銀山などから大量の銀が流入した西ヨーロッパで，物価が急激に上昇する価格革命がおこった。西ヨーロッパ市場での農産物需要の増加と価格の上昇に対応して，エルベ川以東の地域では領主直営の農場で輸出用の穀物を生産するグーツヘルシャフトが支配的となった。西ヨーロッパ諸国は，流入した銀でアジアの特産物を求め，16世紀半ばにはアントウェルペンが国際取引の中心地として繁栄した。アジアには新大陸産の銀が大量に持ち込まれ，とりわけ絹や陶磁器を産する中国では日本銀も加わって銀の流通が一般化し，諸税を銀で一括納入する一条鞭法が全国的に広がった。17世紀になると西ヨーロッパ諸国は銀の過剰な流出を懸念して本国や植民地でアジア原産品の生産を試み，アフリカを巻き込む大西洋三角貿易を成立させた。18世紀後半，東インド会社が持ち込むインド産綿織物へのあこがれを原動力にイギリスが産業革命を開始し，以降アジアからヨーロッパへと銀の流れはしだいに逆転していった。

論述作成上の注意
□価格革命の影響（南ドイツの銀を独占していた大富豪の没落・貨幣地代で生活していた領主層への打撃）に言及してもよい。
□価格革命と商業革命の混同に注意したい。

21 運輸・通信手段の発展と植民地化・民族運動

（2003年度 第1問）

〔地域〕全地域 〔時代〕近代 〔分野〕政治・技術

欧米帝国主義列強のアジア・アフリカ地域における植民地支配の強化とそれに対する民族意識の覚醒，植民地化に抵抗する民族運動がグローバルに展開する19世紀末から20世紀初頭の世界の様子を描けるかどうかが問われている。今日的テーマであるが，受験生には意外とまとめにくいであろう。構成の仕方は何通りもあるが，指定された字数から考えると，あまり複雑なことは書けない。既習の知識を用いて素直に論旨を綴ることを考えたい。

設問の要求

〔主題〕「運輸・通信手段の発展が，アジア・アフリカの植民地化をうながし，各地の民族意識を高めたことについて」論述する。

設問文の要求を「運輸・通信手段の発展とアジア・アフリカの植民地化との関係」「運輸・通信手段の発展と各地の民族意識の高まりの関係」の２つに分解すると考えやすい。

●運輸・通信手段の新展開

欧米諸国がアジア・アフリカに侵略の手を伸ばしていく背景

世界的な情報の共有・人の移動の加速 → 民族意識を刺激

指定語句の整理

運輸手段：スエズ運河，汽船，バグダード鉄道

通信手段：モールス信号，マルコーニ

植民地化：義和団，日露戦争

民族運動：イラン立憲革命，ガンディー

指定語句のうち，運輸・通信手段の発展に関するものは，まず植民地化との関連で使用する。「義和団」「日露戦争」は民族運動としても使用できる（特に「日露戦争」は両義的である）が，ここでは便宜上植民地化の例で用いた。

運輸手段の発展と植民地化

〔汽船〕	〔スエズ運河〕	〔鉄道〕
時間短縮	航路短縮	**バグダード鉄道**
大陸間の広域大量輸送	運河株を通じたエジプト植民地化	（ドイツが西アジアに進出）

▶海上交通の迅速化

汽船は，蒸気船ともいい，蒸気機関を推進機関とする船舶のことで，1819 年にサヴァンナ号が蒸気機関をつけ，大西洋を横断したのが最初である。帆船に比べて時間の無駄が少ない汽船の使用は，遠距離航海に必要な時間を短縮した。これによって，大量生産品の輸出，原料の大量輸入，植民地官僚・軍人の往来などが容易になり，アジア・アフリカの植民地化が促進されたのである。

1869 年にスエズ運河が開通すると，喜望峰回りの航路に比べ，ヨーロッパとアジアの距離は飛躍的に縮まり，物資の移動と連絡がさらに迅速化された。

▶植民地化の契機

エジプトは当初スエズ運河会社の最大の株主であったが，イギリスはエジプトが財政難に陥ったことにつけこみ，1875 年エジプトの持株をそっくり買い取り，やがてエジプトを経済的・政治的に支配し，植民地化した。

オスマン帝国や清に列強が進出した際には，まず鉄道敷設権を獲得し，鉄道の建設・運営を通じてその地域での影響力を強めていくという手法がとられた。こうした例として，ドイツが“３Ｂ政策”の一環として 1899 年にオスマン帝国から敷設権を得たバグダード鉄道や，ロシアが清から敷設権を得た東清鉄道などが挙げられる。

●交通の迅速化は植民地獲得の動機を強化した。
●運河・鉄道の建設やそのための借款がしばしば植民地化の契機となった。

通信手段の発展と植民地化

モールス信号：モールスが 1837 年発明。
無線電信　　：**マルコーニ**が 1895 年発明。

▶通信網の発達

1837 年にモールスが発明したモールス信号は文字や数字を符号化して伝達する方式である。電信は急速に発展し，1858 年には大西洋横断の海底電信回線が敷設されている。一方，無線電信は 1895 年にマルコーニによって発明され，20 世紀に入ると，イギリスと世界各地の植民地を結ぶ無線通信網が形成された。

こうした通信手段の発展が欧米列強とその植民地の間での迅速な情報伝達を可能にし，植民地の支配・運営を円滑にしたことはいうまでもない。

運輸・通信手段の発展と植民地化（東アジアの事例）

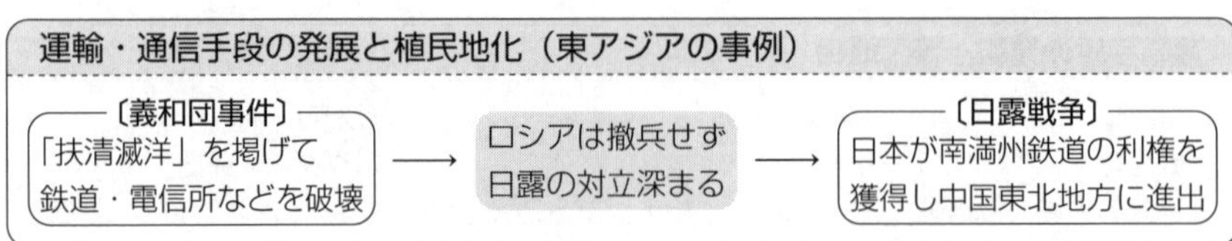

〔義和団事件〕
「扶清滅洋」を掲げて
鉄道・電信所などを破壊
ロシアは撤兵せず
日露の対立深まる
〔日露戦争〕
日本が南満州鉄道の利権を
獲得し中国東北地方に進出

▶義和団事件から日露戦争へ

日清戦争後，中国では帝国主義列強の露骨な侵略の動きに，民衆の排外感情が高まり，「扶清滅洋」のスローガンを掲げる義和団運動が起こった。義和団は各地で鉄道や電信所を破壊したが，それは上記のように，鉄道と電信が中国の半植民地化に大きな役割を果たしていたからである。

義和団事件後，ロシアは中国東北地方(満州)に派遣した軍を撤兵せず，朝鮮半島の権益独占を図る日本との対立を深め，1904 年日露戦争が勃発する。戦争は日本の優位で終結し，日本はポーツマス条約で南満州鉄道を獲得し，中国東北地方進出への足がかりとするとともに，朝鮮における植民地支配を強化していく。

▶ 1905 年以降の諸運動

日露戦争における日本の勝利は，欧米帝国主義列強の圧迫に苦しむアジア諸民族に素朴な感動や希望を与えた。1905 年の中国同盟会の結成，1906 年のインド国民会議カルカッタ大会での反英運動の高揚，1905 年のイラン立憲革命，1908 年の青年トルコ革命など，同じ時期の民族主義運動は日露戦争からなんらかの刺激・影響を受けていた。これらは，通信手段の発展によって，極東での出来事が，各地の植民地のすみずみにまで伝達されたことを意味している。

カージャール朝下のイランでは，19 世紀末から国王の専制と外国資本への従属に対する批判が強まっていた。イギリスが導入した電信事業や国外から持ち込まれた新聞・雑誌などを通じた各地の政治・経済・制度・文化の知識はしだいにイラン人の覚醒を促し，1905 年にはイラン立憲革命がおこり，翌年には憲法が発布され議会も設置された。しかし，1911 年にはイギリス・ロシアの介入により立憲革命は挫折した。

また，20 世紀の民族運動の指導者には欧米への留学経験を持つ人物が多く，この点からも，民族意識の高揚に関して人の移動が容易になったことの意義は大きい。ガンディーがロンドンで高等教育を受けたこと，南アフリカで弁護士として活動したことはよく知られている。彼は第一次世界大戦後インドに戻り，非暴力・不服従運動を指導し，従来都市の知識人層に限られていた民族運動を一般大衆の参加する全インド的な運動へと高めていった。

●日露戦争は帝国主義的戦争であると同時に，民族運動への影響も無視できない。
●ガンディーなど民族運動の指導者たちは，運輸手段の発展によって可能となった移動によって自国以外でも活動している。

ポイント

①運輸手段の発達と植民地の拡大にはどのような関係があるのか。
②同じく通信手段ではどうか。
③日露戦争での日本の勝利はアジアにどのような影響を与えたのか。

解答例

1869年のスエズ運河開通によってアジアに至る航路が短縮され，蒸気力を推進力とする汽船が海運の主役を担うようになると，ヨーロッパ各国のアジア進出が容易になり，アジア・アフリカの植民地化が促進された。通信手段においても，19世紀前半に発明されたモールス信号は，19世紀末にはマルコーニの無線電信にも応用され，情報の伝達は一段と迅速化し，欧米の植民地経営や世界支配を支える技術となった。また，鉄道建設は植民地化を進める手段として利用され，ドイツはトルコからバグダード鉄道建設の利権を得て，中東への影響力を強めようとした。中国ではこうした方法に反発した義和団が鉄道を破壊したが，この事件は中国の半植民地化を進行させ，日露戦争の遠因となった。しかし，こうした運輸・通信手段の発達はアジア・アフリカ各地の民族的覚醒をも促した。日露戦争における日本の勝利の情報は，通信によって全世界に広まり，アジア・アフリカの民族運動を刺激した。対外従属を強めていたカージャール朝ではイラン立憲革命がおこり，インドでは国民会議派の運動が活発化し，第一次世界大戦後のガンディーによる非暴力・不服従運動へとつながっていった。

論述作成上の注意

□植民地化の具体例は必要だが，あまり多く例示しすぎないようにしたい。
□通信と民族運動の関係は難しいので，独立して述べてもよいだろう。

22　中国移民と中国革命　（2002 年度　第 1 問）

〔地域〕主に中国　〔時代〕近代　〔分野〕政治・社会

19 世紀から 20 世紀はじめに中国人の南北アメリカや東南アジアへの海外移住が急増した背景とその影響を考えさせる問題で，世界史の大きな流れをとらえ，制限字数内でこれらのことを簡潔にまとめる構想力が問われている。人の移動というのは歴史の主要なテーマの 1 つである。一国史の枠の中では見えないものが，こうしたテーマを設定することで見えてくる。テーマに沿って様々な要素の関連をとらえ，組み合わせ，物語る歴史学習の基礎能力をみようとするものであるが，例年に比べてかなり難しい印象を受ける。

設問の要求

〔主題〕①19 世紀から 20 世紀はじめに中国からの移民が南北アメリカや東南アジアで急増した背景。
②海外に移住した人々が中国本国の政治的な動きに与えた影響。

①の移民増加の背景では，「出身国である中国側の事情」と「受け入れ国側の事情」の両方に言及する必要がある。

●中国人移民史の大きな流れ（設問文第 1 段落のまとめ）
〔宋～明代〕東南アジア各地の港市に集住
〔19 世紀〕　海外への移住者急増 → 低賃金労働者として酷使
ヨーロッパ系の移住者と競合 → 排斥運動
中国人排斥法（合衆国）：1882 年制定，第二次世界大戦中に廃止，
戦後再び中国からの移住者増加

指定語句の整理

①中国側の事情　：**海禁**（清の渡航制限政策）
アヘン戦争（開国・半植民地化の契機）
受け入れ国側の事情：**植民地奴隷制の廃止**
海峡植民地（マレー半島における貿易港）
サトウキビ・プランテーション（プランテーションの典型）
ゴールド・ラッシュ（北米カリフォルニアほか）
②本国への政治的影響：**利権回収運動**（民族資本による反植民地活動）
孫文（革命指導者）

「海峡植民地」の使い方はさまざまに考えられる。「利権回収運動」の使い方にも迷うかもしれないが，自信がなければ辛亥革命との直接の関係で考えればよい。

移民急増の背景①ー中国側の事情

〔清末〕

アヘン戦争 ⟶ アロー戦争 ⟶ 半植民地化 ⟶ 下層農民・貧困層の困窮深まる

開国　　中国人労働者の渡航自由化

（＝海禁政策の放棄）

▶アヘン戦争以降の中国社会の変化

国外に移住する中国人の数は19世紀中期から飛躍的に増加した。大量の国外移民を生み出した背景には，中国の半植民地化に伴い出現した大量の破産農民，貧困層の存在がある。清朝は中国人の私的な海外渡航や海上貿易を禁止する海禁政策をとっていたが，アロー戦争後の北京条約で中国人労働者の海外渡航が認められ，海禁政策は放棄された。これらが，中国の海外移民が増加する大きな要因となった。

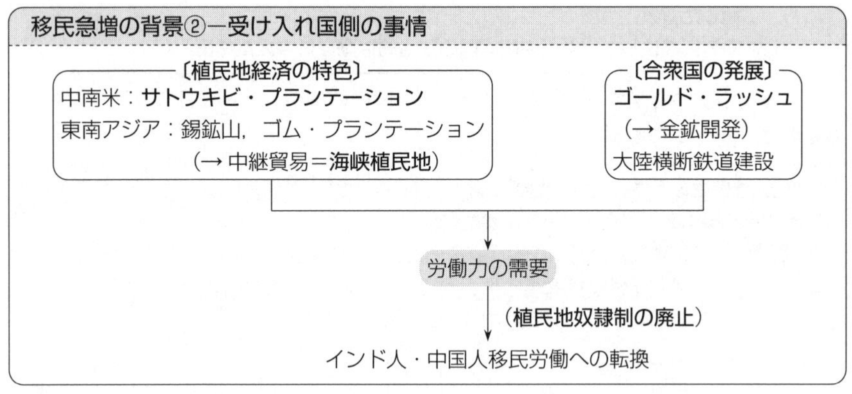

▶植民地経済の特色

19世紀から20世紀はじめに欧米列強の植民地あるいは従属地域となった中南米や東南アジアでは，欧米資本によるプランテーション型農業や鉱業が主要産業となった。これらは労働集約型の産業で，過酷な肉体労働に従事する労働者を大量に必要とした。中南米のサトウキビ・プランテーションは著名であるが，19世紀に入ると東南アジアの植民地化も急速に進行し，マレー半島のゴム・プランテーションや錫鉱山，インドネシアのサトウキビ・プランテーションなどが経営された。これらの産物を輸出する貿易港（たとえば海峡植民地）は，内陸部への移民の受け入れ窓口となったほか，自らも大量の港湾労働者を必要とした。

▶合衆国の発展

19世紀の北米大陸では，西漸運動が進む中，1848年のカリフォルニアをはじめ各地で金鉱が発見され，ゴールド・ラッシュが起こって鉱業が活況を呈した。19世紀後半には大陸横断鉄道の建設が，20世紀初頭にはパナマ運河の建設が始まり，ここでも大量の労働力の需要が生まれた。

▶欧米植民地の奴隷制廃止

以上のように，19世紀から20世紀はじめの南北アメリカや東南アジアでは，単純労働力に対する需要が増大していた。一方，19世紀前半，自由主義思想の高まる中，西ヨーロッパ主要国やアメリカ合衆国では奴隷貿易および奴隷制の廃止をめざした運動が展開され，奴隷貿易・奴隷制はしだいに廃止されていった。

こうした状況のもと，従来の黒人奴隷貿易にかわって労働力需要を満たしたのが，主に中国南部の貧困な農民を人さらい同様の手段で集め，強制的に移民させるクーリー（苦力）貿易（豬仔貿易 Pig Selling）であった。

●中国移民は，19世紀に起こった大規模な人口移動の一環であった。
●労働力需要において，北米と中南米・東南アジアでは異なる事情を抱えていた。

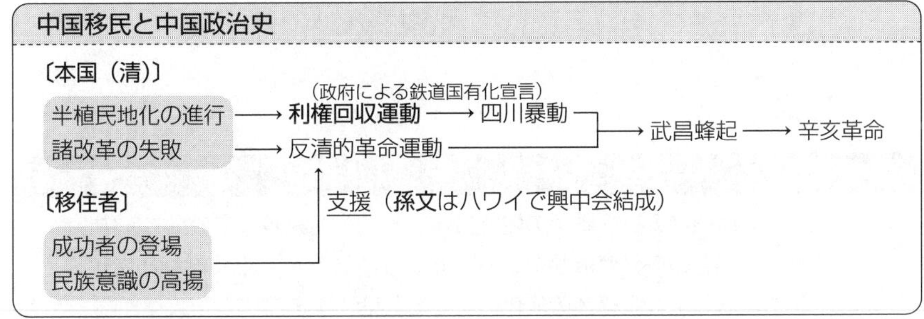

▶華僑の民族意識

クーリー(苦力)貿易の最盛期は1850～70年である。19世紀も末になると，渡航当初はまったくの無一物であった労働者の中にも，困苦の末しだいに財を蓄え農園，鉱山や商店の経営に成功して財閥となる者があらわれた。

彼らは故郷と強い結びつきを持ち続けることが多く（中国系移民をさす「華僑」の「僑」は“仮住まい”の意味），異国で過酷な労働と差別にさらされ，たびたび故郷の苦境の報などに接するうちに民族意識に目覚め，満州族の王朝である清を倒そうとする孫文らの革命運動に積極的な協力をするものもあらわれた。孫文の兄もハワイで成功をおさめた華僑であるが，孫文が1894年にハワイで革命結社興中会を組織したときも，アメリカの華僑組織の支援があった。経済面での抵抗運動である利権回収運動においても，こうした成功した華僑の協力があったことは想像に難くない。

▶利権回収運動から辛亥革命へ

清末，帝国主義列強の中国侵略が激化する中，外国資本が持つ鉄道・鉱山の権利を民族資本によって買い戻そうとする利権回収運動がおこった。しかし，これに反して清朝政府が1911年，外国借款による鉄道国有化計画を打ち出したため四川暴動が起こり，これに孫文らの反清革命運動が合流して，辛亥革命が実現するのである。

●中国の革命運動は，世界中に広がる華僑の支援を背景に展開された側面もある。

ポイント

① 19 世紀に中国からの移民が急増した背景とは何か。
②受け入れ側（南北アメリカ・東南アジア）にはどのような事情があったのか。
③移住者は中国の革命運動にどのような影響を与えたのか。

解答例

アヘン戦争やアロー戦争の敗北によって清が海禁政策を放棄し，中国人労働者の海外渡航が認められるようになると，欧米勢力の進出がもたらした社会構造の変化によって生活苦におちいった人々が国外に活路を求めたため，海外移民が急増した。また19世紀の欧米では自由主義の進展によって植民地奴隷制の廃止が実現し，かわってクーリー貿易によるインド人や中国人の安い労働力が求められていた。中国人労働者たちは中南米のサトウキビ・プランテーション，マレー半島のゴム・プランテーションや錫鉱山，海峡植民地の貿易港などで過酷な労働に従事した。また北米でもゴールド・ラッシュやそれを契機にした大陸横断鉄道の建設事業などが中国人労働者を吸収した。こうして海外に移住した中国人の中には困苦の末，しだいに財をなす者もあらわれた。彼らは故郷の直面する民族的危機を憂慮し，20世紀はじめに孫文などによる革命運動や外国資本からの利権回収運動が始まると積極的に協力し，辛亥革命の成功にも大きな役割を担った。

論述作成上の注意

□無理して年代順に書こうとすると失敗する可能性が高い。
□最初に全体の構成についてじっくり考えること。
□孫文の革命運動を詳述する問題ではない。

23 エジプト通史 (2001年度 第1問)

〔地域〕エジプト 〔時代〕古代〜現代 〔分野〕政治

エジプトの歴史を，エジプトと外来勢力との関係に注目しながら記述する問題である。制限字数以内で5000年の歴史をまとめるには，思い切って内容を厳選する必要がある。各国（各地域）の記述が時代ごとに分散している世界史教科書では，各国（各地域）の通史的な視点が育ちにくい。教科書のあちこちに述べられているエジプト史をうまくつなげて論述する編集能力が問われる。流れをつかみ，簡潔にまとめるには，基本的な事柄を十分に知っていることが前提である。

設問の要求

〔主題〕文明の発祥以来のエジプトの歴史的展開。
〔条件〕①エジプトに到来した政治勢力の関心や，進出にいたった背景を考慮する。
②進出をうけたエジプト側がとった政策や行動を考慮する。

対外関係を中心とした通史と考えられる。時代の節目は何であったのか，その原因は何かを考えながら構成しよう。設問文の「豊かな国土」は重要なヒントである。

指定語句の整理

古 代 ：ナイル川，アクティウムの海戦
中 世 ：イスラム教，サラディン
近世・近代：オスマン帝国，ムハンマド・アリー，ナポレオン
現 代 ：ナセル

ナイル川はエジプト文明発祥の条件として用いる。近世については，オスマン帝国の支配下に入ったことに簡単にふれればよいだろう。

古代のエジプト

〔エジプト王国〕 **ナイル川**流域に文明形成
〔オリエント世界〕 アッシリア・ペルシアの侵入
〔ヘレニズム世界〕 アレクサンドロスの征服，プトレマイオス朝成立
〔ローマ帝国〕 **アクティウムの海戦**，ローマの属州に

▶地理的条件

エジプト文明の成立と繁栄を決定したのはナイル川である。エジプトの大地は砂漠につぐ乾燥地帯でありながら，ナイル川が上流から運んできた肥沃な土が堆積し，人間の生存と農耕に不可欠な水を供給したことで人間生活の舞台となった。またエジプトは肥沃な穀倉地帯であると同時に，地中海・アフリカ・パレスチナ地方をつなぐ交

通の要衝に位置し，二重の意味で重要な地域であった。

エジプトでは，メソポタミアに比べると国内の統一はよく保たれ，ファラオによる安定した統治が行われ独自のエジプト文明が成立した。

▶地中海世界への統合

幾度かの異民族侵入ののち，エジプトはアレクサンドロス大王の征服でヘレニズム世界に組み込まれ，彼の死後はプトレマイオス朝の統治下におかれた。

前1世紀後半，ローマ帝国の膨張に対し，エジプト女王クレオパトラは，アントニウスと結んでプトレマイオス朝の存続をはかったが，前31年のアクティウムの海戦でオクタヴィアヌスに敗れ，プトレマイオス朝は滅亡，エジプトはローマ帝国に併合された。このローマ支配のもとでもエジプトは穀倉地帯として重要な地位を占めている。

●エジプトは穀倉地帯・交通の要衝としての重要性を持っていた。

中世のエジプト

〔イスラム化〕	⟶	〔地域の自立化〕	⟶	〔十字軍を撃退〕
正統カリフ時代に征服され ウマイヤ朝・アッバース朝 の支配下に		ファーティマ朝が 首都カイロを建設		アイユーブ朝 （サラディン） マムルーク朝

▶イスラム世界におけるエジプト

7世紀にはアラビア半島からおこったイスラム勢力による征服活動が進展して，エジプトもビザンツ（東ローマ）帝国からイスラム勢力の支配下に移り，以降，エジプトのイスラム化，アラブ化が進んだ。10世紀にはチュニジアからおこったシーア派のファーティマ朝がエジプトを征服し，首都カイロを建設した。

11世紀末から，イスラム世界は西ヨーロッパの十字軍の攻撃をうける。この十字軍撃退の中心となったのがアイユーブ朝とマムルーク朝で，とりわけアイユーブ朝の創始者サラディンは名高い。彼はファーティマ朝を滅ぼしてスンナ派のイスラム教をエジプトに復活させ，イェルサレムを十字軍から奪回した。第3回十字軍（1189～92年）においてもイェルサレムはサラディンが確保し，十字軍は彼の前に敗北したのである。

●アイユーブ朝・マムルーク朝は，十字軍に対抗しイスラム世界防衛の中心となった。

近世・近代のエジプト

〔16世紀〕 **オスマン帝国**の支配下に
〔19世紀初頭〕 **ムハンマド・アリー**が対抗（←**ナポレオン**の侵入）
→エジプト総督となりオスマン帝国から自立化，ヨーロッパの影響強まる
〔19世紀後半〕 スエズ運河の建設

▶オスマン帝国からの自立とヨーロッパの進出

オスマン帝国は1517年マムルーク朝を滅ぼし，エジプトはその支配下に入った。近代になるとヨーロッパ諸国が交通の要地エジプトに注目し，ナポレオンは，インドとイギリスとの交通を遮断する目的で1798～99年にかけてエジプト遠征を行った。このときオスマン帝国軍ではムハンマド・アリーが活躍し，ナポレオン撤退後の1806年にはエジプト総督としての地位をオスマン帝国に認めさせた。

ムハンマド・アリーは，エジプトの近代化につとめる一方，シリアの領有や完全独立を求めて1831～33年，1839～40年の2回にわたってエジプト=トルコ戦争をおこした。これにイギリス，フランス，ロシアなど列強が干渉し，これを機にエジプトはヨーロッパ列強の強い影響をうけることになる。

1869年にスエズ運河が開かれたことによって，エジプトの重要性は飛躍的に高まった。1875年，財政赤字に苦しむエジプトがスエズ運河会社の持ち株をイギリスに売却するとイギリスの介入が強まり，イギリスは1881～82年のウラービー（・パシャ）の反乱を武力鎮圧したあと，エジプトを軍事占領し，事実上の保護下においた。

- **エジプトはナポレオンの侵攻をきっかけにオスマン帝国から自立した。**
- **スエズ運河開通によって地理的な重要性が高まり，列強の圧力も強まった。**

現代のエジプト

〔イギリスの保護国〕	——→	〔独　立〕	——→	〔完全独立〕
ワフド党の独立運動		イギリスによる スエズ運河支配続く		エジプト革命，スエズ運河国有化 中東戦争

▶完全独立後は中東問題の中心に

第一次世界大戦勃発と同時にイギリスはエジプトを正式に保護国とした。ワフド党などの独立運動の結果，イギリスは1922年に名目的な独立を認め，1936年にエジプト=イギリス同盟条約で軍事占領の終結と両国の対等な地位を確認したが，スエズ運河地帯には依然としてイギリス軍が駐屯し続けた。

こうした中，1952年ナギブや**ナセル**らの指導する自由将校団は親英的な国王を追放して翌年共和政をしき，土地改革と工業化を進めた。1956年ナセルがスエズ運河国有化を宣言すると，中東からの石油の供給に不安を抱いたイギリス，フランスはイ

スラエルとともにエジプトに侵攻し第２次中東戦争（スエズ戦争）となったが，国際世論の激しい批判とソ連のエジプト支援声明によって３国は撤退を余儀なくされ，以降エジプトはアラブ諸国の対イスラエル闘争の中心となった。

●独立後は，英米・イスラエルに対抗するアラブ世界の中心的存在となった。

ポイント

①古来からエジプトにはどのような勢力が侵入してきたのか。
②エジプトは周辺の地域にとってどのような役割を果たしてきたのか。
③スエズ運河と近現代のエジプトの歴史はどのような関係があったのか。

解答例

エジプトはナイル川流域に肥沃な穀倉地帯を持っていたため，古代からヒクソスやアッシリアが侵入し，前6世紀からはアケメネス朝の支配をうけた。アレクサンドロス大王の征服後，プトレマイオス朝が支配したが，アクティウムの海戦後はローマの属州とされ，穀物の重要な供給源となった。7世紀にはイスラム教徒の支配下に入ったが，インド洋と地中海交易の中継地として諸王朝が栄え，アイユーブ朝を建てたサラディンは第3回十字軍を撃退した。16世紀以後はオスマン帝国が支配したが，その衰退が始まるとエジプトはアジアへの通路としてヨーロッパの関心を集め，ナポレオンはイギリスとインドの交通の遮断を狙ってエジプト遠征を行った。この混乱の中で総督となったムハンマド・アリーは独立と領土の拡大をはかったが列強の干渉によって挫折した。1869年のスエズ運河開通はエジプトの戦略的地位を飛躍的に高め，イギリスはウラービーの反乱を鎮圧した後，事実上エジプトを保護国化した。第一次世界大戦後エジプトはワフド党の運動で独立を達成したが，運河の権利はイギリスが保持し続けた。これに対し，第二次世界大戦後革命で王政を倒したナセルがスエズ運河国有化を宣言，英仏などが侵入してスエズ戦争となったが，国際世論の支持を背景に国有化を達成した。

論述作成上の注意

□スエズ運河を含めた19世紀以後の歴史をうまく書けるかどうかがポイント。
□古代エジプト文明について書きすぎると後半がつらくなるだろう。

24 18世紀のフランスと中国 (2000年度 第1問)

〔地域〕フランス・中国 〔時代〕近世 〔分野〕思想

18世紀は「理性の世紀」といわれる。近世を通じて培われたヨーロッパの理性重視・合理主義の思潮が，伝統的社会制度の中に潜む不合理を摘出し，合理的世界秩序を作り出そうとする運動となって思想界に広がった。設問は，革命前のフランスの絶対王政・身分制度の矛盾を明らかにしながら活躍した啓蒙思想家が，当時イエズス会宣教師などによってもたらされた中国思想をどのように受容したかにふれながら，その思想の歴史的意義をまとめることを求めている。設問に関連した史料は解答のヒントとしても活用したい。

設問の要求

〔主題〕18世紀フランス思想（啓蒙思想）の歴史的意義。
〔条件〕18世紀の時代背景，とりわけフランスと中国の状況にふれる。

18世紀のフランスはルイ14世の治世の終わりからルイ15世，ルイ16世時代を経て，ブルボン朝絶対王政がフランス革命で崩壊するまでの時代である。一方，18世紀の中国は清朝の中期，康熙帝の治世後半から雍正帝・乾隆帝の時代に相当し，清朝の最盛期から衰退の兆しが見えはじめるまでの時代である。設問は，啓蒙思想の成立の背景として，当時のフランスの状況だけでなく，思想家たちのもとに届いていた中国の情報も考慮するよう示唆している。

史料文の読み取り

〔啓蒙思想家の中国観〕
ヴォルテール ：儒教の合理性と宗教観を称賛。
レーナル ：世襲的貴族身分の不在を称賛。
モンテスキュー：専制政体を批判。

レーナルは18世紀の啓蒙思想家で，重商主義・植民地・絶対王政・教会制度などを批判した（1994年度のセンター試験追試で著書の一節を引用しての出題があった）。

指定語句の整理

フランス：**啓蒙，フランス革命**（近代への道を開く）
　　　　　絶対王政，ナント勅令廃止，身分制度（旧制度の閉塞）
中　国　：**科挙**（歴代中国王朝の人材登用法）
　　　　　文字の獄（清朝の言論弾圧）
共　通　：**イエズス会**（宣教師が中国の情報をフランスに提供）

以下では，「フランス」に分類した指定語句のうち，「啓蒙」と「フランス革命」は歴史的意義で用い，そのほかはフランスの時代背景で用いている。「文字の獄」は引用された史料には登場しないが，啓蒙主義の主張のひとつに思想・言論の自由があることを想起すれば，啓蒙思想家たちは否定的な評価を下すであろうと判断できる。

啓蒙思想の意義

啓蒙思想 ──(現実化)──→ アメリカ独立革命・**フランス革命** ──→ 近代市民社会の成立

▶近代市民社会への道

啓蒙思想は，18世紀に起こったアメリカ独立革命とフランス革命という2つの革命の精神的基盤となった。ここで掲げられた人民主権・三権分立・自由・平等といった理念は，以後，近代国家・近代社会の大原則として継承された。

18世紀のフランスと啓蒙思想

〔絶対王政の矛盾〕 〔啓蒙思想*〕
ナント勅令廃止：ユグノーの亡命（財政悪化）←→ 宗教的寛容・合理主義
身分制度：第三身分が台頭（現実と乖離） ←→ 自由・平等思想，国民主権

＊**イエズス会**宣教師の中国情報も啓蒙思想に影響した。

▶絶対王政の行き詰まり

ルイ14世の治世の末年ごろからフランス絶対王政の矛盾が明らかになってきた。王国の宗教的統一をめざしたルイ14世は1685年（17世紀）にナント勅令（王令）を廃止した。これは，手工業の重要な担い手であったユグノーを圧迫して王国に経済的困難をもたらしたばかりでなく，宗教戦争の時代を経て形成された宗教的寛容の思想に反するものであった。また絶対王政を支える身分制度に，第三身分に属するブルジョワジーは不満を強めていた。こうした状況の中で，啓蒙思想は宗教的寛容と合理主義の両面から絶対王政やカトリック教会を批判し，自由で平等な個人の契約によって成り立つ国家像を提示して，多くの人々の支持を集めた。

▶イエズス会と中国

18世紀のフランスに東洋の新奇な思想や制度を伝えたのが，アジアに布教に赴いたイエズス会の宣教師たちであった。イエズス会士については中国にヨーロッパ科学を伝えたという面が強調されがちであるが，本題では，その逆の，ヨーロッパに中国文化を伝えたという視点が求められている。

- ●啓蒙思想は絶対王政の矛盾を反映して登場した。
- ●イエズス会宣教師による東西文化交流の相互性に注目したい。

18 世紀の中国（フランスとの比較）

〔18 世紀の中国〕		〔18 世紀のフランス〕		〔革命後のフランス〕
皇帝専制	⟷	**絶対王政**（社団国家*）	⟷	国民主権・三権分立
科挙制度	⟷	身分制・売官制	⟷	筆記試験による官僚選抜
文字の獄 典礼問題	⟷	**ナント勅令廃止**	⟷	思想・言論の自由 （人権宣言）

＊「社団国家」とは，貴族や聖職者などの社団（中間団体）が大きな特権を認められていた国家。絶対王政のもとで国王は特権や慣習を認められた社団を束ねることで国をまとめた。

▶科挙制度の光と影

学科試験により官吏を登用する科挙制度は，貴族的身分制度を残し，売官制度によって官僚制度を運営していたヨーロッパから見れば，驚くほど合理的な制度として称賛の対象であった。しかし科挙はモンテスキューの批判する「専制」を支える重要な柱でもあった。レーナルの評価する「世襲的貴族身分の不在」は「一君万民」すなわち皇帝の絶対性を示すものでもある。また，中国史においては，科挙の存在の大きさが思想・学問の停滞を招いたことも否定できない。

▶儒教への評価

儒教思想そのものは，超自然的原理ではなく孝悌や仁義，道など人間社会の中に本来存在するルールにより社会秩序を維持し国家を保っていこうとする思想であり，啓蒙思想の合理主義と共通するものをもっていた。ヴォルテールは中国文化を賛美し中国思想の影響を受けた啓蒙思想家として有名で，彼の『風俗論』にはその中国文明観がよくあらわれている。

しかし現実の中国では，儒教は孔子崇拝・祖先祭祀の儀礼と強く結びついていた。18 世紀に入ると，中国を訪れていたキリスト教宣教師たちとの間にこの儀礼の是非をめぐって摩擦がおき（典礼問題），儒教的儀礼を重んじた清朝皇帝はキリスト教布教を禁止する。また反清的な文書を弾圧した文字の獄にみられるように，18 世紀の中国には学問・思想・言論の自由もなかった。

▶鏡としての中国

社会変革の必要に迫られたヨーロッパの人々は，中国に関する知識も参照しつつ，新しい社会をめざした。革命を経たアメリカやフランスの諸制度は，身分制（中間団体）を廃止する一方で，三権分立制を採用して権力の一点集中を回避している。

●啓蒙思想家は中国の科挙などの制度を賛美した。
●中国の制度には進んだ面もあったが，弊害も大きかった。

ポイント
①18世紀のフランスはどのような状況下にあったのか。
②中国の思想や制度を啓蒙思想家はどう評価したのか。
③啓蒙思想はその後の思想・社会にどのような影響を与えたのか。

解答例

18世紀のフランスは，ブルボン朝絶対王政の矛盾が深まっていた時期であった。前世紀末のナント勅令廃止による宗教統制や現実にそぐわない身分制度によって硬直化した旧体制への不満を背景に，理性を重視し旧来の権威や偏見を批判する啓蒙思想が展開していた。18世紀の中国は清朝の最盛期で，新たな合理的社会秩序を求める啓蒙思想家たちは，イエズス会宣教師がもたらした中国の情報にも接していた。彼らは，歴代中国王朝の統治理念である儒教を理性に従った政治・道徳を説いたものとして高く評価し，科挙制を身分制度に基づかない合理的な官吏登用制度として称賛する一方，皇帝による専制政治体制には否定的であった。実際，儒教の合理的な政治思想や道徳も，禁書や文字の獄のような思想統制の中ではその合理性を十分発揮できなかったし，典礼問題以降のキリスト教布教の禁止にみられるように，宗教統制とも無縁ではなかった。このように中国の社会状況にもふれながら形成されていった啓蒙思想は，フランス革命の，さらには近代社会成立の思想的土壌を準備した。

論述作成上の注意
□啓蒙思想家の具体名や著作を述べる問題ではない。
□イエズス会の宣教師が中国にもたらした影響を書く問題ではない。
□中国の思想・制度を肯定・否定両面からとらえよう。

25 イベリア半島の歴史 （1999 年度 第 1 問）

〔地域〕ヨーロッパ 〔時代〕古代～近世 〔分野〕政治

紀元前 3 世紀から 15 世紀末までのイベリア半島の歴史を概観させる問題。ポエニ戦争によるローマ支配の開始から，スペイン王国によりイスラーム勢力最後の拠点グラナダが攻略されるまでの歴史展開を述べればよい。その間のゲルマン人の移動，イスラーム勢力の発展，レコンキスタなどが，孤立した知識でなく，イベリア半島に関して連続した知識として構築されていれば，指定語句も含めて内容的には比較的書きやすい。

設問文にもあるように，ある地域の歴史には「世界史の大きな流れが影を落としている」ものだが，特にイベリアのような「半島」は隣国に大国が位置することが多く，歴史的な変化が大きくなる。バルカン半島・朝鮮半島・小アジア半島（アナトリア）などは，自分なりに年表などを作成して，流れを把握しておいた方がよいだろう。そうした地域の歴史を理解することは，世界史の大きな流れを細部から理解し，知識を補強するのに役立つからである。

設問の要求

〔主題〕紀元前 3 世紀から 15 世紀末までのイベリア半島の歴史を概観する。
〔条件〕ヨーロッパやアフリカの諸勢力が及ぼした影響を考慮する。

イベリア半島はカルタゴが沿岸部を開発し，前 3 世紀にポエニ戦争によってローマの支配下に入るが，カルタゴ以前の状況にふれる必要はないだろう。そこでそれ以後の 15 世紀末までの歴史を次の 3 つの時期に分けて考えてみたい。

①前 3 ～後 7 世紀：ローマ帝国・西ゴート王国の時代
② 8 ～11 世紀　：イスラーム支配の時代（ウマイヤ朝 → 後ウマイヤ朝）
③ 11～15 世紀末　：レコンキスタ進展の時代

次に，指定語句をそれぞれの時代に当てはめてみよう。

指定語句の整理

①前 3 ～後 7 世紀：カルタゴ，属州，西ゴート
② 8 ～11 世紀　：コルドバ，カール大帝
③ 11～15 世紀末　：カスティリア王国，ムラービト朝，グラナダ

指定語句では「カール大帝」「ムラービト朝」の使い方にやや工夫が必要。他は流れにしたがって取り上げていけば大丈夫であろう。

①前3～後7世紀─ローマ帝国・西ゴート王国の時代

〔カルタゴ・ローマ帝国の支配〕 ──→	〔西ゴート王国の支配〕
カルタゴによる開発	4世紀以後，ゲルマン人の大移動
第2回ポエニ戦争後ローマの支配	6世紀初頭，**西ゴート**王国がイベリア半島に重点を移す
ローマ化進展・キリスト教普及	首都トレドの繁栄

▶カルタゴによる開発とローマの支配

第1回ポエニ戦争（前264～前241年）に敗れ，シチリア島をローマに奪われたカルタゴはイベリア半島を開発し，ここで軍隊を養成した将軍ハンニバルが前218年アルプスを越えてイタリアに侵入し，第2回ポエニ戦争を始めた。

しかしハンニバルも前202年のザマの戦いで敗れ，この第2回ポエニ戦争（前218～前201年）の結果，イベリア半島はローマの**属州**としてその支配下におかれることになった。その後，約600年にわたる支配の中でローマ化が進み，紀元後はキリスト教も次第に広まっていった。

▶西ゴート王国の成立と支配

フン族の圧迫による西ゴート人のドナウ渡河（376年）を端緒としてゲルマン人の移動が始まる中，ローマ帝国は395年東西に分裂し，西ローマ帝国はこの混乱の中476年に滅亡した。こうした中最初に移動した西ゴート人が，バルカン半島からイタリア半島を経て南フランスに418年西ゴート王国を建設，のちイベリア半島に重心を移し，以後約200年間この地を支配することになる。

②8～11世紀─イスラーム支配の時代

〔イスラームの発展とウマイヤ朝の征服〕 ──→	〔後ウマイヤ朝の支配〕
7世紀，イスラーム教興隆	756年，後ウマイヤ朝成立
7～8世紀，アフリカ北岸を西進	フランク王国の**カール大帝**と抗争
711年，西ゴート王国征服	都**コルドバ**は文化の中心で繁栄
トゥール・ポワティエ間の戦いでフランクに敗北	10世紀以後，カリフの称号を使用

▶イスラームの発展とウマイヤ朝の征服

7世紀にアラビア半島からおこったイスラーム教は，ムハンマドの死後の正統カリフ時代（632～661年）にイランのササン朝を滅ぼし，ビザンツ帝国からシリア・エジプトを奪った。そして，ムアーウィヤが創始したウマイヤ朝の時代にアフリカを西進し，ジブラルタル海峡を渡ってイベリア半島に侵入，711年に西ゴート王国を滅ぼした。ウマイヤ朝はさらにフランク王国征服をねらってピレネー山脈を越えたが，732年トゥール・ポワティエ間の戦いでフランク王国の宮宰カール=マルテルに敗れ，ピレネー以南に退くことになった。しかし，イベリア半島はイスラームの支配下に入り，ウマイヤ朝は東は中央アジア，西はヨーロッパにまたがる大帝国となった。

▶後ウマイヤ朝の支配

ウマイヤ朝はアラブ人以外のイスラーム教徒を税制などの面で差別したため不満が高まり，これを利用して750年アブー=アルアッバースがクーデタをおこしてウマイヤ朝を倒し，アッバース朝を建てた。この際，ウマイヤ朝の一族は西方に逃れ，756年イベリア半島にアッバース朝に対抗して後ウマイヤ朝を建て，イスラーム世界は最初の政治的分裂を経験することになる。

後ウマイヤ朝は西欧を統一したカール大帝（位768〜814年）と抗争し，都のコルドバは西方イスラーム世界の政治・文化の中心として栄え，第8代カリフのアブド=アッラフマーン3世はアッバース朝に対抗してカリフの称号を用いるようになった。

●後ウマイヤ朝の首都コルドバは，イスラーム文明を西ヨーロッパ世界へ伝える中継地となった。

③ 11〜15世紀末―レコンキスタ進展の時代

11世紀，後ウマイヤ朝の滅亡

↓

カスティリア王国・アラゴン王国のレコンキスタ（**ムラービト朝**・ムワッヒド朝が対抗）

↓

1479年スペイン王国成立，1492年**グラナダ**攻略（＝レコンキスタの完成）

▶レコンキスタの開始とイスラームの対抗

1031年後ウマイヤ朝が滅亡したころから半島北部に建国されていたカスティリア王国やアラゴン王国によるレコンキスタ（国土回復運動）が盛んとなった。11世紀末には西ゴート王国の都だったトレドを回復し，トレドは以後イスラーム文化の西欧への移入の窓口となり，アラビア語の文献がラテン語に翻訳された。

これに対し北アフリカのマグリブ（現在のモロッコ・アルジェリア・チュニジアの地）に生まれたベルベル人のイスラーム国家，ムラービト朝とムワッヒド朝は11世紀から13世紀にかけてイベリア半島に進出してレコンキスタに対抗した。

▶スペイン王国とレコンキスタの完成

13世紀に入るとマグリブの王朝も衰え，イベリア半島内にはアルハンブラ宮殿で有名なグラナダを都とするナスル朝（グラナダ王国）を残すのみとなった。こうした中，カスティリア王国のイサベルとアラゴン王国のフェルナンドが1469年に結婚，1479年両国は合邦してスペイン王国を建国し，おりしもコロンブスがイサベルの援助で新大陸を発見した1492年，スペイン王国はイスラーム最後の拠点グラナダを攻略し，イベリア半島からイスラームを最終的に駆逐したのである。

ポイント
①イベリア半島はいつローマの支配下に入り，ローマ滅亡後はどうなったのか。
②イスラーム世界とヨーロッパの接点となったイベリア半島の歴史的役割は何か。
③レコンキスタはどのように進められ，対抗勢力はどのようなものだったのか。

解答例

ローマは前3世紀に開始したポエニ戦争でカルタゴ支配下にあったイベリア半島を奪って属州とした。その後はローマ化が進みキリスト教も普及したが，ゲルマン人大移動期になると西ゴート人が侵入してこの地を支配した。8世紀には北アフリカからイスラーム勢力が侵入，西ゴート王国を征服し，同世紀後半には後ウマイヤ朝が成立して，フランク王国のカール大帝とも抗争した。後ウマイヤ朝の首都コルドバはイスラーム世界を代表する都市として栄え，高度なイスラーム文化を西欧に伝える中継地としての役割を担った。しかし11世紀に後ウマイヤ朝が滅亡すると，キリスト教国のカスティリア王国やアラゴン王国などによるレコンキスタが本格化し，モロッコのムラービト朝やムワッヒド朝が半島に進出してこれに対抗したものの，イスラーム勢力は後退を余儀なくされた。そしてカスティリア・アラゴン両王国の統合によって成立したスペイン王国は，1492年イスラーム最後の拠点であったナスル朝の首都グラナダを陥落させ，イスラーム勢力によるイベリア半島支配に終止符を打った。

論述作成上の注意
□流れを書く問題では，ある程度年代や世紀を明記した方がメリハリがつく。
□しかし，正確な世紀・年代に自信がない時は無理に書かないこと。

第2章　小論述・記述問題 I

解答用紙は，横書きで〈地理歴史〉共通。１行：30字詰。

26　河川の歴史的役割　（2023年度　第2問）

〔地域〕東アジア・西アジア・北アフリカ　〔時代〕古代〜近世　〔分野〕政治・経済・文化

長江，ティグリス川・ユーフラテス川，ナイル川といった大河が歴史に果たした役割をテーマとした大問である。問(2)の資料は未見だろうが，地名や人名が書かれているため，内容は読み取りやすい。(b)マムルークがアッバース朝で果たした「役割」については軍事・政治との関連で説明したい。(c)パルティアの文化的変容は，教科書の範囲を逸脱してはいないものの，見逃しやすい内容のためやや難であった。問(3)(b)カーリミー商人とその交易活動を地図と絡めた問題で，地理的理解が求められた。

問(1)

(a)　中国で3世紀前半に3人の皇帝が並び立つ時代とは，魏（220年建国），呉（222年建国），蜀（221年建国）の三国時代のことである。曹丕が後漢最後の皇帝献帝から禅譲を受けて魏を建国すると，劉備と孫権がこれに対抗してそれぞれ皇帝を名乗り，蜀・呉を建国した。このうち，長江下流域に国を置いたのは**呉**で，その都は**建業**（現在の南京）である。魏は華北をおさえ都を洛陽に，蜀は四川をおさえ都を成都に置いた。呉は，司馬炎が魏帝から禅譲を受けて建国した**晋（西晋）**に280年に滅ぼされた。

(b)　**主題：「湖広熟すれば天下足る」ということわざの背景にある経済の発展と変化**

時期　　　：明代
発展と変化：・綿織物・絹織物といった手工業が発展
　　　　　　　→長江下流域が原料（綿花・桑）となる商品作物生産に転換
　　　　　　・稲作の中心が宋代の下流域（江浙）から中流域（湖広）に移る
　　　　　　・対外交易（国際交易）の発展→手工業の発展を促す

ことわざ自体は，明代中頃に長江中流域が新たな穀倉地帯となったことを示すものである。この時点で宋代のことわざ「江浙（蘇湖）熟すれば天下足る」と混同してしまうミスは絶対に避けたい。また，「明代，長江中流域が新たな穀倉地帯となった」ことだけを答えるのみでは点数は伸びない。本問の核は，そうなった背景となる「経済の発展と変化」についての説明である。

明代の江南では，農民の副業として綿織物業や生糸生産・絹織物業などの家内制手工業が進展し，国内需要を支えた。当然，それらの原料となる綿花や，養蚕のための桑といった商品作物の栽培が広がったが，それはこれまで穀倉地帯であった長江下流域で盛んとなった。そのため穀倉地帯は施肥や二毛作の普及した中流域（湖広）へと移った。これが「変化」である。

また，当時大航海時代の到来でスペインやポルトガルの商人が中国の絹や陶磁器を国際商品として求めるようになり，明も海禁を緩めてこれに応じたため，交易活動が活発化した。この需要に応えるために江南での家内制手工業が「発展」したという要因も，解答に盛り込めるとよいだろう。

問(2)

(a)　受験生には初見の資料と思われるが，「ティグリス川」「ユーフラテス川」「マンスール」がヒントとなる。マンスールはアッバース朝第2代目のカリフであり，ティグリス川中流の河畔に新都バグダードを建設した。よって，王朝は**アッバース朝**，都は**バグダード**である。(b)で「のちの9世紀に」とある点や，(c)で「都が建設されたのは…クテシフォンの近く」とある点もヒントになるだろう。

(b)　**主題：「マムルーク」の特徴と彼らがアッバース朝で果たした役割**

特徴：トルコ系などの騎馬遊牧民を奴隷とし，改宗・教育→軍人化
役割：○騎馬戦士としてカリフの親衛隊（軍事力の中核）として活躍
　　　○カリフに近い位置にいたことから政治にも介入
　　　　・カリフの権威低下を招く
　　　　・カリフの廃立に関わる　　　　　　　　いずれかを指摘
　　　　・実力から自立を勝ち取る（イスラーム世界の分裂）

「マムルーク」について，資料中の下線部に「武将」とあるので，奴隷と示すにとどまることなく，彼らの軍人としての特徴をしっかり叙述したい。マムルークは，トルコ人などの奴隷を改宗させて教育・訓練を施し，軍人に育て上げたものである。ユーラシア草原地帯の騎馬遊牧民であったトルコ人は騎馬技術に長けていたため，マムルーク軍団はやがて軍の中核を担い，カリフの親衛隊として用いられた。

アッバース朝でマムルークが果たした役割については，軍人としての活躍だけでなく，彼らが親衛隊としてカリフに近い位置にいたことで政治にも介入したことに触れたい。こうした状況はカリフの権威低下につながった。やがてその実力からカリフの廃立に関わったことや，アッバース朝各地で自立していったことに言及してもよい。字数が限られているのでいずれかでよいだろう。

(c)　**主題：クテシフォンを建設した国家で起こった文化的変容**
　　条件：国家名を明示する。言語面を中心に変容を説明する

国家名：パルティア（アルサケス朝も可）
変容　：初期はヘレニズム文化保護→のちにイラン伝統文化の復興
　　　　→公用語がギリシア語からペルシア語（イラン系言語）に変化

クテシフォンを造営した国家はパルティアである。パルティアの「文化的変容」を説明せよという問題で，難易度はやや高い。「言語面を中心に」という条件も難点である。「言語が○○から△△に変化した」点は必ず盛り込もう。

前3世紀中葉，イラン系遊牧民がセレウコス朝より自立して建国したのがパルティアである。建国者の名をとってアルサケス朝ともいう。後に都となるクテシフォンは，前2世紀，ミトラダテス1世がセレウコス朝よりメソポタミアを奪い，ティグリス川中流の東岸に造営した都市である。この国はイラン系ではあるが，当初はヘレニズム世界の一部を構成し，その文化を保護するとともにギリシア語を公用語としていた。しかし，前1世紀頃からイラン伝統文化の復権が見られるようになり，言語もペルシア語などイラン系言語が使用されるようになった。

問(3)

(a) 主題：近代以前に，ナイル川の自然特性を利用する形で展開した農業

自然特性：夏に定期的な増水（氾濫）が起こり，上流から養分豊かな土が運ばれる
農業　　：肥沃な土壌で小麦を育てる灌漑農業

地図中のAはアスワンで，問題文中の公共建造物はアスワン=ハイダムを指す。ダムの建設によって起こった農業の決定的な変化とは，古代から行われてきたナイル川の氾濫の恵みを利用した農業が行えなくなったことと考えられる。ナイル川は夏の7月～10月にかけて増水・氾濫がおこり，上流から肥沃な土壌が下流に運ばれた。エジプトの人々は，水が引いてできた流域の沃土で小麦栽培の灌漑農業を行い，次の氾濫を待つというサイクルを繰り返した。古代エジプト文明は，このナイル川が育む肥沃な土壌での小麦栽培に支えられて発展した。古代ギリシアのヘロドトスがこれを「エジプトはナイルのたまもの」と表現した。

なお，問題文は「近代以前において」とある。エジプトでは8世紀頃からサトウキビ栽培が始まり，アイユーブ朝・マムルーク朝のもとで商品作物として栽培が普及したが，字数の関係上，小麦栽培に言及できれば十分と思われる。

(b) 主題：12世紀から15世紀頃に国際的な東西交易に従事した商人たちが扱った物産と取引相手

商人　　：カーリミー商人
取引相手：インド商人，イタリア商人
物産　　：インド商人から買い付けた香辛料・絹・陶磁器などの物産を紅海（ナイル川）経由で運び，イタリア商人に売却，彼らから銀・毛織物を入手

地図中のBはアレクサンドリア，Cはアデンである。都市名を明らかにする条件はないので，無理にふれなくてもよいと思われる。明らかにすべきはこの「商人たち」が何者であるのかと，彼らが交易で扱った「物産」とその「取引相手」である。12世紀以降，アレクサンドリアを中心に，インド商人がもたらす東の物産と，イタリア商人がもたらすヨーロッパの物産を中継して繁栄した商人集団はカーリミ

ー商人と呼ばれる。アイユーブ朝やマムルーク朝の保護の下，彼らはＣのアデンでインド商人から香辛料や絹，陶磁器などを買い付け，それを紅海やナイル川を通じてＢのアレクサンドリアに運び，ここでジェノヴァやヴェネツィアのイタリア商人がもたらした銀や毛織物と交換・売却した。

解答例

(1)(a)呉，建業，晋（西晋）

(b)明代，対外交易の活発化に伴い，綿織物・絹織物などの手工業が発展，宋以来の穀倉地帯であった長江下流域で綿花・桑など商品作物の栽培が盛んとなり，稲作の中心は中流域の湖広地方に移った。

(2)(a)アッバース朝，バグダード

(b)騎馬に長じたトルコ系軍人奴隷で，カリフの親衛隊として軍の中核を担い，やがて政治に介入しカリフの権威低下にもつながった。

(c)初期のパルティアは，ヘレニズム文化を保護しギリシア語を公用語としたが，後にイラン伝統文化が復興し，ペルシア語を用いた。

(3)(a)夏の定期的な増水・氾濫で上流から運ばれてきた土砂により肥沃な土壌ができ，そこで小麦を栽培する灌漑農業が行われた。

(b)カーリミー商人がインド商人から香辛料や絹・陶磁器を購入し，それを紅海経由で運び，イタリア商人の銀・毛織物と交換した。

27 法や制度を生み出す思想や理念・運動

（2022 年度 第２問）

〔地域〕西アジア・ヨーロッパ・東アジア 〔時代〕古代〜現代 〔分野〕政治・文化

法や制度を生み出す思想や理念・運動をテーマに，頻出事項から２行論述が３問，４行論述が２問，語句記述が２問出題された。問⑴ⓐハンムラビ法典については，刑法以外についての内容を示せるかどうかがポイント。ⓒイラン革命に至る前の白色革命については「政策」の内容に具体的に触れること。問⑵ⓐ大憲章は「作成された経緯」について「課税をめぐる事柄を中心に」という問いかけに忠実な解答を心がけたい。問⑶ⓑ変法運動は「経緯」よりも「主張」の部分がやや書きづらい。公羊学派に触れることができるかどうかが鍵であろう。

問⑴

ⓐ **主題：ハンムラビ法典が制定された時期とその内容の特徴**

制定時期　：前 18 世紀頃（バビロン第１王朝の最盛期）
内容の特徴：・同害復讐の原則“目には目を，歯には歯を”，身分法の原則
　・民法や商法の規定も多く含む

ハンムラビ法典は，前 18 世紀頃，バビロン第１王朝の最盛期を現出した第６代国王ハンムラビが制定した。シュメール人らの諸法を集大成したもので，1901〜02 年，フランスの調査隊がスサで発見した。石碑に楔形文字で刻まれている。内容の特徴については，問題文の「イスラーム法にも影響を与えたとされる」に注意したい。「目には目を，歯には歯を」の文言や身分による刑罰の差などから，ハンムラビ法典は刑法としてクローズアップされがちである。しかし，イスラーム法（シャリーア）は，人間の社会生活全般を規定するものなので，ここではハンムラビ法典が民法や商法などの規定も多く含んでいることを必ず指摘したい。

ⓑ **イブン=ハルドゥーン**は，14 世紀に『世界史序説（歴史序説）』を著し，王朝興亡の法則性を説いた歴史家・思想家である。チュニスに生まれ，北アフリカの諸王朝やイベリア半島のナスル朝で法官・政治家としても活躍した。いったん政治を退き著作活動に専念した後，エジプトに移ってマムルーク朝に仕え，カイロの大法官となった。遊牧民と都市民の交流を中心に，王朝興亡の歴史に法則性があるとする文明論を展開し，後世のヨーロッパの学者から世界最初の社会科学者と称された。

(c)　**主題：イラン革命で批判された，それまで行われてきた政策について説明する**

イラン革命で批判された政策の推進者：パフレヴィー2世
政策の内容：親米路線の西欧的近代化＝白色革命
・農地改革，女性参政権，国営企業払い下げ
・上からの強権的改革（国王の専制＝開発独裁）

イランでは，石油国有化宣言で有名なモサデグ首相が，英米の支援を受けた国王派によるクーデタで1953年に失脚した。この後，国王パフレヴィー2世が復権し，親米路線の西欧的近代化を推進した。これを白色革命と呼ぶ。パフレヴィー2世はアメリカ支援の下，農地改革や国営企業の払い下げ，女性参政権実現や識字率の向上などの近代化を進めたが，上からの強権的な開発独裁であり，イスラームの伝統を軽視するものであった。この政策に反対した宗教家や知識人は弾圧され，富は国王と一部の側近に集中し，農地改革などによって貧富の差は拡大した。1978年頃から国王専制に対する反体制運動が拡大し，パリに亡命していたシーア派の宗教指導者ホメイニがその精神的支柱となった。1979年，パフレヴィー2世は国外亡命し，帰国したホメイニを中心とする新政権が誕生した（イラン革命）。

問(2)

(a)　**主題：大憲章（マグナ=カルタ）が作成された経緯**
条件：課税をめぐる事柄を中心に説明する

背景：イングランド王ジョンがフランス王フィリップ2世との戦いに敗れ，大陸領土を失う
→ジョン王が戦争継続のために国内で重税を課す
経過：貴族らが王の失政に対し反乱，1215年に大憲章を作成し王に迫る
→ジョン王は譲歩し，大憲章に調印
内容：新たな課税には高位聖職者と貴族の承認を必要とする
→大憲章は，王権を制限するものであり，法の支配が明文化

プランタジネット朝のイングランド国王ジョンは，カペー朝のフランス国王フィリップ2世と争い，大陸領土の大半をフィリップ2世に奪われ，父王ヘンリ2世から続いたアンジュー帝国（大陸領土とイングランドを併せたヘンリ2世の王国の呼称）を崩壊させた。ジョン王は，大陸領土奪還をめざして増税を行ったが，貴族はこれに反発して軍役を拒否，反乱に発展した。ロンドン市民も貴族の動きに同調し，ジョン王は譲歩して，1215年貴族らが作成した大憲章に調印しこれを発布した。大憲章の内容は多岐にわたるが，貴族に諮ることなく国王が従来の慣習を破ることを禁じ，貴族の封建的諸権利を保障した（換言すれば王権を制限する）ものである。ここでは「課税をめぐる事柄」に焦点を絞り，国王が新たな課税には高位聖職者と

貴族の承認を必要とすることが定められた点を指摘しよう。

(b) **主題：マキァヴェリが著書『君主論』で述べた主張**

主張の背景：当時のイタリアは小国が分立，外国勢も含めた抗争状態（イタリア戦争）
→安定した統一国家を希求
主張の内容：政治と宗教・道徳は区別，権謀術数を用いた強力な統治を希求

当時のイタリアはフィレンツェ共和国をはじめ，ヴェネツィア共和国，ミラノ公国，教皇領など小国の乱立状態にあり，スペインやフランス，神聖ローマ帝国など，諸外国の侵攻・干渉（イタリア戦争：1494～1559年）も加わって分裂抗争が激しかった。フィレンツェの外交官を務めたマキァヴェリはこの状況を憂い，外国勢に蹂躙されない「統一イタリア」を希求し，『君主論』（1532年）を著した。イタリアを統一することができるのは，信義を守る公明正大な君主ではなく，軍事力を握り，権謀術数に長けた強権的な君主であると述べ，“獅子のような獰猛さと狐のような狡猾さ”を持った君主を理想と考えた。そのために政治と宗教・道徳を切り離して考えねばならないという，近代政治学的な方法論を展開している。

問(3)

(a) 日清戦争の敗北を機に清で生じた運動とは，変法運動（戊戌の変法）である。その中心となり，後に日本に亡命した人物とは**康有為**と**梁啓超**。変法運動の中心として活躍した人物は，康有為・梁啓超・譚嗣同などが挙げられる。後の戊戌の政変の際，康有為と梁啓超は日本に亡命したが，譚嗣同は捕らわれて刑死した。

(b) **主題：変法運動の主張と経緯**

主張：・洋務運動を批判し，その限界性を指摘
・日本の明治維新をモデルとし，立憲君主政の国家建設を目指す
・公羊学派の立場から孔子を改革者として捉え，政治改革を目指す
経緯：・光緒帝が変法派を抜擢し，その下で改革が開始
・変法の動きが性急すぎ，支持を獲得できなかった
・西太后ら保守派のクーデタによって改革は挫折

康有為や梁啓超は，日清戦争の敗北に衝撃を受け，「中体西用」を掲げた洋務運動の限界を痛感した。彼らは近代西洋の政治思想に刺激を受け，立憲君主政を樹立した日本の明治維新をモデルとした変法運動を開始した。彼らは公羊学派で，康有為は『孔子改制考』を著し，変法運動の理論的支柱とした。公羊学派は，儒学の祖である孔子の著書『春秋』の注釈の一つ「公羊伝」に基づき，孔子は過去の聖人君子の道の単なる伝承者ではなく，聖人の言葉を借りて世の中を変革しようとした改革者であると解釈する学派である。

1898年，光緒帝は康有為・梁啓超らを登用し行政改革や科挙制改革，近代的学

校の創設（京師大学堂。後の北京大学）などの政治改革を断行させた。しかし性急な改革から広範な支持を得られなかった上，西太后ら保守派の反発も激しく，彼らによるクーデタ（戊戌の政変）が発生し，変法運動は3カ月余りで失敗に終わった（百日維新）。こうして変法運動は幕を下ろしたが，後の義和団事件で諸外国列強に敗れると，西太后ら保守派も結局は変法的な改革に着手することになる（光緒新政）。

解答例

⑴ⓐ前18世紀頃，バビロン第1王朝で制定され，同害復讐の原則と身分による刑罰差を特徴とする刑法や，民法・商法などを含む。

ⓑイブン=ハルドゥーン

ⓒ親米のパフレヴィー2世が専制の下で進めた白色革命という西欧的な近代化政策で，女性参政権導入や土地改革などが行われた。

⑵ⓐイングランド王ジョンがフランス王フィリップ2世との戦いに敗れて大陸領の大半を失い，戦争継続のために国内で重税を課した。貴族たちはこれに反発し，1215年新たな課税には高位聖職者と貴族の承認を必要とする等，王権を制限する大憲章を認めさせた。

ⓑイタリアの分裂抗争状態を憂い，統一のためには，政治を宗教や道徳から切り離し権謀術数を用いる強い君主が必要と主張した。

⑶ⓐ康有為，梁啓超

ⓑ孔子を政治改革者と捉える公羊学派の立場から洋務運動を批判し，日本の明治維新を模範とする立憲君主政を目指す変法自強を主張した。光緒帝の下，次々に改革案が発令されたが，性急に過ぎ支持が得られず，西太后ら保守派による戊戌の政変で改革は挫折した。

28　身分制度や集団間の不平等　(2021年度　第2問)

〔地域〕ヨーロッパ・東南アジア・アフリカ　〔時代〕中世〜現代　〔分野〕政治・社会

全体のテーマは身分制度や集団間の不平等となっているが，実際の設問は中世西ヨーロッパと19世紀ロシアの農奴の解放，フィリピンの独立運動，南アフリカ共和国のアパルトヘイトとその撤廃の背景という独立したテーマとなっている。小論述が中心で，120字が1問，90字が3問，語句記述が2問，論述の総字数は390字で，例年に比べ特に多い方ではないが，120字・90字は用語説明のレベルではないので，苦戦する人も多いと思われる。ロシアの農奴解放の問題は，「1861年」「アレクサンドル2世」「不徹底に終わる→ナロードニキの活動」といった知識はあると思われるが，どういう点で不徹底だったかまで理解し説明できる受験生は少なかったのではないかと思われる。また，アパルトヘイトに関しても具体例を含めた説明は難しいかもしれないが，90字という字数から考えて，「国際的な非難，孤立」といった言葉が使えるかどうかがポイントであろう。

問(1)

(a)　**主題：西欧中世における農民の地位向上の背景を説明する**

①農業生産力の増大・商業の発展　→農村へも貨幣経済浸透
＋
②寒冷化や黒死病の大流行で人口激減　→労働力確保のため農民の待遇を改善

14〜15世紀に農民の地位が向上した「複数の要因」をあげることが求められているので，最低でも2つの要因はあげておきたい。

①この時期，三圃制や鉄製農具・重量有輪犂の普及などで農業生産力が増大し余剰生産物が流通し始めたことや，十字軍の影響で交通が発達し遠隔地貿易がさかんになったことで，商業が発展し貨幣経済が浸透してきた。貨幣が必要となった領主は，それまでの賦役労働や生産物地代に代わって貨幣による地代を求めるようになった（貨幣地代）。その結果，農民はそれまでの労働（賦役）を強いられる半奴隷的な状況から，地代さえ納めればよいという立場になり，また残りの貨幣を蓄積して経済力を持つ農民も現れるようになった。特に貨幣地代が普及したイギリスでは，14世紀頃から貨幣によって領主から土地を手に入れ，独立自営の自由な農民（ヨーマン）となるものも現れた。

② 14〜15世紀は天候が不順で，ヨーロッパでは寒冷化が進み飢饉もたびたび起こった。また百年戦争をはじめ戦乱が相次ぎ，特に14世紀半ばの黒死病（ペスト）の大流行によって人口が激減した。その結果農村では深刻な労働力不足におちいり，領主は労働力確保のため農民の待遇を改善する必要に迫られることになった。

(b) **主題：ロシアの農奴解放令が不徹底に終わった理由を説明する**

土地の分与（買い戻し）は有償＝政府から多額の融資
＋ ⇒不徹底に終わる
土地はミールに引き渡される＝農民はミールに縛り付けられる

1861年ロシアでは皇帝アレクサンドル2世によって農奴解放令が発布された。これはクリミア戦争に敗れた皇帝が国の近代化，富国強兵の第一歩として行ったものだが，貴族領主との妥協のもとで発布されたため，不徹底な内容だった。

農民は農奴の地位から人格的には解放されたものの，土地の分与は有償であった。農民が土地を手に入れるには高額な買い戻し金が必要となったが，生活を維持するのがやっとであった農民にそのような資金があるはずもなく，その資金は政府が援助した。しかしこれは有利子であったため，土地を手に入れた農民は政府に莫大な借金を負った。また，土地は買い戻し金が完済されるまで農村共同体（ミール）に引き渡され，返済できない場合はミールの連帯責任とされた。その結果，農民は村から外へ出るのもミールの許可が必要であるなど，ミールに縛り付けられた。

問(2)

(a) **ホセ=リサール**はスペインの圧政を批判する小説を発表し，1892年にはフィリピン民族同盟を組織して平和的な独立を主張したが逮捕された。同年武力闘争による独立を目指す急進的な秘密結社カティプーナンが組織されると，彼はその方針を批判していたが再び逮捕され，1896年カティプーナンへの関与を口実に処刑された。

(b) **主題：フィリピン革命以後のフィリピン統治体制の変化**

スペインに対するフィリピン革命勃発 ＋ アメリカ=スペイン戦争開始
→アメリカは独立運動を支援→アギナルドは独立を宣言
→パリ条約でアメリカが領有権獲得 ＋ 独立を認めず→アメリカの植民地支配下に

問題文には，どこに対する革命あるいは闘争なのかは明記されていない。当然スペインだと分かっていることであっても，解答には「スペインに対する」といった語句を入れる必要があるだろう。1896年のカティプーナンの武装蜂起でフィリピン革命が始まり，以後も各地でスペインに対する武力闘争が続いた。こうした中，キューバの独立問題から1898年にアメリカ=スペイン戦争（米西戦争）が起こると，アメリカはスペインを牽制するためにフィリピンの独立運動を支援。独立闘争の指導者となっていたアギナルドはスペイン勢力を駆逐し，翌1899年フィリピン共和国の独立を宣言して，大統領となった。しかし，パリ条約でフィリピンの領有権を獲得したアメリカはこの独立を認めずに派兵，今度はフィリピン=アメリカ戦争となったが，1901年アギナルドは降伏，フィリピンはアメリカの直轄植民地となった。

問(3)

(a) **アパルトヘイト**はオランダ語から派生した言葉であるアフリカーンス語で「分離・隔離」を意味する。

(b) **主題：アパルトヘイトの内容と，それが撤廃された背景**

白人が非白人の市民権を奪い，居住地を制限
↑　　　　　　　　　　　　　　　　　　　⇒ 1991 年撤廃
アフリカ民族会議（ANC）の抵抗 ＋ 国際的非難による経済制裁

南アフリカでは 1948 年にブール人系の国民党が政権を握るとアパルトヘイトが本格化し，非白人を政府指定の居留地に住まわせる集団地域法，非白人の公共施設利用を制限する公共施設分離法などを制定した。これ対して 1960 年代以降，国連をはじめ世界からの非難が高まり，オリンピックなどの国際大会から閉め出され，経済制裁も始まるとともに，アフリカ民族会議（ANC）を中心とする抵抗運動も激しく，南アフリカはアフリカ内で孤立した。国内においても労働組合や白人を含む市民グループによる反アパルトヘイト運動が高揚したため，白人のデクラーク政権は 1990 年に ANC のリーダーで獄中にあったネルソン=マンデラを釈放，翌 1991 年にはすべてのアパルトヘイトに関する法が撤廃された。

解答例

(1)(a)商業や都市の発展で貨幣地代が普及し，貨幣の蓄積などで農民の経済力が向上した。一方寒冷化や黒死病の流行で人口が激減すると，領主は労働力確保のため農民の待遇改善を余儀なくされた。

(b)土地の分与は有償であり，農民が土地を手に入れるためには高額な買い戻し金を領主に支払う必要があった。また土地は農村共同体のミールに引き渡されたため，農民はミールに束縛されたから。

(2)(a)ホセ=リサール（リサール）

(b)スペインからの独立を求めるフィリピン革命が進展する中，1898 年アメリカ=スペイン戦争が始まると，アメリカは革命派を支援し，アギナルドはフィリピン共和国の独立を宣言したが，戦争後領有権を獲得したアメリカは独立を認めず，武力で直轄植民地とした。

(3)(a)アパルトヘイト

(b)白人政権が非白人の選挙権や市民権を奪い，居住地を制限する人種隔離政策だったが，国際的な非難による経済制裁の本格化と，国内やアフリカ民族会議による反対運動の激化で撤廃された。

29 民族の対立や共存 (2020年度 第2問)

〔地域〕アジア・エジプト・オセアニア・北米 〔時代〕古代・近世～現代 〔分野〕政治・社会

人の移動や接触によって生じる民族の対立や共存を主題とした小論述問題6問で，頻出のテーマである。地域が中国とその周辺，エジプト，オーストラリア，アメリカ合衆国と幅広いが，未学習の地域というのはなかったと思われる。それでも(1)(b)の辛亥革命前後のモンゴルとチベットは，やや意表を突かれたかもしれない。1924年のモンゴル人民共和国の成立は覚えていても，その前段階までは理解していなかったのではないだろうか。(1)(a)の匈奴，(2)(a)のスエズ運河，(3)(b)のアメリカ=メキシコ戦争は標準的な問題。(3)(a)の戦間期のアメリカもKKKや移民法は最低限書けるはずである。ただ60字3問，90字2問，120字1問と問題数が多く，第2問全体の字数も480字で，例年よりかなり多い。迅速に処理できなかった場合，第1問の大論述に割ける時間が減って対応が難しくなったと思われる。

問(1)

(a) 主題：前3世紀末頃の騎馬遊牧民国家の状況

冒頓単于が匈奴を統一 ＋ 月氏を追って交易路を支配
＋
前漢を建てた劉邦を撃破→有利な条約を結び，貢納を課す

匈奴はトルコ系ないしモンゴル系といわれ，前4世紀から戦国時代の中国へ侵入を始めた。前3世紀末に現れた冒頓単于（在位前209～前174年）は東胡を討ち，月氏を追って全モンゴリアを統一した。さらに始皇帝が修築していた長城を越えて農耕地帯に侵入し，前200年平城（現大同）郊外の白登山で前漢を建てた劉邦（高祖）が率いる軍を破り，毎年多額の貢納をする和約を結ばせた。以後，武帝が積極策に転じるまで前漢は匈奴の属国的扱いを受けることになった。

(b) 主題：辛亥革命前後のモンゴルとチベットの独立の動き

外モンゴル…辛亥革命に際して独立を宣言→ロシアの介入で自治権獲得
×
チベット…ダライ=ラマ13世が独立を宣言→中華民国政府は独立を認めず

やや難。モンゴルやチベットでは清の時代は藩部として大幅な自治を認められていた。しかし，清末の光緒新政で漢族主導の近代的な中央集権化が進められると反発が強まり，辛亥革命を機に外モンゴルが独立を宣言し，チベットでもチベット仏教の教主ダライ=ラマ13世が独立を主張する布告を出した。辛亥革命で成立した中華民国は清の領土を継承したと考え，モンゴルやチベットの独立を認めなかった。結局，外モンゴルはロシアの介入もあって中華民国の宗主権下で自治が認められた

が，内モンゴルとチベットは中華民国内に留まった。その後，外モンゴルではチョイバルサンやスヘバートルが結成したモンゴル人民革命党が，ソ連の支援を受けて1921年に中華民国から独立，1924年にはモンゴル人民共和国として世界で2番目の社会主義国となったが，問題文の「辛亥革命前後」という指定と字数制限から考えると，ここまで言及する必要はないと思われる。

問(2)

(a) 主題：スエズ運河完成後のイギリスの関与とそれに対する反発

1869年エジプトとフランス人レセップスによりスエズ運河完成
→1875年イギリスが運河会社の株をエジプトから買収＝影響力強化
→これに反発するウラービー運動を鎮圧＝エジプトを事実上保護国に

「どこで何が造られたかを明らかにする」と指定されているので，「エジプトでスエズ運河が造られた」ことに言及する必要がある。また時期は「その完成から20年程の間」とされているので，1869年のスエズ運河の完成から1889年頃における，イギリスのエジプトに対する関与とそれに対するエジプトの反発を述べる。スエズ運河はフランスの技師レセップスが中心となって開削が始まり，1869年に全長162kmの運河が完成した。完成後はフランスとエジプトによるスエズ運河会社が運営にあたったが，インドへの航路を確保するためイギリス首相ディズレーリが，運河開削の出費で財政難に陥ったエジプトから1875年にスエズ運河会社の株を買収し，さらにフランスとともにエジプトの財政も管理下に置いた。この内政干渉に反発したエジプトでは，軍人のウラービーを中心に立憲制の確立と議会の開設を求める運動（ウラービー運動）が広がるが，イギリスは1882年に単独で出兵してウラービー政権を倒し，以後エジプトを事実上の保護国とした。

(b) 主題：オーストラリアへの入植の経緯と白人中心主義形成の過程

最初はイギリスの流刑植民地→のち牧畜のための入植が増加
→金鉱発見後は中国系移民の流入増加に反発＝非白人の移民を禁じる白豪主義採用

オーストラリアへの「入植の経緯」に関しては，最初は流刑植民地であったことに言及したい。オーストラリアは太平洋を探検したイギリスのクックが1770年に領有を宣言し，1788年にはイギリスの流刑植民地となった。その後羊毛生産が拡大すると1830年代から自由移民も本格化し，流刑制度も19世紀後半に廃止された。1851年に金鉱が発見されると植民者が急増したが，中国系の移民（華僑）に対する白人労働者の反発が次第に強まり，1901年に自治領となった時に制定された移民制限法によって白人以外の移民は禁止された。しかし，この白豪主義に対する国際的な非難が高まったこともあって，1970年代に移民制限は撤廃され，以後はアジア系移民の増加によって多民族・多文化主義を掲げるようになった。

問(3)

(a) 主題：1920年代のアメリカにおける移民や黒人に対する排斥運動と政策

1920年代に白人至上主義の風潮→黒人・非白人を迫害するKKKの活動が活発化
↓
移民法を強化…アジアからの移民禁止 ＋ 東欧・南欧からの移民を制限

「永遠の繁栄」「黄金の20年代」と呼ばれた第一次世界大戦後のアメリカは不寛容の時代でもあった。大戦中に労働力不足と工業化の進展によって南部の黒人の北部への大移動が起こるとともにアジア系の移民も増加し，北部の白人労働者だけでなく中間層もこれに反発した。WASP（White, Anglo-Saxon, Protestant）と呼ばれるアメリカ社会の中心層の間では伝統的な価値観を強調する風潮が高まって，非白人や新移民と呼ばれる東欧・南欧系移民への差別意識が助長された。こうした背景のもと，KKK（クー=クラックス=クラン）が復活し白人至上主義を唱えて大きな勢力となり，1924年の移民法では東欧・南欧からの新移民を制限し，日本を含むアジア諸国からの移民は全面的に禁止された。なお，無政府主義者でイタリア系移民の2人が殺人事件の犯人とされて逮捕され，後に処刑された，サッコ・ヴァンゼッティ事件（1920年）は，新移民に対する差別事件でもあったが，社会主義や左翼勢力への恐れと弾圧の一例として取り上げられることが多く，字数の関係もあって「解答例」には入れていない。

(b) 主題：アメリカ=メキシコ戦争の経緯とその結果

メキシコ領だったテキサスがアメリカの支持で独立 ＋ 1845年アメリカが併合
×
メキシコが反発，戦争勃発→アメリカが勝利，メキシコからカリフォルニアなど獲得

アメリカ=メキシコ戦争（1846〜48年）の背景にはテキサス併合問題があった。1821年にメキシコが独立した当時はメキシコ領だったテキサスにはアメリカ系の移民が増大し，アメリカの支持のもと1836年にはメキシコからの独立を宣言しテキサス共和国が成立した。さらにアメリカはテキサスから要請を受けたとして1845年にテキサスを併合して州に編入した。メキシコは反発し，両国の関係が悪化する中，さらなる領土拡大をねらったアメリカ大統領ポークは，1846年テキサス州とメキシコの国境に軍隊を送って挑発し，アメリカ=メキシコ戦争を引き起こした。戦争に勝利したアメリカは，カリフォルニアとニューメキシコ両地方を獲得し領土の拡大に成功した。

解答例

⑴ⓐ匈奴は冒頓単于によって統一され，月氏をオアシス地帯から追って交易路を支配し，前漢を建てた劉邦を破って貢納を課した。

ⓑ漢族主導の近代化に不満を持っていた外モンゴルが辛亥革命に際し独立を宣言，ロシアの介入で自治権を獲得し，チベットでもダライ=ラマ13世が独立の布告を出したが中華民国は認めなかった。

⑵ⓐエジプトにフランス主導でスエズ運河が開削されたが，イギリスはスエズ運河会社の株をエジプトから買収し，財政への圧力も強めた。これに対し立憲制と外国排斥を求めるウラービー運動が起こったが，イギリスはこれを武力で鎮圧し事実上の保護国とした。

ⓑクック到達後流刑植民地となったが，牧畜を行う白人の入植が始まり，金鉱発見後の中国系移民に反発して白豪主義がとられた。

⑶ⓐ白人至上主義の風潮が強まり，黒人や非白人を迫害するKKKの活動が活発化した。また移民に対する反発から，1924年の移民法ではアジアからの移民を禁止し，東欧・南欧の移民も制限した。

ⓑアメリカのテキサス併合を契機としてアメリカ=メキシコ戦争が起こり，アメリカが勝利してカリフォルニアなどを獲得した。

30 国家の歴史と境界線 (2019 年度 第 2 問)

〔地域〕インド・太平洋域・朝鮮半島 〔時代〕古代・現代 〔分野〕政治・宗教

国家の歴史と境界線に関する小論述で，地域はインド，太平洋域，中国・韓国と多彩である。論述の総字数は 330 字で，2018 年度の 450 字からは 120 字減少している。問(1)のベンガル分割令，問(2)(b)のニュージーランドに関する問題は基本的だが，問(2)(a)は西太平洋の地図を使った問題で，ほとんどの教科書には記載されている地図ではあるが，線で囲まれた部分がドイツ領であったことがわからないとまったく対処できない問題であった。問(3)は中国と韓国の歴史解釈に関する対立をテーマとしたものだが，実際の設問は 4 ～ 7 世紀の朝鮮半島の状況，渤海への唐の影響を述べるもので，この地域を手を抜かずに学習していれば比較的解答しやすいものであった。

問(1)

主題：ベンガル分割令の内容とその目的を説明する

インド民族運動の高揚　　　　　宗教によって民族運動を分断
↓　　　　　　　　　　　　　　↑
ベンガル州をヒンドゥー居住地域とムスリム居住地域に分断

ベンガル州はガンジス川下流域のデルタ地帯に位置し，古くから穀倉地帯で，13 世紀以降イスラーム化が進み，ムガル帝国の時代にはインドで最も豊かな地域であった。イギリスの植民地時代にはベンガル州の中心都市カルカッタ（現コルカタ）がインド帝国の首都とされ，インドの西欧化・近代化の中心であり民族運動が最も盛んな地域でもあった。ベンガル分割令は西部にヒンドゥー教徒，東部にイスラーム教徒が多く住むことを利用して，宗教対立をあおることで民族運動を分断することを目的としていた。これに対して反対運動が盛り上がり，1906 年の国民会議派カルカッタ大会ではスワラージ・スワデーシなどの四大綱領が決議されるなどしたため，1911 年分割令は撤回された。その後 1947 年にインドが独立する時，ベンガル州の東部がイスラーム国家の東パキスタン（1971 年からバングラデシュ），西部がインドの西ベンガル州となった。

問(2)

(a) 主題：第一次世界大戦前後のドイツ領南洋諸島の状況

19 世紀末ドイツがミクロネシアに植民地形成
→第一次世界大戦中日本が占領→戦後日本の委任統治領に

太平洋西部の赤道以北の地域は「ミクロネシア」と呼ばれ，マーシャル諸島，パラオ諸島，カロリン諸島，マリアナ諸島などからなる。ここは16世紀以降スペインの支配下に入ったが，19世紀末アメリカ領となったグアム島を除いてドイツ領となった。だが，第一次世界大戦中，協商側で参戦した日本が占領，戦後のヴェルサイユ条約で日本が国際連盟から統治を委任される「委任統治領」となり，ワシントン会議の四カ国条約でそのことが確認された。第二次世界大戦後はアメリカの信託統治を経て独立している。なお，太平洋西部の赤道以南の地域は「メラネシア」と呼ばれ，そこにもビスマルク諸島などのドイツ領があった（問題の太線枠よりも下）が，そこは第一次世界大戦後オーストラリアの委任統治領となっている。

(b) 主題：1920～30年代におけるニュージーランドの政治的地位の変化

1907年自治領に＝あくまで本国に従属する立場
→1931年ウェストミンスター憲章で本国と対等の地位に

ニュージーランドは1769年クックがイギリス領と宣言し，1840年に先住民のマオリ人とのワイタンギ条約でイギリス領となった。ワイタンギ条約はマオリ人が主権をイギリス国王に譲渡する代わりに，国王はマオリ人の権利を保護し，土地の売買はマオリ人と国王の間でのみ行うというものであったが，実際はイギリスによる土地の収奪が進んだ。1907年イギリスの自治領となったが，イギリス本国に従属する立場であった。しかし1926年イギリス帝国議会は本国と自治領は対等の関係であることを規定し，これが正式に法制化されたのが1931年のウェストミンスター憲章である。これによってニュージーランド，オーストラリアなどの自治領は本国と対等な存在であり，君主に対する共通の忠誠心で結ばれたものであるとされた。

問(3)

(a) 主題：4～7世紀の満州と朝鮮半島の政治状況

4世紀以後，高句麗・新羅・百済の3国が満州・朝鮮半島で抗争
→7世紀，唐と結んだ新羅が2国を滅ぼして朝鮮半島を統一

1990年代後半から中国と韓国の間で生じた中国東北地方の帰属の歴史的解釈をめぐる対立は「高句麗論争」と呼ばれる。中国の主張は，高句麗はあくまで中国東北部に生まれた国が朝鮮半島北部まで進出したにすぎないというものだが，韓国は古代の韓国史は高句麗・百済・新羅の三国の抗争が満州南部までを舞台にして展開したものだと主張している。韓国では高句麗の建国者とされる朱蒙（チュモン）を主人公としたドラマなども作成されている。高句麗の民族はツングース系とされてきたが，近年は特定されておらず北方系の民族などと表記されることも多い。高句麗は紀元前後に中国東北地方南部に建国され，朝鮮半島に南下して313年楽浪郡を滅ぼし，半島南部の百済・新羅と抗争を続けた。7世紀，新羅は唐と結んで百済（660年），次

いで高句麗を滅ぼし（668年），唐の勢力も半島から駆逐して初めて朝鮮半島を統一（676年）した。

(b) 主題：渤海に対する唐の影響

建国者大祚栄が唐の冊封を受ける
→唐の制度・仏教文化を導入＋長安の都城制を範に上京竜泉府を造営

渤海に関しても「高句麗論争」が影響している。渤海は高句麗滅亡後，大祚栄が高句麗の遺民と現地の靺鞨人を統合して建てた国とされ，韓国は，大祚栄が高句麗人であり，渤海は朝鮮半島の新羅と対立した，つまり渤海は高句麗の後継国家，渤海と新羅の対立は古代朝鮮史の続きであるとしている。渤海が契丹に滅ぼされ，半島では新羅に代わって高麗が再統一するまでこの流れは続くとする。高麗の建国者である王建が国名を高句麗と似た高麗としたのは，自らが高句麗の後継者であるからであり，高麗は高句麗と新羅の抗争を終わらせて真の統一を果たしたと捉えられている。

一方中国は渤海を中国の周辺国家の一つにすぎないとし，その根拠として中国（唐）の強い影響が見られることを指摘している。大祚栄は713年に唐から渤海郡王として冊封され，唐の律令国家体制だけでなく，仏教文化も熱心に取り入れた。また国都の上京竜泉府は日本の平城京・平安京と同じように長安の都城制を模倣したものとして知られている。つまり渤海は朝鮮の歴史とは関係のない国と考えられている。

解答例

(1)ベンガル分割令は民族運動が盛んだったベンガル州をヒンドゥー教徒が多い西部と，イスラーム教徒が多い東部に分断し，彼らの宗教対立を利用して民族運動を分断することを目的としていた。

(2)(a)19世紀末ドイツが植民地を形成したが，第一次世界大戦中日本が占領し，戦後ヴェルサイユ条約で日本の委任統治領となった。

(b)大英帝国内の自治領として本国に従属していたが，ウェストミンスター憲章により英連邦の一員として本国と対等の地位を得た。

(3)(a)高句麗が楽浪郡を滅ぼして朝鮮半島へ進出し，南部の百済・新羅と対立したが，唐と結んだ新羅が両国を滅ぼし半島を統一した。

(b)建国者の大祚栄は唐から冊封を受けて律令制などの唐の制度や仏教文化を導入し，長安の都城制をまねて上京竜泉府を造営した。

31 世界各地の宗教の生成・伝播・変容

(2018年度 第2問)

〔地域〕南アジア・東アジア・ヨーロッパ 〔時代〕古代〜近世 〔分野〕宗教・政治

古代から近世にいたる世界各地の宗教についての理解を問う問題。問(1)(a)の仏教・ジャイナ教に共通した特徴を90字で書くのは教科書学習だけではかなり難しいと思われる。問(1)(c)大乗仏教の特徴と問(2)(b)清朝の典礼問題はよく取り上げられる標準的な問題。問(3)(a)托鉢修道会の説明は「財産を否定した」ということだけでは60字は埋まらないので意外に難問である。問(3)(b)イギリス国教会の成立過程は基本事項だが，カルヴァン派からの批判点を書けるかどうかがポイントとなる。

問(1)

(a) **主題：仏教・ジャイナ教に共通する特徴**

バラモンが特権を持つヴァルナ制，複雑な祭式，ヴェーダの権威などを否定
→クシャトリヤ・ヴァイシャなどの新興階層が支持

ジャイナ教・仏教はバラモンに対する批判として成立したのであるから，バラモン教の特徴から考える。バラモン教の特徴としては，①バラモンだけが修行によって解脱できるというヴァルナ制の上に立ち，②複雑な祭式を重視して動物を犠牲に捧げ，③根本聖典としてヴェーダの権威を尊重したことなどが考えられる。したがって両宗教の特徴としては，身分や出自に関係なく正しい修行で解脱（救済）に至ることができ，複雑な祭式や動物を供物として捧げることやヴェーダの権威を否定したことをあげたい。そして，新興階層であるクシャトリヤやヴァイシャの支持を受けたことにも言及したい。

(b) **ウパニシャッド哲学**は，祭式至上主義に陥ったバラモン教の思想面を深めようという動きから起こった哲学である。バラモン教の祭式の意義を根本的に見直すとともに，宇宙の根本原理であるブラフマンと，人間存在の根本原理であるアートマンを究め，それを一体化させる（梵我一如）ことによって輪廻からの解脱をめざした。

(c) **主題：大乗仏教の特徴を説明する**

従来の仏教…出家者が厳しい修行で悟りを開く（解脱する）ことをめざす
大乗仏教…自身の悟りより他者の救済を優先する菩薩信仰により衆生救済をめざす

大乗仏教成立以前の仏教（上座部仏教）は八正道を実践することによって人間世界の生・病・老・死の苦しみや煩悩から解脱することができるとするもので，八正道実践のためには出家して修行を行うことが必要とされた。それに対して，出家者が自身の解脱のみをめざすのは利己的であると批判し，自らを犠牲に他者の救済を

めざすものを菩薩として信仰し，出家しなくても（在家のままでも）解脱は可能であるとして，一般大衆の救済をめざすのが大乗仏教であった。大乗とは「多くの人々を乗せることができる大きな乗り物」という意味で，自身の解脱のみをめざす従来の仏教は小さな乗り物しか持っていない「小乗」仏教にすぎないと批判した。

問(2)

(a) 北魏の第3代皇帝太武帝は439年に華北統一に成功し，寇謙之を重用して道教を国教とし仏教を弾圧した。彼の死後第4代文成帝は仏教を復興し，首都**平城**（現在の大同）郊外の**雲崗**に僧侶の曇曜（どんよう）に大仏を作らせて以降，40余りの石窟が開かれた。その後第6代皇帝孝文帝は洛陽（地図上のC）に遷都し，その郊外に新たに竜門石窟を造営させた。なお，地図上のAは敦煌郊外に造営された莫高窟の位置。

(b) **主題：清朝でキリスト教の布教が制限されていく過程＝典礼問題**

イエズス会の布教方法を他派が批判→ローマ教皇が中国人信者の典礼参加を禁止
→康熙帝がイエズス会以外の布教禁止→雍正帝が布教を全面的に禁止

イエズス会は，明末期の1583年にマテオ=リッチが中国に渡って以降，清朝前半期まで布教活動を行った。その布教方針は，キリスト教に改宗した中国人信者に対して中国の伝統的な儀礼（典礼）への参加を認めるものであった。典礼とは孔子廟への参拝，儒教・道教・仏教の様式で埋葬された祖先の墓参り（祖先崇拝）などの儀礼のことで，イエズス会は「宗教行事ではなく，単なる慣習である」として認めたが，後発のフランチェスコ会やドミニコ会はこの布教方針を批判し典礼問題に発展した。両会派はローマ教皇に訴え，教皇はイエズス会の布教方針を禁止した。これに対して康熙帝は中国の伝統儀礼を認めない宗教の布教を認めず，イエズス会以外の布教活動を禁止し，続く雍正帝は1724年キリスト教布教を全面的に禁止した。

問(3)

(a) **主題：托鉢修道会の特徴を説明する**

世俗から離れて修行する従来の修道院の富裕化・地主化
→財産を否定して信者からの施しで暮らし，都市で活動する托鉢修道会が成立

6世紀にベネディクトゥスが創始した修道院は，世俗と切り離された地で自給自足的生活をしつつ，宗教活動をおこなうことが基本であった。しかし，次第に，拡大した所領を農民に貸して地主化し，財産を蓄える修道院も現れるようになった。フランチェスコ会やドミニコ会などの托鉢修道会は土地などの財産を否定し，都市の中で説教活動を行って都市民の教化を図り，その活動の中で自らの修行を進めていった。その背景に当時の中世都市の発展があったことは言うまでもない。

(b)　主題：イギリス国教会の成立の経緯とカルヴァン派からの批判点

ヘンリ8世の国王至上法でカトリック離脱→エリザベス1世の統一法で国教会確立→カトリック的な主教制・儀礼が残存 ← カルヴァン派（ピューリタン）が批判

ヘンリ8世は自身の離婚問題から1534年議会の支持を得て国王至上法（首長法）を発布した。これはイギリスの教会の首長は（教皇ではなく）国王であるという法令で，イギリスの教会がローマ=カトリックから離脱したことを意味し，ここにイギリス独自の教会組織である国教会が成立した。エドワード6世の時，一般祈禱書が制定され，祈禱での英語使用とともに，カルヴァンの予定説などを教義に取り入れ，さらにエリザベス1世は1559年統一法を制定し，イギリス国教会が確立した。

しかし国教会は，カルヴァンの長老主義（教会は大司教・教皇など上位者からの命令ではなく，司祭と信者の代表である長老によって独立して運営されるべきとする考え）を取り入れず，国王を頂点とするカトリック的な階層性（主教制）を維持した。また，国教会の礼拝方式にもカトリック的な様式が残っており，カルヴァン派（ピューリタン）はこうした点を批判した。

解答例

(1)(a)司祭階層であるバラモンが特権を持つヴァルナ制や，バラモン教の難解な祭式至上主義，ヴェーダ聖典の権威などを否定し，当時台頭してきた新興階層の支持を得た。

(b)ウパニシャッド哲学

(c)出家者が厳しい修行によって自らの解脱と救済をめざす従来の仏教を利己的であると批判し，自身の悟りよりも菩薩信仰を中心にあらゆる人々を救済することに重点を置いた活動を行った。

(2)(a)平城，雲崗石窟，B

(b)中国人信者の儒教的な典礼への参加を認めるイエズス会を他派が批判し，教皇が典礼参加を禁止すると，康熙帝はイエズス会以外の布教を禁止し，雍正帝はキリスト教布教を全面的に禁止した。

(3)(a)世俗から離れて生活する従来の修道会に対し，都市民衆への説教活動を重視し，財産所有を禁じて信者からの施しで生活した。

(b)ヘンリ8世が国王至上法によってカトリックから離脱し，その後カルヴァンの教義が導入され，エリザベス1世が統一法でイギリス国教会を確立したが，教会は国家に従属し，制度や儀式の面でカトリック的な要素が残されたためカルヴァン派の批判を受けた。

32 世界史上の少数者集団 (2017年度 第2問)

〔地域〕ヨーロッパ・東アジア・東南アジア・北米 〔時代〕中世～現代 〔分野〕政治・宗教・社会

世界各地域の「少数者」に関しては，トルコのクルド人，スペインのバスク人，ミャンマーのロヒンギャ，イスラーム教のシーア派など，現在の世界においても民族や宗教とからんで大きな問題となっている。本問では，ポーランド人，ドイツ帝国とカトリック，中国の少数民族，シンガポールと中国系住民，カナダの中のフランス系住民，アメリカ合衆国の黒人が取り上げられている。内容自体は教科書や用語集をしっかり学習していれば解答できるが，文化闘争やシンガポールの独立などは，その背景までしっかり理解できていないと正確に説明するのはかなり難しいかもしれない。

問(1)

(a) **主題：ポーランド人の国家隆盛の状況と，その後衰退した背景**

リトアニアと合邦してヤゲウォ朝成立→ドイツ騎士団を破って強国化
王朝断絶後は貴族間抗争で混乱→周辺国家の干渉を受ける

ポーランドは，10世紀に王国を建て，14世紀のカジミェシュ大王の時代に繁栄したが，しだいに東方植民を進めるドイツ騎士団の圧迫が強まった。同じく圧迫を受けていたリトアニア大公ヤゲウォは，これに対抗するためポーランド女王ヤドヴィガと結婚し，ヤゲウォ朝のもとでリトアニア=ポーランド王国が成立した（1386年)。1410年にはタンネンベルクの戦い（グルンヴァルトの戦い）でドイツ騎士団を破り，ポーランドは東欧第一の強国に発展した。しかし，1572年にヤゲウォ朝が断絶し選挙王政となると，輸出用穀物生産で経済基盤を強化したシュラフタと呼ばれる貴族たちが国政を左右するようになり，彼らの間の争いが，周辺国家の干渉を招くことになった。

(b) **主題：ビスマルクによる文化闘争の内容を説明する**

文化闘争…国家統一の妨げとなる南部のカトリック勢力を抑圧する政策
　聖職者の政治活動や教育への介入を禁止→政教分離の徹底を図る

バイエルンなどドイツ南部を中心とする地域は，カトリック勢力が強く，新教国プロイセンによるドイツ統一の際にも抵抗したため，国家統一後ビスマルクは，1871年からカトリックの政治的・社会的影響力を排除し政教分離の徹底を図る「文化闘争」を進めた。具体的な事例としては，カトリック教会の説教壇を政治的目的のために利用することの禁止，聖職資格の国家統制，公教育に対する教会の監督権の剥奪などだが，文化闘争によってもカトリックの中央党の勢力は衰えず，社会主義勢力の台頭などに直面したビスマルクは，カトリック勢力と妥協する。80年に大部分の関連法案を廃し，文化闘争は終結することになった。

問(2)

(a) **主題：清朝が藩部を掌握するためにとった政策を説明する**

現地の宗教や慣習，有力者の支配を容認→理藩院による間接的な統治
└モンゴル王侯，チベットのダライ=ラマ，ウイグルのベグなど

清朝は東北地方（満州）・中国本土・台湾を直轄領とし，モンゴル・青海・チベット・新疆（東トルキスタン）を藩部として理藩院が統括した。清朝は，藩部のチベット仏教，イスラーム教などの宗教に干渉せず，またモンゴル王侯，チベット仏教の教主ダライ=ラマ，新疆ではウイグルの有力者ベグを尊重し，中央から派遣する監督官とともにそれぞれの地方を支配させる間接統治を行った。ただし，字数からみて，モンゴル王侯，ダライ=ラマ，ベグの全てを入れるのは難しいだろう。

(b) **主題：シンガポールが成立した経緯を説明する**
条件：シンガポールの多数派住民について触れる

1963年のマレーシア連邦発足に参加×シンガポールの多数派は経済力を持つ中国系住民→政府のマレー人優遇政策に反発→1965年リー=クアンユーの指導で分離・独立

シンガポールは，1819年イギリスの官僚ラッフルズが上陸し，1824年には国際的にイギリス領として承認され，26年にマラッカ・ペナンとともに海峡植民地を形成して東南アジア交易の中心となっていった。その間に，中国から移住してきた華僑・華人が多数派となり，大きな経済力を持つようになった。1963年には，マラヤ連邦（1957年に独立）に北ボルネオなどを加えたマレーシア連邦の発足に参加し，その一州となった。しかし，マレーシア政府がマレー人を政治・経済・教育などの面で優遇する政策をとったため，中国系住民が人口の過半数を占めるシンガポールはこれに反発し，リー=クアンユーの指導のもと1965年に分離・独立した。

問(3)

(a) **主題：ケベック州でフランス語会話者が多数者である背景**
＝17～18世紀ケベック州の支配権の推移

17世紀フランスがケベックに入植＝北米経営の拠点に
18世紀フレンチ=インディアン戦争敗北→パリ条約でイギリス領に

ケベック州は，17世紀初頭，セントローレンス川流域に入植したフランス人が領有を宣言したヌーヴェル=フランス植民地に由来し，フランスの北米経営の拠点となった。1754～63年のフレンチ=インディアン戦争に敗れたフランスは，パリ条約によってミシシッピ川以東のルイジアナとカナダ全土をイギリスに割譲することになったが，フランス系の住民はその地に残った。1867年に，自治権を与えられ

カナダ連邦となった時，ケベックもカナダの一州となり，フランス語も公用語に加えられた。しかし，フランス系住民が大多数を占めるケベック州では，経済的実権を少数のイギリス系住民が握っていることへの不満が高まり，1980年と1995年にはカナダからの独立をめぐって州民投票が実施されたが，僅差で否決されている。

(b) 主題：南北戦争後の南部諸州におけるアフリカ系住民に対する差別的待遇の内容

州法によって黒人の投票権を制限＋公共施設の利用を人種ごとに分離＝ジム=クロウ法

南北戦争ののち北軍が引き上げると，南部では，各州が次々と黒人に対する差別的な取締法を制定した。選挙権では，財産制限や読書能力の基準を設けて実質的に黒人から投票権を奪い，公共施設の利用に関しては，白人・黒人の学校，電車，レストランなどが厳密に分けられ，これらはジム=クロウ法と呼ばれた。これらの差別的法律は20世紀になっても存在し続けたが，1950年代になると，キング牧師らを指導者として「公民権運動（憲法で認められた黒人の権利の保障を訴える運動）」が高揚し，1964年**ジョンソン**大統領政権下で，人種差別撤廃を定めた**公民権法**が成立した。

解答例

(1)(a)リトアニアと合邦したヤゲウォ朝の時代にドイツ騎士団を破って強大となったが，王朝断絶後に選挙王政となると，西欧への穀物輸出で台頭した貴族間の抗争で混乱し周辺諸国の干渉を招いた。

(b)カトリック教徒。ビスマルクは聖職者の政治活動や学校教育への介入を排除する文化闘争を進め，政教分離を徹底しようとした。

(2)(a)藩部の宗教や慣習には干渉せずモンゴル王侯やチベット仏教のダライ＝ラマなどの支配を認め，理藩院を通じ間接的に統治した。

(b)マレーシア連邦発足に参加したが，多数派の中国系住民がマレー人優遇政策に反発し，リー＝クアンユーの指導で分離・独立した。

(3)(a)17世紀にフランスが入植し北米経営の拠点としたが，18世紀半ばのフレンチ＝インディアン戦争に敗れイギリス領となった。

(b)州法で投票権を制限し，公共施設の利用も人種ごとに分離した。

（法律名）公民権法
（大統領）ジョンソン

33 国家の経済制度・政策 (2016年度 第2問)

〔地域〕ヨーロッパ・インド・西アジア 〔時代〕中世・近世 〔分野〕政治・経済・宗教

ブワイフ朝に始まるイクター制，オスマン帝国のカピチュレーション，ムガル帝国のマンサブダール制とアウラングゼーブ帝の政策，17世紀の英仏の経済政策を説明する問題。表題は経済制度・政策となっているが，問(1)(a)や問(2)のように支配体制に関わる制度，あるいは宗教政策に関わるものも含まれている。論述の総字数は360字で例年よりはやや多めであるが，問(2)(b)，問(3)を除けば基本的な制度の説明なので，全く答えられないというようなことはないだろう。ただ，問(3)では17世紀の西欧の状況が理解できている必要があるうえに，問(2)(a)のマンサブダール制の説明なども，かなり精密な学習が求められる問題となっている。

問(1)

(a) **主題：名称のイクター制と，その特徴を説明する**

イクター制…軍人・官僚にアター（俸給）に代えて分与地の徴税権・管理権を与える
→見返りとして軍事奉仕を求める

イスラーム世界では軍人や官僚に対してアターと呼ばれる俸給を与える制度があったが，10世紀イランに成立したブワイフ朝は，俸給に見合う分与地（イクター）の徴税権を与えるイクター制を初めて実施した。イクター制は，のちにセルジューク朝のニザーム=アルムルクが制度化，軍人に世襲的領地を与え，代わりに忠誠を誓わせ軍事奉仕させた。この制度はエジプトのマムルーク朝に受け継がれ，一般化した。イクター制は，西ヨーロッパの主君が封土を与え，臣下はそれに対して忠誠を誓い軍事奉仕をするという封建制や，11世紀以降のビザンツ帝国で行われたプロノイア制と似ており，イスラーム世界の地方分権化につながった。イスラーム世界の歴史学では，イクター制は，封建制とほぼ同じ意味で用いられている。

(b) **主題：名称のカピチュレーションと，その内容および後の時代に与えた影響**

ヒント：交易の発展を図ることを目的としていた

カピチュレーション…ヨーロッパ人に居住や通商の自由を認める
→帝国衰退後，不平等条約のひな形として列強が利用

カピチュレーションを与えた人名・年代などの細かい説明は必要ないが，どのような特権が含まれているか具体的に述べ，その影響にも触れること。イスラーム世界では，従来から外交官や商人などの異教徒の滞在者を保護する制度があったが，オスマン帝国では，スレイマン1世の時代に一般化した慣習をセリム2世が1569年に正式にフランスに与えたものをカピチュレーションという。内容は，オスマン

帝国内での居住の自由，通商の自由などが含まれ，絹織物などの西欧への輸出の拡大に寄与した。しかし，オスマン帝国が衰退すると，治外法権，非課税権などに拡大解釈され，列強進出に利用された。その後，トルコの民族主義が高まると撤廃運動が起こり，トルコ革命後の1923年に結ばれたローザンヌ条約で，ほぼ撤廃が実現した。

問(2)

(a)　主題：マンサブダール制について説明する

全ての官僚にマンサブと呼ばれる位階を与え，序列化
　→位階に応じた給与を与え，保持すべき騎兵や騎馬数を定める

マンサブダールという言葉は位（マンサブ）の所有者（ダール）という意味。アクバルは，全ての官僚や軍人にマンサブを与え，マンサブの数値に応じた官位や給与を与える代わりに保持すべき騎兵や騎馬数を定めた。給与は一般に，現金ではなくジャーギールと呼ばれる分与地で与えられ，これは問(1)(a)のイクター制と類似した制度である。マンサブダール制は，アクバルが支配階層を組織化・統制するために定めた制度であるが，イクター制と同じように，ムガル帝国の地方分権化が進展する一因ともなった。

(b)　主題：アウラングゼーブ帝時代における支配の弱体化の要因

政治的側面…領土の拡大で官僚が増加→分与地不足で財政が悪化
宗教政策…人頭税（ジズヤ）の復活→ヒンドゥー教徒やシク教徒が反発＝地方勢力が自立

アウラングゼーブ帝の支配において，ムガル帝国の領土拡大と宗教政策について説明したい。アウラングゼーブ（位1658～1707年）はインド史上最大の版図を現出したが，その領域を統治するため官僚が急増したことから，前出(a)の分与地が不足し財政的な負担となっていった。またアウラングゼーブは厳格なスンナ派イスラーム教徒で，アクバルが廃止した非ムスリムに課せられる人頭税（ジズヤ）を復活させ，ヒンドゥー教寺院の破壊を命じ，シーア派やシク教徒も圧迫したため，治世の後半には彼らの反発を招いた。クシャトリヤの血統を自称したインド中西部のラージプートは激しく抵抗し，デカン高原ではシヴァージーが建てたマラーター王国が自立し，パンジャーブ地方のシク教徒も武装化して軍事対立が表面化した。

問(3)

主題：17世紀の英仏で実施された経済政策を具体的に述べる
条件：当時のオランダの動向と関連づける

中継貿易で繁栄するオランダに対抗→イギリス…外国船排除のために航海法を制定
→フランス…コルベールが重商主義政策を推進

●オランダの繁栄…1609年にスペインとの休戦で実質的に独立したオランダは，1623年のアンボイナ事件を機に，インドネシアからイギリスを排除して香辛料貿易を独占し，北米やアフリカ南端のケープへの植民とともに，原産国と第三国を結ぶ中継貿易で繁栄していた。

●イギリスの経済政策…ピューリタン革命で共和政が成立したイギリスでは，クロムウェルが実権を握った。1651年議会で航海法が制定されたが，これはイギリスに来る貿易船の国籍を原産国かイギリスに制限する法律で，中継貿易のオランダに打撃を与えるためのものであった。この結果，オランダとの対立が激化し，翌年イギリス=オランダ戦争が勃発した。戦争はイギリスが北米のニューネーデルラントを奪うなど有利のうちに終わり，オランダの覇権は終焉を迎える。ただ，本問で求められているのは「経済政策」なので，戦争やその結果を書く必要はないと思われる。

●フランスの経済政策…ルイ14世の財務総監であったコルベールは，有名無実化していたフランス東インド会社を再建して重商主義政策を推進した。具体的には特権マニュファクチュアの創設などによって輸出を奨励するとともに，高関税によって輸入を制限する貿易差額主義をとってオランダに対抗し，貿易による利益を求めようとした。問題では「法令をあげ」とあるが，フランスでは必要ないと思われる。

解答例

⑴⒜イクター制
軍人や官僚に対し，従来の俸給アターに代えてそれに見合う分与地の徴税権を与え，代償として戦時の軍事奉仕を義務づけた制度。

⒝カピチュレーション
ヨーロッパ人に居住や通商の自由などの特権を認めたもので，帝国衰退後には治外法権などに拡大解釈され，列強進出に利用された。

⑵⒜全ての官僚に位階をつけて序列化し，それに応じた官位と土地の徴税権を与える一方，保持すべき騎兵・騎馬数を定めた。

⒝領土拡大が官僚の急増と分与地不足を招いて財政が悪化し，人頭税の復活やヒンドゥー教徒・シク教徒への圧迫で反乱が頻発した。

⑶英仏とも重商主義政策をとって中継貿易で繁栄していたオランダに対抗した。イギリスはクロムウェル時代に航海法を制定してオランダ船を貿易から排除し，フランスはコルベールが東インド会社を再建し，特権マニュファクチュアを創設して輸出を奨励した。

34 国家の法と統治 (2015 年度 第 2 問)

〔地域〕ヨーロッパ・中国 〔時代〕古代～現代 〔分野〕政治・文化

国政審議機関や法制に関する問題で，具体的にはビザンツ帝国の『ローマ法大全』，中世イギリス・フランスの身分制議会，唐の律令格式，三省六部，第 1 次ロシア革命の十月宣言が問われている。短文論述はすべて 2 行（60 字以内）で，ある程度の知識があれば文章構成などで苦労することはないだろう。内容的には問(1)(b)と問(3)(b)がやや書きにくいかもしれない。問(1)(b)ではイギリスの模範議会やフランスの三部会が，身分制議会であること以外にどのような機能を持っていたのかについてきちんと指摘することが求められている。問(3)(b)は宣言の内容だけでなく，ニコライ 2 世の反動化についても説明したい。語句記述は基本的なものであるが，ロシア文学から出題された問 3 (a)に注意が必要。

問(1)

(a) **ユスティニアヌス 1 世**が編纂を命じた『ローマ法大全』は，古代ローマ法に関する『法学入門』『学説集』『勅法集』とユスティニアヌス 1 世が出した勅法を集大成した『新勅法』からなる。**トリボニアヌス**はユスティニアヌス 1 世時代の法学者で，宮廷法務官として帝国の法律を扱う最高の地位にあった。その写本は 11 世紀にイタリアのボローニャ大学でローマ法学が復興すると皇帝の権威に基づいた法典として尊重されるようになった。

(b) 主題：13 世紀末～14 世紀初頭にイギリスやフランスで生まれた国政にかかわる代表機関の性格ならびに君主との関係

条件：具体的な代表機関の名称を 1 つはあげる

→イギリスは模範議会，フランスは三部会など

代表機関の性格…市民の代表も加えた身分制議会
君主との関係 …基本的には国王の諮問機関

「代表機関の性格」については，聖職者・貴族という特権身分に加えて市民の代表も加えた身分制議会であることを明記したい。これは当時の市民階級の台頭が背景にあり，イギリスの模範議会，フランスの三部会のほかに，ドイツの帝国議会，スペインのコルテスなどがあるが，ここではイギリス・フランスの議会を取り上げるのが無難だろう。〔解答例〕ではイギリスの模範議会を取り上げた。

次に君主との関係については，国王の諮問機関であるということが重要。諮問とは「意見を求めること」であり，国王が議会に意見を求めるという関係で，議会は予算審議権などを持っていても基本的には決定権はなく，議会の意見が君主の政治にどのくらい影響を及ぼすかは両者の力関係による。その点でイギリスとフランスの身分制議会にはかなりの差異が見られる。イギリスでは，模範議会に先立つシモ

ン=ド=モンフォールの議会（1265年）が，王の専制に対して貴族の要求により開かれたように，当初から王権を抑制する面を持ち，のちには予算審議権のほか，立法権も獲得し，17世紀には王との対立の中で議会主権を獲得していく。一方，フランスの三部会はフィリップ4世が教皇との対立の中で国内の意思を統一するために開いたもので，国王の協賛機関という面が強かった。したがってブルボン朝では王権が強化されると次第に開かれなくなり，イギリスのように近代の議会制に直接つながるものにはならなかったといえる。

問(2)

(a) **主題：唐代の法体系の名称と，その具体的な内容**

→律，令，格，式をそれぞれ簡潔に説明する

律ー刑法　令ー行政法・民法　格ー追加や改訂　式ー施行細則

律は刑法（刑罰の基準や官吏懲戒法），令は行政法・民法，格は律令の改訂・追加法，式は施行細則にあたる。

律令格式は，法体系として東アジア一帯に取り入れられ，日本・朝鮮・渤海などで導入されている。日本では，8世紀初頭の大宝律令によって律令制度による政治の仕組みが整うことになった。

(b) **主題：詔勅が三省の間でどのように処理されたか**

→三省と六部の関係を説明する

詔勅の三省での扱い…（中書省）起草→（門下省）審議→（尚書省）執行
六部…尚書省に直属する執行機関

三省の名称と詔勅の扱われ方を明確に指摘したい。中書省が皇帝の詔勅を起草し，門下省がそれを審議し，尚書省が直属の執行機関である六部を使ってその詔勅を執行した。六部は吏部（人事）・戸部（財政）・礼部（外交・祭祀・科挙の実施）・兵部（軍事）・刑部（司法）・工部（土木）からなるが，これらに詳しく言及する字数の余裕はない。

問(3)

(a)① **プーシキン**は「ロシア近代文学の父」と称される詩人・小説家。貴族の出身だがロシアの後進性を憂い，革命を希求する詩を発表して地方へ追放され，デカブリストの乱後は皇帝の監視下に置かれ，決闘で死去した。代表作には『大尉の娘』のほか，『スペードの女王』『青銅の騎士』などがある。

② **トゥルゲーネフ**も貴族の出身で，『猟人日記』で農奴制を痛烈に批判した。『父と子』では農奴解放（1861年）前後の新旧世代の思想対立を描いたが，主人公

をニヒリスト（虚無主義者）という新語で呼び，その作品内容は激しい論争を巻きおこした。

(b)　**主題：第１次ロシア革命に対する皇帝ニコライ２世の対応**
　　→革命退潮後の皇帝の反動化にもふれたい
条件：皇帝が発した文書の名称に触れる

十月宣言で国会開設と憲法制定を約束，自由主義者ウィッテを首相に登用
　→革命が退潮すると専制政治を復活

日露戦争中の血の日曜日事件に端を発する第１次ロシア革命に際して，ニコライ２世が発した十月宣言の内容とその後の状況に言及する。十月宣言では革命勢力の分断をはかるために，自由主義者の要求を入れてドゥーマと呼ばれる国会の開設と憲法の制定，市民的自由を約束した。そしてポーツマス条約時のロシア全権代表で，十月宣言の起草者でもあった自由主義者のウィッテを首相に任命して自由主義への歩み寄りを見せた。しかし，翌年事態が沈静化すると皇帝は国家基本法で十月宣言を骨抜きにし，ウィッテを解任，第２代首相となったストルイピンが反動的な政治を行うことになった。

解答例

(1)(a)①ユスティニアヌス１世（ユスティニアヌス大帝）
②トリボニアヌス

(b)イギリスの模範議会など，貴族・聖職者に市民代表が加わった身分制議会は，国王の諮問機関として課税の審議・承認権を持った。

(2)(a)刑法に該当する律，行政法や民法に該当する令，律令の追加や改訂規定にあたる格，律令の施行細則にあたる式からなる。

(b)中書省が詔勅を起草し，門下省で審議され，ここを通過した詔勅は尚書省が直属の専門機関である六部に分担して執行させた。

(3)(a)①プーシキン
②トゥルゲーネフ

(b)十月宣言で国会開設と憲法制定を約束し，自由主義者のウィッテを首相に登用したが，革命が退潮すると再び専制的姿勢を強めた。

35　帝国と周辺地域　（2014年度　第2問）

〔地域〕ヨーロッパ・アジア・アメリカ　〔時代〕中世〜現代　〔分野〕政治・経済・社会

「帝国」がテーマになっているが，実際の設問はビザンツ帝国の領土縮小の経緯，ジャワ島へ中国人が移住する要因，ベトナム戦争開始の背景やその影響によるドル危機などについて問う問題となっている。問(1)は120字と最も長文だが，ある程度は書きやすいテーマなのでそれほど苦労はしないだろう。最も書きにくいのは問(2)(b)で，17〜18世紀の中国で何を想起できるかがポイントとなる。問(3)はいかにも短文論述らしい問題。第二次世界大戦後の世界経済体制とその変化は頻出のテーマである。

問(1)

主題：ビザンツ帝国に対するトルコ系諸国家の攻撃

→ブルガール人への言及に気づきたい

7世紀…ブルガール人がバルカン半島に侵入・建国
11世紀…セルジューク朝が小アジア（アナトリア）に進出
15世紀…オスマン帝国，メフメト2世がコンスタンティノープル占領＝ビザンツ帝国滅亡

ビザンツ帝国と関係したトルコ系の国家としてはセルジューク朝・オスマン帝国がすぐ思い浮かぶであろうが，ブルガール人まで書けるかがポイント。

ブルガール人はトルコ系の民族で，7世紀にバルカン半島に入り，同世紀末にビザンツ帝国と協定を結んで建国している。これはビザンツ帝国の支配権の後退を意味し，その後，ビザンツ帝国に対して攻撃を行い領土拡張をはかったシメオン1世のような君主も現れている。

セルジューク朝は1071年小アジアのマンジケルト（マラーズギルド）の戦いで，ビザンツ帝国を破った。これを機に小アジアにおけるビザンツ帝国の支配地はほぼ失われ，この地のトルコ化・イスラーム化が進展することになった。

オスマン帝国は1299年小アジア西部に建国し，バルカン方面に進出，ムラト1世はアドリアノープルを占領し，エディルネと改称して首都とするとともに，1389年のコソヴォの戦いの結果ドナウ川以南をほぼ支配下に置いた。その後1402年のアンカラの戦いではバヤジット1世がティムールに敗れたが，1453年メフメト2世はついに首都コンスタンティノープルを攻略，1000年以上続いたビザンツ帝国は滅亡した。

問(2)

(a)　**マラッカ**は，マレー半島とスマトラ島の間にあって海上交易の要衝だったマラッカ海峡に臨む町。15世紀前半鄭和の南海遠征の基地となり，以後ムスリム商人の

来訪で栄え，同世紀半ばにはイスラーム教国となった。1511 年マラッカはポルトガルによって征服され東南アジアにおけるポルトガルの拠点となったが，1641 年オランダによって奪われた。その後，ナポレオン戦争中にイギリスが占領，1824 年正式にイギリス領となっている。

(b) **主題：17〜18 世紀にジャワ製糖業へ中国人が進出した中国側の国内事情**
→この時期の中国の政治的状況を考える

明清交替期の混乱・人口増加・海禁の緩和→海外移住者が増大
中国南部の福建・広東は製糖業が盛ん

1644 年，明は李自成の反乱軍に首都北京を占領されて滅亡し，満州に建国していた女真の清が北京に入城して支配を受け継ぎ，以後明の残存勢力を制圧していった。このような政治的混乱と，その後，異民族王朝である清の支配を嫌った者たちによる海外移住が増加したのである。

また，明代の 17 世紀頃から新大陸からもたらされたトウモロコシが華北で，サツマイモが江南で栽培されるようになったことは，清にかけての人口増加を支えることになったが，急速な人口増加に農業生産が追いつかず，相対的な土地不足は多くの土地無し農民を発生させ，彼らの海外移住を促すことになった。

明清は朝貢貿易を奨励したが，民間貿易や海外渡航を禁止する海禁政策をとった。しかし，16 世紀後半から明は海禁に不満な倭寇を抑えるため海禁を緩和し，清も初期は抵抗を続ける鄭氏台湾を孤立化させるために遷界令（せんかいれい）を出すなど海禁を強化したが，台湾征服（1683 年）後は海禁を緩和した。その結果として海外渡航者が増加したという背景もあった。

なお，問題文には「砂糖生産に関わる技術」も労働力とともに導入されたとあり，この点についても説明を求められているようである。砂糖の原料となるサトウキビ栽培が可能なのは中国南部の福建・広東・広西などで，こうした地域で製糖業は重要な産業であり，製糖の技術をもった人々が海外へ移住したことを〔解答例〕では説明した。

問(3)

(a) **主題：ジョンソン大統領によるベトナムへの本格的介入**
→北爆開始を説明する

南北統一選挙を求める南ベトナム解放民族戦線の勢力拡大
　→アメリカは北ベトナムへの爆撃開始，多数の地上兵力を派遣

1954 年に結ばれたジュネーヴ休戦協定では，北のベトナム民主共和国と，南のベトナム国の暫定軍事境界線を北緯 17 度とし，2 年後の南北統一選挙が約された。

しかし，ベトナムの共産化を恐れたアメリカが介入し，南に新たにベトナム共和国を建国し，南北統一選挙を拒否した。これに対して南ベトナムでは統一選挙を要求する諸勢力が1960年に南ベトナム解放民族戦線を結成，南ベトナム政府に対するゲリラ闘争を開始した。

南ベトナム解放民族戦線は北ベトナムの援助を受けて勢力を拡大していったため，ジョンソン大統領はアメリカの駆逐艦が北ベトナムから攻撃を受けたとして（トンキン湾事件：後にアメリカのねつ造であると判明），北ベトナムへの爆撃を開始（北爆），同時に地上兵力を多数派遣し，ベトナムへの本格的介入を開始した。

(b) 主題：ベトナム戦争の戦費拡大によるアメリカの経済政策変更とその国際的影響
→固定相場制から変動相場制への転換を説明する

ベトナム戦争の戦費拡大によりアメリカの財政赤字・国際収支が悪化
→ドルと金の交換停止宣言→ブレトン=ウッズ体制崩壊，変動相場制へ移行

第二次世界大戦後の世界経済は，戦争末期に開かれたブレトン=ウッズ会議で定められたブレトン=ウッズ体制が基本となっていた。これは米ドルと各国通貨の交換比率を固定し（固定相場制），唯一金と交換ができるドルを国際貿易の基本通貨とするものであった。しかし，ベトナム戦争の軍事支出の増加で財政赤字と国際収支の赤字が拡大したアメリカは，1971年ニクソン大統領がドル防衛のためにドルと金の交換停止を発表した。この結果，ドルの価値が急速に下落し，ブレトン=ウッズ体制は崩壊，ドルと各国通貨の交換比率が固定相場制から変動相場制へと移行していくことになった。

解答例

(1) 7世紀にブルガール人がバルカン半島に入って建国し，11世紀にはセルジューク朝によって小アジアを失った。14世紀にはオスマン帝国の進出によりバルカン半島の領土も奪われ，1453年メフメト2世にコンスタンティノープルを攻略されて滅亡した。

(2)(a)マラッカ

(b)人口増加で土地が不足し，明清交替期の混乱や海禁の緩和などもあり，製糖業が盛んだった中国南部からの移住者が増加した。

(3)(a)ジョンソン大統領。南ベトナム解放民族戦線を支援する北ベトナムへの爆撃を開始し，地上部隊も多数派遣した。

(b)ドルと金の交換を停止したため，ドルの価値は下落してブレトン=ウッズ体制は崩壊し，固定相場制から変動相場制に移行した。

36 国家と宗教の関わり (2013年度 第2問)

〔地域〕ヨーロッパ・中国 〔時代〕古代・中世 〔分野〕宗教・政治

ローマ帝国におけるキリスト教，魏晋南北朝時代の仏教の発展・道教の成立，ゲルマン人の宗教をあつかったもので，ほぼ宗教に関係する問題となっている。比較的よく問われるテーマであり，内容も基本的なものばかりだが，基本的・有名であるがゆえに60字という字数で簡潔に説明するのは意外に難しいかもしれない。これだけ基本的であればある程度の解答は可能だと思われるが，東大入試においては細かい歴史事項の暗記よりも，重要な歴史事象の原因・背景，あるいは歴史的意義などが正確に理解できているかが問われるということを実感する問題である。

問(1)

(a) **主題：キリスト教徒がローマ皇帝に迫害された理由**

→キリスト教徒が危険視されたのはなぜか

一神教のキリスト教徒が皇帝崇拝を拒否
多神教のローマの神々に対する祭礼にも参加拒否→反社会的集団と見なされる

もともとローマ帝国は宗教に寛容で，ネロ帝のような例外はあったが，キリスト教だけでなくユダヤ教，ミトラ教などへの公権力による迫害は少なかった。しかし，信者数が増加するにつれ，ローマ帝国の統治と衝突するようになった。神を絶対唯一とするキリスト教徒は，ローマ皇帝を現人神として崇拝する皇帝崇拝を拒否したが，これは皇帝権力を否定するものとして捉えられた。また，キリスト教徒が閉鎖的な集団を形成し，多神教であるローマの神々に対する国家の祭礼に参加を拒否したことで，キリスト教徒は反社会的集団と見なされ，警戒されたのである。

(b) **主題：キリスト教公認の理由と具体的な公認の経緯**

→ミラノ勅令の背景を考える

キリスト教信者の増加→帝国統一維持のためには彼らの支持が必要に
→コンスタンティヌス帝が313年ミラノ勅令で公認

キリスト教の迫害は64年のネロ帝に始まり，303年のディオクレティアヌス帝の大迫害まで約250年間続いたが，その間も信者は帝国全土で増加し，ディオクレティアヌス帝にも根絶はできず，逆に混乱を招いた。ローマ帝国の統一維持のためにはキリスト教を禁止するのではなく公認することで彼らの支持を得るしかないと考えた西の正帝コンスタンティヌス（当時は四分統治）は東の正帝リキニウスと313年ミラノで会見したとき，共同でミラノ勅令を発してキリスト教を公認した。

公認の理由としては他に，キリスト教の神によって皇帝の権威を強化することを図った，といった解答も可能だろう。皇帝位は神の恩寵によって与えられるという思想は，『教会史』などで知られる教父エウセビオスによって唱えられて「神寵帝理念」と呼ばれ，ビザンツ帝国にも受けつがれていった。

問(2)

(a) **主題：魏晋南北朝時代に仏教の普及につとめた人々の活動**
条件：陸路や海路で西域やインドとの間を行き来した人物

> 仏図澄…西域亀茲の僧，多くの弟子を養成，仏寺を建設
> 法顕　…東晋の僧。グプタ朝時代のインドへ，『仏国記』を著す

初めて仏典を漢訳した鳩摩羅什は，問題文にあるので除外する。「この時代」は魏晋南北朝時代なので，唐代にインドを訪れた玄奘・義浄も除外される。鳩摩羅什よりも少し前に華北で仏教を広めた仏図澄（ブドチンガ），グプタ朝時代のインドを訪れ『仏国記』を著した法顕などがふさわしい。6世紀にインドから中国に渡り，禅宗を伝えたとされる達磨もいるが，字数より2人でよいと考えられる。

仏図澄は鳩摩羅什と同じ西域亀茲の出身で，十六国の一つの後趙で重用され，1万人の弟子を養成し，900の仏寺を建設したとされ，仏教の普及に大きな役割を果たした。法顕は399年仏典を求めて陸路インドに向かい，グプタ朝全盛期のチャンドラグプタ2世時代のインドに到着，多くの仏典を得て412年海路帰国している。旅行記『仏国記』は当時のインド・西域・東南アジアの貴重な史料となっている。

(b) **主題：道教の特徴と確立の過程**

> 〔名称と特徴〕道教。不老長寿・富貴などを願う現世利益的な性格
> 〔確立の過程〕後漢末の太平道・五斗米道に老荘思想などが加わり寇謙之が確立

「太武帝の保護を受け」から，この宗教が道教であることは想起できるだろう。

道教の特徴については，一般の宗教が重視する死後の救いよりも，不老長寿・治病・富貴・子宝などを望む現世利益的な性格を強調したい。

確立の過程については，後漢末にまじないや祈禱によって治病をはかった太平道や五斗米道が源流にあることを指摘したい。これらに中国古来の神仙思想・老荘思想・陰陽五行説などが融合し，北魏の寇謙之が宗教としての体裁を整えて確立した。

問(3)

(a) **主題：フランク王国以外のゲルマン諸部族の王の宗教**

> 325年のニケーア公会議で異端とされたアリウス派キリスト教を信仰
> 　→アリウス派の特徴（イエスの人性強調）についても言及

移動前の原始ゲルマン社会ではゲルマン固有の精霊信仰や多神教が盛んであったが，325年のニケーア公会議でアリウス派が異端となってローマから追放されると，アリウス派はゲルマン諸部族に熱心に布教したため，その後のゲルマンの移動・建国期には少なくとも王の多くはアリウス派キリスト教を信仰する者が多かった。この際，アリウス派の特徴として，イエスに人性を強く認めた点などに言及したい。また，問題文に「王の大部分は」とあるので，ある程度は残っていたであろうゲルマン固有信仰には触れなくてよいと思われる。なお，問題では「どのような宗教」となっている。「宗派」ではないので，キリスト教を入れるのを忘れないように。

(b) 主題：クローヴィスが改宗した宗教

496年アタナシウス派キリスト教に改宗
　→三位一体とローマ教会が正統と見なしていた宗派であることに言及する

「その基礎を築いた王」はクローヴィスを指す。クローヴィスは481年フランク諸部族を統一してメロヴィング朝を建て，496年には家臣3000人とともに洗礼を受けアタナシウス派キリスト教に改宗した。解答ではアタナシウス派が，神・イエス・聖霊が同質で不可分であること，またローマ教会が正統と見なしていた宗派であることに言及したい。なお，クローヴィスは，ゲルマン人固有の精霊信仰や多神教から改宗しており，アリウス派から改宗したという言及は誤りになるので注意したい。正統派への改宗によって，旧ローマ人の支持が得られ，後のフランクの発展につながったという説明は，問題文でも取り上げられているため必要ないだろう。

解答例

(1)(a)一神教のキリスト教徒は皇帝崇拝を拒否し，ローマの神々への祭祀に参加しなかったため反社会的集団と見なされたから。

(b)信者が帝国全土に拡大し，禁止すれば帝国の統一維持が困難と考えたコンスタンティヌス帝が313年ミラノ勅令で公認した。

(2)(a)西域僧の仏図澄は華北で多くの寺院を建設し，東晋の法顕はグプタ朝のインドから仏典を持ち帰り，『仏国記』を著した。

(b)道教は現世利益を重視する宗教で，後漢末の太平道や五斗米道に神仙思想や老荘思想などが加わり寇謙之によって確立された。

(3)(a)イエスに人性を強く認め，ニケーア公会議で異端とされローマから追放されたアリウス派キリスト教を信仰していた。

(b)クローヴィスは，ローマ教会が正統としていた神・イエス・聖霊の3者は同質とするアタナシウス派キリスト教に改宗した。

37 遊牧民の歴史的な役割 (2012年度 第2問)

〔地域〕ユーラシア 〔時代〕古代～近世 〔分野〕政治

ユーラシア大陸における遊牧民族の動きと，それに隣接する国家（ササン朝・アッバース朝・中国）との関係，つまり遊牧民族が歴史上で果たした役割について問う問題。東京大学らしいスケールの大きなテーマで，出題地域も幅広いが，個々の設問は地域も限定された基本的なものである。

問(1)(a)はカタラウヌムの戦いでの敗北を思い出せれば問題はないだろう。(b)は「西アジアの大国」がササン朝であると確定できれば「エフタル」から説明の道筋が見えてくる。問(2)(a)はトルコ系軍人奴隷がマムルークと呼ばれたことは想起できるだろうから，彼らがアッバース朝でどのような役割を果たしたのかを考えてみたい。問(3)(a)は武帝の対匈奴政策として，遠征と張騫の大月氏派遣は思い出せるはず。その後武帝がどのような西域政策をとったのかを具体的に考えることがポイントであろう。

問(1)

(a) **主題：5世紀のフン族の最盛期とその後の動向**

→ゲルマン人の大移動を誘発した侵入は4世紀なので注意！

> アッティラ王の時パンノニアに大帝国建設
> 451年のカタラウヌムの戦いに敗北→アッティラの死後帝国は崩壊

問題は「5世紀における」とあるから，4世紀後半にフン族がドン川を渡って東ゴート人を征服，西ゴート人を圧迫したことがゲルマン大移動のきっかけとなったことに触れる必要はないので注意したい。フン族はその後ヨーロッパに進出し，5世紀にはアッティラ王（位433年頃～453年）のもとでパンノニア（現在のハンガリー地域）に大帝国を建てた。アッティラはその後西ローマ領内に進出し，451年パリ東方のカタラウヌムで西ローマ・西ゴート・フランク連合軍と戦ったが敗れ，その後イタリアに侵入するがローマ教皇レオ1世の説得によってローマ略奪を断念し，その帰途に病死した。彼の死後帝国は内紛と流行病によって崩壊した。ここでは，パンノニアに大帝国を建設，カタラウヌムの戦いで敗北，王の死後崩壊という基本ラインが書けていれば問題はないだろう。

(b) **主題：ササン朝を中心とした6世紀半ばの情勢**

→ 対エフタル以外のササン朝の動きについて考えよう

> ホスロー1世 東方…突厥と同盟して中央アジアのエフタルを滅ぼす
> 　　　　　　西方…ビザンツ帝国のユスティニアヌス帝と抗争

6世紀半ばの西アジアの大国がササン朝（224～651年）であることをまず押さえる。ササン朝は6世紀のホスロー1世（位531～579年）の時に全盛期を迎え，彼は西方で対立していたトルコ系ないしイラン系の遊牧民族エフタルをモンゴル高原の突厥と同盟して滅ぼし，西方では同時代のビザンツ皇帝ユスティニアヌス（位527～565年）との戦いを有利に進めている。なお，エフタルはインドへも侵入を繰り返し，インドのグプタ朝衰退の原因を作っているが，インドは南アジアの国なので「西アジアの大国」にグプタ朝は該当しない。

問(2)

(a) **主題：アッバース朝におけるトルコ系軍人奴隷**
→どのような軍人だったのか言及したい

> 名称はマムルーク…主にトルコ系軍人奴隷を指す
> カリフ親衛隊の騎馬兵士として活躍

マムルークはスラヴ人，ギリシア人の奴隷を含む場合もあるが，主にトルコ系軍人奴隷を意味した。彼らは騎馬にすぐれ，勇猛果敢であったことからアッバース朝カリフは彼らを親衛隊の騎馬兵士として重用し，トルコ人はアッバース朝や以後のイスラーム諸王朝の軍事力の中心となった。歴史的役割という観点からいえば，マムルークがイスラーム軍事力の中心となったことが第一だが，カリフ権の強化にも利用された点を強調してもよいだろう。

なお，マムルークが政権を奪い独自の王朝を建てることも多く，エジプトのマムルーク朝，インド最初のイスラーム王朝である奴隷王朝はその典型である。また，白人系の奴隷マムルークに対して，黒人奴隷のことをザンジュといい，9世紀後半南イラクで大反乱（ザンジュの乱）を起こし，アッバース朝を動揺させた。

(b)① トルコ人が建てた最初のイスラーム王朝は，10世紀中央アジアに建てられたカラ=ハン朝だが，「西アジアに進出した」とあるから1038年にトゥグリル=ベクによって建てられ，イラン・イラク方面に進出した**セルジューク朝**が正解。

② **スンナ派**（スンニー派）は，ムハンマドの言行=スンナに従う正しい信者という意味で，4人の正統カリフ，ウマイヤ朝・アッバース朝のカリフを正統と認め，イスラーム教徒の9割を占める多数派である。セルジューク朝は1055年，それまでイランを支配していたシーア派のブワイフ朝を倒してバグダードに入城，アッバース朝のカリフから世俗君主を意味するスルタンの称号を得た。さらに宰相ニザーム=アルムルクはエジプトのシーア派王朝ファーティマ朝が建てたアズハル学院に対抗してスンナ派教学を講ずるニザーミーヤ学院を各地に創設している。なお，シーア派は4人の正統カリフのうち，ムハンマドの従弟でムハンマドの娘の夫でもある第4代カリフのアリーのみをカリフとして認め，その後の指導者もアリーの子孫がなるべきとする一派で，「アリーの党派」という意味。現在のイスラーム世界では少数派で，信者はイラン・イラクに集中している。

問(3)

(a)　**主題：武帝の対匈奴政策と西域政策**
　　　→この2つを結びつけて書くことがポイント

> 匈奴挟撃のため張騫を大月氏に派遣
> 　→同盟は失敗，しかし西域の事情が判明→敦煌など河西4郡を設置

武帝は匈奴に対して，衛青や霍去病を遠征に派遣したが，字数からみて具体的な人名にあまり触れるのは避けた方がいいだろう。しかし武帝が匈奴挟撃のために，匈奴に追われて中央アジアのアム川流域に逃れていた大月氏と同盟するために張騫を派遣したことは具体的に述べたい。この同盟は成立しなかったが，これによって西域の事情がわかったため武帝は西域進出を本格化させ，敦煌など河西4郡（敦煌・武威・張掖・酒泉）を設置しタリム盆地を支配下においた。以降，匈奴は東西交易路の保護者としての利権を失って衰退・分裂した。なお，武帝はその後イリ川流域の烏孫との同盟のため張騫を再度派遣し，また大宛（フェルガナ）の良馬（汗血馬）を得るために李広利を遠征させており，それに触れてもよいだろう。

(b)①　**オイラト（瓦剌）**は西北モンゴル高原にいたモンゴル系民族。元滅亡後北元を建てていたタタール（韃靼）が衰退するとモンゴル高原を統一し大勢力となった。

②　**土木の変**（1449年）はオイラトのエセン=ハンが河北省の土木堡で明の第6代皇帝正統帝（英宗）を破って捕虜にした事件。なお，正統帝はその後釈放され，第8代天順帝として再即位している。

解答例

(1)(a)アッティラがパンノニアに大帝国を建てたが，西ローマ・ゲルマンとのカタラウヌムの戦いに敗れ，王の死後帝国は崩壊した。

(b)ササン朝のホスロー1世は東方では突厥と結んでエフタルを滅ぼし，西方ではビザンツ帝国のユスティニアヌス帝と抗争した。

(2)(a)トルコ人はマムルークと呼ばれる軍人奴隷としてカリフたちに用いられ，親衛隊の騎馬兵士として軍事力の中心となった。

(b)①セルジューク朝　②スンナ派

(3)(a)武帝は匈奴遠征を行う一方，匈奴挟撃をはかって張騫を大月氏に派遣，西域の事情が判明すると敦煌郡など河西4郡を設置した。

(b)①オイラト（瓦剌）　②土木の変

38 歴史上の帝国 (2011年度 第2問)

〔地域〕ヨーロッパ・中国・アメリカ 〔時代〕古代〜近代 〔分野〕社会・政治

全体としては，2009年度第2問の社会経済史，2010年度第2問の文化史中心の問題に対して政治史中心の問題。問(1)(a)は，問題文の「平和と繁栄を示す都市生活を支えていた」という言葉もあって意外と難しい。(b)はローマ市民権の拡大とその契機となった出来事について述べればよい。問(2)は4行120字の論述で，文章構成力とともに，朝貢と海禁についてしっかりと理解していることが求められている。問(3)(a)は基本レベル。(b)はジョン=ヘイの門戸開放宣言に関連する問題だが，「対中国政策の特徴」という問われ方がされているため，門戸開放宣言の説明だけで終わらないように注意が必要。

問(1)

(a) **主題：ローマの都市生活を支えていた公共施設について説明する**

→公共施設（インフラ）と，娯楽や交流の場の両面をとりあげたい

生活に必須の施設：道路（アッピア街道など），水道（ガール水道橋・上下水道）
娯楽施設：円形闘技場（コロッセウム），公共浴場（カラカラ帝の大浴場など）

道路はアッピア街道に代表されるように軍用道路であるとともに商業道路でもあった。この道路によって帝国各地から産物が送られ市民の生活を支えた。水道はガール水道橋が有名だが，市内の上下水道も市民生活を支える重要な公共施設だった。

円形闘技場や公共浴場は主に皇帝によって建設されたが，これはローマ市民の歓心を買い社会の安定をはかるためのものであるとともに，皇帝の権威の象徴でもあった。ローマに残る円形闘技場（コロッセウム）は1世紀後半に完成したもので，ここで剣奴同士や剣奴と猛獣の戦いが見世物として行われた。公共浴場は3世紀初めのカラカラ帝が建設したものが有名で，冷浴室・温浴室などの他に図書館・スポーツ施設なども備えられて，ローマ市民の娯楽・文化センターとなっていた。

(b) **主題：ローマの市民権の拡大について説明する**

→同盟市戦争とカラカラ帝の勅令について述べる

前1世紀初め　同盟市戦争→イタリア半島内の自由民に拡大
3世紀初め　カラカラ帝の勅令（アントニヌス勅令）→帝国内の全自由民に拡大

ローマはイタリア半島の支配に際して，征服都市を植民市・自治市・同盟市に分け，権利・義務に差を設ける分割統治を行っていた。同盟市戦争（前91〜前88年）は，半島内の市民権を持たない同盟市が市民権を要求して起こしたもので，結局スラによって収束し，市民権がイタリア半島内の自由民に拡大することになった。その後，ローマ市民権は次第に属州の住民にも認められるようになり，212年のカ

ラカラ帝によるアントニヌス勅令によって，ローマ帝国領内の全自由民に付与された。これによって，ローマ人と外国人の区別はなくなり，ローマは世界帝国となったといえる。

問(2)

主題：明から清の前期（17 世紀末まで）にかけての対外貿易と朝貢の関係の変化
条件：海禁政策に注目する

→朝貢は一貫して続くので，民間貿易への態度（海禁の有無）に注目する

明：貿易を朝貢に伴うもののみとし，それ以外の民間貿易を禁止（海禁）
→後期倭寇の激化で一部民間貿易を容認（海禁を緩和）
清：貿易を朝貢に伴うもののみとし，民間貿易を禁止（海禁）
→鄭氏台湾制圧を機に，民間貿易を公認（海禁を解除）

朝貢とは国家間のやりとり（外交儀礼）であり，海禁は民間貿易の禁止を意味する。

明は，当初，前期倭寇対策として海禁により民間貿易を禁止する一方で，永楽帝による鄭和の南海遠征や日本との勘合貿易などに見られるように朝貢を奨励し，貿易を朝貢に伴うもののみに限定した。しかし，16 世紀になると，この貿易制限に不満を持った中国商人を中心に後期倭寇が激化したことから，政府は海禁を緩和せざるを得なくなり，部分的に民間貿易を認めることになる。

清は朝貢体制を継承し，民間貿易に関しては，当初は明滅亡後も台湾で制海権を握り大陸反攻をはかる鄭氏台湾を孤立させるため，海禁令を出して海上貿易を厳禁し，1661 年には台湾の対岸の福建省・広東省などの住民を海岸から内陸に強制移住させる遷界令を発して，さらに徹底をはかった。しかし，1683 年に鄭氏台湾の征服に成功すると翌年康熙帝は海禁を解除して民間貿易を解禁した。民間貿易の管理のために 1685 年には広州など 4 カ所に海関と呼ばれる税関を設置している。なお，乾隆帝がヨーロッパ船との貿易港を広州に限定したのは 1757 年で，「17 世紀末まで」という題意にはあわないので注意したい。

問(3)

(a) **主題：モンロー宣言の内容を説明する**

①ヨーロッパ諸国による中南米諸国の独立運動への干渉に反対
②ヨーロッパ諸国とアメリカ大陸の相互不干渉を主張

モンロー宣言は 1823 年に第 5 代大統領モンローが議会への教書として発表したもの。主な内容としては，ラテンアメリカ諸国の独立を支持し，ヨーロッパとアメリカ大陸との相互不干渉を訴えたものであった。他にアラスカからのロシアの南下

阻止も目的としているが，字数も少ないので前者2つで十分であろう。ただ，この宣言によってアメリカの孤立主義外交が具体化したことにはふれておきたい。

(b) **主題：アメリカ=スペイン戦争後のアメリカの対中国政策の特徴**
→門戸開放宣言に関連して述べればよい

アメリカ=スペイン戦争で勢力範囲設定に出遅れ
→門戸開放宣言で列強の中国分割阻止と，アメリカの中国市場進出をはかる

アメリカはアヘン戦争後清朝と望厦条約を結び，ペリーが日本に開国をせまったように東アジア進出に対して積極的であったが，その後は南北戦争の混乱もあって後れをとり，特に1898年イギリス・ロシア・ドイツが日清戦争後の混乱を利用して清からそれぞれ威海衛・九竜半島，遼東半島南部，膠州湾を租借したとき，アメリカはアメリカ=スペイン戦争中で，こうした動きに乗り遅れてしまった。

そこで翌1899年マッキンリー大統領の国務長官ジョン=ヘイが中国市場の門戸開放と機会均等を主張し，さらに翌1900年義和団事件で列強が出兵したとき中国の領土保全を付け加えた。中国分割がこれ以上進まないように列強を牽制し，これ以降のアメリカの中国進出を有利に導こうとしたのである。すでにほぼ中国全土に列強の勢力範囲が設定されていたため，アメリカが直接中国に対して勢力範囲を要求することはなく，経済面での中国進出を重視した点に特徴がある。

解答例

(1)(a)商業や生活のための道路や上下水道が整備され，公共浴場・円形闘技場などが建設されて市民にさまざまな娯楽を提供した。

(b)前1世紀の同盟市戦争を機にイタリア半島内の自由民に，3世紀にはカラカラ帝の勅令で帝国内の全自由民に市民権が拡大した。

(2)明は対外貿易を朝貢貿易に限り，海禁政策をとって民間貿易を禁じたが，やがて後期倭寇の活動が活発化すると海禁を緩和した。清も当初は海禁政策をとったが，内外が安定すると朝貢体制を維持しつつ，海関を設置しその管理下での民間貿易を公認した。

(3)(a)ウィーン体制諸国の中南米諸国独立への干渉に反対し，ヨーロッパと新大陸の相互不干渉を唱え，孤立主義の立場を鮮明にした。

(b)列強による中国の勢力範囲確定に出遅れたアメリカは，国務長官ジョン=ヘイが中国の門戸開放・機会均等・領土保全を提唱し，中国分割の進展の阻止と，中国市場への経済的な進出をはかった。

39 アジア諸地域における知識人・学問

(2010年度 第2問)

〔地域〕中国・朝鮮・インド・西アジア 〔時代〕古代～近代 〔分野〕文化・宗教

紀元前の前漢から，19世紀半ばの洋務運動にいたるまでのアジア各地の学問・宗教・文芸，そして知識人の活動について問う問題。時代が非常に幅広く，また地域も中国だけでなく，西アジア・インド・朝鮮にまたがっているため偏りのない知識が必要である。90字の問題もあるため，文章構成力も求められる。文化史中心の問題だが，内容的に難しいものもなく，題意も明確に提示されているので比較的書きやすい。問(2)の銅活字印刷は難問のように思えるが，ほとんどの教科書には記載されている。歴史用語や歴史事象をいかに本質的に理解できているかが問われる点では例年通りの問題といえる。

問(1)

(a) 主題：前漢半ばに儒学が特別な地位を与えられるきっかけとなった出来事
→儒学の官学化について述べる

武帝が董仲舒の建言で五経博士を設置 → 儒学の官学化へ
＝法治主義から徳治主義への転換

「特別な地位を与えられた」とは，儒学が歴代王朝の正統教学となったことをさす。武帝の時代，前漢は領土を拡大するとともに中央集権化を推進し，新しい国家体制を支えるための思想・学問を必要としていた。こうしたとき董仲舒は儒学による文教政策を建言して採用され，五経の教授と普及を任務とする五経博士が置かれることになった。建言が容れられた背景として，法家思想による支配を強行した秦が短命に終わった反省から，漢では徳治主義をめざしたことなどにふれてもよいだろう。

(b) 主題：唐中期以降の文章における復古的な気運とはなにか
→韓愈や柳宗元による古文復興運動について述べる

韓愈・柳宗元：古文（漢代以前の質実剛健な文体）の復興を主張
⟷ 四六駢儷体（4字・6字の対句や韻を用いた華麗な文体）の流行

「唐中期以降の文章における復古的な気運」とは，魏晋南北朝時代以来好まれていた「四六駢儷体」に対し，韓愈や柳宗元が素朴で質実剛健な古文への復古を唱えたことをさす。韓愈は仏教・道教を排撃し，儒学においても当時の形式的な訓詁学を批判して孔子・孟子の時代に復帰することを主張したため「宋学の祖」とされることもあり，古文復興の主張もこうした思想と関わりがある。

問(2)

(a) **主題：15世紀前半の朝鮮でなされた特徴的な文化事業とはなにか**

→銅活字による印刷事業と訓民正音（ハングル）の制定・公布を述べる

銅活字による印刷事業：世界最初の銅活字の実用化
訓民正音（ハングル）の制定・公布：民族文字の作成

朝鮮王朝では第3代の太宗の命で1403年に鋳字所が作られて世界で最初に銅活字が実用化され，典籍の印刷などが行われた。なお，金属活字印刷そのものは，材質は不詳だが高麗の高宗の時代に行われたとされている。

訓民正音（ハングル）は第4代の世宗の命で考案され，1446年に公布された音標文字で，漢字に代わって庶民の間に普及していった。

(b) **主題：徐光啓はどのような活動をしたのか**

→西洋科学の紹介と，それをふまえた実学の大成の両面にふれる

『幾何原本』（マテオ=リッチと協力，ユークリッド幾何学の漢訳）：西洋学問の紹介
『崇禎暦書』（アダム=シャールと共同），**『農政全書』**：実学の集成

イエズス会宣教師との協力関係に注目し，エウクレイデスの漢訳『幾何原本』と，中国暦に西洋暦を加えて改修しその成果を記した『崇禎暦書』，そして『農政全書』について述べればよい。『農政全書』は徐光啓自身の著作だが，中国古来の農業書（北魏の賈思勰が著した『斉民要術』など）の説を総合するとともに，イエズス会宣教師が伝えた西洋の農業技術も参考にして集大成した農政・農業の総合書である。字数が少ないので，『幾何原本』『崇禎暦書』『農政全書』の全てをあげるのではなく，説明を加えたうえで2つに絞って記述するのも一つの方法である。

問(3)

(a) **主題：ワッハーブ派の運動とはどのようなものであったか**

→その特徴と，イスラーム世界にもたらした結果を述べる

特徴：原始イスラームへの回帰（神秘主義・聖者崇拝を批判）
アラブ民族主義との結びつき
結果：ワッハーブ王国の建国

ワッハーブ派は，18世紀のアラビア半島に現れたイブン=アブドゥル=ワッハーブが開いた復古主義的なイスラーム改革派。神秘主義や聖者崇拝を批判して預言者ムハンマドの最初の教えに戻ることを説き，アラブ人の民族意識と結びついて勢力を拡大した。18世紀中頃には豪族サウード家と結びついてワッハーブ王国を建国したが，これは現在のサウジアラビアの原型となるものであった。

(b) **サティー**は「寡婦殉死」と呼ばれ，夫の遺体を焼くときに，妻も一緒に焼かれて死ぬというヒンドゥー教社会の風習。夫に殉死する寡婦は妻の模範であり，家に功徳をもたらすとされた。ラーム=モーハン=ローイはサティーの禁止運動などインドの宗教・社会改革につとめ，インド植民地政庁も1829年にサティーを禁止した。しかし慣習は根強く残り，現在もまれに行われることがあるという。

(c) **主題：洋務運動はどのような性格をもっていたのか**

→洋務運動がもつ限界に言及できるかどうかが重要

清朝の富国強兵運動
「中体西用」（中国の伝統思想を根本とし，西洋技術を利用する）に基づく
＝西洋思想の導入や政体の変革は回避する

洋務運動はアヘン戦争・アロー戦争に敗れ，太平天国の乱鎮圧に際しても外国軍の兵器の優秀さを実感させられた漢人官僚の曾国藩・李鴻章らが行った富国強兵運動である。洋務運動がスローガンとした「中体西用」は，中国の思想を本体とし，西洋の技術を利用するという意味で，西洋の近代的な政治制度や思想を取り入れようとしたものではなく，近代兵器・技術の輸入模倣に終始することになった。

解答例

(1)(a)前漢の武帝は董仲舒の建言を容れて五経博士を設置し，法家思想にかわって徳治主義の儒学を国家を支える正統教学とした。

(b)韓愈や柳宗元は魏晋南北朝以来もてはやされた技巧的な四六駢儷体を批判し，漢代以前の簡素で質実剛健な古文の復興を唱えた。

(2)(a)世界で初めて銅活字による出版事業が奨励され，世宗の時代には朝鮮の民族文字として音標文字である訓民正音が制定された。

(b)マテオ＝リッチと協力して『幾何原本』を漢訳し，アダム＝シャールと共に『崇禎暦書』を作成，また『農政全書』を編纂した。

(3)(a)神秘主義や聖者崇拝を批判し，原始イスラームへの復帰を主張。アラブ民族意識を覚醒させ，アラビア半島の豪族サウード家と結んでサウジアラビアの前身となるワッハーブ王国を建国した。

(b)サティー

(c)中国の伝統思想を根本とし，西洋技術を利用するという「中体西用」に基づく富国強兵運動で，西洋思想の導入や政治体制の変革を意図したものではなく，表面的な技術の模倣にとどまった。

40 古代・中世の都市 (2009 年度 第2問)

〔地域〕ヨーロッパ・中国 〔時代〕古代・中世 〔分野〕政治・文化・経済

問題文は都市をテーマとしているが，実際は幅広い視野から出題されている。問(1)(a)は集住（シノイキスモス）という言葉はすぐ思い浮かぶと思うが，それだけでは苦しい。(b)ではオリンポスの神々・オリンピア競技などある程度歴史用語は出てくるはず。問(2)(a)は基本的な問題。(b)は春秋時代の政治的特徴をいかに簡潔にまとめられるかがポイント。問(3)(a)は東方交易について述べさせるもので，都市名だけでなく交易品もしっかり織り込みたい。(b)はロンバルディア同盟の目的が北ドイツのハンザ同盟とは少し違うことを理解できているかどうかが問われている。

問(1)

(a) **主題：ポリスの形成過程**

→ポリス形成過程における 2 つのパターンを明示する

集住型（アテネ型） ：有力者を中心に経済的・軍事的要地に集まり住むことで形成
征服型（スパルタ型）：征服者が先住民を征服・支配して形成

集住（シノイキスモス）とは有力者の主導で住民がアクロポリスと呼ばれる城山を中心に集まって住んだことで，アテネなどのポリスはこの集住ののち周辺を統合する形で成立していった。このような過程で成立したポリスは「アテネ型」「集住型」と呼ばれる。一方，スパルタはミケーネ文明が衰退したあと侵入したドーリア人のポリスで，ペロポネソス半島のラコニア平原に侵入し，先住民を征服する過程でポリスを形成していった。こうしたポリスは「スパルタ型」「征服型」と呼ばれる。解答では，この 2 つを対比する形で述べたい。

(b) **主題：古代ギリシア人が文化的には一つの民族であるという認識を支えた諸要素**

→共通の言語と共通の信仰・歴史（神話）について考える

共通の言語・信仰（オリンポス 12 神・デルフォイの神託），オリンピア競技を共有
自らを共通の祖先を持つヘレネスと自称，周辺民をバルバロイと蔑称

ヘレネス，バルバロイといった語句は思い浮かぶはず。ヘレネスとは英雄ヘレンの子孫の意味で，ギリシア人はヘレンを共通の祖先と考え，自らをヘレネスと称し，共通のギリシア語を話すことで民族としての同一意識をもち，周辺の民族をバルバロイ（聞き苦しい言葉をしゃべる者）と呼んで蔑視した。その他の要素としては，ゼウスを主神とするオリンポス 12 神に対する信仰があげられる。12 神の中でも特にアポロン神を祭ったデルフォイの神託は，多くのポリスが重要事項の決定にあたり神意をあおいでおり，共通の信仰の現れといえる。また，前 776 年に始まったオ

リンピアの祭典は戦争中でもそれを中断して行われ，ポリス間の親睦，民族意識の高揚に重要な役割を果たした。解答ではこれらのうち，3つほど取り上げて述べればよいだろう。

問(2)

(a) **主題：中国最古とされる王朝の政治の特徴**

→殷の政治の特徴を述べる

> 占いで神意をうかがう祭政一致の神権政治
> 殷王は多数の邑の連合体の盟主として君臨

まず，問題文の「最古とされる王朝」が殷であることに気づかなければならない。殷は現在確認されている中国最古の王朝で，20世紀初めの殷墟の発掘によってその実在が明らかになった。殷墟からは，占いの結果が甲骨文字で刻まれた亀甲や獣骨が出土し，殷では亀甲や獣骨をあぶり，ヒビの入り方で神意をうかがって国家の重要事項を決める祭政一致の神権政治が行われていたことが明らかになった。また，殷王朝は明確な領土をもった現在の国家とは異なり，商という最も大きな都市国家が，邑と呼ばれる都市国家の連合の盟主として君臨する形で成立していた。

(b) **主題：周の遷都前後における政治的変化**

→周の遷都後，封建制はどうなったのかを明確に

> 前8世紀に西方から犬戎の侵入 → 都を**鎬京**から**洛邑**に移す
> 遷都後は封建制動揺 → 諸侯が尊王攘夷を唱えて覇を競う春秋時代に

渭水流域からおこった周（西周）の都は鎬京で，周王は一族・功臣に封土を与えて世襲の諸侯とし貢納と軍役の義務を負わせる封建制度で統治した。しかし，前771年に犬戎と呼ばれる異民族の侵入により都の鎬京が攻略され，翌前770年に周は東方の洛邑に遷都した。これをきっかけに周王室の勢力は衰え，諸侯が自立して尊王攘夷の名のもとに覇権を握ろうとする春秋時代（前770〜前403年）が始まった。字数的に封建制の説明は無理だが，封建制から諸侯の自立・抗争という大きな流れを書きたい。

問(3)

(a) **主題：地中海における遠隔地交易（東方交易）**

→都市名だけでなく，交易品にみられる特徴を押さえる

> ヴェネツィア・ジェノヴァなどの北イタリア都市が，ムスリム商人と交易
> 輸出品は銀・毛織物，輸入品は香辛料・絹織物などの奢侈品

東方交易はムスリム商人との間で行われた交易であることを明記したい。中心となった都市名としては，第4回十字軍を主導しコンスタンティノープルを占領したヴェネツィア，そのライバルとなったジェノヴァなどを示せばよい。また，東方交易における最も重要な輸入品は胡椒などの香辛料であり，その他絹織物，象牙など奢侈品が中心であった。輸出品はアウクスブルクで産出される銀やフィレンツェ・ミラノなどで生産される毛織物である。なお，北海・バルト海交易では，毛皮・木材・海産物などの日常品が西ヨーロッパに輸入されている。

(b)　**主題：北イタリアで結成された都市同盟**

→ロンバルディア同盟とハンザ同盟の相違に注意

ロンバルディア同盟：神聖ローマ皇帝のイタリア政策に対抗し，ミラノを中心に結成
1176年にフリードリヒ1世を破り，自治権を確立

北イタリアのロンバルディア同盟は，神聖ローマ皇帝のイタリア政策への対抗のため結成されたもので，1176年に行われたレニャーノの戦いで皇帝軍を破り，北イタリア諸都市の自治権を大幅に認めさせた。一方，北ドイツのハンザ同盟は皇帝や諸侯の圧迫に対する自治権の維持のほか，他国の商人などに対抗して北海・バルト海交易を独占するための商業同盟的色彩が強かった。このことから，ロンバルディア同盟はイタリア政策に対抗するための軍事同盟であったことを強調したい。

解答例

(1)(a)集住型では有力者が軍事的経済的な要地へ移住して周辺の村々を統合して，征服型では先住民を征服する過程で成立した。

(b)共通の言語であるギリシア語を使用し，オリンポスの神々への信仰を共有し，共通の先祖を持つと考えてヘレネスと自称した。

(2)(a)殷王が亀甲や獣骨を用いて神意を占い国事を決定する祭政一致の神権政治で，強大な宗教的権威により多数の邑を支配した。

(b)鎬京から洛邑。周王を頂点とする封建制がしかれていたが，遷都後は周王の勢力は衰え，諸侯が分立して覇権を競うようになった。

(3)(a)ヴェネツィア・ジェノヴァなどの北イタリア都市が銀や毛織物を輸出し，ムスリム商人から香辛料や絹など奢侈品を輸入した。

(b)イタリア政策を進める神聖ローマ皇帝に対してミラノを中心にロンバルディア同盟が結成され，皇帝を破って自治権を確認させた。

41 領土と境界をめぐる歴史 (2008年度 第2問)

〔地域〕中国・西アジア・ヨーロッパ 〔時代〕近代・現代 〔分野〕政治

問(1)は19世紀半ばのロシア・清間の条約による領土・境界の変化，問(2)はイスラエルとシリアの領土上の係争の経緯，問(3)は独仏国境に位置するアルザスの帰属の変遷についてそれぞれ述べる問題。すべて領土・境界の画定に関するものだが，ある程度流れをもった変化について述べればよいので，問(1)・問(3)は特に書きやすい。必要とする知識も教科書レベルとなっている。しかし，問(2)の特に(a)は中東現代史に対する深い理解が必要で，「1923年」という年代からオスマン帝国の解体と英仏の委任統治まで発想が広がるかどうかがポイント。

問(1)

主題：19世紀半ばにロシアと清の間に領土帰属をめぐり2つの条約が結ばれた経緯とその内容

→「2つの条約」とはアイグン条約と北京条約

クリミア戦争敗北後のロシアの極東への進出（東シベリア総督ムラヴィヨフ）
↓ 太平天国の乱・アロー戦争に便乗
アイグン条約（1858年）：アムール川（黒竜江）以北獲得，沿海州を共同管理地に
北京条約（1860年）　：沿海州を獲得

中国東北地方におけるロシアと清の国境は，1689年に結ばれたネルチンスク条約で外興安嶺（スタノヴォイ山脈）とアルグン川を結ぶ線とされていた。しかし，19世紀半ば，クリミア戦争に敗北してバルカン半島への南下を阻止されると，ロシアは極東への進出をはかり，太平天国の乱（1851～64年）やアロー戦争（1856～60年）に苦しむ清にまずアイグン条約（1858年）を結ばせ，アムール川（黒竜江）以北をロシア領とし，ウスリー川以東は両国の共同管理地とした。

アロー戦争は1858年に天津条約が結ばれて一度終結するが，条約の批准を清が拒否したことから，英仏両国と清の間に戦闘が再開する。北京条約（1860年）は，この戦闘を調停したロシアがその代償として清に結ばせた条約である。これにより，アイグン条約で両国の共同管理地となっていたウスリー川以東の沿海州はロシア領となった。その後ロシアは沿海州の南端に軍港ウラジヴォストークを建設し，極東進出の基地とした。

なお，問題文にある1969年に勃発した中国・ソ連間の武力衝突は，ウスリー川にあるダマンスキー島（中国名珍宝島）の領有をめぐって起きたものである。その後東北部のロシア・中国間の国境は1991年に再画定された。

問(2)

(a) **主題：現在のイスラエルとシリアに該当する地域の1923年当時の領域名**

→第一次世界大戦後のパレスチナとシリアの状況を想起する

旧オスマン帝国領分割→パレスチナはイギリス，シリアはフランスの委任統治領に

16世紀以来パレスチナとシリアを支配していたオスマン帝国が第一次世界大戦に敗北したため，1920年のセーヴル条約によってパレスチナはイギリスの，シリアはフランスの委任統治領となっていた。この2つの委任統治領の境界は，1923年にローザンヌ条約でトルコ共和国がアラブ人居住地域を放棄したのを受けて最終的に定められた。

その後，シリアは1946年に独立するが，パレスチナではユダヤ人とアラブ人の双方が独自の独立国を求めていたため，1947年，イギリスによる委任統治が終了するのを前に，国連総会でパレスチナ分割案が決議された。これを受けてユダヤ人側はイスラエルの建国を宣言するが，パレスチナの6％しか所有していないユダヤ人に半分以上の土地を与える内容であったこともありアラブ人側が反発，第1次中東戦争が勃発し，休戦までにイスラエルが旧委任統治領パレスチナの80％を支配下においた。このときの休戦ラインが，2008年現在イスラエル国家の境界としてほぼ国際的に承認されている。

(b) **主題：1967年に勃発した戦争の概要**

→この第3次中東戦争でイスラエルは大幅に領土を拡大した

エジプトがアカバ湾封鎖　→　第3次中東戦争勃発
　→　イスラエル圧勝，シナイ半島・ヨルダン川西岸・ゴラン高原を占領

まず，この戦争が第3次中東戦争と呼ばれることを明示したい。イスラエルがわずか6日間で電撃的な勝利を収めたので「6日間戦争」ともいう。

第1次中東戦争後も，イスラエル・シリア間で紛争が頻発したため，1967年にシリアはエジプトと共同防衛条約を締結，エジプトはアカバ湾の封鎖を強行した。紅海への出口を失ったイスラエルは1967年6月5日エジプト・シリア・ヨルダンに奇襲攻撃をしかけ，国連の停戦決議によって戦闘が停止されるまでの6日間にエジプトのシナイ半島・ガザ地区，シリアのゴラン高原，ヨルダンのヨルダン川西岸地区を電撃的に占領した。その後，1979年のエジプト=イスラエル平和条約でシナイ半島はエジプトに返還されたが，他の地区はイスラエルによる占領が続き，1993年のパレスチナ暫定自治協定以後も紛争が頻発している。

問(3)

主題：1648年から第一次世界大戦後におけるアルザスの帰属の変遷

→三十年戦争・普仏戦争・第一次世界大戦を契機とした帰属の変化を記述する

三十年戦争（1618～48年）	：フランス（ブルボン家）がアルザスを奪取
普仏戦争（1870～71年）	：ドイツ帝国が奪回
第一次世界大戦（1914～18年）	：ヴェルサイユ条約で再びフランス領に

アルザスは隣接するロレーヌとともに鉄・石炭の産地であり，9世紀のフランク王国分裂の際，東フランク王国（のちの神聖ローマ帝国）領とされたが，三十年戦争（1618～48年）の際，フランス（ブルボン家）はハプスブルク家退潮をねらって新教側について参戦し，ウェストファリア条約（1648年）で神聖ローマ帝国からロレーヌの一部とアルザスを獲得した。

アルザスはその後，普仏戦争（プロイセン=フランス戦争：1870～71年）におけるフランスの敗北により，フランクフルト講和条約でロレーヌとともにドイツ領となった。条約名は細かい知識なので必要ないだろう。

20世紀前半，ドイツは第一次世界大戦に敗れ，ヴェルサイユ条約（1919年）によってアルザス・ロレーヌをフランスに割譲した。第二次世界大戦中には再びドイツがアルザス・ロレーヌを占領したが，戦後はフランス領に復帰している。1952年に発足したヨーロッパ石炭鉄鋼共同体（ECSC）は，石炭と鉄資源を共同管理することで，この地をめぐる長年の紛争を最終的に解決することをねらったものであった。

解答例

(1)ロシアは太平天国の乱やアロー戦争に乗じて，1858年アイグン条約を結んで黒竜江以北を獲得し，ウスリー川以東を共同管理地とした。その後，再開したアロー戦争の講和を調停した代償として1860年に北京条約を結び，ウスリー川以東の沿海州を獲得した。

(2)(a)イギリスの委任統治領であったパレスチナの領域と，フランスの委任統治領であったシリアの領域との境界として定められた。

(b)第3次中東戦争では，イスラエルがエジプト・シリア・ヨルダンを先制攻撃し，シナイ半島・ヨルダン川西岸などを占領した。

(3)アルザスは三十年戦争後のウェストファリア条約でフランスが神聖ローマ帝国から獲得したが，19世紀後半の普仏戦争の結果ロレーヌとともにドイツに割譲された。しかし，第一次世界大戦でドイツが敗れた結果，ヴェルサイユ条約で再びフランス領となった。

42　歴史上の暦　(2007年度　第2問)

〔地域〕西アジア・ヨーロッパ・中国　〔時代〕古代～現代　〔分野〕科学・政治

暦は歴史上の記録，宗教行事，国家行事，農事などと深い関係をもち，人々の生活や生涯に大きな影響を及ぼす。暦の歴史に注目することで，歴史のさまざまな側面も見えてくる。本問では，西アジアでは農業，ヨーロッパでは政治，中国では諸文明の交流との関連で，暦について問われている。細かな知識を問う問題ではないので，設問のねらいを把握してポイントをおさえ，簡潔に解答することが大切である。

問(1)

(a)　**主題：古代メソポタミアおよび古代エジプトにおける暦とその発達の背景**

→両者の共通点と相違点を考える

共通点：大河流域での灌漑農業における必要性から発達
相違点：古代メソポタミアは太陰暦（←占星術が基盤）
古代エジプトは太陽暦（←ナイル川の氾濫時期予知の必要）

古代メソポタミアはティグリス・ユーフラテス川，古代エジプトはナイル川という大河流域での灌漑農業を文明の基盤としていた。これらの地域では，灌漑農業に欠かせない河川の氾濫の開始時期や季節の周期に関する知識を求めて暦が発達した。古代メソポタミアでは太陰暦，古代エジプトでは太陽暦と，異なる暦が発展したことと，その背景にもふれて述べればよい。

古代メソポタミアでは，占星術が発達し，月や星の運行を観察して太陰暦が生まれた。シュメールに始まる太陰暦は，バビロニアでは太陽暦を併用して太陽太陰暦が成立することになったが，ここでは，太陽暦と太陽太陰暦の区別をするような字数はないため，便宜上すべて太陰暦と表現して差し支えないと思われる。

一方，古代エジプトでは，ナイル川が7～10月に定期的に増水・氾濫をおこすため，その時期を知る必要性と知識の蓄積から，1年を365日とする太陽暦が使われていた。この古代エジプトの暦をカエサルが取り入れたものがユリウス暦であり，それを16世紀に教皇グレゴリウス13世が若干修正を加えたものが現在使われているグレゴリウス暦（西暦）である。

(b)　**主題：イスラーム暦が他の暦と併用されることが多かった最大の理由**

→イスラーム暦の性格とその欠点を考える

イスラーム暦：純粋な太陰暦で，閏月をおかない
→長い年月では実際の季節と暦がずれていくため，農作業に不向き

イスラーム暦（ヒジュラ暦）は，ムハンマドがメッカからメディナに移った622

年7月16日を起算点（紀元元年1月1日）とする純粋な太陰暦である。太陰暦は月の満ち欠けを基準にして作られた暦で，1年を354日，1カ月を29日か30日とし，閏月をおかない純粋な太陰暦では太陽暦よりも1年が約11日短くなる。そのため，長い年月の間に実際の季節と暦がずれていき，農作業には不向きであった。

なお，太陽太陰暦（太陰太陽暦）は，太陰暦をもとにしつつも，太陽暦を併用し，閏月を挿入して実際の季節とのずれを補正した暦である。

問(2)

(a)　**主題：18世紀末と19世紀初めのフランスにおける暦の制度の変更**
　　→フランス革命期における暦を考える

1793年　国民公会が革命暦を採用
1806年　ナポレオンが教皇と和解しグレゴリウス暦を復活

国民公会は，グレゴリウス暦がキリスト教の「迷信と偏見」に満ちているとして，これをより理性的で合理的な暦に改訂しようとした。1793年10月に採用された革命暦は，共和国樹立が宣言された1792年9月21日を古い秩序の最後の日とし，1792年9月22日を共和国第1年第1日とした。1年12カ月で，1カ月を30日とし，年末に5日（閏年は6日）が付け加えられ，各月の名称は季節にちなんだものとした（熱月：テルミドール，霧月：ブリュメールなど）。しかし実際には1週間を10日とするなど，それまでの暦に慣れた国民には不便も多く，1806年ナポレオンによって廃止され，教皇との和解により，グレゴリウス暦が復活した。

(b)　**主題：20世紀初めのロシアにおける暦の制度の変更**
　　→ロシア革命期における暦を考える

1917年　十一月革命（ユリウス暦では十月革命）
1918年1月　ユリウス暦からグレゴリウス暦に移行

ロシアの三月革命・十一月革命をそれぞれロシア暦で二月革命・十月革命ともよぶのは，当時のロシアでユリウス暦が用いられ，グレゴリウス暦よりも月が遅れていたことによる。ユリウス暦では4年に1度必ず閏年をおくが，その結果100年に0.8日ほどずれが生じることがわかったため，1582年に教皇グレゴリウス13世が10月4日の次の日を10月15日として修正し，さらに閏年を400年に3度だけおかないことにした。これが現在のグレゴリウス暦だが，ロシアはユリウス暦を使い続けていたためグレゴリウス暦より（閏年が多かった分）13日遅れていたのである。ロシアでは，ロシア革命後の1918年1月にグレゴリウス暦が採用された。

問(3)

主題：元～清代の中国における暦法の変遷

→暦法の変化と同時に，それを促した要因にも注意

元～清代の暦法

元：授時暦（郭守敬がイスラーム天文学を取り入れて作成）

明：崇禎暦書（徐光啓がイエズス会宣教師の協力を得て編纂）

清：時憲暦（実際に崇禎暦書が施行された時の名称）

中国では太陽太陰暦が用いられ，暦の改訂は頻繁に行われていた。元の郭守敬は中国在来の暦学とイスラーム天文学を基礎に「授時暦」を完成した。「授時暦」は1年の長さを現在のグレゴリウス暦と同じ365.2425日としている優れた暦である。

明代に用いられた「大統暦」も「授時暦」をほぼ踏襲している。「大統暦」については，教科書ではほとんど言及されないため，無理に記述する必要はない。明代で重要なのは，明末にイエズス会宣教師アダム=シャールの協力を得て徐光啓が西洋の暦法をもとに『崇禎暦書』を編纂したことである。清代には，この『崇禎暦書』が「時憲暦」として実際に施行された。

解答例

(1)(a)メソポタミアでは占星術を行ったり，農作業の時期を正しく知る必要から太陰暦が作られた。エジプトではナイル川の氾濫の開始時期を予知し，種々の農作業を行う必要から太陽暦が作られた。

(b)イスラーム暦は純粋な太陰暦で，太陽暦と1年の日数が異なるため季節がずれ，農作業では太陽暦などと併用する必要があった。

(2)(a)国民公会は反キリスト教の立場からグレゴリウス暦を廃止し革命暦を採用したが，ナポレオンがグレゴリウス暦を復活させた。

(b)革命政府がユリウス暦に代わりグレゴリウス暦を採用した。

(3)元ではイスラーム暦の伝播もあり，郭守敬は精密な天体観測に基づいた授時暦を作成した。明では授時暦をもとに大統暦が使用され，アダム＝シャールと徐光啓は修暦を目的に西欧の暦法から崇禎暦書を作成し，清代にはこれをもとに作られた時憲暦が施行された。

43 東西世界の結節点としてのインド亜大陸

（2006年度 第2問）

〔地域〕インド・エジプト 〔時代〕中世〜現代 〔分野〕政治・宗教

東西世界の結節点としてのインド亜大陸とエジプトについての論述。問(1)・問(2)は，10世紀末から16世紀前半のイスラームの浸透，18世紀半ばのイギリスによる植民地化の進行を簡潔に記述すればよい。その際インド=イスラーム文化，イギリスとフランスのインドにおける戦いにふれるのだが，まとめ方に工夫がいる。問(3)はインドではなく，18世紀末から20世紀中葉のエジプトをめぐる国際関係の記述が要求されており，3語の使用語句指定がある。3問のうち，特に問(1)・問(3)を4行以内で論述するのは簡単なようで意外と難しい内容である。重要な事柄をいかに要領よく簡潔に述べるかが問われる。

問(1)

主題：10世紀末から16世紀前半にかけての陸路によるインドのイスラーム化の展開
→ガズナ朝の侵入からムガル帝国の成立までを述べる

政治的側面：ガズナ朝・ゴール朝のインド侵入（=イスラーム化のはじまり）
デリー=スルタン朝成立（=インドにイスラーム王朝が成立・定着）
ムガル帝国成立（=イスラーム政権が確立）
文化的側面：インド=イスラーム文化の成立

政治的側面としては，アフガニスタンに成立したガズナ朝（962〜1186年）・ゴール朝（1148年頃〜1215年）がカイバル峠を通るルートで侵入したことによってイスラーム化が始まり，奴隷王朝（ゴール朝の武将アイバクがインド内にたてた初のイスラーム王朝）に始まるデリー=スルタン朝（1206〜1526年）の時代に次第に定着し，ティムールの子孫バーブルが建国したムガル帝国（1526〜1858年）の時代にイスラームによる支配が確立したことを述べればよい。なお，16世紀前半はアクバル帝（位1556〜1605年）の即位以前なので注意すること。

文化的側面としては，イスラーム王朝の支配下，インドにイスラーム建築やイラン絵画，その他イスラーム文化が持ち込まれ，ヒンドゥー文化と融合しインド=イスラーム文化が成立したことが最大のポイント。

問(2)

主題：18 世紀半ば頃のイギリス東インド会社によるインドの植民地化過程
（フランスとの関係に留意する）

→プラッシーの戦いとカーナティック戦争に言及する

プラッシーの戦い（1757 年） → ベンガル地方の徴税権を獲得
カーナティック戦争（1744〜61 年の間に 3 回） → インドからフランスを駆逐

「18 世紀半ば頃」からすぐにプラッシーの戦い（1757 年）を思い出せるだろうが，プラッシーの戦いの結果，どうなったのかを考えること。この戦いはフランスを駆逐しただけでなく，このときフランス側について敗れたベンガル太守からベンガル地方の徴税権（ディーワーニー）を奪ったことでインドの植民地化へ第一歩を踏み出したことが重要である。

プラッシーの戦いはインド東北部のベンガル州をめぐる戦いだが，カーナティック戦争は南インドをめぐるフランスとの戦いでオーストリア継承戦争に連動して始まり，1744〜61 年間に 3 回南インド東海岸で戦われた。イギリスは，この戦争でフランスをこの地域から駆逐し，その後，南インド（マイソール戦争：1767〜99 年間に 4 回）→ デカン高原（マラーター戦争：1775〜1818 年間に 3 回）→ 西北インド（シク戦争：1845〜49 年間に 2 回）と，南方から順に支配領域を拡大していく。

なお，マイソール戦争は，年代的には 18 世紀後半であり，イギリスが戦ったのもヒンドゥー教の地方政権であるマイソール王国であるため，「フランスとの関係に留意」する点からはカーナティック戦争の方がより適当と判断して，〔解答例〕では言及していない。

問(3)

主題：18 世紀末から 20 世紀中葉にいたるエジプトをめぐる国際関係

→スエズ運河の役割がポイント

1798〜99 年	**ナポレオン**のエジプト遠征
1869 年	**スエズ運河**開通
1875 年	イギリスがエジプト政府からスエズ運河会社の株式買収
	→ ウラービーの反乱（1881〜82 年） → エジプト植民地化
	→ 独立（1922 年）
1956 年	**ナセル**大統領がスエズ運河国有化宣言
	→ スエズ戦争(第 2 次中東戦争)

ナポレオンは，ナイル河口を拠点に地中海の海上権を握り，イギリスとその最大の植民地インドの通路に圧迫を加えるという戦略を構想した。18 世紀末のエジプト遠征はその構想の実現をめざすものであったが，フランス海軍はイギリス海軍にアブキ

ール湾の戦いで壊滅させられ，遠征は失敗に終わった。

スエズ運河建設はフランス人レセップスにより行われたが，エジプト政府の財政難から1875年スエズ運河会社株がイギリスに売却された。以降，イギリスはエジプトへの財政支配と干渉を強め，これに反発してウラービーの反乱がおこると，イギリスは単独出兵で反乱を鎮圧し，エジプトを占領，事実上保護下においた。

エジプトは，第一次世界大戦後の1922年に名目的な独立を認められ，1936年には完全独立を達成したが，スエズ運河は英仏が支配を続けた。第二次世界大戦後，ナセルら青年将校が結成した自由将校団は1952年クーデタで国王を追放（エジプト革命），翌1953年共和国成立を宣言した。第2代大統領ナセルは1956年スエズ運河国有化を断行，英・仏・イスラエルとスエズ戦争（第2次中東戦争）を戦い，干渉を退けた。

解答例

⑴インドへのイスラームの浸透はガズナ朝とゴール朝の侵入に始まり，13世紀からのデリー＝スルタン朝を経て，16世紀にはムガル帝国が北インド支配を確立した。この間ヒンドゥー文化にイスラーム的要素が加えられたインド＝イスラーム文化が開花・発展した。

⑵イギリス東インド会社は1757年のプラッシーの戦いでフランスと地方支配層の連合軍を破り，南インドでもカーナティック戦争に勝利してフランス勢力を排除した。また同時期にムガル帝国からベンガル地方の徴税権を獲得してインドの植民地化の基礎を確立した。

⑶イギリスとインドの連絡を絶とうとしたナポレオンのエジプト遠征は失敗に終わった。その後イギリスがスエズ運河会社株を買収しエジプトへの干渉を強め，ウラービーの反乱を鎮圧して保護国化した。独立後ナセルはスエズ運河国有化を宣言し，英仏を排除した。

44 ヘレニズム文明の影響 (2005 年度 第 2 問)

〔地域〕インド・西アジア・ヨーロッパ 〔時代〕古代・中世 〔分野〕文化

ヘレニズム文明の影響を地域・時代を広げて問う問題。問(1)ギリシア文化とインド仏教文化のつながり，問(2)古代ギリシア文化とイスラーム文化のつながり，問(3)中世ヨーロッパ文化とイスラーム文化のつながりが問われているが，世界史はこのように一地域史のみでなく，諸地域の文化交流や接触の中で理解する視点を持つことが大事である。すべて教科書レベルの知識で論述できる内容で，書きやすいテーマといえる。

問(1)

主題：1世紀頃から西北インドでヘレニズムの影響を受けながら発達した美術の特質

→この「美術」はガンダーラ美術である

ガンダーラ美術
仏教美術史上最初の仏像を製作
容貌や衣装が西方（ギリシア）的
ヘレニズム彫刻の影響を受けて写実的

ガンダーラ美術は，1世紀後半からヘレニズム彫刻の影響を受け展開した仏教美術をいう。初期の仏教では仏陀を具体的な像で表すことは避けられていたが，バクトリア地方におこってインドに進出したクシャーナ朝時代に，ガンダーラ美術が初めて仏陀や菩薩の姿を仏像として表現して，仏像崇拝が始まった。これらの彫像の顔や衣の表現技法には，前3世紀に成立したギリシア系のバクトリア王国時代にこの地域に進出したギリシア人のヘレニズム彫刻の影響が見られる。

問(2)

主題：ヘレニズム文明のイスラーム世界への継承の歴史

→中心となった都市はバグダード

シリア・エジプトなど旧ヘレニズム世界をイスラーム勢力が征服
アッバース朝時代，バグダードの「知恵の館」でギリシア語学術書のアラビア語訳進む

イスラーム世界は『コーラン』を中心とするアラビア語の学問を発達させるとともに，ギリシアやインドの学術をアラビア語への翻訳によって学び，イスラーム文化を飛躍的に発展させた。アッバース朝ではバグダードを中心に，ギリシア・インドなど東西の古典がアラビア語に翻訳された。アッバース朝第7代カリフのマームーンは，翻訳所・研究所・図書館を含む「知恵の館（バイト=アル=ヒクマ）」をバグダードに設立し，こうした事業を組織的に推進した。翻訳作業にはアッバース朝の保護を受け

たシリアのキリスト教徒，ユダヤ人，イランのゾロアスター教徒などが従事した。イスラーム世界はこうしてギリシア・インドなどから医学，哲学，数学，物理学，天文学，占星術，錬金術，地理学，文学など広い範囲の学術を学んだ。

問(3)

主題：ギリシア・ヘレニズムの学術文献が西ヨーロッパに伝わった経緯

→12 世紀における西ヨーロッパ世界の拡大がポイント

(ギリシア・ヘレニズムの学術文献はビザンツ・イスラーム世界が継承していた)
↓
12 世紀：西ヨーロッパ世界の膨張 → ビザンツ・イスラーム世界との接触
{東方貿易の復活 → 書物の輸入
{シチリア・トレドの獲得 → 翻訳事業の進展

イスラーム世界では，問(2)でも述べたように，ギリシア・インドなどの学術書が組織的にアラビア語に翻訳されていたが，12 世紀以降，十字軍やレコンキスタなどによって，西ヨーロッパがビザンツ帝国やイスラーム世界と接触するようになると，これらの学術書がさらにラテン語に翻訳されることになった。これらの文献の中にはアリストテレス，ヒッポクラテス，エウクレイデス，アルキメデス，ガレノスなど，古代ギリシア・ヘレニズム・古代ローマ時代の学者たちの著作が含まれており，ローマ帝国滅亡と民族大移動の混乱のなかで途絶えていた古典古代の学問を西ヨーロッパに再びよみがえらせたのである。こうした翻訳活動は，過去にイスラーム勢力に支配されたことのあるスペインのトレド，シチリア島のパレルモなどを中心に行われた。

解答例

(1)クシャーナ朝時代に展開したガンダーラ美術は，インド史上初めて仏陀などの仏像を製作した。その仏像の容貌や衣服には，ヘレニズム彫刻の特徴である写実的な技法が色濃く見られる。

(2)アッバース朝時代に首都バグダードに設立された「知恵の館」では，組織的にギリシア語文献がアラビア語に翻訳され，ギリシア・ヘレニズムの哲学や科学がイスラーム世界に継承された。

(3)東方貿易の復活でビザンツやイスラーム世界からギリシアの古典がもたらされ，レコンキスタを背景にイベリア半島のトレドなどでは古典文献がアラビア語からラテン語に翻訳されるようになった。

45 3つの一神教 (2004年度 第2問)

〔地域〕ヨーロッパ・西アジア 〔時代〕古代・中世 〔分野〕政治・宗教

地中海東岸からアラビア半島にかけての地域で誕生した3つの一神教についての問題である。この地域は現在もこの3つの一神教が混在・接触・併存し，国際社会に様々な問題を投げかけており，これらの宗教の歴史を理解することは，現代の世界を知る上で重要である。問(1)はパレスティナで成立したユダヤ教の成立過程が求められており，教科書の知識で十分に論述できる内容となっている。問(2)・問(3)は「違い」が求められているため，まとめ方に工夫が必要。問(2)はビザンツ帝国と神聖ローマ帝国におけるキリスト教会のあり方の「違い」を皇帝と教会指導者との関係から論述させる問題。問(3)は7世紀前半と11世紀後半におけるカリフの実態の「違い」を3つ述べるもので，意外と書きづらいかもしれない。

問(1)

主題：ヘブライ人の王国の盛衰とユダヤ教の成立過程

→バビロン捕囚を中心にユダヤ教の特質にも言及する

ヘブライ王国 ─┬→ イスラエル王国（北） → アッシリアにより滅亡
　　　　　　　└→ ユダ王国（南） → 新バビロニアにより滅亡 → バビロン捕囚

ユダヤ教はバビロン捕囚中に形成され，解放（前538年）後に確立

ヘブライ（イスラエル）人の王国はダヴィデ・ソロモン両王時代に栄華を極めたが，ソロモンの死後，王国は南北に分裂し，北のイスラエル王国は前722年アッシリアに，南のユダ王国は前586年新バビロニアに滅ぼされた。

この時，ユダ王国の住民の多くがバビロンへ連行され，この苦難が「バビロン捕囚」として長く民族に記憶されることとなった。亡国と捕囚という民族的苦難の中で，選民思想を含む唯一神ヤハウェへの信仰が深まり，この信仰を中心に民族的・宗教的共同体としての「ユダヤ人」が成立した。前538年アケメネス朝ペルシアによってバビロンから解放されたユダヤ人は，イェルサレムにヤハウェの神殿を再建し，儀式や祭祀の規則を定め「ユダヤ教」が確立することになる。その後，ユダヤ教は，ユダヤ人の離散やユダヤ人への迫害という長い苦難の歴史を経て，現在も世界各地のユダヤ人コミュニティで，ユダヤ人の民族的アイデンティティを支えるものとして受け継がれ信仰されている。

問(2)

主題：ビザンツ帝国と神聖ローマ帝国における皇帝と教会指導者との関係の違い
→11 世紀後半は神聖ローマ帝国における叙任権闘争の時代である

ビザンツ帝国　：皇帝がコンスタンティノープル総主教を任免するなど聖俗両面を統括（＝皇帝教皇主義）

神聖ローマ帝国：皇帝が聖職叙任権をもつ
→ 11 世紀後半に叙任権闘争（＝教皇の巻き返し）
→ 12 世紀のヴォルムス協約で叙任権闘争は決着

西ローマ帝国滅亡によりローマ教会は俗権の保護を失ったが，逆に教会の独立を保ちながら独自の発展が可能となった。一方，コンスタンティノープル教会はビザンツ（東ローマ）帝国の首都の教会として皇帝権の下におかれ，教権の独立性は弱かった。ローマ教会はその後，聖像禁止令をめぐる対立を背景にビザンツ皇帝の影響力を振り払い，自らの権威で西ヨーロッパにローマ皇帝を復活させ（カールの戴冠），フランク王国を保護者として獲得した。

962 年に成立した神聖ローマ帝国では，神聖ローマ皇帝が帝国内の高位聖職者を自ら任免する帝国教会政策をとり，宗教面でも一定の影響力をもった。ローマ教会はこの状況に異議を唱え，11 世紀後半に神聖ローマ皇帝ハインリヒ 4 世と教皇グレゴリウス 7 世との間で叙任権闘争がおこった。1077 年には「カノッサの屈辱」でハインリヒ 4 世がグレゴリウス 7 世に屈服している。この争いは 12 世紀に入って，ヴォルムス協約（1122 年）によって教権と俗権の区分が明確化されることによって決着し，以降の西ヨーロッパでは教権と俗権の 2 つの権威が封建社会を支える体制が続いた。

一方，ビザンツ帝国ではこうした俗権と教権の対立はなく，皇帝がコンスタンティノープル総主教（ギリシア正教会の首長）の任免権をもった。ビザンツ皇帝は教会を保護すると同時に，単性論など数々の教義論争にも介入した。東西教会の対立を深めた 8 世紀の聖像崇拝論争もその例である。教会・修道院・聖職者の庇護は皇帝の義務であり，ギリシア正教の発展は皇帝の尽力によるところが大きかった。

問(3)

主題：7 世紀前半と 11 世紀後半におけるカリフの実態の違いを 3 つあげて説明する
→正統カリフ時代とアッバース朝後期（セルジューク朝登場以降）の比較である

	正統カリフ時代（632～661 年）	**アッバース朝後期**（11 世紀後半～）
①	選挙制	世襲制
②	イスラーム世界に 1 人	カイロとバグダードに並立
③	共同体の世俗面を統括（実質的な最高政治権力者）	政治の実権はスルタンに移り，権威のみ

カリフはアラビア語で“後継者”“代理人”を意味する。ムハンマドは神の使徒とされ，ムハンマドの死後，共同体の指導者として信者から選ばれたアブー=バクルは「神の使徒の代理」と称した。

アブー=バクル以後，4代までを正統カリフといい，信者の中から選挙制によって選出されたが，第4代カリフのアリーが暗殺され，ウマイヤ朝が成立すると，ウマイヤ家がカリフ位を世襲することとなった。

ウマイヤ朝まではイスラーム世界にはカリフは1人であったが，8世紀半ばにアッバース朝にかわって以降は，イベリア半島で後ウマイヤ朝が成立，さらに北アフリカでファーティマ朝が成立し，それぞれがアッバース朝に対抗してカリフの称号を用いるようになり，イスラーム共同体を単一のカリフが指導する体制は実質的に崩れた(なお，後ウマイヤ朝は11世紀前半の1031年に滅亡)。

アッバース朝では9世紀以降イランなどに独立のイスラーム王朝が成立し，カリフの権威が及ぶ範囲は次第に縮小された。10世紀イランの軍事政権であるブワイフ朝はバグダードに進出，カリフからイスラーム法執行の権限を与えられた。さらに11世紀にバグダードに入城したセルジューク期のトゥグリル=ベクはアッバース朝のカリフからスルタン（支配者）の称号を与えられ，統治の実権を握ることになった。こうして11世紀にはカリフの行政上の責任は有名無実化し，カリフはイスラーム共同体の代表としての権威のみを保持し，政治の実権は各イスラーム王朝の君主が握るという形が出現したのである。

解答例

⑴ソロモン王の死後，ヘブライ王国は南北に分裂した。南のユダ王国が新バビロニアに滅ぼされた後，その住民は亡国とバビロン捕囚という苦難を経験したが，その中で唯一神ヤハウェへの信仰を深め，解放後にはイェルサレムに神殿を再建し，ユダヤ教を確立した。

⑵ビザンツ帝国では，皇帝が政治と宗教の両権を握る皇帝教皇主義が採用されたが，神聖ローマ帝国では，皇帝が掌握していた司教や修道院長の任命権に対してローマ教皇が異議を唱えて叙任権闘争がおこり，「カノッサの屈辱」で教皇が皇帝を屈服させている。

⑶第一にカリフが選挙制から世襲制になったこと。第二にカリフはイスラーム共同体で1人であったが，バグダードとカイロに2人のカリフが並立したこと。第三にカリフの世俗の統治者としての権限がスルタンの出現で失われ，権威としての存在になったこと。

46 文化の摂取・継承・創造 (2003年度 第2問)

〔地域〕ヨーロッパ・中国・インド 〔時代〕古代〜近世 〔分野〕文化

古代ギリシア・ローマの文化が中世ヨーロッパにどのように摂取・継承され，近代文化の創造につながったか，また，インド・中国の古代文化がどのように継承され，新しい発展をし，周辺のアジアの文化に影響を与えてきたかについて，基本的な理解度をみようとしている。解答で要求されている知識はいずれも教科書レベルのものであるが，その歴史的背景についても確実な理解をしておきたい。ただエウクレイデスの著書がアラビア語訳からラテン語に翻訳されたのは何世紀かを問う問(2)はやや難しい。なお，問(2)・問(9)では1998年度第3問で出題がみられた内容が含まれていた。

(A)

(1) カロリング=ルネサンスはカロリング朝フランク王国のカール大帝時代（8世紀末から9世紀初め）にみられた文化興隆の動き。**カール大帝**（フランス語では**シャルルマーニュ**）は，王国のキリスト教化と文化の復興に強い使命感をもっていた。宮廷には，『カール大帝伝』で知られるアインハルトのようなフランク人のほかに，宮廷のあるアーヘンに学校を設立したイングランド人の**アルクィン**など，全ヨーロッパから学者が招かれ，聖職者の教育にとどまらない広い分野の活動を行った。

(2) エウクレイデス（英語ではユークリッド）は，前3世紀前半に活躍したギリシア人の数学者・物理学者。彼がムセイオンで学んでいたことを知っていれば，都市名**アレクサンドリア**を導き出すのはたやすい。その代表的著書『ストイケイア』（『幾何学』『原論』などと訳す）がラテン語に翻訳されたのは**12世紀**のことである。

(3) **イブン=ルシュド**（1126〜98年，ラテン語名では**アヴェロエス**）は，**アリストテレス**哲学の最大の注釈者。スコラ哲学の完成者トマス=アクィナスもイブン=ルシュドの注釈を通じてアリストテレス哲学を学び，信仰と理性をめぐる普遍論争の解決を果たしている。

(4) フィレンツェを象徴する大聖堂（ドゥオーモ）の正式名称は**サンタ=マリア=デル=フィオーレ大聖堂**（花の聖母大聖堂）だが，教科書などでは略して**サンタ=マリア大聖堂**と記載されることが多い。最大の難工事であるドーム（円蓋・クーポラ）の設計・架構を委託された**ブルネレスキ**は，15世紀前半にこれを完成した。

(5) **主題：イタリア戦争の誘因となったイタリアの政治状況**

→中世以来の分裂状況を述べる

> イタリアの分裂状況
> 北部の君主国群・ヴェネツィア共和国，中部のローマ教皇領，南部のナポリ王国に分裂
> → フランス国王とドイツ皇帝の介入を招く

ルネサンス期のイタリアは，北にヴェネツィア共和国と君主国群，中部にローマ教皇領，南にナポリ王国が分立し，15世紀にはミラノ・ヴェネツィア・フィレンツェ・教皇領・ナポリの5大勢力がイタリアの政治を左右していた。

こうしたイタリアの分裂状況にフランス・ドイツ・スペインなど外国勢力が介入しイタリア戦争がおこった。広義のイタリア戦争は1494年のフランス王シャルル8世のイタリア侵入によって始まり，ドイツやイギリスもまきこみ，1559年のカトー=カンブレジ条約でようやく最終的に解決した。なお，イタリア戦争は，狭義には1521年から始まり1544年のクレピーの和約で終結した，フランス王フランソワ1世とドイツ皇帝カール5世の抗争をさすこともある。

(6) **シュリーマン**（1822〜90年）は，幼時から**ホメロス**の叙事詩『イリアス』『オデュッセイア』にあるトロヤの実在を信じ，その遺跡の発見を生涯の目的とした。貿易業で巨利を得，小アジア北西部のヒッサリクの丘で行った発掘調査でこの地が古代のトロヤの遺丘であることを立証し，大きな衝撃を世界に与えた。トロヤの発掘と並行して，ギリシア本土でもミケーネ・ティリンスなどの発掘を行い，彼の生涯の目的であったホメロスの世界の実在性を立証した。

(B)

(7) **主題：宋代にあらわれた新しい儒教はその後の中国でどう扱われたか**
→この儒教は宋学（朱子学）である

> 明が朱子学を官学化，支配の基盤に　→　清にも継承

宋代に仏教・道教の影響を受けて復興された新儒教は宋学，あるいはその集大成をした朱熹（朱子）の名をとって朱子学とよばれる。漢から唐にかけては訓詁学とよばれる経典解釈学が中心となったため思想的には沈滞化した儒教を，民族の伝統的な正統思想として復興させたのが宋学である。

宋学の始祖は北宋の**周敦頤**（しゅうとんい）で，その門下に程顥（ていこう），程頤（ていい）が出て宋学の基礎が作られた。南宋の朱熹（朱子）は，彼らの学問を基礎に宋学を集大成し，さらに広大で精緻な学問体系を確立した。朱熹は臣下の守るべき節操と本分を明らかにして君臣関係を正そうとする大義名分論を強調したため，朱子学は以後，明・清にいたるまで中国の王朝支配・君主独裁を支えるイデオロギーとして君臨し，科挙にも用いられ，朝鮮・日本など東アジア諸国にも広く影響を与えた。

(8) ①道教は，民間信仰に病気治癒や不老長生を願う神仙思想が結びついた後漢末の太平道，五斗米道（天師道）などを源流とする。魏晋南北朝時代に**老荘**思想や仏教の影響を受け，北魏の太武帝の保護を得た寇謙之がこれを改革し，新天師道として教団を確立した。

②老荘思想は春秋戦国期の老子・荘子を祖とする道家の思想で，儒家の説く仁や礼を人為的なものとして排し，**無為自然**を説くものである。

⑼ 『シャクンタラー』の作者は**カーリダーサ**。インド古典文学史上最高の詩人・劇作家とされ，グプタ朝最盛期の5世紀ごろに活動したと推定されている。『シャクンタラー』は，天女の娘シャクンタラーと王との恋愛を主題とした戯曲。

『**マハーバーラタ**』は，古代インドのサンスクリット大叙事詩で，紀元前から語り伝えられたものが整理・修正・増補されて，4世紀ごろ現存の形をとったと考えられる。神話・伝説・宗教・哲学・道徳・法制・社会制度などに関する無数の挿話を含んでいる。『**ラーマーヤナ**』は，コーサラ国の王子ラーマを主人公としており，4世紀ごろにまとめられた。『マハーバーラタ』と共にヒンドゥー教の聖典とされ，インド人の精神生活に多くの影響を与えている。

⑽ 7～9世紀にチベットを支配した王朝を漢文史料では**吐蕃**とよぶ。6世紀末にソンツェン=ガンポが諸氏族を統合支配し，王国を建てた。また，ソンツェン=ガンポはインド系の文字をもとに独特のチベット文字を作った。吐蕃は仏教を受け入れ，チベット固有の民間信仰ボン教と融合したチベット仏教はラマ教ともよばれる。

解答例

⑴アルクィン，カール大帝（シャルルマーニュ）

⑵アレクサンドリア，12世紀

⑶①アリストテレス　②イブン=ルシュド（アヴェロエス）

⑷サンタ=マリア大聖堂（サンタ=マリア=デル=フィオーレ大聖堂），ブルネレスキ

⑸都市共和国や教皇領・小君主国が分立し政治的統一が達成されず，フランス王やドイツ皇帝がイタリアで勢力を拡大しようとした。

⑹シュリーマン，ホメロス

⑺周敦頤
皇帝独裁体制を支える学問として官学の地位を与えられた。

⑻①老荘（道家）　②無為自然

⑼カーリダーサ，マハーバーラタ（またはラーマーヤナ）

⑽吐蕃

47　近世アジアの諸王朝　(2002年度　第2問)

〔地域〕アジア　〔時代〕近世　〔分野〕政治・文化

清朝，ムガル朝，オスマン朝という19世紀あるいは20世紀初期までアジアに存続した大王朝に関して問う問題である。これら3王朝は18〜19世紀にはヨーロッパ勢力の進出を前にその力を弱めたが，その統治のあり方，特に宗教政策，多民族支配の諸制度などには，今日の多民族国家，国際社会の諸問題にもつながるものがある。設問の多くは標準的なものだが，王朝の名称がX・Y・Zという記号でしか示されておらず，地理的知識が多く問われ，ジャーギール制のような，まだ高等学校の世界史で一般化していない用語が出題されるなど，受験生の戸惑いも大きかったと思われる。

(A)

(1)　Xは清朝。清のヌルハチ（太祖）が後金国を建国し，国都をおいたのは満州（東北地方）の**瀋陽**。第3代順治帝の時に明が滅ぶと南下して**北京**に都を移した。地図の位置**イ**が瀋陽，**ウ**が北京。

(2)　Yはムガル朝。1526年バーブルがデリー近くの**パーニーパット**でロディー朝の軍を破り，デリーを占領してムガル朝を創始した。パーニーパットの位置は**サ**。

(3)　Zはオスマン朝。オスマン朝は第一次世界大戦で敗戦国となり，帝国は解体の危機に瀕した。連合国に妥協的態度をとった**イスタンブル**のスルタン政府に対し，軍司令官ムスタファ=ケマルは**アンカラ**に大国民議会を招集し，アンカラを首都としてトルコ共和国を樹立した。地図の位置は，イスタンブルが**ナ**，アンカラが**ト**。

(B)

(4)　「大叢書」だけで**『四庫全書』**を導き出すのはやや難しい。叢書（そうしょ）とは分野ごとに書物を編纂したもので，『四庫全書』は清の乾隆帝が古今の書物を経・史・子・集の4部に分類編纂させたもの。

(5)　**主題：16・17世紀のムガル朝における宗教政策の変化を説明する**

→融和策から不寛容政策への移行がポイント

16世紀半ば〜　アクバル帝：融和策…ジズヤを廃止，ラージプート族との婚姻
17世紀半ば〜　アウラングゼーブ帝
：宗教的不寛容…ジズヤを復活，ヒンドゥー教徒やシーア派を抑圧

ムガル朝の第3代皇帝アクバル（位1556〜1605年）は，寛容な宗教政策でイスラーム・ヒンドゥー両宗教の融和をめざした。彼は非イスラーム教徒に課されていた人頭税ジズヤを廃し，ヒンドゥー教徒の王女を妻に迎え，ヒンドゥー教徒を将軍や高官に起用するなど，異教徒懐柔策を進めた。しかし，第6代皇帝アウラングゼ

ーブ（位 1658～1707 年）はスンナ派イスラーム教の厳格な信者として，ジズヤの復活，ヒンドゥー寺院の破壊など宗教的に不寛容な施策をとって，ヒンドゥー教徒を圧迫し，彼らの反抗を招いた。

(6) **主題：オスマン朝の異教徒処遇制度の通称と特徴**
→ミッレト制について述べる

> ミッレト＝“宗教共同体” の意味
> ジズヤを納めることで，宗教共同体ごとの信仰と自治が認められる

オスマン朝では，イスラーム教徒以外のキリスト教徒やユダヤ教徒に対し，宗教別の共同体の存在を認め自治を許すとともに，各共同体の長が内部の規約や紛争，また毎年行われる租税取り立てに関して，政府に全面協力する責任を負った。これが**ミッレト**制とよばれるものである。なお，ミッレトについては，オスマン朝時代には，この言葉が使用された形跡がないという最近の研究結果もある。

(C)

(7) 清独特の軍事組織は旗の色や形で区別された８個の軍団からなる八旗制である。八旗は女真人の行政・社会組織でもあり，蒙古八旗，漢軍八旗も編成された。八旗に属する人々を旗人といい，様々な特権と**旗地**という土地が支給された。

(8) **主題：ジャーギール制とティマール制の共通の特徴**
→俸給のかわりに徴税権を与えたということがポイント

> **ジャーギール制**：軍人や官僚に一定の土地の徴税権を与える
> **ティマール制**　：騎士や役人に一定の土地の徴税権を与える

ジャーギールは，ムガル朝が軍人や官僚の軍事・行政上の奉仕に対して与えた非世襲の封土のことだが，厳密には領地ではなく，給与に見合う地租の徴収のみが認められ，その土地の行政は地方行政官が行った。ムガル朝ではその領主化を防ぐため，数年で土地を変えることが多かった。

オスマン朝では，地方の軍人や役人にティマールとよばれる軍事封土を与えたが，これもジャーギールと同じような性格のもので，戦時には従者を率いて出征することを義務づけた。最小のティマール保有者がシパーヒーとよばれる騎士であった。ティマール制はブワイフ朝以来のイクター制を継承したものである。

(D)

(9) 清朝初期の「大きな反乱」とは三藩の乱（1673～81 年）のこと。清朝は，明から投降した漢人武将の呉三桂，尚可喜（しょうかき），耿継茂（こうけいも）を功績によってそれぞれ**雲南**，**広東**，**福建**の藩王に封じた。しかし，康熙帝は華南の平定が終わると彼らの強大化を

恐れ，その取り潰しをはかった。これに対する反乱が三藩の乱である。地図では，福建が**カ**，広東が**キ**，雲南が**ク**の位置になる。

⑽ 「17 世紀後半」ムガル朝に「強く抵抗した王国」はマラーター王国である。マラーター族は 17 世紀中ごろからデカン西北部で急速に台頭してきたヒンドゥー勢力。1674 年軍事的指導者のシヴァージーがマラーター王国を建てた。マラーター王国の中心都市はインド西部マハラシュトラ州の**プネー（プーナ）**である。地図では**セ**。

⑾ 「18 世紀」のオスマン朝支配下で宗教的復古主義を唱えた宗派はワッハーブ派。ワッハーブ運動はアラビア半島**ネジド（ナジュド）地方**の支配者ムハンマド=ブン=サウードの保護を得て，18 世紀中ごろにはワッハーブ王国を建国し，メッカ・メディナを占領した。「運動の中心地」とあるのでここではアラビア半島のネジド地方（地図の**ニ**）が適切。地図のヌのメッカを選びやすく，難問となっている。

⑿ 問⑴～⑾より，Xは**清朝**，Yは**ムガル朝**，Zは**オスマン朝**となる。

解答例

⑴イ → ウ

⑵サ

⑶ナ → ト

⑷四庫全書

⑸第 3 代アクバルはイスラーム・ヒンドゥー両宗教の融和をめざしジズヤを廃止したが，第 6 代アウラングゼーブは厳格なスンナ派イスラーム教徒としてジズヤを復活し，ヒンドゥー教徒を抑圧した。

⑹ミッレト。キリスト教徒やユダヤ教徒に対し宗教共同体を組織させ，その長に裁判権や徴税権などを委ねて，一定の自治を認めた。

⑺旗地

⑻官吏や軍人に政府に対する一定の行政的・軍事的奉仕を義務づける代償に，俸給の代わりに一定の土地の徴税権などを与える制度。

⑼カ・キ・ク

⑽セ

⑾ニ

⑿X：清朝　Y：ムガル朝　Z：オスマン朝

48　20世紀の戦争と平和　(2001年度　第2問)

〔地域〕全地域　〔時代〕現代　〔分野〕政治

20世紀の戦争と平和について多角的に問う国際政治史の問題である。地域的には東アジア，ヨーロッパ，西アジア，インド亜大陸，アフリカと世界全体を覆う構成になっている。20世紀は人類史の中で最も大規模な戦争を2度，さらに無数の地域戦争・紛争を経験した世紀である。一方，国際協調，国際平和がこれほど熱心に求められた世紀はない。問題はこうした現在の国際的な課題に対する基本的知識としての歴史を十分に，そして正確に理解しているかどうかをみようとしている。

(A)

(1)　**主題：日本が「諸国家の連合組織」を脱退した経緯**

→満州国建国をきっかけとした国際的孤立を述べる

日本による満州事変と満州国独立
→　リットン調査団および国際連盟は承認せず　→　日本は国際連盟脱退

「20世紀前半」に日本が参加し，後に脱退した「連合組織」とは国際連盟のこと。1931年関東軍は奉天郊外の柳条湖で南満州鉄道の爆破事件をおこし，これを契機に満州全土を占領（満州事変）し，1932年満州国独立が宣言された。中国側は日本の行為を侵略として，国際連盟に提訴し，国際連盟は1932年リットン調査団を満州に派遣した。調査団の公表した『リットン報告書』は，関東軍の行動を自衛のための行動とは認めず，満州国も満州住民による自発的な建国とは認めなかった。しかし，一方で日本の既得権益の擁護を確認し，満州を日本を含めた列国の国際管理下におくことを提案していた。国際連盟はこの報告書に基づく対日勧告案を総会で決議したが，これに反対する日本は孤立し，1933年国際連盟を脱退した。

(2)　「国際紛争解決のため戦争に訴えることを非とする」とあるから，**不戦条約**（**ケロッグ=ブリアン協定**）であることは明白。これは，1928年アメリカの国務長官ケロッグとフランス外相ブリアンの提案により，15カ国の間に成立し，後に63カ国が加盟した。国際紛争を武力によって解決しないことが約束されたが，違反国に対する実効的な制裁規定がなかったため，戦争や紛争を防止する力は弱かった。

(3)　「両国」とあるのだから，それぞれ3人の連合国首脳が会したカイロ会談（1943年）からヤルタ会談（1945年）にいたる戦争処理会議ではないことは簡単に判断できよう。これは**イギリス**首相チャーチルと**アメリカ合衆国**大統領フランクリン=ローズヴェルトの2人が会談して発表された大西洋憲章（1941年8月）である。大西洋憲章は，枢軸国側に対する連合国側の戦争目的を明らかにしたものであった。

(B)

⑷ 聖地イェルサレムを中心とするパレスティナにユダヤ人国家を建設しようとする運動は**シオニズム（運動）**とよばれる。シオンはイェルサレム近郊の丘の名で，シオニズムの名称の由来となっている。ユダヤ民族国家建国への取り組みは，フランスのドレフュス事件（ユダヤ系のフランス軍人ドレフュスがドイツのスパイとされた冤罪事件）に衝撃を受けたハンガリー出身のユダヤ人ヘルツルによって始まった。彼は1897年に第1回世界シオニスト会議をスイスのバーゼルで開催し，「ユダヤ民族のために公法で認められた郷土（国家）を建設する」ことを決議した。

⑸ **主題：第一次中東戦争（パレスティナ戦争）の結果**

→第一次中東戦争は，以降のパレスティナ問題の図式を決定した

イスラエルが軍事的勝利でパレスティナの大部分を確保
→ 大量のパレスティナ難民が発生

イギリス委任統治下のパレスティナではドイツのナチス政権成立後ユダヤ人移民の流入が激増，現地のアラブ系パレスティナ人との対立が激しくなった。第二次世界大戦後，イギリスは問題の解決を国連に委ね，1947年，国連はパレスティナをユダヤ人国家とアラブ人国家に分割し，イェルサレムを国際管理下におくというパレスティナ分割案を国連総会で決議した。1948年委任統治終了とともに，ユダヤ人はイスラエルの建国を宣言する。これに対し，アラブ諸国は軍事行動を起こして第一次中東戦争（パレスティナ戦争）となったが，イスラエルが軍事的勝利を収めた。こうしてイスラエルは当初のパレスティナ分割案の約1.5倍の面積の国土を確保したが，同時に約100万人といわれるアラブ系パレスティナ人がイスラエル占領地から難民となってエジプト・ヨルダンなど周辺諸国に流入し，その後のパレスティナ問題の解決を一層難しくした。

⑹ ノルウェーの仲介で行われたイスラエルとPLOの秘密交渉により，1993年夏オスロ合意が成立し，同年9月ワシントンにおいてイスラエルのラビン首相とPLOのアラファト議長との間に**パレスティナ暫定自治協定**が調印された。その後もテロが頻繁に起こるなど自治の実施にはたえず遅れが生じたが，1994年にはガザ・イェリコでまずパレスティナ暫定自治が実施され，ついで1995年にはヨルダン川西岸地区の主要地域からイスラエル軍が撤退するなど前進がみられた。しかし，同年11月にラビン首相が暗殺されるなど，自治に対するユダヤ人過激派の反対も強く，この地域の不安要素は消えていない。

Ⓒ

⑺ **周恩来**は中華人民共和国の初代首相，1958年までは外交部長も兼ね，新中国の内政・外交を指導した。1954年インドのネルー首相と会談し，中印両国の友好関係を規定した新しい原則をすべての国家間の原則として適用すべきだと提案したのが平和五原則である。

⑻ インドとパキスタンとの係争地は**カシミール地方**。この地域は1947年のインド・パキスタン分離独立に際し，ヒンドゥー教徒の藩王がインドへの帰属を表明したが，当時住民のほとんどがイスラーム教徒であったため，両国間の戦闘に発展した。1949年に国連による停戦勧告を両国が受諾し，停戦ラインを暫定的な国境とし，最終的な帰属は将来の住民投票によることとなった。しかし以後も両国に分断された状態が続き，カシミール帰属問題は両国の対立（インド=パキスタン戦争）の最大要因となり，未解決のままに残されている。

⑼ **アフリカ統一機構（OAU）**は，1963年エチオピアのアディスアベバで開催されたアフリカ独立諸国首脳会議で創設された。アフリカ諸国の統一・連帯・独立の確保，アフリカ諸人民の生活の向上，アフリカ大陸からの植民地主義の一掃などをめざし，紛争の平和的解決，近隣諸国に対する破壊活動の禁止などを原則として掲げている。なお，アフリカ統一機構はヨーロッパのEUにならい，2002年にアフリカ連合（AU）へと発展解消した。

解答例

⑴日本は柳条湖事件を機に満州事変をおこし満州国を独立させたが，リットン調査団がこれを侵略としたため国際連盟を脱退した。

⑵不戦条約（ケロッグ＝ブリアン協定）

⑶イギリス，アメリカ

⑷シオニズム（シオニズム運動）

⑸イスラエルが国連のパレスティナ分割案よりも支配地域を拡大したことで，大量のパレスティナ難民が発生し，周辺諸国に逃れた。

⑹パレスティナ暫定自治協定

⑺周恩来

⑻カシミール地方

⑼アフリカ統一機構（OAU）

49 国家統合と少数民族 (2000年度 第2問)

〔地域〕中国・南米・ヨーロッパ 〔時代〕近世〜現代 〔分野〕政治・社会

近・現代の国家において，少数民族問題は政治・社会・文化にかかわる大きな課題である。本問は中国におけるモンゴル人・ティベット人，日本支配下の朝鮮人，スペイン植民地下におけるインディオ（先住アメリカ人），ナチス支配下のユダヤ人などに関する設問から，マイノリティの民族と宗教，統合と排除の歴史に目を向けさせようとしている。問(3)の上海，問(4)の『五体清文鑑』，問(10)のポーランドは難問となっている。

(A)

(1) モンゴルは清代に藩部として中国の支配を受けたが，このうちゴビ砂漠以北の外モンゴルは1911年の中華民国の成立を機に独立を宣言し，1915年に自治国となった。その後1917年のロシア革命の影響下に自治を解消され，赤軍に敗北したロシア白軍による侵入を受けた。これに対して独立運動を行ったのが，1920年に**チョイバルサンやスヘバートル**によって結成され，赤軍の援助を受けた**モンゴル人民革命党**である。モンゴルは，モンゴル人民革命党によってロシア白軍から回復され，1924年にはソ連につぐ社会主義国家としてモンゴル人民共和国が成立した。

(2) 中華人民共和国は，1951年ダライ=ラマ政府とティベット協定を結び，自治区準備を進めていたが，体制の変革に不満をもつ支配層が1959年に暴動を起こし中国軍に鎮圧された。この際，ダライ=ラマ14世は**インド**に亡命し，ダラムサラに亡命政府を樹立した。

ティベット仏教は，14世紀にツォンカパにより改革されて以降を**黄帽派**とよび，それ以前を紅帽派とよんで区別する。このツォンカパの弟子が初代ダライ=ラマとなり，以後，転生によって後継者が選ばれ続けている。

(3) **反日義兵闘争**は，1895年閔妃殺害事件後の1896年に起こったものを初期義兵，1905〜14年に起こったものを後期義兵と呼ぶ。

「臨時政府」については言及している教科書がほとんどなく難問であろう。これは大韓民国臨時政府のことで，三・一運動後，金九らの努力で1919年**上海**に樹立された。初代大統領は李承晩である。

(4) 難問。『五体清文鑑』は，①**蒙古族**のモンゴル語（蒙），③**蔵族**のティベット語（蔵），⑩**満族**の満州語（満），漢語（漢），ウイグル語（回）の対比辞書。

(B)

(5) **主題：インカ帝国の交通・情報手段**
→道路網とキープ（結縄）について述べる

道路網	：飛脚制・宿駅制をともない全土に整備
キープ（結縄）	：縄の結び方で数量などを記録

インカ帝国ではクスコを中心に地方に通じる王道を整備し，チャスキと呼ばれる飛脚により各地との連絡をとった。また，タンプという宿駅制が設けられ，旅行者や軍隊のための宿泊設備・食料などの便宜をはかった。また，キープは文字ではないが，縄の結び方により人口調査の結果など数量を記録した。

(6) 国王が先住民のキリスト教化と保護を条件に植民者に土地・住民の統治を委託する**エンコミエンダ制**は，17～18 世紀になると債務奴隷を労働力とするアシエンダ制に変わっていく。

『インディアスの破壊についての簡潔な報告』を書いた**ラス=カサス**（1474～1566 年）は頻出事項。彼の告発を背景に，スペイン王カルロス 1 世（神聖ローマ皇帝としてはカール 5 世）は，1542 年にインディアス新法を発布し，先住民の保護をはかっている。

(7) 植民地時代のラテンアメリカでは，本国からの白人（ペニンスラール：イベリア半島出身者の意味）を頂点に，クリオーリョ（植民地生まれの白人），**メスティーソ**（白人と先住民の混血），**ムラート**（白人と黒人の混血），インディオ（先住民），黒人からなる階層社会が構成されていた。

(C)

(8) 第一次世界大戦後に成立したヴァイマル（ワイマール）共和国の大統領は，初代のエーベルトと第 2 代の**ヒンデンブルク**の 2 人のみである。第一次世界大戦におけるタンネンベルクの戦いに勝利し参謀総長に就任したヒンデンブルクは，戦後，1925 年のエーベルトの死により保守派・帝政派に推されヴァイマル（ワイマール）共和国第 2 代大統領に就任した。ヒトラーは 1933 年 1 月にヒンデンブルクによって首相に任命されたが，翌年ヒンデンブルクが死去すると，大統領制を廃止して，自ら首相・大統領・党首の権限を持つ総統に就任した。

全権委任法（1933 年 3 月成立）は，「民族と国家の困難を除去するため」政府に立法権を委ねた法律。これによってヒトラーの独裁体制が法制化された。

(9) この対独協力政権はフランス中部の小都市**ヴィシー**を政府所在地とした。**ペタン**は第一次世界大戦においてヴェルダン要塞を守り抜いた英雄。第二次世界大戦では首相としてドイツに降伏し，政府をヴィシーに移し，第三共和政憲法を廃止して国家主席に就任してドイツに協力するファシズム的体制をつくった。戦後は反逆罪に問われ，死刑を宣告された（のち終身刑に減刑）。

⑽ 難問。様々な統計があるが，**ポーランド**には第二次世界大戦以前，約300万人のユダヤ人がいたが，生き残ったのは約10万人といわれる。アウシュヴィッツ，トレブリンカなど大規模な強制収容所がポーランドにあったことを思い出したい。

主題：1939年にイギリスがパレスティナへのユダヤ人受け入れを制限した理由
→第一次世界大戦時の二重外交が原因

バルフォア宣言　：パレスティナにユダヤ人国家建設を約束
フセイン=マクマホン協定：アラブ人居住地域の独立を約束
→　戦後，パレスティナはイギリスの委任統治領に

ユダヤ人の移民は，第一次世界大戦中の1917年にイギリスがパレスティナでのユダヤ人国家建設を認めたバルフォア宣言にしたがって行われた。しかし，イギリスは1915年のフセイン=マクマホン協定でアラブ人にもこの地での建国を認めていたため，パレスティナでは先住民のアラブ人と移住してきたユダヤ人との間に流血の抗争がおこり，アラブ人の間にはイギリスに対する不満が高まっていた。こうしたなか，アラブ地域に石油利権をもつイギリスはアラブとの妥協をはかるため，1939年にユダヤ人移民の大幅な制限を行ったのである。

解答例

⑴モンゴル人民革命党，チョイバルサン（またはスヘバートル）

⑵インド，黄帽派

⑶反日義兵闘争，上海

⑷①・③・⑩

⑸道路網や飛脚制を整備し，キープ（結縄）で情報を伝達した。

⑹エンコミエンダ制，ラス＝カサス

⑺ⓐメスティーソ　ⓑムラート

⑻ヒンデンブルク，全権委任法（授権法）

⑼ヴィシー政府，ペタン

⑽ポーランド
ユダヤ人と先住民のアラブ人との対立が激しくなったから。

50 15〜20 世紀の経済史 （1999 年度 第 2 問）

〔地域〕ヨーロッパ，南〜東アジア 〔時代〕近世〜現代 〔分野〕経済

グラフ・表・地図を用いた 15〜20 世紀の経済史に関する問題である。資料を読み取るには背景に関する十分な歴史的知識が必要である。経済的な視点は，近・現代史の理解には欠かせない。地中海沿岸，北西・北東のヨーロッパ諸地域が，またアジアとヨーロッパ，ヨーロッパとアメリカなど世界の諸地域が歴史的，経済的にどのように結びついて，世界の一体化が進んできたのかを考えさせる設問になっている。

Ⓐ

⑴ **価格革命**は，16 世紀初めごろからヨーロッパ諸国で続いた長期的な物価騰貴をいう。物価騰貴の原因は，15 世紀の新大陸到達後の新大陸産貴金属，特に 16 世紀中ごろからの銀の大量流入と，貨幣の改鋳に伴う貨幣供給量の増大にあった。

⑵ **主題：小麦の最高価格と最低価格の比が縮小した理由**

→価格差の縮小はヨーロッパにおける経済の一体化を示す現象である

15 世紀　ヨーロッパ内に複数の穀物市場（＝経済圏）が併存
16 世紀以降　全ヨーロッパ規模の穀物市場が成立し，価格差は縮小
（北東ヨーロッパが北西ヨーロッパに穀物を輸出）

問⑶の設問文より，a は地中海沿岸，b は北西ヨーロッパ，c は北東ヨーロッパの小麦価格である。15 世紀の地域間の価格差の大きさは，地域ごとに穀物市場が成立していたことを示している。16 世紀に入ると，北東ヨーロッパの領主たちは，グーツヘルシャフトに代表される農奴化された農民の賦役労働によって生産される安価な輸出用穀物を大量に北西ヨーロッパに送りこむようになった。この結果，両地域の穀物市場は一体化していき，穀物価格の差は縮まったのである。

⑶ **主題：1450〜1750 年のヨーロッパにおける商工業と農業をめぐる地域間の関係**

→商業革命に注目する

商工業：中心地が地中海沿岸の都市から大西洋岸の北西ヨーロッパの都市に移行
農　業：北西ヨーロッパが北東ヨーロッパから安価な農産物を購入するようになる

15 世紀末からの大航海時代によって，世界貿易の構造が一変し，ヨーロッパでは従来の商業圏の勢力の交替がおこった。ポルトガルが喜望峰経由の新航路によってアジアに進出した結果，地中海経由の東方貿易で繁栄していた a の地中海沿岸のイタリア諸都市は打撃を受け，17 世紀になってオランダやイギリスがより強力なアジア貿易を展開すると完全に没落した。一方，16 世紀に入り b の北西ヨーロッパの国際貿易が大きく発展すると，c の北東ヨーロッパは穀物輸出をとおして北西ヨーロッパを中心とする経済システムに組み込まれることになった。

(B)

(4) **主題：1828～60年度におけるインドの貿易収支の顕著な変動の理由**
→インドを一角とする三角貿易の成立

対イギリス ：綿布を輸出
→ 産業革命によるイギリス綿布の品質向上とイギリス自由貿易体制
→ イギリス産綿布を輸入
対中国（清）：アヘンを輸出 → アヘン戦争・アロー戦争 → アヘンの輸出激増

a国に対しては19世紀半ばの1850年度からインドの輸入超過になっており，b国に対しては貿易収支が1839年度に最低を示し，1860年度に急にインドからの輸出が増えている。このことからa国がイギリス，b国が中国（清）と推定できる。

手織りの上質綿布はインドの最も重要なイギリスへの輸出品であったが，やがて産業革命を経たイギリスから安価な機械織り綿布がインドに輸出されるようになり，19世紀半ばの1850年度にはインドの輸入超過となった。

また18世紀末から，イギリスはインドでアヘンを製造させ，本国の綿製品をインドに輸出してアヘンを購入し，インド産のアヘンを中国に輸出して茶の代価にあてるという三角貿易を開始した。清朝はアヘンの輸入・吸飲を禁止し，1839年に欽差大臣の林則徐を広州に派遣してアヘンを没収廃棄させている。このため，1839年度に貿易収支が最低となったと考えられる。その後，イギリスはアヘン戦争とアロー戦争で清を屈服させ，北京条約（1860年）でアヘン貿易を完全に合法化した。このため，1860年度はインドからの輸出が増大したのである。

(5) ビルマのデルタ地帯はイギリスによって1860年代から開発が進められ，水田面積が飛躍的に拡大した。マレー半島は**スズ・ゴム**の産地として有名。

(C)

(6) **主題：16世紀後半から18世紀にかけての港市aにおける国際交易の内容**
→港市aは**マニラ**である

マニラは1571年，スペインがメキシコ銀を用いたアジア貿易の中継基地として建設

フィリピンはスペインの植民地であり，マニラでは中国南部からの絹・陶磁器などがメキシコからの銀と交換された。

(7) **主題：17世紀にb島を支配した3つの主要勢力の交替過程**
→b島は台湾である

1624年～ オランダが進出・占領，ゼーランディア城などを建設
1661年～ 鄭成功が占領，対清抵抗運動の拠点に（鄭氏台湾）
1683年 清の康熙帝が鄭氏を討ち，台湾を領有

台湾は，明代後半のいわゆる後期倭寇の寄港地として知られる。植民地を求めて北上してきたオランダ人は，1624 年，南部の安平（アンピン）を占領してゼーランディア城を築き，1642 年には台湾全土を勢力下におさめた。1644 年に明が滅亡すると，明の遺臣の鄭成功は，対清抵抗活動の拠点を台湾に求め，1661 年オランダ勢力を追い出してここに勢力を築いた。その後三藩の乱を平定した清の康熙帝は，1683 年，鄭氏勢力を滅ぼし，台湾を直轄領に加えた。

(8)　c 地点はキャフタ。キャフタ条約は，1727 年雍正帝の時代に結ばれた。キャフタはこの条約により建設された町である。両国の貿易では，ロシアは**毛皮・ラシャ**，清は綿布・絹布・茶などが主要な輸出品であった。

また，国境線は古い順にイ（1689 年のネルチンスク条約による）→ロ（1858 年のアイグン条約による）→ハ（1860 年の北京条約による）となる。よって，1800 年時点の国境線は**イ**，1900 年時点の国境線は**ハ**となる。なお，ニは明末の明と清の国境である。

解答例

(1)価格革命

(2)15世紀ヨーロッパの個別の経済圏が18世紀には結びつきを強め，東欧の穀物の西欧への輸出などが行われるようになった。

(3)大航海時代以後の商業革命により地中海沿岸の商業圏の相対的地位は低下，大西洋沿岸に経済の中心が移行した。また，エルベ川以東では農場領主制を基盤に西欧への穀物輸出を拡大した。

(4)aのイギリスに綿布を輸出していたが，イギリスでの産業革命と自由貿易の進展の結果，逆にイギリスの機械織り綿布の輸入が激増した。bの清にはアヘンの密輸出が行われていたが，1839年の取締りで一時激減，アヘン戦争・北京条約後には輸出が激増した。

(5)(イ)米　(ロ)スズ，ゴム

(6)マニラ
メキシコからの銀と中国の絹・陶磁器などの中継貿易。

(7)明末，オランダが台湾を占領し，ゼーランディア城などの拠点を築いたが，1661年鄭成功がオランダを駆逐し，清への抵抗を続けた。鄭成功の死後，康熙帝は台湾を平定し清の直轄領とした。

(8)毛皮（またはラシャ）　1800―イ　1900―ハ

第 3 章　小論述・記述問題Ⅱ

解答用紙は，横書きで〈地理歴史〉共通。1 行：30 字詰。

51 病気の歴史と医学の発展 （2023年度 第3問）

〔地域〕ヨーロッパ・アジア 〔時代〕古代～現代 〔分野〕政治・文化・社会

リード文は，病気の歴史と医学の発展について述べたもので，設問はやや文化史からの出題が多かったものの，政治や社会についても問われている。難易度としては標準レベル。(6)京都議定書は，現代史からの出題で，学習が間に合わなかった受験生にはやや厳しい設問であった。(7)茶は問いかけ方が特徴的であるものの，「唐代に民衆に普及」，「これに関する貿易問題がアヘン戦争の原因にもなった」などのヒントから類推できる。(9)イブン=シーナーは，一般的に受験生が苦手とするイスラームの文化人で，こうした問題についてしっかり対策ができていれば，満点を取れる大問であった。

(1) 紀元前5世紀，アテネの指導者ペリクレスがその最中に病死し，その後アテネの民主政が衆愚政治に陥る契機となった戦争は，**ペロポネソス戦争**である。アテネ中心のデロス同盟とスパルタ中心のペロポネソス同盟による，全ギリシアを二分した戦争で，開戦したのは前431年。その翌年，アテネで疫病（ペストとも天然痘ともいわれる）が大流行し，ペリクレスも疫病で命を落とした。アケメネス朝ペルシアの支援を受けて勝利したペロポネソス同盟の盟主スパルタは，その後一時的に全ギリシアの主導権を握るが，やがてテーベなどと対立して，コリントス戦争が勃発するなど，ギリシア世界の混迷は続いた。一方アテネでは，ペリクレスの死後，扇動政治家（デマゴーゴス）が次々と現れて政治が混迷し，衆愚政治に陥り，昔日の勢いを失った。

(2) イタリアの人文主義者・小説家のボッカチオの代表作である**『デカメロン』**は，近代小説の原型ともいわれる。アジアの風土病であったペストは，貿易ルートに沿ってヨーロッパ・中東・北アフリカに瞬く間に拡散した。ヨーロッパでは，1348年の流行が最もひどく，イングランドやイタリアでは人口の8割が死亡し，ヨーロッパ全体でも3分の1の人口が失われたとされる。ペストによって農業人口は激減し，封建社会の構造に大きな変化をもたらした。ボッカチオは，ペスト流行を題材にとり，感染を避けるためフィレンツェ郊外に避難してきた男女10人が，退屈しのぎに語った100話の物語からなるオムニバス形式の小説『デカメロン』を完成させた。

(3) 明代の16世紀末，李時珍が著した薬物に関する書物とは**『本草綱目』**である。『本草綱目』は，薬草の効能のみではなく，動物や植物の形態なども詳細に記録した博物誌的書物であり，江戸時代の日本に大きな影響を与えた。その博物誌的視点は，医学・薬学のみならず，植物学・動物学・鉱物学・化学など様々な分野に影響を及ぼした。なお，明末には『本草綱目』以外にも，徐光啓の農業技術書『農政全書』や，宋応星の産業技術に関する図解書『天工開物』など，現実社会に役立つ実学が流行した。

⑷　19世紀，オランダが東インド植民地支配の根拠地としていた都市は**バタヴィア**である。ジャワ島西部に位置し，1619年にオランダ東インド会社によって建設された拠点で，以後オランダの香辛料貿易，オランダ領東インド経営の中心であった。東インド会社が1799年に解散すると，オランダ領東インドは本国の直轄領となり，バタヴィアにオランダ政庁が置かれ，東インド総督が統治に当たった。なお，バタヴィアは現在のインドネシア共和国の首都ジャカルタである。

⑸　**コッホ**は，炭疽菌や結核菌，コレラ菌を発見し，近代細菌学の祖と呼ばれるドイツ人医師。純粋培養法や染色法，顕微鏡写真撮影法などの研究手法を開発し，結核菌感染の診断に用いられるツベルクリンを精製するなど，医学の進歩に貢献した。多くの研究者がドイツを訪れ彼に師事したが，日本の北里柴三郎もその一人で，破傷風菌の純粋培養に成功，破傷風の血清療法を生み出した。なお，同時代にフランスのパストゥールも微生物を研究し，発酵・腐敗が微生物によって起こることを証明し，牛乳やワイン・ビールの腐敗を防ぐ低温殺菌法を開発した。また，狂犬病の予防接種開発に成功するなど，医学への貢献は大である。コッホとパストゥールは混同しやすいので気をつけたい。

⑹　1997年，地球温暖化防止に関する国際会議が京都で開催された。1994年に発効した気候変動枠組み条約の第3回締約国会議であり，二酸化炭素などの温室効果ガスの削減数値目標が設定された。この取り決めは**京都議定書**と呼ばれる。2008～12年に1990年比で5.2％削減することや排出権取引の制度を定めるなど，踏み込んだ内容であったものの，削減義務が先進国のみに課せられたことや，大量排出国であるアメリカが批准を拒否したことなど，課題を残すものとなった。

⑺　**茶**はもともと中国の四川・雲南地方が原産地（異説あり）といわれ，古くは薬や高級品として扱われたが，唐代になると民衆にも喫茶の風習が広がった。一方，茶はヨーロッパには17世紀頃にもたらされたと考えられる。特にイギリスで親しまれ，上流階級の嗜好品となったほか，産業革命期には労働者らの疲労軽減の飲み物として広まった。このため，イギリスでは中国（清朝）からの茶葉の輸入が，絹や陶磁器の輸入と相まって貿易赤字の原因となり，対価としての銀がイギリスから清へ大量に流出する片貿易に陥った。これを打開するために，イギリスは植民地インドのアヘンを清に密輸，アヘンが蔓延した清では，逆に銀が流出することになった。アヘン密輸入の弊害を憂慮した清朝は，林則徐を欽差大臣に任命してアヘン問題解決に当たらせた。アヘン貿易を停止しない限り一般貿易も断絶するという強硬姿勢の林則徐に対し，イギリスは武力での解決を決意し，遠征軍を派遣した。ここに始まるのがアヘン戦争である。

⑻　**マウリヤ朝**は，南端を除くインド亜大陸のほぼ全域を初めて統一した王朝である。創始者はチャンドラグプタであるが，その最盛期は，第3回仏典結集やスリランカ

布教を行った第3代国王アショーカ（位前3世紀頃）の時代である。彼は統一戦争の最中，インド亜大陸東岸のカリンガ国征討の際の惨状を見て後悔し，仏教に帰依するとともに，武力による統治から理法による統治に政策を改めた。この理法をダルマという。ダルマの理念は詔勅として発布され，領内各地の石柱碑や磨崖碑に刻まれた。また，ダルマによる政治の一環として道路整備や病院建設などの社会事業も広く行った。

(9) 臨床的知見で病気を詳細に分析した大著『医学典範』は，イスラーム最高の医学書の権威を持ったのはもちろんのこと，16世紀に至るまでヨーロッパ医学にも多大な影響を与えた。著者**イブン=シーナー**はヨーロッパでも広く知られ，ラテン名でアヴィケンナと呼ばれた。彼はブハラ近郊に生まれたイラン系の学者で，サーマーン朝をはじめ様々な宮廷に医師や宰相として仕え活躍した。哲学者としての功績も大きく，アリストテレスの学問を継承し，独自の形而上学を完成した。この点，同じくアリストテレス哲学の注釈で名を知られ，『医学大全』の著者でもあるコルドバ生まれのイブン=ルシュド（ラテン名アヴェロエス）と混同しないように注意したい。

(10) **陰陽家**は，中国の春秋・戦国時代に現れた様々な思想集団である諸子百家の一つに数えられる。儒家が徳による国家統治を，法家が法による国家統治を唱える中，陰陽家は，天体の運行と人間生活や社会現象の関連性を説き，万物を陰と陽に二分し，世の中のすべての現象はこの二気の影響で起こると説いた（陰陽説）。これに，木・火・土・金・水の五要素（五行）の消長が万物に影響すると考える五行説が結びつき，陰陽五行説となった。鄒衍が陰陽説と五行説を統合・整理して陰陽五行説を大成したとされる。彼の説は王朝交替の理論や讖緯思想に影響を与えただけでなく，周敦頤の『太極図説』など，後の宋学にも大きな影響を与えることになる。

解答例

(1)ペロポネソス戦争
(2)デカメロン
(3)本草綱目
(4)バタヴィア
(5)コッホ
(6)京都議定書
(7)茶
(8)マウリヤ朝
(9)イブン=シーナー
(10)陰陽家

52　戦争や軍事衝突が人々の生活・意識に与えた影響

（2022 年度　第 3 問）

〔地域〕ほぼ全地域　〔時代〕古代～現代　〔分野〕政治・社会・経済

世界史上の戦争や軍事衝突が人々の生活や意識に与えた影響という観点から，様々な地域・時代の事象を問うている。⑵「13 世紀末」という年代が最大のヒントになっているが，マムルーク朝かアイユーブ朝かで悩む恐れがある。⑶アチェは，スマトラ島でアチェ王国が繁栄したことはわかっていても，港市としてのアチェを問われているので戸惑うかもしれない。⑽インティファーダは基本事項ではあるものの，西アジア地域の現代史の学習が疎かであると失点しやすい。

⑴　「エチオピア高原を拠点とする」，「4 世紀にキリスト教を受容した」という部分から，**アクスム王国**と判断したい。2002 年度第 3 問でもアクスム王国の都アクスムが出題されており，アクスム王国が紅海からインド洋にかけての交易を掌握し，3～6 世紀に栄えていた点や，キリスト教を受容した点などはおさえておきたい。クシュ王国と混同しやすいが，この王国はスーダンを拠点とし，前 8 世紀にはエジプトを一時的に支配した。製鉄技術を導入して栄え，後半期はメロエ王国とも呼ばれるが，クシュ王国はキリスト教を受容していない。

⑵　十字軍最後の拠点アッコン（アッコ，アッカー）を 13 世紀末に陥落させたイスラーム王朝は，**マムルーク朝**（1250～1517 年）である。13 世紀という時期からアイユーブ朝（1169～1250 年）と判断に迷う受験生もいるだろう。アイユーブ朝の滅亡時期・マムルーク朝の成立時期である 1250 年を覚えていれば即座に正答できるだろうが，そうでなければ「13 世紀末」という部分から類推するしかない。第 6 回十字軍でフランス王ルイ 9 世が成立間もないマムルーク朝に大敗しているという点や，アッバース朝を 1258 年に滅ぼしてシリアに進出したモンゴル軍を撃退したのがマムルーク朝のバイバルスである点を想起できれば，マムルーク朝と判断できるだろう。

⑶　やや難問。港市としての**アチェ**は，教科書では地図上にしか記載がないが，アチェ王国や，東南アジアに進出したオランダとの抗争であるアチェ戦争の名称から判断したい。第 3 問の記述問題では教科書レベルの基本事項が問われる場合がほとんどであるものの，意表を突かれる問いかけをされる場合があるため注意が必要である。

⑷　大航海時代，コロンブスのアメリカ大陸到達以後，スペインはコンキスタドールを送り込んで先住民（インディオ）の王国を滅ぼし，植民地支配と富の収奪，先住民のキリスト教化を推し進めた。スペイン人の支配は残虐を極め，先住民は鉱山労働やプランテーションでの労働により次々と命を落とした。ドミニコ会の修道士で

あった**ラス=カサス**も元々は植民者としてアメリカ大陸に渡ったが，エンコミエンダ制下の先住民の悲惨な状況を目の当たりにしてこれを憂い，時のスペイン王カルロス１世に対し，先住民の奴隷化廃止と救済を訴えた。『インディアスの破壊についての簡潔な報告』を著したラス=カサスの行動は，当時の植民者らの激しい反発を受けたが，彼はそれに屈せず先住民の待遇改善を訴え続けた。

⑸ 連続講演「ドイツ国民に告ぐ」を行い，ドイツ人の国民意識覚醒を訴えた哲学者は**フィヒテ**である。フランス皇帝ナポレオンに敗れ，国家存亡の危機に陥っていたプロイセンでは，シュタインやハルデンベルクによる行政・農政改革が進んだ。ドイツ観念論哲学者であったフィヒテは，フランスによる支配に屈せず，教育改革によって国力を増強すべしという内容の14回にわたる講演を行い，ドイツ人聴衆の国民意識を高揚させ，思想面から改革を推進したといえる。彼はこの後ベルリン大学初代総長にも就任している。

⑹ ナイティンゲールら女性看護師が野戦病院で活躍した多国間戦争とは，1853年に始まるクリミア戦争である。クリミア戦争は，イェルサレムの聖地管理権問題を背景とし，ロシアがオスマン帝国内のギリシア正教徒の保護を訴えて開戦した。ロシアの南下を警戒した**イギリス**と**フランス**は，オスマン帝国側で参戦し，両国はロシアから黒海の制海権を奪い，セヴァストーポリ要塞を陥落させた。1856年に結ばれたパリ条約で，黒海の中立化が決定されたことにより，ロシアの南下は阻止された。ロシアはこの敗北で自国の後進性を痛感し，皇帝アレクサンドル２世の下で近代化に着手することになる。なお，問題文にあるように，サルデーニャ王国もイギリス・フランス側に立ってクリミア戦争に参戦した。これはフランスに接近するために宰相カヴールが提案したもので，後のイタリア統一戦争におけるフランスによるイタリア支援の布石となった。

⑺ 南北戦争後のアメリカ合衆国の東西を結び，その経済発展に大きく寄与した鉄道は，**大陸横断鉄道**である。1869年に最初の大陸横断鉄道が完成した。これにより独立当初から開発の進んだ東部の工業地域と太平洋岸の後発開拓地が結ばれ，西部開拓が加速した。鉄道建設には，多くのアイルランド移民や中国系移民（クーリー，苦力）が使役されたことも知っておきたい。なお，同年には，地中海と紅海を結び，世界の短縮化に大きく寄与したスエズ運河も完成しており，1869年は世界の運輸・交通史上，画期となった年といえる。

⑻ 1933年にナチ党（国民〈国家〉社会主義ドイツ労働者党，ナチス）のヒトラーを首相に任命した大統領は，**ヒンデンブルク**である。彼は第一次世界大戦初期においてタンネンベルクの戦い（1914年）でロシア軍を撃破した将軍で，国民的英雄となった。ヴァイマル共和国初代首相であったエーベルトが亡くなると，第２代大統領に選出された。1929年にアメリカから始まった世界恐慌がドイツ経済にも甚大な打撃を与える中，1932年の選挙で再選を果たしている。失業者が600万人を

数え，工業生産が世界恐慌前から4割近く減少するという経済混乱収拾のため，ヒンデンブルクは議会に多数派の基礎を持たない少数派内閣を組織し，大統領大権によって政治を行った。議会政治が空洞化して独裁傾向が強まる一方，経済混乱はますます深まった。こうした中，人々の期待はナチ党や共産党に集まるようになり，軍部や資本家層など保守派勢力は共産党勢力の伸長を恐れ，ヒンデンブルクはヒトラーを取り込むために首相に任命したが，これは結果的にナチス独裁を招くことになった。

⑼ インドネシア共和国の初代大統領となった人物は**スカルノ**。彼は1928年にインドネシア国民党を組織し，オランダの植民地支配からの独立運動を指導した。太平洋戦争が勃発し，日本軍が石油・ゴムなどの資源を求めてインドネシアに進駐（南方作戦）すると，その占領下でオランダからの独立を準備した。問題文のように，スカルノは日本のポツダム宣言受諾直後に独立宣言を読み上げ，初代大統領に就任したが，オランダはこの独立を認めず武力闘争となり，1949年のハーグ協定でようやく独立が承認された。以後，スカルノは1955年のアジア=アフリカ会議（バンドン会議）を主催するなど，非同盟諸国のリーダーとして活躍した。

⑽ やや難問。1987年末から始まった，イスラエル軍に対するパレスチナ住民の抵抗運動を**インティファーダ**という。第3次中東戦争でイスラエルは，エジプトからパレスチナのガザ地区やシナイ半島を，ヨルダンからイェルサレムの旧市街とヨルダン川西岸地区を，シリアからゴラン高原を奪うなど領土を一気に拡大した。1987年末以降，占領下のガザ地区で生まれ育った青少年らによる投石やデモによる民衆暴動が発生，他の占領地全域にも拡大した。これをインティファーダ（第1次）と呼ぶ。2000年に当時のイスラエルのシャロン政権の強硬策に対しても民衆の抵抗運動が発生し，これは第2次インティファーダと呼ばれる。

解答例

⑴アクスム王国
⑵マムルーク朝
⑶アチェ
⑷ラス=カサス
⑸フィヒテ
⑹イギリス，フランス
⑺大陸横断鉄道
⑻ヒンデンブルク
⑼スカルノ
⑽インティファーダ

53　人類の移動にまつわる歴史　（2021年度　第3問）

〔地域〕ほぼ全地域　〔時代〕中世～現代　〔分野〕政治・社会

人類の移動の背景や，移動による影響という，頻出のテーマである。時代は中世から第二次世界大戦後まで，地域もヨーロッパ，中国，西アジア，ラテンアメリカ，ニュージーランド，朝鮮と幅広い。ただ実際に求められている語句は，例年通り教科書レベルの標準的なものである。(9)の大韓民国臨時政府はやや細かい印象だが，近年の教科書にはほぼ記載されている用語である。(1)では「唐王朝で節度使を務めた人物が755年に起こした反乱の名称」が問われているが，最後までよく読まずに「安禄山」と答えてしまった人もいたのではないだろうか。(6)もほぼハイチの独立に関する内容なので，「トゥサン=ルヴェルチュール」と答えてしまいそうである。第3問では例年難問は出題されないため，ケアレスミスだけは避けたい。

(1)　前述のように，設問文をよく読まないと「唐王朝で節度使を務めた人物」である安禄山を答えてしまいそうなので注意しよう。安禄山は父がソグド系の突厥人，母も突厥出身といわれる。玄宗に信任されて3節度使を兼任していたが楊貴妃の一族と対立，755年に挙兵して翌年皇帝を称したが，子の安慶緒に殺された。この安慶緒を殺して反乱を受け継いだのが同じソグド系突厥人の史思明で，大燕皇帝を称したが子の史朝義に殺された。**安史の乱**はウイグルの支援などを得てようやく鎮圧されたが，唐王朝衰退の契機となった。

(2)　**両シチリア王国**の建国者はルッジェーロ2世。ルッジェーロ2世の父ルッジェーロ1世はノルマンディー出身で，兄のロベール=ギスカールとともに11世紀半ばから地中海に進出し，ギスカールは南イタリアを，ルッジェーロ1世はシチリア島をそれぞれ征服した。そしてその子ルッジェーロ2世が1130年シチリア島と南イタリアにまたがる両シチリア王国を建国したのである。ただ，両シチリア王国の名は慣例に従ったもので，実際に国名としてこの名が使われたのは1442～58年と1816～60年の短い間だけである。

(3)　**ガズナ朝**（962～1186年）はサーマーン朝のトルコ系軍人奴隷アルプテギンが建てた独立政権を起源とするイスラーム王朝。第7代マフムード（在位998～1030年）の時にはアフガニスタンからイラン東北部を領有，インドへの侵攻と略奪を繰り返し，インドにイスラーム教が広まる端緒となった。ガズナ朝に仕えたイラン系詩人フィルドゥシーが長編叙事詩『シャー=ナーメ（王の書）』をマフムードに捧げたことは有名だが，マフムードからは冷遇された。しかし『シャー=ナーメ』はイランの神話や伝説，歴史を集大成したペルシア文学の傑作として評価されている。

(4)　**メスティーソ**は現在でもメキシコ・ベネズエラ・チリ・エクアドルなどでは総人口に占める割合が高い。一方，ヨーロッパ系白人とアフリカ系黒人との混血の人々はムラートといい，ブラジルやカリブ海諸島で比率が高い。

(5) **鄭成功**は長崎県の平戸で明の武将鄭芝竜と日本人女性の間に生まれ，明が滅んで清が中国に侵攻すると父とともに反清運動に加わり，父が清に降ったのちも台湾の対岸の厦門を拠点に貿易に従事しながら運動を続けた。台湾には1624年にオランダがゼーランディア城を築いて拠点としていたが，鄭成功は1661年にゼーランディア城を占領してオランダ人を駆逐，台湾を反清復明運動の中心地とした。しかし，翌年鄭成功は病死，一族はその後も清への抵抗を続けたが，1683年康熙帝の攻撃により清に帰順した。鄭成功はその功績から明の皇帝の子孫から明の皇帝の姓である「朱」の姓を賜ったため「国姓爺」と呼ばれた。近松門左衛門の浄瑠璃『国性爺合戦』は明復興のため奮闘する鄭成功を題材としたものである。

(6) この問題もハイチ独立の指導者で「黒いジャコバン」と呼ばれるトゥサン=ルヴェルチュールを答えてしまいそうになるので注意。トゥサン=ルヴェルチュールは奴隷の子として生まれ，1791年にはサン=ドマング（ハイチ）で始まった黒人奴隷の武装蜂起を指導し，1801年にはハイチの独立を宣言した。しかし翌年統領だった**ナポレオン=ボナパルト**の派遣したフランス軍に敗れ，捕らえられてフランスで獄死した。その後ハイチは1804年に初の黒人共和国として独立を達成した。なお，ナポレオンは1804年5月に帝政を開始しナポレオン1世となっているが，ハイチの独立は1804年1月で，問題文の「弾圧を試みた」のは即位前であることから，解答で「ナポレオン1世」と表記するのは避けた方がよいと思われる。

(7) **マオリ人**はポリネシア系の先住民族で，ニュージーランドの総人口の約1割強を占める（2018年現在）。イギリスは1840年にマオリ人とワイタンギ条約を結び，マオリ人が主権をイギリス国王に譲渡する代わりに「マオリ人の伝統的な権利は保障される」とされたが，実際にはマオリ人はイギリス人に土地を収奪され，19世紀後半までマオリ語の禁止などの形で伝統文化も抑圧されることになった。なお，オーストラリアの先住民であるアボリジニーと混同しないように。

(8) アイルランドでは17世紀のクロムウェルの征服以後，土地の多くはイギリス人不在地主のものとなり，農民は地代として小麦を納めなくてはならず，自分たちは痩せた土地でも生育可能なジャガイモを主食とするようになった。その結果1845年に起こったジャガイモの不作は飢饉に発展し（**ジャガイモ飢饉**），100万人以上の餓死者を出すとともに，100万人以上の人々がアメリカに渡り，50年間で人口は半減した。アメリカの第35代大統領ケネディはアイルランド移民の子孫である。

(9) **大韓民国臨時政府**は1919年の三・一運動の展開の中で上海で組織され，臨時大統領となったのは李承晩（イ スンマン）で，「独立新聞」を発行して内外の朝鮮人に独立を鼓舞した。第二次世界大戦後解体されたが，1948年の南北朝鮮分離独立の際には国名としてそのまま使われ，初代大統領も李承晩となった。

(10) 「建造物」という指定に対して建物のようなものを想起すると迷ってしまったか

もしれない。**ベルリンの壁**は1961年に建造されたが，その背景には1949年の東西ドイツ建国から1961年までの12年間に約250万人の東ドイツ市民が西ドイツに脱出していたという事態があり，しかもその多くが熟練労働者や知識人などで，東ドイツの経済そのものに大きな打撃を与える状況になっていた。そこで東ドイツは，東ベルリンから西ベルリンへの人の移動を阻止するため壁を建設した。はじめは有刺鉄線が設置され，その後コンクリートの壁・監視塔・地雷原などが設置されたこの壁は，ベルリン市を分断するとともに西ベルリン市を包囲した。1989年に東欧革命が進み，東ドイツの共産政権が崩壊すると，11月に壁が開放され，その後市民によってベルリンの壁は打ち壊された。なお，壁が存在していた28年の間に約5000人の東ドイツ市民が何らかの方法で壁を越えて西ベルリンに逃れたといわれる。

解答例

⑴安史の乱
⑵両シチリア王国（ノルマン=シチリア王国，シチリア王国）
⑶ガズナ朝
⑷メスティーソ
⑸鄭成功
⑹ナポレオン=ボナパルト（ナポレオン）
⑺マオリ人（マオリ）
⑻ジャガイモ飢饉
⑼大韓民国臨時政府
⑽ベルリンの壁

54 歴史上の思想とそれが与えた影響（2020 年度 第 3 問）

〔地域〕ほぼ全地域 〔時代〕古代～現代 〔分野〕政治・文化・宗教

歴史上現れたさまざまな思想やそれが与えた影響が主題となっている。思想といっても哲学思想・社会思想・政治思想・経済思想・宗教思想など幅広く，実際に解答で求められている語句も，思想家のほか，地名・宗教名・学問名など多彩である。しかし，問われている語句は全て教科書レベルの標準的なもので，設問文もかなり丁寧なので迷うことはないだろう。問(2)の墨家は，人をその身分や血縁に関係なく任用し（尚賢），かつ愛する（兼愛）というところがヒント。いかにミスなく迅速に解答できるかがポイントである。

(1) **ソロン**は前 594 年アルコン（執政官）となり，まず債務で隷属状態となっていた市民を救うために負債の帳消しを宣言し，身体を抵当に借金することを禁じて市民が奴隷に転落するのを阻止しようとした。また，市民を土地や財産で 4 等級に分け，それぞれの権利と義務を定める財産政治を行った。彼の改革はのちの民主政治の基礎を作ったものではあったが，貴族・平民どちらからも不評で，平民の不満を利用した僭主政治を招くことになった。なお，ソロンは自身の政見やアテネ社会をうたった叙情詩を残しているが，これはアテネ最古の現存文学作品とされている。

(2) **墨家**は墨子を始祖とする思想集団。儒家の家族愛を基盤とする仁は差別愛だと批判して平等な愛（兼愛）を主張し，侵略戦争を否定（非攻），貴賤を問わず賢者を登用する（尚賢），葬儀の簡素化（節葬）や音楽の廃止（非楽）なども唱えている。墨家は宗教者，軍事技術者，弁論家などが集まった特異な集団で，都市の下層技術者集団の連帯を背景として生まれたものだといわれる。例えば，「非攻」は侵略戦争を否定したが防衛戦争は肯定しているので，そのための築城技術や防戦の戦略を伝授するために軍事技術者を各国に派遣するといったことも行っていた。

(3) **コルドバ**はスペイン南部アンダルシア地方の都市で，現在も商業の中心地として 30 万人以上の人口を擁する。8 世紀にアブド=アッラフマーン 1 世によって建てられた壮大なモスクは，1236 年キリスト教徒がコルドバを奪回すると，キリスト教の聖堂に転用された。16 世紀スペイン王カルロス 1 世の時代にモスク回廊の中央部にゴシック様式とルネサンス様式が折衷された教会堂が建設され，世界でも類を見ない不思議な建築物となった。正式には「聖マリア大聖堂」なのだが，一般的にはモスクを意味するスペイン語の「メスキータ」の名で呼ばれることが多い。

(4) **ガザーリー**（1058～1111 年）はイスラーム最大の思想家の一人で，セルジューク朝の時代，バグダードのニザーミーヤ学院の教授となり，正統のスンナ派イスラームを代表する学者となった。しかし，後年神秘主義（スーフィズム）に傾倒し，職を辞してスーフィー（イスラーム神秘主義者）として修行を始めた。学問的にはアリストテレスの哲学を取り入れ，イスラーム正統派の理論と神秘主義を融合した。

その思想はイスラーム世界だけでなく，ヨーロッパのトマス=アクィナスなどにも影響を与えた。主著に『哲学者の破滅』などがある。

(5) **全真教**は金が華北を支配していた時代，王重陽（1113〜70年）が創始した道教の一派。道教に仏教，特に禅宗の要素と儒教の要素を取り入れ，厳正な戒律，修行を重視する。本山が北京の白雲観にあるように華北に広まり，以後江南の正一教と道教界を二分するようになった。一方の正一教は北魏の寇謙之が確立した伝統的な新天師道系の道教で，現在も江南や香港に信者が多く，不老長寿や富貴を求める呪術的な傾向が強い。

(6) **トンブクトゥ**は現在のマリ共和国中央部，ニジェール川中流域に位置し，マリ王国，ソンガイ王国の中心都市として，金や塩，奴隷などの交易（サハラ交易）で栄えた。黒人による最初の大学もあり，その名はヨーロッパにも知られた。19世紀に探検家ルネ=カイエがヨーロッパ人として初めてこの町を訪れたが，その頃にはすでに衰退していたという。アフリカ西北部に成立したムラービト朝・ムワッヒド朝の首都として栄えたモロッコのマラケシュと混同しないようにしたい。

(7) **考証学**は机上の空論に陥っていた朱子学や陽明学を批判した顧炎武や黄宗羲が，確実な文献に典拠を求めて経書を解釈し，それを政治に生かす経世実用の学問を唱えたのが始まりで，清代中頃に戴震・銭大昕らによって大成された。考証学はその後，歴史学・地理学・音韻学などに分化して発達したが，清の厳重な思想統制のため本来の経世実用の面は失われていった。

(8) **バーブ教**のバーブは「門」という意味で，19世紀前半にサイイド=アリー=ムハンマドが自らをシーア派の十二イマーム派の救世主である隠れイマームであると宣言して創始した，イスラーム教シーア派の一派。特に貧困農民の間に信者を獲得し，カージャール朝の支配と英露への屈従への抵抗を唱えて1848年に蜂起したが鎮圧され，サイイド=アリー=ムハンマドも1850年に処刑された。バーブ教は教祖の弟子によって，男女平等・世界語の採用などを唱えるバハーイー教に発展し，現在でもイランやインドには信者が存在する。

(9) **マルサス**（1766〜1834年）は人口爆発が大きな問題となっている現代になって再評価されている古典派経済学者。彼は『人口論』のほかに『経済学原理』も著しているが，これは『経済学および課税の原理』で古典派経済学を大成したリカードへの反論として書かれたもので，地主や資本家を擁護する学説を展開している。

(10) **フロイト**（1856〜1939年）は人間の心理を無意識の領域内に抑圧された性的衝動（リビドー）の働きとその制御という観点から分析することを提唱し，ここから潜在意識・コンプレックスなどの心理学説を立てた。その理論は従来の精神病理学や心理学に衝撃を与えただけでなく，20世紀の人文・社会科学，宗教などにも大きな影響を与えた。主著に『夢判断』『精神分析入門』などがある。フロイトは1938年ナチ党のオーストリア併合の際にロンドンに亡命し，翌年その地で没した。

解答例

⑴ソロン
⑵墨家
⑶コルドバ
⑷ガザーリー
⑸全真教（全真教団）
⑹トンブクトゥ
⑺考証学
⑻バーブ教
⑼マルサス
⑽フロイト

55　人の移動による文化の交流と生活や意識の変化

（2019年度　第3問）

〔地域〕ほぼ全地域　〔時代〕古代～近世　〔分野〕文化・社会・政治

人の移動による諸地域の文化の交わりや伝播，その結果としてもたらされた生活や意識の変化などを基本テーマとして，さまざまな地域の人物・思想・言語・作物などを問う語句記述問題。『エリュトゥラー海案内記』「義浄」「スワヒリ語」など大学入試では定番の語句が中心であるが，問⑽だけは注意が必要。北米のイギリス13植民地のうちニューイングランドに属する植民地を2つあげる問題で，マサチューセッツは答えられると思うが，もう一つとなるとかなり難しい。イギリス13植民地が本国での弾圧を逃れてやってきたピューリタンがつくったものばかりではなく，さまざまな目的で建設されたということを理解していないと，ピューリタンがつくった植民地を覚えようとはしなかったかもしれない。

⑴　アリストテレスは「人間はポリス的な動物である」と言ったが，古代ギリシアにおける世界とはまさにポリスであり，人間の存在や活動自体もポリスを基準としたものであった。しかし，前4世紀以後，傭兵制の一般化などでポリス社会が変容し，アレクサンドロスの遠征による東西世界の融合が拍車をかけ，人類全体を一つの世界の市民とみなす**世界市民主義（コスモポリタニズム）**の立場がストア派などによって唱えられた。こうした考えは，神の前における人類の平等を説いたキリスト教がヘレニズム時代（前334～前30年）の直後から急速に伝播する背景になったと考えられている。

⑵　エリュトゥラー海とは現在の紅海にあたり，**『エリュトゥラー海案内記』**は1世紀における紅海・インド洋の航海事情や貿易品，各地の特産物などを記したもので，エジプト在住のギリシア人航海士が著したものとされている。インド洋航海における季節風の利用の仕方から，東アフリカ，インド沿岸，スリランカ，マレー半島にまで及ぶ各港の貿易商品を生き生きと描いており，東西交渉史上重要な資料である。

⑶　**班超**は後漢の将軍で，『漢書』を著した班固の弟であることも有名。73年西域の征服に向かい，ホータン・カシュガル・クチャなどのオアシス都市を服属させ，91年には和帝によって西域都護に任命されて西域50余か国を統括した。97年には部下の甘英を大秦（ローマ）に派遣したが，甘英は大海（地中海かペルシア湾といわれる）を前に渡航を果たせず帰国したとされる。

⑷　**義浄**は671年海路インドに赴き695年に海路で帰国している。629年から645年に陸路インドを訪れた玄奘のほぼ50年後にあたる。玄奘に憧れていた義浄は同じくナーランダー僧院で学び，多くの仏典を携えて帰国したが，その途上スマトラ島で栄えていたシュリーヴィジャヤ王国に数年間滞在し，そこで著した『南海寄帰内

法伝』は当時の東南アジアの事情を知る貴重な史料である。

⑸ ルーシと呼ばれるスウェーデン系のノルマン人の首領リューリクは，862 年ロシア最初の国家ノヴゴロド国を建てた。その後ノヴゴロド国の大公オレーグが**ドニエプル川**を下ってキエフに都して建てたのがキエフ公国とされる。ドニエプル川は黒海に至るが，黒海に流れ込む川はドニエプル川の他にドナウ川，ドン川，ドニエストル川というように名前が似ているので注意しよう。

⑹ **スワヒリ語**はアフリカ中部以南の言語であるバントゥー語に，ここを訪れるムスリム商人の影響でアラビア語の語彙が取り込まれて成立した言語で，現在もケニア・タンザニア・ウガンダなどの主要言語となっている。また，このアフリカ東海岸一帯には言語だけではなく，アフリカ的性格とアラビア的性格を併せ持つスワヒリ文化，あるいはスワヒリ人が生まれることにもなった。

⑺ ⒜の**プラノ=カルピニ**はローマ教皇インノケンティウス 4 世の，⒝の**ルブルック**はフランス王ルイ 9 世の使者としてモンゴルを訪れた。どちらもフランチェスコ派の修道士である。目的はモンゴルの内情偵察だが，あわよくばモンゴルのキリスト教への改宗，そして当時ヨーロッパ諸国が行っていた対イスラーム十字軍への協力を要請することであった。ルイ 9 世は第 6 回・第 7 回十字軍を主導したことで知られる国王である。もちろん改宗や十字軍への協力はうまくいかず，モンゴル人の改宗はその後に派遣されるモンテ=コルヴィノに委ねられることになるが，支配者層の改宗にはいたらなかった。

⑻ **ジャガイモ**は地下で育つため，寒冷な地でも栽培が可能であることから北ヨーロッパ，特にアイルランド，ドイツなどでは主食として栽培され人口増加を支えた。**トウモロコシ**は食料としてだけではなく，牛・豚の飼料として畜産業の発展を支えた。**サツマイモ**も江戸時代に青木昆陽が救荒作物として奨励したことで知られる。なお，新大陸原産の作物としては他にトマト，トウガラシなどもあるが，「飢饉を減らし，人口の増大を支える」という性格の作物ではないため，解答にはそぐわないと判断した。

⑼ 問題文中の「ある植物の花」とは綿花のこと。**キャラコ**の名称はインドの**綿織物**積み出し港であったカリカットに由来する。綿織物の輸入増加は従来の毛織物業者との対立を生み，輸入禁止措置がとられるようになったため，イギリスでは綿織物を国内で生産する動きが強まり，これが産業革命のきっかけのひとつとなった。

⑽ 現在のアメリカ合衆国でニューイングランドに属する州は解答の「**マサチューセッツ，コネティカット，ロードアイランド，ニューハンプシャー**」の他にメーン州とヴァーモント州の合計 6 つがある。しかし，メーン州は 1820 年まではマサチューセッツ州の一部であったし，ヴァーモント州は独立後の 1791 年に州と認められて合衆国に参加しているため，「イギリスの 13 植民地」あるいは独立 13 州には入らない。1620 年にピルグリム=ファーザーズが最初に上陸した地として知られてい

るプリマスは，1691年にマサチューセッツ州に併合されているので，これも13植民地には含まれない。

なお，アメリカ北東部の，ピューリタンが建設した植民地を総称してニューイングランドというが，13植民地には新天地を求めたピューリタン以外が建てた植民地の方が多い。例えばヴァージニアやジョージアなどは，その名が王の名にちなんでいる（ヴァージニアはエリザベス1世，ジョージアはジョージ2世）ことからも本国との結びつきが強く，タバコ栽培が盛んであった。またペンシルヴェニア州はクェーカー教徒が建てた植民地である。このように13州はそれぞれ別の目的で建設されていたため，憲法制定にあたっては州の自治を求める意見が強かった。

解答例

(1)世界市民主義（コスモポリタニズム）
(2)エリュトゥラー海案内記
(3)班超
(4)義浄
(5)ドニエプル川
(6)スワヒリ語
(7)(a)プラノ=カルピニ
(b)ルブルック
(8)ジャガイモ，トウモロコシ，サツマイモから2つ
(9)綿織物（綿布，キャラコ）
(10)マサチューセッツ，コネティカット，ロードアイランド，ニューハンプシャーから2つ

56　地域の人々のまとまりとその変容（2018 年度　第 3 問）

〔地域〕ほぼ全地域　〔時代〕古代〜現代　〔分野〕政治・文化・宗教

ある地域のまとまりに関連させて，その地域の文字・言語，宗教，都市の様態などを問う問題。文字や紙幣の写真，地図，史料，都市の略図などが多く使われ，史料や略図はそれを読み取る力も求められたもので，2017 年度まではあまり見られなかった形式である。また，4 年ぶりに第 3 問で 30 字の小論述問題が出題されている。ただし，個々の設問は教科書レベルの基本的なものばかりであるから，問題文をよく読まずに，問(1)を契丹などと答えるようなミスをしないようにしたい。

(1)　問題文中の「モンゴル系の遊牧国家」とは遼（契丹）で，その文字は契丹文字，「南に接する王朝」とは後晋である。**燕雲十六州**とは長城以南の河北省・山西省の一部で，北京などを含む。遼はここを後晋の建国を支援した代償として獲得した。なお，図版 a の契丹文字は大字・小字からなり，大字は漢字をもとに，小字はウイグル文字をもとに作られたといわれる。

(2)　図版 b の紙幣は交鈔で，交鈔は問題文中の「滅ぼした国家」＝金で発行されていたものを元が受け継いだものである。**パスパ文字**は元のフビライがチベット仏教（ラマ教）の高僧だったパスパに作らせた文字で，チベット文字をもとに作成された。

(3)　図版 c は「インドシナ半島」「漢字を基にして作られた文字」から，13 世紀に成立したベトナムの陳朝で作られた文字チュノム（字喃）と判断できる。チュノムは漢字をもとにして作られた文字だが，現在はほぼ使用されていない。**チャンパー**は 2 世紀頃に中部ベトナムでチャム人が建てた国。南シナ海の要衝に位置したので海上貿易で繁栄し，中国からは林邑・環王・占城などと呼ばれたが，11 世紀にベトナム北部に大越国が成立してからはその圧迫を受け，その後，17 世紀には阮氏の広南王国の属国になった。

(4)(a)　マニ教から回心したこと，その膨大な著作（『神の国』など）が中世西欧世界に大きな影響を与えたことなどから**アウグスティヌス**と判断できる。アウグスティヌスが司教をしていた地図中の A はヒッポという都市で，現在のアルジェリア北東部の都市アンナバにあたる。

(b)　アウグスティヌスは 396 年ヒッポの司教となり，430 年ヴァンダル人がヒッポを包囲するなか病死した。**ヴァンダル人**はその後，都市 B（カルタゴ）も征服し，ガイセリック王は一時ローマも掠奪したが，534 年ビザンツ帝国に滅ぼされた。

(5)　地図中の都市 C はシチリア島の中心都市であるパレルモ。空所［　あ　］にはモスクが入る。「新支配者勢力」とはノルマン人である。パレルモには 9 世紀にイスラーム勢力が侵入し，**イスラーム教が普及して多くのモスク（礼拝堂）が建てられた。**

しかし11世紀にはノルマン人がこの地を征服し，ルッジェーロ2世は1130年にシチリア島と南イタリアにまたがる両シチリア王国を建てたため，**モスクはキリスト教の教会堂へと改装されたものが多かった**。なお，この史料文の著者イドリーシーはモロッコ生まれのアラブの地理学者で，ルッジェーロ2世に招かれてシチリア島に行き，地理書『遠き世界を知りたいと望む者の慰みの書（ルッジェーロの書）』を著している。

(6) **ニース**を生まれ故郷とし，地図中の都市D（ナポリ）に入り，「サルデーニャ王国による国民国家建設に大きな役割を果たした」人物とはガリバルディ。彼は「千人隊」と呼ばれる義勇軍を率いてシチリア島やナポリを含む南イタリアを征服，これをサルデーニャ王に献上したことでイタリア統一が大きく前進した。ガリバルディがニース生まれという知識をもっておくのは難しいが，サルデーニャがイタリア統一の過程で中部イタリアの併合を認めてもらうために「隣国」であるフランスのナポレオン3世にニースとサヴォイアを割譲（1860年）したことを想起したい。ニースは地中海に臨む「港町」で，サヴォイアは内陸部の地域名である。

(7) 地図中の都市Aを含む地域はアルジェリア，宗主国とはフランス。アルジェリアは1830年の七月革命の一因ともなったアルジェリア遠征でフランスの支配下に入っていたが，第二次世界大戦後独立要求が高まり，1954年民族解放戦線（FLN）が結成されてアルジェリア戦争が始まった。フランスでは第二次世界大戦後，第四共和政が成立していたが，大統領権限が弱く，アルジェリアをめぐって国内対立が激化したことから，第二次世界大戦の英雄で第四共和政では下野していたド=ゴールに事態収拾の期待が集まった。ド=ゴールは1958年に大統領権限の強い新憲法を国民投票にかけて**第五共和政**を成立させ，翌年大統領に就任，1962年のエヴィアン協定によってアルジェリアの独立を認めている。

(8) 資料X・Yから，空所［い］がティムール朝の首都サマルカンドであることはわかるであろう。略図イの「天文台」はティムール朝の第4代ウルグ=ベクが建設したもの。略図のアはイスタンブル，ウは長安城，エはバグダード。バグダードはアッバース朝第2代のマンスールがティグリス河畔に建設した円形の都で，「マディーナ=アッサラーム（平安の都）」といわれた。

(9)(a) **ソグド人**はサマルカンドが位置するソグディアナのイラン系民族で，古くから東西交易で活躍した。唐代の中国では「胡人」と呼ばれ，自らが信仰するゾロアスター教やマニ教を中国に伝えた。

(b) 問題文に「資料X中の下線部②の記述は正確ではない」とあるが，これはソグディアナは9世紀以後，特に10世紀にカラハン朝が成立して以後に，トルコ化とイスラーム化が進んだのであって，正統カリフ時代（632～661年）の第3代正統カリフである「ウスマーン閣下の時代」ではないと述べている。**正統カリフ**とはムハンマドの死後，ムスリムの選挙で選ばれたアブー=バクル・ウマル・ウスマーン・

アリーの4人の後継者（カリフ）をさす。

⑽ 資料Xの著者バーブルはティムールの直系子孫で，混乱したティムール朝を再建しようとしたが果たせず，ウズベク人の南下でサマルカンドを追われ，インドに入ってロディー朝を破りムガル帝国を建設した。**ウルドゥー語**はムガル帝国の宮廷を中心に，北インドの言語にペルシア語・アラビア語の語彙が取り入れられて成立したもので，パキスタン独立後は公用語に指定されている。

解答例

⑴燕雲十六州
⑵パスパ文字
⑶チャンパー
⑷(a)アウグスティヌス
　(b)ヴァンダル人
⑸イスラーム教の礼拝堂モスクから，キリスト教の教会になった
⑹ニース
⑺第五共和政
⑻イ
⑼(a)ソグド人
　(b)正統カリフ
⑽ウルドゥー語

57 世界史における紛争や戦争 (2017年度 第3問)

〔地域〕ほぼ全地域 〔時代〕古代〜現代 〔分野〕政治・文化

古代から現代までの世界史上の紛争や戦争，それに関連する諸事項を問う大問。時代は古代3世紀のシャープール1世から1960年代の部分的核実験禁止条約まで，地域も欧米・中国・西アジア・東南アジア・アフリカというように，例年通り非常に幅広い知識が問われている。しかし，問われている語句は全て教科書レベルの基本事項なので，確実に正解していきたい。注意すべきは問題文の読み違えである。慌てず慎重に問題文を読んでいく必要がある。

(1) **シャープール1世**（位241年頃〜272年頃）はササン朝の第2代の王。224年パルティアに代わって成立したササン朝は，東方に進出してきたローマと激しく抗争し，初代アルダシール1世の子シャープール1世は，260年エデッサ（現在のトルコ東南部）でローマ帝国の軍人皇帝ウァレリアヌスを破って捕虜とした。シャープールは，その勝利を記念して，アケメネス朝やササン朝の遺跡があるナクシュ=ロスタムの岩壁に浮き彫りを彫らせている。なお，ウァレリアヌスは，キリスト教徒を迫害した皇帝としても知られるが，捕虜となった後の消息は不明である。

(2) **ウマイヤ朝**は，661年第4代正統カリフのアリーが暗殺された混乱を利用して，シリア総督ムアーウィヤが建てた王朝。アフリカ北岸の征服を進め，8世紀にはジブラルタルを渡ってイベリア半島に侵入した。711年に西ゴート王国を滅ぼし，さらにピレネー山脈を越えてフランク王国に侵入したが，フランク王国の宮宰カール=マルテルにトゥール・ポワティエ間の戦いで敗れて発展は一時ストップした。このときのフランク王国の王朝は，481年クローヴィスが建てた**メロヴィング朝**であるが，実権は王側近の長である宮宰が握っていた。この戦いののち，宮宰の勢力はさらに高まり，カール=マルテルの子ピピンがクーデターによってメロヴィング朝を倒し，カロリング朝を建てた。

(3) **グスタフ=アドルフ**（グスタフ2世：位1611〜32年）はスウェーデンの国王。デンマークやポーランドを破ってバルト海に一大勢力を築き，ドイツの新教徒を助けて三十年戦争に参戦し連戦連勝したが，皇帝側の傭兵隊長ヴァレンシュタインとのリュッツェンの戦いで重傷を負って戦死した。しかし，スウェーデンはその後も三十年戦争への介入を続け，1648年のウェストファリア条約で西ポンメルンなどを獲得し，いわゆる「バルト帝国」を建設することになった。

(4) **トラファルガーの海戦**は，イギリス上陸を策したナポレオン軍が，提督ネルソンに率いられたイギリス海軍に敗れた戦い。なお，ナポレオンが1798年エジプトに上陸した時，ナイル河口に停泊していたフランス艦隊をイギリス海軍が急襲しほとんど全滅させたアブキール湾の戦いと混同しないこと。このアブキール湾の戦いの時もイギリス艦隊を指揮したのはネルソンで，この結果，ナポレオンはフランスからの補給を絶たれエジプトで孤立，その間に第2回対仏大同盟が結成された。また，この時ナポレオン軍がロゼッタ=ストーンを発見したことも有名。

(5) **李鴻章**は最初，曾国藩の幕僚として活躍し，自ら故郷の安徽省で淮軍を編成して太平天国の乱鎮圧に活躍した。その後は，内閣大学士，直隷総督として，軍需工業の育成，鉱山の開発，鉄道敷設などを行った。また日清戦争の全権代表となるなど，19世紀末の外交は，全て彼の手になっている。

(6) **サン=ステファノ条約**（1878年）は，ロシア=トルコ戦争の講和条約。勝利したロシアは，この条約でルーマニア・セルビア・モンテネグロの独立とともに，ブルガリアをロシアの保護下に置くことを認めさせ，南下政策が成功したかにみえた。しかし，これにオーストリア・イギリスが抗議し，ドイツのビスマルクの調停によって同年ベルリン会議が開かれ，サン=ステファノ条約は破棄され，新たにベルリン条約が結ばれた。その内容は，3国の独立は認められたが，ブルガリアは領土縮小のうえオスマン帝国宗主権下の自治国とされ，ロシアの南下政策は挫折した。また，オーストリアにボスニア・ヘルツェゴヴィナの統治権，イギリスにはキプロス島の行政権が与えられたため，一時ロシアとドイツの関係が悪化することになった。

(7) **ファショダ事件**（1898年）のファショダは，現在は，2011年にスーダンから分離独立した南スーダンに位置する。この時フランスが譲歩した理由は，国内がドレフュス事件などで混乱していたことと，英仏が本格的な戦争になった場合，モロッコなどをねらっていたドイツが漁夫の利を得るのを恐れたことである。イギリスがエジプト・スーダンを，フランスがモロッコを支配するというこのときの妥協は，1904年の英仏協商で正式に文書化された。

(8) **ベトナム独立同盟**は，ホー=チ=ミンによって結成された民族統一戦線組織。中心となったのは1930年に結成されたインドシナ共産党で，フランス降伏後，進駐してきた日本軍に抵抗し，日本降伏後はベトナム民主共和国を建て，その後，再植民地化をねらうフランスとインドシナ戦争を戦った。

(9) 1963年の時点で核実験に成功していた，あるいは核兵器を保有していた国は，**アメリカ**（1945年）・**ソ連**（1949年）・**イギリス**（1952年）・フランス（1960年）の4カ国だが，フランスは，米英ソによる核兵器独占に反対して部分的核実験禁止条約（PTBT）への参加を拒否した。また，中国の最初の核実験は1964年だが，実験に先立って，この条約への参加を拒否している。その後1996年に国連総会で包括的核実験禁止条約（CTBT）が採択されたが，核保有国（米・英・仏・露・中・インド・パキスタン・イスラエル・北朝鮮）で批准していない国々があり，発効は困難な状況である。

(10) **グロティウス**（1583～1645年）はオランダの法学者・外交官。自然法思想を発展させて国際関係に応用し，『戦争と平和の法』や『海洋自由論』を著し，「近代国際法の祖」と呼ばれる。『戦争と平和の法』は，三十年戦争が傭兵による残虐行為や掠奪によって大きな被害を出していたことに衝撃を受けて書かれたといわれる。『海洋自由論』は，当時のオランダの中継貿易による発展を背景に，海洋航行の自由を訴えたものである。

解答例

(1)シャープール１世
(2)イスラーム勢力：ウマイヤ朝
　フランク王国：メロヴィング朝
(3)グスタフ＝アドルフ
(4)トラファルガーの海戦
(5)李鴻章
(6)サン＝ステファノ条約
(7)ファショダ事件
(8)ベトナム独立同盟（ベトナム独立同盟会，ベトミン）
(9)アメリカ，ソ連，イギリス
(10)グロティウス

58 世界史上の民衆 (2016年度 第3問)

〔地域〕ほぼ全地域 〔時代〕古代・近世〜現代 〔分野〕政治・宗教

世界史上に現れた民衆の運動と，それが歴史変化に与えた影響などについて問う問題。パリ=コミューンや五・三〇運動などのように，いかにもこのテーマにふさわしい事項を答えるものもあるが，コロッセウムやシク教のような関連事項が問われているものもある。時代は古代ギリシアから1980年代のペレストロイカまで，地域もヨーロッパ・中国だけでなくインド・東南アジアまでと，幅広い知識が問われている。ただ，2015年度に続き中世からの設問は見られなかった。

問われている語句は，山川出版社の『世界史用語集』の頻度⑤〜⑦の非常に基本的なものばかりである。問題文をよく読んで，勘違いをしないように気をつけたい。

(1) **クレイステネス**は，僭主政を始めたペイシストラトスの子ヒッピアスが暴君化したため前510年アテネから追放されたのを機に，民衆の支持を受けて前508年国政の大改革を行った。僭主の出現を防止する陶片追放（オストラキスモス）は有名だが，アテネ民主政の基礎となったのは部族制の改革だった。これは弊害の多かった氏族制に基づく4部族制を廃止して，地域に基づく10部族制を定めたもので，それまでの部族に大きな影響力を持っていた大貴族に打撃を与えた。さらに10部族からそれぞれ50人の議員を選出して五百人評議会を作ったが，これは民会に上程される案件を先議するとともに，執政官（アルコン）の監視などを行い，アテネ民主政の中心機関となった。

(2) **陳勝**は秦の兵士だったが，前210年始皇帝が死去した翌年，同じ一兵士だった呉広とともに挙兵し，「王侯将相いずくんぞ種あらんや（王侯になるには血統ではなく，実力が重要だ，の意)」と唱えて農民を糾合し，反乱を起こした（陳勝・呉広の乱)。反乱は約6カ月で鎮圧されたが，これを機に各地で反乱が勃発し，秦は，統一後15年で項羽によって滅ぼされた。

(3) **コロッセウム**はローマ市にある円形の闘技場で，当時「パンと見世物」を求める都市民衆を為政者が懐柔する目的もあって，剣奴同士の戦いや剣奴と猛獣の戦いなどの見世物が催された。完成したのは80年で，約4〜5万人を収容できた。かつて近くにネロ帝の巨大な像（コロスス）があったため，こう呼ばれるようになったといわれる。

(4) **ミュンツァー**は，はじめルターの影響を受けていたが，次第に急進化し，社会改革を否定するルターの不徹底性を攻撃，農奴制の廃止などを唱えて民衆を糾合し，ドイツ農民戦争の中心となった。これに対しルターは領主側について徹底弾圧を唱えた。農民軍の敗退とともにミュンツァーは捕らえられ，1525年に処刑された。

(5) **シク教**は16世紀の初めにナーナクが創始した宗教。ナーナクは，偶像やカースト制を否定した15世紀の宗教改革者カビールの影響を強く受け，唯一の神への献身によってヒンドゥー・イスラームの区別やカーストの区別なく誰でも解脱できる，とするシク教を創始した。その背景には，ヒンドゥー教における神への絶対的帰依を唱えるバクティ運動と，イスラーム教における神への愛と神との合一をめざすスーフィズムの進展があった。シク教徒は1799年パンジャーブ地方に王国を建て，イギリスの進出に抵抗したが，2度のシク戦争に敗れて1849年併合された。

(6) **シパーヒー**はペルシア語やウルドゥー語で「兵士」を意味する言葉で，イギリスがインドの植民地支配のために雇用したインド人の兵士を指す。彼らが起こした反乱の発端は，イギリスの支配に対する不満が高まるなか，イギリスが，シパーヒーの使用する弾薬筒に，ヒンドゥー教徒が神聖視する牛の脂やイスラーム教徒が不浄視する豚の脂を使っているという噂が広まったためといわれる。以前は，この反乱を「シパーヒーの乱」あるいはシパーヒーの英語なまりによる「セポイの乱」と呼んでいたが，反乱が，兵士だけでなく下層階級や上層の藩王や宗教勢力まで結集したものに発展したことが重視され，「インド大反乱」という呼称が定着した。なお，オスマン帝国でもシパーヒーという用語が出てくるが，これは，スルタンからティマール（封土）を与えられ，その見返りに戦時には出征する在郷騎士のことで，のちに常備軍のイェニチェリに移るまで，オスマン帝国の軍事力の中心であった。

(7) プロイセン=フランス戦争（普仏戦争）の過程で，1871年1月にパリが開城しフランスが敗北。2月にティエール首班の臨時政府が発足し，ドイツとヴェルサイユ仮条約を締結した。これに対して，国民軍とパリ市民が徹底抗戦を主張して3月に樹立したのが**パリ=コミューン**で，世界初の労働者・民衆による革命的自治政府とされる。政府をパリから追い出した後，労働者階級の利益に即した諸改革を実施しようとしたが，ドイツ軍の援助を受けた臨時政府との「血の週間」と呼ばれる市街戦ののち，5月末に崩壊した。

(8) 孫文が「革命いまだ成らず」と言い残して死去したのは1925年3月だが，同年2月上海で日本人が経営する紡績工場で待遇改善を求めるストライキが発生し，5月には抗議集会が連日開かれるようになった。5月30日，このデモ隊にイギリスの警官が発砲して多くの死傷者を出すと，共産党の指導で上海全市はゼネスト状態になり，他の中国大都市にもゼネストは波及していった。この事件で，中国民衆は反帝国主義を意識するようになった。1919年の五・四運動とともに，**五・三〇運動**は中国民族運動の発展に寄与したとされる。

(9) **ホー=チ=ミン**（1890～1969年）の本名はグエン=タット=タイン。ヨーロッパや中国でベトナム解放運動に従事し，1925年には広州でベトナム青年革命同志会を結成，30年には香港でベトナム共産党（同年インドシナ共産党と改称）を組織した。1941年ベトナムに帰国しベトナム独立同盟を結成したが，翌42年に協力を求めて中国に赴いた頃から中国名の胡志明（ホー=チ=ミン）を名乗るようになった。

1945年日本が降伏すると，ベトナム民主共和国の独立を宣言し，初代大統領に就任した。以後フランスとのインドシナ戦争，アメリカとのベトナム戦争を戦うことになり，ベトナム戦争中の1969年に死去したが，国民からは「ホーおじさん」と呼ばれ敬愛された。

⑽ **ペレストロイカ**は，閉塞状態にあったソ連の社会主義体制を立て直すために，1986年以降進められた政治・経済・外交など広範囲にわたる諸改革を指す。政治面では，88年に人民代議員大会を創設し，90年には共産党の一党独裁を廃して複数政党制と大統領制を導入した。経済面では，中央指導の計画経済から市場経済への移行をめざし，協同組合や請負制を導入した。これに対する反発も強く，また急激な改革によって経済が混乱しインフレが進行したが，結果的には，ソ連の崩壊，東欧の民主化につながった。なお，グラスノスチ（情報公開），新思考外交も，ペレストロイカに含まれるとするのが一般的である。

解答例

⑴クレイステネス
⑵陳勝
⑶コロッセウム
⑷ミュンツァー
⑸シク教
⑹シパーヒー
⑺パリ＝コミューン
⑻五・三〇運動
⑼ホー＝チ＝ミン
⑽ペレストロイカ

59　ユネスコの世界記憶遺産関連問題

（2015年度　第3問）

〔地域〕全地域　〔時代〕古代・近世～現代　〔分野〕政治・文化

ユネスコの世界記憶遺産が主題だが，世界記憶遺産そのものの名を問うのではなく，それに関連した人名や地名などが問われている。世界記憶遺産は一般的に有名な世界遺産とは違い，廃棄や散逸などの危機に瀕している古文書や書物・資料などの歴史的記録物を，デジタル化して保存し一般の人々にも広く公開することを目的としたもの。したがって取りあげられている古文書や資料にはなじみの薄いものもあるが，実際に問われている関連事項は教科書学習で対処できるものである。単純な語句記述なので，問題文を冷静に読み，ミスなく対処したい。

⑴　**武器貸与法**は，大統領の名によって軍需物資の売却・譲渡・貸与などを認めた法律で1941年3月に成立した。1940年6月，ドイツの電撃的侵攻でフランスが降伏するなどナチスが圧倒的に優勢だった当時のヨーロッパ戦線の状況を背景に，イギリス首相チャーチルの強い要請に応えたものであった。当時ソ連はドイツと不可侵条約を結んでいたため，フランス降伏後イギリスは孤立状態だったのである。この法律によってアメリカは終戦までに500億ドルを超える軍需物資を供給し，連合国勝利の原動力になった。なお，この法律制定の3カ月後（1941年6月）にヒトラーは独ソ不可侵条約を一方的に破棄してソ連に侵攻したためイギリス・ソ連間に提携関係が生まれ，また同年12月にはアメリカが日本の真珠湾攻撃によって参戦することになる。このように1941年は第二次世界大戦の戦局を大きく変化させた年となった。

⑵　**イエズス会（ジェズイット教団）**は対抗宗教改革の一環として，1534年スペインのイグナティウス=ロヨラによって創立され，1540年教皇パウルス3世によって認可された。イエズス会はヨーロッパでもカトリックの失地回復や学校経営で功績があったが，最も大きな役割を果たしたのが新大陸やアジアにおける布教活動であった。日本ではじめて布教したザビエル，明末に中国初の世界地図である『坤輿万国全図』などの学術を紹介しながら布教にあたったマテオ=リッチ，清代に西洋絵画を紹介し円明園の設計などにもあたったカスティリオーネなどは周知であろう。

⑶　**全斗煥**(チョンドゥホァン)は，1979年朴正熙(パクチョンヒ)大統領暗殺後の混乱を利用して軍部を掌握し，同年クーデタで権力を握ると，翌1980年，民主化を要求していた金大中(キムデジュン)らの政治家を逮捕し，さらにその直後に起こった光州市での街頭デモを弾圧（光州事件）して大統領（任1980～88年）となった。しかし，退任後，1979年のクーデタの責任を問われて逮捕され，1997年には無期懲役の判決を受けている（後に特赦）。

⑷　**袁世凱**は，清末の巨頭であった李鴻章の信任を得て勢力を伸ばし，李鴻章の死後

軍の実権を握って新建陸軍（新軍ともいう）の創設に大きな役割を果たした。袁世凱は戊戌の政変に際して西太后と組んで康有為らの変法派を弾圧し，義和団事件後は直隷（ちょくれい）総督・北洋大臣となって科挙の廃止（1905年）などを進め，辛亥革命が起こると清朝から総理大臣に任命されて革命派弾圧を託された。しかし，袁世凱は孫文との密約で清最後の皇帝宣統帝を退位させ，臨時大総統の地位について独裁政治をはじめることになった。その後，一時は帝政を復活して皇帝に即位したが内外の反対を受けて帝政を取り消し，1916年失意のうちに病死した。

(5) **ラーマ5世（チュラロンコン**：位1868～1910年）は，ラタナコーシン朝（チャクリ朝，バンコク朝）第5代の国王で，日本の明治天皇（位1867～1912年）とほぼ同時代に在位した。ベトナムなどを支配するフランスと，ミャンマーを支配するイギリス勢力の狭間にあってタイの独立を維持し，国内では奴隷制の廃止，司法行政制度の西欧化，電信・鉄道の新設など近代化政策を進め，現在も続く王朝の基礎を築いた。

(6) オランダ本国は1795年にフランス軍に占領され，その際，フランスの支援を受けたバタヴィア共和国が成立した。オランダ東インド会社は，イギリスとの競争や会社内部の腐敗もあって経営が悪化しており，バタヴィア共和国政府によって1799年末に解散させられた。その直前の11月，フランスではブリュメール18日のクーデタで**ナポレオン**が政治の実権を握っているため，ナポレオンがオランダ本国の占領者と考えられる。この後，ナポレオンが，弟のルイ=ボナパルトをオランダ王につけたことでバタヴィア共和国は倒された。なお，ナポレオンが皇帝に即位するのは1804年なので，ナポレオン1世と表記しないようにしたい。

(7) **ポンディシェリ**は，インド東南部の港市で，1674年フランスが占領，香辛料貿易の拠点とした。その後一時イギリスが支配したが，1816年から再びフランス領となり，インド独立後もフランス領であったが1954年インドに返還された。インド東北部のフランスの拠点シャンデルナゴルや，インド東南部のイギリスの拠点マドラス（現チェンナイ）と混同しないようにしたい。

(8) **ナセル**はナギブらとともに第二次世界大戦末期に自由将校団を結成し，1952年にはエジプト革命によって王政を倒した。ナギブ失脚後，1954年に第2代大統領となると，ナイル川中流にアスワン=ハイダムを建設する資金を得るため，独立後もイギリスの支配下にあったスエズ運河の国有化を1956年に宣言した。これに対して英・仏，そして便乗したイスラエルが出兵してスエズ戦争（第2次中東戦争）が起こったが，国連の停戦決議やソ連のエジプト支援声明などによって3国は撤退し，ナセルはアラブ民族運動の中心的存在となった。

(9) **プトレマイオス**は，2世紀頃アレクサンドリアを中心に活躍したギリシア人の天文・数学者で，彼が主著『天文学大全』で打ち立てた地球中心の宇宙体系は中世ヨーロッパの正統学説となった。しかし，彼の理論は，のちにコペルニクスらによって批判されることになる。なお，問題文中の「1507年刊行の世界地図」とは，ドイツのヴァルトゼーミューラーによるものであるが，この図法には地理学者でもあったプトレマイオスの『地理学便覧』の影響が見られる。

⑽ ナチスドイツは，1940年6月にパリに入ってフランスを降伏させた。フランスでは北部をドイツが占領支配し，南部にはペタン将軍によって対ドイツ協力政府がヴィシーに成立したが，陸軍次官であった**ド=ゴール**はロンドンに亡命して自由フランス政府を組織し，ナチスへのレジスタンスを呼びかけた。ド=ゴールは，大戦後は第四共和政に不満で一時引退したが，1958年第五共和政を発足させて大統領（任1959～69年）に就任。対外的には対米従属を嫌って中華人民共和国の承認，NATO軍事機構からの脱退などに代表されるフランスの独自路線をとった。

解答例

⑴武器貸与法
⑵イエズス会（ジェズイット教団）
⑶全斗煥
⑷袁世凱
⑸ラーマ5世（チュラロンコン）
⑹ナポレオン（ナポレオン=ボナパルト）
⑺ポンディシェリ
⑻ナセル
⑼プトレマイオス
⑽ド=ゴール

60 歴史上の「生産」に関わる事象 (2014年度 第3問)

〔地域〕全地域 〔時代〕古代〜現代 〔分野〕社会・経済・政治

人間の生存の基礎である「生産」について関連事項を問う大問。具体的には生産にたずさわった労働者，それによって生み出された生産物，生産のための諸制度やそれに関連する政治的事項などが問われている。時代は古代オリエントから第二次世界大戦後まで，地域もヨーロッパ・アメリカが中心だが，アジアまで，幅広く問われている。ほぼ教科書に準拠した基本問題なので，第3問としては7年ぶりに出題された2問の短文論述がポイントだろう。特に問(6)は30字で記述するには簡潔な表現が必要になる。

(1) **ヒッタイト**はインド=ヨーロッパ語系で，前17世紀頃小アジア（アナトリア）に建国した。西アジアで最初に鉄製武器を生産し，2頭立ての戦車を使用した戦法によって強大化し，前16世紀にメソポタミアのバビロン第1王朝を滅ぼした。前13世紀にはシリアに進出してエジプト新王国のラメス2世とカデシュで戦い，世界初の平和条約を結んだことでも知られるが，前12世紀に「海の民」の侵入によって滅亡した。この結果，彼らが独占していた製鉄技術はシリアやエジプト・メソポタミアなどにも普及していくことになる。

(2) スパルタでは，スパルティアタイと呼ばれるスパルタ市民が軍事と政治を担い，商業や工業に従事する**ペリオイコイ**，農業に従事するヘイロータイ（ヘロット）を支配した。ペリオイコイには納税や従軍の義務があったが，スパルティアタイと異なり，参政権を持たなかった。また，奴隷身分であるヘイロータイ（ヘロット）は生産物の一部を市民に納め，家族を持っていたため，奴隷というよりも農奴に近い存在であった。

(3) 問題文中の「ある繊維」とはもちろん絹のことである。絹はカイコ蛾の幼虫（カイコ）がサナギとなる時に作る繭から得られる繊維。カイコは桑の葉しか食べないなど，その原料や製法は長く中国の秘密とされてきた。これがヨーロッパに伝わったのは，6世紀半ばのユスティニアヌス帝が中国在住のネストリウス派修道僧に，カイコ蛾の卵を竹の杖の中に隠して持ち帰らせて以後とされている。なお，「養蚕技術」とはカイコを育てる技術を含めていう。

(4) **占城稲**（せんじょうとう）は現在のベトナム中南部に2〜17世紀にあったチャム人の国チャンパー原産の稲で，早稲で日照りに強い。遼（契丹）との澶淵（せんえん）の盟で知られる北宋の真宗の時に干ばつが起こり，その対策として福建でわずかに栽培されていた占城稲が長江下流域に本格的に導入され，以後広く普及した。この結果，従来の晩稲種との組み合わせで米の二期作が可能となり，長江下流域は「蘇湖（そこ）（江浙（こうせつ））熟すれば天下足る」といわれる穀倉地帯となった。

(5)　**主題：ツンフト闘争の内容**

ポイント　同職ギルドが市政への参加を求めたことを示す

中世後期には都市が特許状などによって諸侯の支配から脱して自治権を獲得することが多くなった。しかし，市政を握る市参事会へ参加できるのは一部の富裕な商人ギルドだけであったため，靴屋・鍛冶屋などの手工業生産者からなる同職ギルド（ツンフト）の親方たちが，市政への参加を求めて13世紀末頃から起こったのがツンフト闘争であった。その結果ドイツやネーデルラントでは同職ギルドの親方たちが市政運営に一定の発言権を持つようになったが，市参事会に参加できるのは親方層だけで，職人や見習いである徒弟は発言権を与えられなかった。

(6)　**主題：グーツヘルシャフトの特色**
条件：当時の交易の発展と関連づける

ポイント　グーツヘルシャフトの労働形態と輸出産品は何かを考える

グーツヘルシャフトは「農場領主制」と訳され，領主が一種の封建反動によって農民に強い支配を及ぼし，広大な直営地で賦役労働を課すもので，15～16世紀以後エルベ川以東のドイツ（プロイセン）で発展した。その目的は穀物生産で，この穀物は大航海時代以後，商工業の発展した西欧へ輸出するためのものであったことを指摘すること。このようにして西欧は商工業，東欧は穀物生産という分業体制が成立したが，この分業体制は産業革命以後世界的規模に広がり，世界の動きに大きな影響を与えたとするのがウォーラーステインの「近代世界システム」という考えである。

(7)　**第1インターナショナル**は，1864年**ロンドン**で結成された世界初の国際的な労働者の組織。当初はマルクス派と無政府主義のプルードン派が対立したが，次第にマルクス派が優勢となった。しかし，1871年のパリ=コミューンを公然と支持したため各国で弾圧され，翌年には活動を実質停止し，1876年に正式に解散した。

(8)　1930年に起こった**塩の行進**は，**ガンディー**がインド西部のアフマダーバードから海岸のダンディまで約360㎞を行進し，イギリスの塩の専売制に反対するために海水から塩を作ったという行動で，インド全土で熱狂的に支持された。これを機にインド各地で塩が製造・販売され専売制は実質崩壊するとともに，外国製品のボイコット，地税不払いなど非暴力・不服従運動が再燃した。

(9)　**全国産業復興法（NIRA）**は，企業に協定を結ばせて生産を調整し，労働者には団結権・団体交渉権を認めた法律。**農業調整法（AAA）**は農民へ補助金を支給するかわりに小麦などの作付面積を制限するなどした法律。自由放任政策による工業製品・農産物の生産過剰や労働者・農民の収入の低迷による購買力不足が世界恐慌の背景にあったため，この2つの法律で生産を調整し，労働者・農民の収入を増やし購買力を持たせようとした。全国産業復興法は1935年，農業調整法は1936年に違憲判決を受けたが，フランクリン=ローズヴェルトは，違憲とされた全国産業復興法の労働者の権利に関わる部分をワグナー法で復活させるなどして，ニューディール政策を続けた。

⑽ 1952年に発効した**ヨーロッパ石炭鉄鋼共同体（ECSC）**は，1950年フランスの外相シューマンが提唱したシューマン=プランが基礎になっている。マーシャル=プランによって西欧は復興したが，その結果，アメリカの経済的影響下に置かれるようになったため，経済統合によってアメリカに対抗しようとしたのである。また，ドイツとフランスの長年にわたる対立の原因となっていた国境地帯（アルザス・ロレーヌ）の石炭や鉄鋼の生産・管理・輸送を共同化することで独仏の恒久的和平を実現しようとする目的があった。

ECSCにはフランス・西ドイツ・イタリア・オランダ・ベルギー・ルクセンブルクの6カ国が参加し，1958年ヨーロッパ経済共同体（EEC），1967年ヨーロッパ共同体（EC）へと発展，その後イギリスなど加盟国も増加し，1992年のマーストリヒト条約を経て，翌年，現在のヨーロッパ連合（EU）が成立した。

解答例

⑴ヒッタイト
⑵ペリオイコイ
⑶養蚕技術
⑷占城稲
⑸市政を独占する商人ギルドに対して市政への参加を求めた。
⑹農民の賦役労働を強化して，西欧への輸出用穀物を生産した。
⑺第1インターナショナル，ロンドン
⑻塩の行進，ガンディー
⑼全国産業復興法（NIRA）・農業調整法（AAA）
⑽ヨーロッパ石炭鉄鋼共同体（ECSC）

61　歴史上の「少数派」に関わる事象

（2013年度　第3問）

〔地域〕ほぼ全地域　〔時代〕中世～現代　〔分野〕政治・宗教・文化

少数派でありながら支配者となったり，あるいは少数派ゆえに差別・弾圧を受けたりした歴史上の人々を取り上げ，関連事項を問う問題。問われている地域は中国・東南アジア・インド・アフリカ・ヨーロッパ，時代も中世から1990年代の現代史まで非常に幅広い。ただ，すべて基本事項といえるものなので，確実に得点したい問題である。問(1)では珍しく誤文選択問題が出題されているが，これも基本問題である。ポイントとなりそうな問題は，問(3)のマジャパヒト王国（マジャパイト王国），問(7)のジョルダーノ=ブルーノ，問(9)のドプチェクあたりだろうが，ミスなくクリアしたい。

(1)　**②が誤文。** 異民族王朝の元はモンゴル人第一主義をとり，高級官僚はモンゴル人が独占し，色目人と呼ばれる西方民族を財務官僚として重用したが，中国人は漢人・南人と呼んで政治から排除した。その結果，科挙は当初全くおこなわれず，第4代の仁宗の時に復活したが，漢人・南人には不利で，モンゴル人・色目人には有利な形でおこなわれた。

①正文。スペインが中南米でとった土地制度のエンコミエンダ制は，先住民のインディオをキリスト教化するという条件で，労働力として酷使することを認めたものだった。また，スペインはフィリピンでもカトリック布教と植民地化を一体としておこなったため，現在もフィリピンはカトリックが主流である。

③正文。元の中国支配が90年あまりで終わった（1271～1368年）のに対し，同じ異民族王朝である清が250年以上中国支配を継続できたのは，満漢併用制，科挙の存続，中国文化の尊重などによって中国人を懐柔するとともに，一方では自民族の髪型である辮髪の強制，「文字の獄」などの思想統制をおこなう「アメとムチ」を上手く使い分けたためといわれる。

(2)　**紅巾の乱**（1351～66年）は紅色の頭巾を用いたのでこの名がある。紅巾の乱の中心となった白蓮教は南宋の初めに茅子元（ぼうしげん）が始めた阿弥陀信仰を元にした呪術的な宗教だが，元末には弥勒仏が衆生を救うために現れるという弥勒下生信仰と結びついて貧民の間に広がっていった。反乱は白蓮教の指導者，韓山童やその子韓林児らの指導で起こり，反乱自体は失敗したが，この乱から台頭した朱元璋が元を滅ぼして明を建てた。なお，白蓮教徒は清代中期の18世紀末に同様の反乱＝白蓮教徒の乱（1796～1804年）を起こし，清衰退の原因を作っている。

(3)　インドネシアのジャワ島には，最初ボロブドゥールの遺跡で知られる仏教国のシャイレンドラ朝が起こったが，この王朝が滅んだあとのクディリ朝，シンガサリ朝ではヒンドゥー教が栄えた。13世紀末に元の服属要求をシンガサリ朝が拒否したため，元の遠征軍が襲来したが，この混乱の中から起こったのが**マジャパヒト王国**（1293～1520年頃）だった。この王国はジャワ島だけでなく，スマトラ島の大部分も支配して交易で繁栄し，ヒンドゥー文化が栄えたが，マレー半島のマラッカ王国を拠点としたイスラームの進出が始まり，この国が滅んだあとジャワ島にはマタラム王国，バンテン王国といったイスラーム王朝が成立することになった。現在のインドネシアは国民の9割以上がイスラーム教徒である。

⑷ **アクバル**（位1556～1605年）は，領土を南方に拡大するとともに，支配者層に維持すべき騎兵の数を定め，それに応じて官位を与えるマンサブダール制を整備した。非イスラーム教徒に対してジズヤを廃止しただけでなく，インドを訪れていたイエズス会士たちも交えて諸宗教の学者を集めて討論会を開き，諸宗教を融合した「ディーネ=イラーヒー」と呼ばれる新宗教を創始したが普及せず，アクバルの死後消滅した。

⑸ **クルド人**はトルコ・イラク・イラン・シリアの国境地帯に居住する民族で，その数は約2000万人といわれる。言語的にはイラン系に属するが，歴史上自民族の国家を持つことはできなかった。現在も上記4国で少数民族として迫害を受け，独立運動・自治獲得運動が活発化しているが，1980年代にはイラン=イラク戦争の時にイラクが化学兵器によってクルド人の大量虐殺をおこない，現在もトルコで独立運動の主体であるクルディスタン労働党への迫害が続いている。

⑹ **ネルソン=マンデラ**は第二次世界大戦中にアフリカ民族会議（ANC）に参加して，大戦後は反アパルトヘイト運動に従事し，1962年投獄され終身刑を宣告された。1990年白人大統領デクラークによってアパルトヘイトが撤廃されると釈放され，1993年デクラークとともにノーベル平和賞を受賞した。1994年政権議会選挙がおこなわれるとANCが勝利，同年初の黒人大統領となった。

⑺ **ジョルダーノ=ブルーノ**はドミニコ修道会士だったが，次第に異端的傾向を強めたため修道会から追われ，1576年から1592年に逮捕されるまで西欧各地を遍歴して哲学的著作を執筆した。7年間投獄されたのち処刑されたが，その理由はコペルニクスの地動説を支持し，汎神論的世界観を主張したことにあった。自然世界をアトムの集合体として捉えた宇宙観は近代的宇宙観の先駆であるとされる。同じように宗教裁判にかけられて自説の撤回を余儀なくされたが，「それでも地球は動く」と言ったとされるガリレオ=ガリレイと混同しないようにしたい。なお，コペルニクスが地動説を述べた『天球回転論』が刊行されたのはコペルニクスの死の直前の1543年であった。

⑻ **ゾラ**（1840～1902年）は写実主義を発展させ，実験科学の方法を小説に取り入れ，社会における人間の姿を想像力を排して客観的に描こうとする自然主義を主張した。代表作は『居酒屋』『ナナ』など。ドレフュス事件では真犯人らしき者が見つかったのに，権威維持のため再審に応じない軍部や政府を批判して，新聞紙上に

「私は弾劾する」という文章を発表したことで知られる。ドレフュス事件はユダヤ人問題にとどまらず共和派と反共和派の政治問題にまで発展したが，1899 年ドレフュスは特赦で釈放され，1906 年無罪が確定した。

(9) **ドプチェク**は 1968 年民主化要求が高まる中で，それまでのノヴォトニーに代わってチェコスロヴァキア共産党第一書記となり，「人間の顔をした社会主義」を提唱し，政治犯の釈放，検閲の廃止など政治的自由化を進め「プラハの春」と呼ばれたが，ワルシャワ条約機構軍の軍事介入で失脚し，党からも除名された。その約 20 年後，1989 年東欧の民主化が進む中で名誉を回復し，連邦議会の議長に返り咲いている。

(10) **インディアン（先住民）強制移住法**は初の西部出身の大統領として知られるジャクソンが 1830 年に制定した法令。この法令によってミシシッピー川以東に居住していたクリーク族，チェロキー族，セミノール族などはミシシッピー川以西の荒野に追いやられた。特にチェロキー族は悲惨な移住の途上で 4 千人の死者を出し「涙の旅路（涙の道）」といわれた。ジャクソン大統領の政治は「ジャクソニアン=デモクラシー」といわれるが，それは白人のための民主主義であった。なお，インディアンは西部の開拓が進むとさらに半砂漠地帯や山岳地帯に追いやられたため，各地で抵抗運動が起こったが，1890 年のウーンデッドニー事件を最後に組織的な抵抗は終わった。イギリスが植民を始めたころ 100 万人以上いたと考えられるインディアンは 19 世紀末 25 万人まで減少した。

解答例

(1)②
(2)紅巾の乱
(3)マジャパヒト王国（マジャパイト王国）
(4)アクバル
(5)クルド人
(6)マンデラ（ネルソン=マンデラ）
(7)ジョルダーノ=ブルーノ
(8)ゾラ
(9)ドプチェク
(10)インディアン（先住民）強制移住法

62　世界各地の建造物　(2012年度　第3問)

〔地域〕全地域　〔時代〕古代～現代　〔分野〕政治・文化

問⑽を除いては世界遺産に指定されている著名な歴史的建造物に関する問題。しかし，建造物そのものの名が問われているのは問⑺のサンスーシ宮殿だけで，ほとんどはその建造物に関連する地名・様式名・人名などを問う問題となっている。全体として難問はなく，すべて教科書レベルの問題である。問⑵はシャイレンドラ朝の名はすぐ思い浮かぶと思われるが，島の名は意外に盲点かもしれない。問⑶は具体的な建造物の名はなく，ヒントもやや抽象的なので，12世紀以後の教会建築の中心となったゴシック様式との特徴の違いを明確に把握していたかがポイントだろう。この問題では建造物の写真は使われていないが，教科書中の写真をよく見る習慣を持っていれば判断が容易な問題だった。問⑻は南アフリカ戦争（ブール戦争）を遂行したイギリスの植民大臣ジョゼフ=チェンバレンと混同しないようにしたい。

⑴　古代ギリシアの建築様式は，前期の**ドーリア式**，中期のイオニア式，後期のコリント式に大別されるが，パルテノン神殿は前5世紀の建造で，一部にイオニア式の装飾も見られるが全体としてはドーリア式の建築。ドーリア式はほとんど無装飾で，円柱は太く上部にいくにしたがって細まるエンタシスの度合いがイオニア式やコリント式よりも強い。コリントにあるアポロン神殿もドーリア式の典型である。この神殿の主神であるアテナ女神像はフェイディアスによるものだが現存しない。神殿もオスマン帝国の支配下で火薬庫として使用されていたため，17世紀末ヴェネツィアとの戦争の際に大破し，また彫刻群の大部分は18世紀末～19世紀初頭にトルコ駐在の外交官だったイギリスのエルギン伯によって持ち去られ，現在は大英博物館に所蔵されており，「エルギン=マーブル」と呼ばれているが，ギリシアはその返還を要求している。

⑵　ボロブドゥール遺跡は現在のインドネシアの**ジャワ島**に8～9世紀に栄えたシャイレンドラ朝の時代に建造された大乗仏教寺院の遺跡。120m四方の基壇の上に6層の方形壇，3層の円形壇が乗り，最上部には仏塔があって，仏教の宇宙観を示している。シャイレンドラ朝滅亡後インドネシアではヒンドゥー教やイスラーム教が中心となったこともあって次第に忘れ去られ，19世紀シンガポールを建設したことで知られるイギリスの官僚ラッフルズによって発見，発掘された。

⑶　**ロマネスク様式**は10世紀末から起こった建築様式で，小さな窓，分厚い壁，半円状アーチなどを特徴とし，全体として重厚な印象を受ける。ピサ大聖堂，ヴォルムス大聖堂，クリュニー修道院などが代表的な建築物。12世紀以後都市部では高い塔，ステンドグラス，尖頭アーチを特徴とするゴシック様式が教会建築様式の中心となっていくが，農村部や山間部の教会や修道院ではロマネスク様式によるもの

がその後も作られ続けた。

(4) ピサロによってインカ帝国が滅ぼされたのは1533年。**カルロス1世**の在位は1516〜56年。カルロス1世は，スペイン王国を建てたカスティリャ女王イサベルとアラゴン王フェルナンドの娘の子にあたる。カルロス1世の父がハプスブルク家出身であったことから，カルロス1世の即位によってスペインはハプスブルク家の支配のもとにおかれた。カルロス1世は，その後カール5世として神聖ローマ皇帝を兼ね，ドイツ国内での宗教改革への対応，フランス国王フランソワ1世とのイタリア戦争のため，スペインを訪れることはほとんどなかった。彼は，1556年に退位し，スペイン王位を息子のフェリペ2世に，神聖ローマ皇帝位を弟のフェルディナント1世に継がせたため，以降，ハプスブルク家はスペイン系とオーストリア系に分かれることになった。

(5) 洪武帝の第4子朱棣(しゅてい)は燕王として北平（北京）に封じられたが，洪武帝の後を継いだ甥の建文帝が諸王の権限を削減する政策をとったことに反発し軍事行動を起こし，南京（金陵）を攻略して帝位を奪った。これが靖難の役（1399〜1402年）で，燕王は第3代**永楽帝（成祖）**として即位し，即位前の自らの地盤であり，さらに北方民族への対応のためもあって戦国時代の燕や金，元が首都を置いていた地に遷都して北京と称し，新たに紫禁城を造営した。

(6) **ナスル朝**はムハンマド=ブン=ユースフが1232年に建てたイベリア半島最後のイスラーム王朝で，1238年からグラナダを首都とした。ナスル朝はレコンキスタを進めていたカスティリャ王国に朝貢し，北アフリカのイスラーム王朝とも友好関係を保つ外交政策で独立を保持していたが，カスティリャとアラゴンが合同して成立したスペイン王国によって1492年に攻略され，イベリア半島からイスラーム教徒は駆逐された。

(7) サンスーシはフランス語で「憂いがない」という意味。当時のヨーロッパの宮廷ではフランス語が使われており，フリードリヒ2世はルイ14世が造営したヴェルサイユ宮殿を模してこの宮殿を建造したが，バロック建築の典型であるヴェルサイユ宮殿よりもさらに華麗な装飾が施されており，ロココ式といわれる。なお，ポツダムはベルリン郊外の地で，1945年のポツダム会談で有名だが，会談は**サンスーシ宮殿**ではなく，ドイツ帝国のヴィルヘルム2世が皇太子のために1917年に建てたツェツィーリエンホーフ宮殿で開かれている。

(8) **セシル=ローズ**は1870年に南アフリカに移住し，ダイヤモンドや金の採掘で巨富を得，1890年ケープ植民地首相となった（任1890〜96年)。その間に本国政府と結んで北方に進出し，自分の名にちなんだローデシアを建設している。ローデシアは第二次世界大戦後，北部はザンビアとして1964年に独立，南部は1965年ローデシアとして独立し白人が支配する国となったが，黒人たちによる民族運動が激化し，1980年全人種参加の選挙を経て黒人多数派政権が成立し，国名もジンバブエと改称された。ジンバブエはショナ語で「石の家」の意で，11～18世紀この地にあった黒人国家の石造遺跡の名。遺跡からはインドのガラス玉や中国製の陶磁器も発掘されており，インド洋貿易で繁栄していたことがうかがわれる。

(9) 原爆投下（1945年8月6日）の前月に開かれた会談とはポツダム会談（1945年7月17日～8月2日）のこと。ヤルタ会談までアメリカの代表として出席していたフランクリン=ローズヴェルトは同年4月に死去したため，副大統領だった**トルーマン**が大統領に昇格してこの会談に臨んでいた。トルーマンは米・英・仏とソ連によるドイツ分割占領，東欧諸国の共産化の動きをみて，アジアへの共産主義進出の恐れ，日本との地上戦回避などのため原爆投下を指示した。

(10) **アジェンデ**は1933年チリ社会党創設に参加し，以後議員や大臣を歴任，1970年の大統領選挙では左翼統一候補として出馬し当選した。こうして成立したアジェンデ政権は世界史上初の社会主義への平和的移行として注目され，民間企業の国有化，農地改革などが進められた。しかし急速な改革から国際収支が悪化，インフレが進行すると左右両派の対立が深まり，アメリカと結んだピノチェト将軍のクーデタが勃発し，アジェンデも銃をとって抵抗したが殺害され，チリは軍事独裁政権に移行した。

解答例

(1)ドーリア式
(2)ジャワ島
(3)ロマネスク様式
(4)カルロス1世
(5)永楽帝（成祖）
(6)ナスル朝
(7)サンスーシ宮殿
(8)セシル=ローズ
(9)トルーマン
(10)アジェンデ

63　食糧と人類の生活圏　（2011年度　第3問）

〔地域〕全地域　〔時代〕古代～現代　〔分野〕政治・社会・経済・文化

リード文では人間の生活や食糧などがテーマとなっているが，実際は雑題的な問題で，政治・社会・経済・文化と多岐にわたる内容になっている。問(1)～(3)はいずれも教科書レベルで落とせない。問(4)は問題文の「格言」という表現でやや迷うが，都市に関係する言葉と考えれば想起できるはず。問(6)は「人口増大に寄与した」という表現に注意したい。問(8)は近年ではめずらしい選択問題であるが，コンバウン朝の存続年代はやや盲点であろう。問(9)のホロコースト，問(10)のドイモイも確実に押さえておきたい事項である。難問はないため，しっかりと点数を確保したい。

(1)　シュメール人の**楔形文字**は，その後シュメール人を征服したアッカド人がアッカド語を表記するために採用したため，以後セム系のバビロニア語，インド=ヨーロッパ系のペルシア語などを表記するのに使用された。ローリンソンがベヒストゥーン碑文から解読したのはこのうちのペルシア語を表した部分であるが，アケメネス朝が滅亡すると楔形文字の系譜は絶えた。

エジプトの**神聖文字（ヒエログリフ）**は絵文字から発展した文字で，神殿・墓などに刻まれたが，これを簡略化した神官文字（ヒエラティック）が公文書に，さらに簡略化した民用文字（デモティック）が一般に用いられた。エジプトの文字はシナイ半島でシナイ文字となり，ここからフェニキア文字に発展した。さらにフェニキア文字はギリシアに伝わってギリシア文字となり，ここからラテン文字（ローマ字），ロシア文字が生まれた。またフェニキア文字から派生したアラム文字は，アラム人が内陸貿易で活躍したことから内陸アジア各地に広がり，アラビア文字やヘブライ文字，中央アジアのソグド文字などの母体となり，ソグド文字からはさらにウイグル文字・モンゴル文字などが生まれている。

(2)　武帝は鉄のほかに**塩・酒**の専売を実施し，こうした専売制度は以降の王朝にも受け継がれた。特に塩については，生産地が限定されていたことから政府が管理しやすく歴代王朝の主要財源となり，国家財政が逼迫すると塩の価格がつり上げられて民衆を苦しめた。塩の密売商人であった黄巣が起こした唐末期の黄巣の乱は，この塩の専売と密接に関係している。酒の専売に関しては当初から反対も多かったが，武帝の死後，次の昭帝の時代に専売制に対する論争が起こり，結局酒の専売制だけは廃止されることになった。なお，宋以後は飲茶の習慣が庶民にも普及したため，茶の専売が行われるようになり，政府の重要な収入源となった。

(3)　北アフリカに建国したゲルマンの部族は**ヴァンダル人**。大移動前はパンノニア（ハンガリー）に居住していたヴァンダル人は，ローマ帝国内に侵入してイベリア半島に移り，さらにガイセリックのもとで現在のチュニジア・アルジェリアを中心とする北アフリカに建国した。このヴァンダル王国はビザンツ帝国のユスティニアヌス帝が派遣した将軍ベリサリウスによって534年に滅ぼされた。

(4) 「**都市の空気は自由にする**」はドイツの格言（法諺（ほうげん））。中世の都市は特許状などによって封建領主から自治権を獲得し，土地に緊縛されて移動の自由がなかった農民も都市に逃れて1年と1日経過すれば自由の身になれた。中世都市の法的地位をあらわした言葉だが，都市の内部には厳しい身分序列があり，自由に暮らせたというわけではなかった。

(5) アジアからヨーロッパ向けに輸出されたのは**香辛料**。肉食の多いヨーロッパでは保存用や調味料として香辛料が必需品であったが，主要産地はインド・東南アジアと遠く，イスラーム商人・イタリア商人などを通して輸入される高級品であった。15世紀末，ポルトガルは直接インドから香辛料を輸入するためインド航路開拓をめざし，1498年にはヴァスコ=ダ=ガマがインドのカリカットに達した。その後，16世紀初頭（1511年）には香辛料貿易の中継地であったマラッカ王国を占領している。なお，モルッカ諸島は現在のインドネシア東部に広がる諸島で，ナツメグ（ニクズク）・クローブ（丁子）などはこの諸島の特産物で，古くから香料諸島として知られた。

(6) 新大陸原産の作物としては**トウモロコシ**，**ジャガイモ**の他にサツマイモ，唐辛子，トマト，タバコなど数多いが，「人口の増大に寄与した」という問題文からトウモロコシ，ジャガイモをあげるべきであろう。トウモロコシはヨーロッパ・北米では家畜の飼料として広く栽培され，食肉の習慣を定着させて人口の増大に寄与した。またジャガイモは地味の悪い寒冷地でも栽培が可能であるため，北ヨーロッパ，特にアイルランドやドイツの食糧事情を改善させた。1840年代にアイルランドで起こったジャガイモの疫病による飢饉は有名で，多くの餓死者が出るとともにアメリカ大陸への移民も激増した。第35代アメリカ大統領のJ.F.ケネディはこのアイルランド移民の子孫として知られている。

(7) 16世紀初頭（1511年）にマラッカを占領したのは**ポルトガル**。また，トルデシリャス条約（1494年）で，前年に設定されたスペイン・ポルトガル間の植民地分界線がポルトガル有利に西側に移動され，新大陸の一部がポルトガルの勢力範囲となった。この結果，カブラルが漂着（1500年）したことにより，**ブラジル**はポルトガル領となった。

(8) **④誤文**。コンバウン朝は3度のイギリスとの戦争（イギリス=ビルマ戦争）の結果，1885年に滅亡し，イギリスは翌年ビルマをインド帝国の一部として編入した。
①正文。コンバウン朝の成立は1752年で18世紀。
②正文。シャム（タイ）のアユタヤ朝は，1767年コンバウン朝に滅ぼされている。
③正文。イギリス=ビルマ戦争は1824～26年，1852～53年，1885～86年の3度。

⑼ **ホロコースト**という言葉自体は，ユダヤ教の神殿に捧げられる焼いた羊などの供物を意味する。「大量虐殺」を意味する英語は genocide が一般的だが，1970 年代にアメリカで放映されたユダヤ人一家の運命をたどった長編ドラマ『ホロコースト』から，第二次世界大戦中のナチスによるユダヤ人大量虐殺をさすようになった。ナチス=ドイツは，ユダヤ人が劣った民族であるとして優生学的見地から大量虐殺を行い，ポーランドのアウシュヴィッツ強制収容所などで虐殺されたユダヤ人は少なく見積もっても 600 万人といわれる。

⑽ 1986 年から開始された**ドイモイ**は「刷新」という意味で，社会主義をめざす共産党の支配を維持しつつ資本主義的な経済を取り入れようとしており，中国の改革開放政策と似た部分がある。具体的には私有財産の容認，私企業の非国有化や外国資本の容認による市場経済の導入，資本主義諸国との友好などで，その結果，国内経済が発展するとともに，1995 年に ASEAN 加盟が実現するなど国際的地位の改善にもつながっている。

解答例

⑴シュメール人：**楔形文字**，エジプト人：**神聖文字(ヒエログリフ)**
⑵**塩・酒**
⑶**ヴァンダル人**
⑷**都市の空気は自由にする**
⑸**香辛料**
⑹**トウモロコシ・ジャガイモ**
⑺国名：**ポルトガル**，領土名：**ブラジル**
⑻―④
⑼**ホロコースト**
⑽**ドイモイ**

64 世界史における歴史叙述 (2010 年度 第 3 問)

〔地域〕全地域 〔時代〕古代～現代 〔分野〕政治・文化

古代ギリシアから第二次世界大戦後にいたる間に現れた歴史叙述や歴史家に関する問題。小問数は 10 個だが解答個数は 16 個と多めで，そのうち人名を答える問題が 13 個を占める。人名としては問(4)のエウセビオス，問(8)のシュペングラーがやや細かいが，東大用の世界史対策をしてきた人ならば知っていてほしい事項である。問(7)の『集史』や問(5)の冒頓単于の漢字表記などのほうがポイントかもしれない。問(5)のトルコ共和国も意外に思いつかなくて焦るのではないか。

(1) ルネサンス期のフィレンツェの政治家・思想家で，政治を宗教・道徳から切り離した現実的な政治論を説いたのは**マキァヴェリ**。マキァヴェリは一時フィレンツェの実権を握るメディチ家と対立して投獄されている。彼の**『君主論』**は，フランス国王と神聖ローマ皇帝が相争うイタリア戦争の混乱の中で国家を救うべき君主の心得を説いたもので，近代政治学の先駆とされる。権謀術数を肯定した内容からマキァヴェリズムの言葉を生み，賛否両論を巻き起こした。

(2) ペルシア戦争の歴史を物語風に叙述したのは**ヘロドトス**。ヘロドトスは小アジアの生まれで，エジプト・メソポタミアに旅行し，有名な「エジプトはナイルのたまもの」の言葉を残した。『歴史』は多くの説話や伝承を織り込むと同時に，自らの見聞も交えた物語風の読み物になっている。

ペロポネソス戦争の歴史を客観的・批判的に叙述したのは**トゥキディデス**。トゥキディデスはアテネ出身の政治家・歴史家で，ペロポネソス戦争では一時将軍となったが，失敗があって追放されている。彼の『歴史』は厳密な史料批判と人間心理の深い洞察によって，近代の実証的歴史学の源流とされる。

(3) ローマの興隆に関する歴史書を書いたギリシア人は**ポリビオス**。ポリビオスはローマとの戦いで人質となったが，小スキピオに重用された。彼がギリシア語で書いた『歴史』はローマの世界統一の背景を究明したもので，「政体循環論」が有名。「政体循環論」とは，政治形態は君主政→貴族政→寡頭政→民主政→衆愚政→君主政というように循環する（ギリシアではそうだった）が，ローマは君主政＝コンスル，貴族政＝元老院，民主政＝平民会が並立する「混合政体」であるため政治が安定し，それがローマの発展につながったと論じたものである。

アウグストゥスの依頼でローマ建国から帝政成立後の前 9 年にいたる歴史をつづったのは**リウィウス（リヴィウス）**。彼の『ローマ建国史』は美文で知られているが，史料批判は不十分で，記述に正確さを欠く部分があるとされている。

(4) 最初の『教会史』を書いた教父作家は**エウセビオス**。エウセビオスはパレスチナの司教で，彼が 4 世紀前半に著した『教会史』はイエスの時代から始まり，初期キリスト教迫害の時代を経て，コンスタンティヌス帝の時代にいたるまでのキリスト教・教会の歴史を叙述したもので，史料的価値は非常に高い。キリスト教を公認したコンスタンティヌス帝の伝記『コンスタンティヌス伝』も有名。

『神の国』を著した教父作家は**アウグスティヌス**。彼は一時マニ教に傾倒したが，のちキリスト教に回心し，チュニジアのヒッポの司教となった。『神の国』は，西ゴート人が410年にローマを略奪したとき，異教徒がこれはローマの神を捨ててキリスト教を信仰したためであると非難したことに反論するために書かれた歴史哲学書。キリスト教へ回心するまでの精神的遍歴を描いた『告白録』も有名。

⑸ 突厥につながる西アジアの国は**トルコ共和国**である。突厥やこれに代わったウイグルがトルコ系民族であることを想起したい。モンゴル高原を現住地とするトルコ系民族はウイグル帝国が崩壊したあと西方へ移動し，中央アジアにカラ=ハン朝を建て，その後セルジューク朝が小アジアに進出した。この小アジアで13世紀末におこったのがトルコ共和国の前身オスマン帝国である。なお，ウズベキスタン共和国やトルクメニスタンなどもトルコ人の国であるが，中央アジアの国に分類されることが多く，「西アジア」という指定に合わないと思われる。

匈奴の最盛期の君主は**冒頓単于**。前209年に単于（匈奴の君主の称号）となり，東胡を征服し月氏を追ってモンゴル高原を統一した。前漢を建てた劉邦（高祖）を平城の戦いで破って屈辱的な和議を結ばせたことは有名。なお，匈奴はトルコ系という説が有力だが，モンゴル系とされる場合もあり民族系統は明らかではない。

⑹ 『歴史序説（世界史序説）』を著したチュニジア出身の歴史家は**イブン=ハルドゥーン**。『歴史序説』は『実例の書（イバルの書）』の第1部にあたり，単に出来事を並べたものではなく，歴史発展の法則性を述べたものとして有名である。

⑺ ラシード=アッディーンがペルシア語で著した歴史書は『**集史**』。『集史』は初のユーラシア世界史で，第1巻のモンゴル史が史料的価値が高い。ラシード=アッディーンは，ガザン=ハンのもとで宰相として税制改革などを実施し，イル=ハン国の全盛期を現出したが，最後は政敵の陰謀で処刑された。

⑻ 『西洋の没落』を著したのはドイツの歴史家・思想家の**シュペングラー**。第一次世界大戦後に書かれた『西洋の没落』は世界各地域の文化は生物と同様に生成→興隆→没落の過程をたどるとし，ヨーロッパのキリスト教文化はすでに終末に近づいているとした。この提議は第一次世界大戦とロシア革命で混迷を深めていたヨーロッパ人に大きな衝撃を与えた。

⑼ 世界革命論を唱えたのは**トロツキー**。トロツキーは，十一月革命ではソヴィエト議長として蜂起を指導し，ソヴィエト政権が成立すると外務人民委員（外務大臣）としてブレスト=リトフスク条約締結などでレーニンを補佐したが，1924年のレーニンの死後は後継と革命論をめぐってスターリンと対立，敗れて国外追放となり，最後はメキシコで暗殺された。彼の世界革命論は，世界革命なしには社会主義は最

終的には実現できないとするもので，ロシアは巨大な国であるから一国でも社会主義が実現できるというスターリンの一国社会主義論と対立した。

「ロシア革命を批判し」「対ドイツ宥和政策にも反対」し，「『第二次大戦回顧録』を残した」のは**チャーチル**。この 3 点からチャーチルを導き出すのはやや難しいが，第二次世界大戦時のイギリスの指導者と考えれば判断できる。チャーチルは，ドイツに妥協を重ねるネヴィル=チェンバレンを批判し，第二次世界大戦開始後の 1940 年首相に就任して戦争を指導した。文筆家としても著名で，1953 年にはこの『第二次大戦回顧録』でノーベル文学賞を受賞している。

⑽　インド独立後の初代首相となったのは**ネルー**。ネルーは国民会議派の急進派として 1929 年のラホール大会で議長となり「プールナ=スワラージ（完全独立）」を決議したことで知られる。1947 年にインドの独立が認められると初代首相となり，死去するまでその地位にあった。東西冷戦の中で非同盟政策をとり，中国の首相周恩来との会談で発表した平和五原則は有名。獄中では『インドの発見』のほか，『父が子に語る世界歴史』のもととなった，娘のインディラ=ガンディー宛の手紙も書かれている。

解答例

⑴マキァヴェリ，君主論
⑵ペルシア戦争：ヘロドトス，ペロポネソス戦争：トゥキディデス
⑶ギリシア人：ポリビオス，ローマ人：リウィウス（リヴィウス）
⑷『教会史』：エウセビオス，『神の国』：アウグスティヌス
⑸トルコ共和国，冒頓単于
⑹イブン＝ハルドゥーン
⑺集史
⑻シュペングラー
⑼『ロシア革命史』：トロツキー，『第二次大戦回顧録』：チャーチル
⑽ネルー

65 世界史上の団体や結社 (2009年度 第3問)

〔地域〕全地域 〔時代〕近代・現代 〔分野〕政治・宗教

18世紀末以降世界各地に現れた宗教結社・政治結社・秘密結社に関する問題。問われている結社・団体名は問(9)のベトナム光復会がやや細かい程度で，ほぼ教科書レベルといっていい。設問の文章もわかりやすく，迷うことはないだろう。漢字表記も問(6)の全琫準以外難しいものはない。第1問の大論述にじっくり取り組むためにも，この第3問は完全解答が望ましい。なお，問(1)や問(4)などは団体・結社の名前ではなく反乱の名が問われている。あわてて結社名を書いてしまうようなミスをなくすように気をつけてほしい。

(1) **白蓮教徒の乱**といわれる反乱は中国史上2度起こっている。1つは元を滅亡に追い込んだ紅巾の乱の別名で，もう1つは清代の18世紀末に勃発した白蓮教徒の乱である。白蓮教は南宋のはじめに創始されたといわれる仏教系の宗教秘密結社で，元では邪教として弾圧されたが，元末には，弥勒菩薩が救世主としてこの世に現れるという弥勒下生信仰と結びついて貧窮農民の間に爆発的に広がり，1351年に紅巾の乱（白蓮教徒の乱）が勃発した。白蓮教は明・清代にも弾圧されたが，18世紀末には四川・湖北・陝西・河南・甘粛省に広がり，清の第7代嘉慶帝の1796年に大規模な反乱をおこした。反乱は1804年に鎮圧されたが，正規軍の八旗や緑営は無力で，民間義勇軍の郷勇が鎮圧の中心となり，清の衰退を示した事件でもあった。

(2) **バブーフ**が反乱を計画したのは1796年。フランス革命は1792年に成立した国民公会の時代が最も過激な時期で，ロベスピエールを中心とするジャコバン派政権が1793年にルイ16世を処刑し，ギロチンで反対者を処刑する恐怖政治を強行したが，1794年のテルミドールの反動（テルミドール9日のクーデタ）で恐怖政治は終わりを迎え，翌1795年にブルジョワジーを中心とする穏健な総裁政府が成立した。バブーフは総裁政府に不満を持つ下層民を糾合して革命の徹底化と私有財産制の廃止をめざして暴動を計画したが，事前に発覚して逮捕・処刑された。

(3) **カルボナリ（炭焼党）**は19世紀初頭，南イタリアで結成され，専制君主政の打破と自由平等な社会の建設を唱えたが，ウィーン会議の結果，ロンバルディア・ヴェネツィアがオーストリア領になると急進化し，北イタリアにも拡大した。カルボナリは「炭焼き」の意だが，炭焼き職人のように山にこもって活動したことが名称の由来といわれる。1820年にナポリ，1821年にピエモンテで蜂起したがオーストリアに弾圧され，1830～31年の蜂起にも失敗して衰退し，運動の中心はマッツィーニの青年イタリアに移ることになった。なお，カルボナリは1821年にフランスでも結成され，1830年の七月革命で活躍した。

(4) **デカブリストの乱**のデカブリストは十二月党員の意だが，これは彼らが反乱を起こしたのが1825年12月（12月はロシア語で“デカーブリ”という）だったため。

ナポレオン戦争に参加して西欧の進んだ制度や文化を実見した青年将校らが中心となって結成した複数の秘密結社で，十二月党という明確な組織があったわけではない。アレクサンドル1世の急死による混乱に際して準備不足のまま蜂起したが，即位したニコライ1世により鎮圧された。

(5) **クー=クラックス=クラン**（**K·K·K**：Ku Klux Klan の略）は，南北戦争直後の1865年にテネシー州で結成された暴力的秘密結社で，黒人や黒人を支援する白人を暴力的に迫害した。政府の圧力で1870年代には活動を停止したが，第一次世界大戦中に組織が再建され，大戦後にはソ連の発展による共産主義への恐怖，非アングロ=サクソン系移民の増加，黒人運動の発展などから白人中産階級・農民などの支持を得て一時は団員が200万人（一説では500万人）に達したという。しかし，1920年代後半から内部対立などで一気に衰退，現在は数千人の団員を残すのみといわれている。

(6) 東学は1860年頃崔済愚（チエジエウ）が儒教・仏教・道教の3教に民間信仰を加味して創始した。崔済愚は民を惑わすとして1864年に逮捕・処刑されたが，その教えは貧農を中心として広まり，1894年には東学党員だった**全琫準**（チヨンボンジユン）の指導で蜂起，東学党員以外も参加した大農民反乱である甲午農民戦争に発展し，この鎮圧に介入した日本と清の対立から日清戦争が勃発した。全琫準は1895年に日本軍に捕らえられ，ソウルで処刑されている。東学の創始者である崔済愚と混同しないように注意したい。

(7) **中国同盟会**は1905年に孫文を中心に東京で結成された革命的政治団体で，孫文が主宰する興中会と，黄興の華興会，章炳麟（しようへいりん）の光復会が発展的統合を行ったもの。背景には，義和団事件後外国軍の北京駐留が認められるなど中国の半植民地化が進展したことや，1905年の日露戦争における日本の勝利があげられる。中国同盟会は「民族の独立，民権の伸張，民生の安定」の「三民主義」に立脚する「駆除韃虜・恢復中華・創立民国・平均地権」の四大綱領をかかげ，機関誌『民報』を発刊，青年層に大きな影響を与え，辛亥革命を準備することになる。

(8) インドでは1885年に成立したヒンドゥー教徒中心のインド国民会議が次第に急進化し，1905年のイギリスによるベンガル分割令や同年の日露戦争での日本の勝利などに刺激され，1906年のカルカッタ大会でスワデーシ（国産品愛用）・スワラージ（自治・独立）などの4綱領をかかげるなど民族運動が高揚した。**全インド=ムスリム連盟**は宗教対立を利用して民族運動を分断するために，イギリスが同じ1906年にイスラーム教徒の政党結成運動を支援して作らせたもの。第一次世界大戦後は一時ガンディーと共闘したこともあったが，1930年代以降は対立し，インド独立の際にはヒンドゥー教徒のインドに対抗してパキスタンを建国することになる。

(9) やや難。1880年代にフランスの支配下に入ったベトナムでは，ファン=ボイ=チャウが維新会を結成し，資金援助を求めて来日したが，ここで人材育成の必要を感じて近代化に成功しつつある日本への留学運動（東遊運動，ドンズー運動）を展開した。しかし，日本の朝鮮での，フランスのベトナムでの支配権を認め合った日仏協約成立（1907年）後は日本政府から圧迫を受け，1909年には国外退去させられた。**ベトナム光復会**は帰国したファン=ボイ=チャウが広東に拠点を移して1912年に結成した民族組織だが，大きな成果を上げることはできず，彼自身も逮捕・軟禁生活を送ることになった。ベトナム光復会はやや細かい語句。1904年にファン=ボイ=チャウが結成した維新会と混同しないように。

⑽ **タキン党**は1930年代はじめに結成された「われらビルマ人協会」に参加した者の総称で，次第に団体名としても用いられるようになった。タキンは「主人」という意味で，党員がお互いの敬称にタキンを用いたためといわれる。イギリスに対して自治ではなく完全独立をもとめ，第二次世界大戦中には他の組織とともに抗日統一戦線の反ファシスト人民自由連盟を結成した。指導者のアウン=サンは大戦後イギリスと交渉し，1947年に翌年の独立を約束させたが，独立直前に暗殺されている。このアウン=サンの娘がスー=チーである。

解答例

⑴白蓮教徒の乱
⑵バブーフ
⑶カルボナリ（炭焼党）
⑷デカブリスト（十二月党員）の乱
⑸クー＝クラックス＝クラン（K·K·K）
⑹全琫準
⑺中国同盟会
⑻全インド＝ムスリム連盟
⑼ベトナム光復会
⑽タキン党

66 交通のあり方が果たした歴史上の役割

（2008年度 第3問）

〔地域〕全地域 〔時代〕古代～現代 〔分野〕政治・経済・文化

ヒトやモノの移動・文化の伝播・文明の融合などに道路や鉄道などの交通のあり方がどのような役割を果たしたか，というテーマのもとに世界史上の道路・鉄道・東西交易などについて基本的な知識を問う問題。これまでもヒトやモノの移動は第3問でよく取り上げられたテーマであるが，本題ではヒトやモノの移動や文化の伝播そのものではなく，それに大きな役割を果たした交通手段に関連する問題で構成されている。ただ，実際の設問は専門的な知識を必要とするものはなく，教科書学習で対処できるものがほとんどである。問(3)のサンチャゴ=デ=コンポステラは専門的なようだが，最近の入試では比較的よく取り上げられるようになった地名なので覚えてほしい。問(6)(b)の牌符（牌子）は漢字表記が難しい。

(1) **スサ**は，現在のイラン南西部にあったアケメネス朝ペルシアの王都。第3代の王ダレイオス1世が新王都ペルセポリスを建設した後も行政の中心として栄えた。一方，サルディスは現トルコ領の小アジア（アナトリア）西部の都市で，かつて世界最初の鋳造貨幣が造られたことで知られるリディア王国の王都であった。「王の道」はこのスサ・サルディス間を結ぶ全長約2500キロの幹線道路で，沿道には宿駅が設けられて駅伝制が整備され，アケメネス朝の統一を強化するとともに，交易を促進するのに役立った。

(2) **アッピア街道**は，ローマと南方のカプアまでを結ぶローマ最古の軍用道路で，現在も一部は自動車道として使用されている。アッピア街道の名は，前4世紀末にこの街道の建設を始めたケンソル（監察官，戸口調査官）のアッピウス=クラウディウス=カエクスに由来する。その後，前2世紀までにさらに南東へと延長されて全長540キロにおよび，ローマの東方ヘレニズム世界進出に大きな役割を果たした。また，カプアは古代ローマ時代に剣闘士養成所があったところとして有名で，前73年のスパルタクスの乱もここから起こった。

(3) **サンチャゴ=デ=コンポステラ**は，イベリア半島北西部の都市。イエスの十二使徒の一人である聖ヤコブ（スペイン語名サンチャゴ）がイェルサレムで殉教した後，その遺体が移送されたといわれ，その遺骨が9世紀に発見されたことで大聖堂が建てられた。その後イスラーム教徒に対するレコンキスタが本格化するとその象徴として喧伝され，聖ヤコブ崇敬はイベリア半島全土に拡大した。こうしてサンチャゴ=デ=コンポステラはイェルサレム，ローマと並ぶ巡礼地となり，レコンキスタを進めるキリスト教諸侯もこれを歓迎したため，巡礼のためのルートや宿も次第に整備されヨーロッパ全土から巡礼者が集まるようになった。現在も世界中から多くの巡礼者が訪れている。

(4) **ソグド人**は，中央アジアを流れるアム川とシル川に挟まれたソグディアナ地方のイラン系住民。彼らが建設したソグディアナの中心都市サマルカンドは，古代にはマラカンダと呼ばれ，のちにティムール朝の首都となったことで知られる。ソグド人は古くから諸民族・国家の支配下に置かれながら東西交易に従事し，彼らの活動に伴ってゾロアスター教・マニ教が東伝している。特に唐代に活躍して胡人と呼ばれている。アラム文字の影響下につくられたソグド人の文字は，ウイグル文字のもととなり，ここからモンゴル文字・満州文字が生まれたことでも知られる。

(5) 「オアシスの道」が別名「絹の道（シルク=ロード）」と呼ばれるように，「海の道」は別名「陶磁の道（セラミック=ロード）」とも呼ばれる。唐三彩，宋の青磁・白磁などの**陶磁器**が9世紀頃から大量に西方に運ばれるようになったが，絹に比べて重いため陸路ではなく海路が主に使用された。ダウ船を駆使したムスリム商人，ジャンク船を駆使した中国人商人などがこれらの貿易を担った。

(6)(a) **ジャムチ（站赤）**は，チンギス=ハンが導入し，オゴタイ=ハンが整備した駅伝網で，一定の距離ごとに站（たん）（駅）を設け，民戸100戸を站戸として，馬やラクダ・食料を旅行者に提供させた。ジャムチは広大なモンゴル帝国の統一に役立っただけでなく，東西文化の交流にも大きな役割を果たした。なお，站戸は税を軽減されたがその負担は重く，のち彼らの疲弊から駅伝制は次第に衰退することになった。

(b) **牌符（牌子）**は，公用で旅行する者が携帯した証明書で現在のパスポートにあたるもの。戦国時代からみられるが，元では旅行目的によって金符・銀符・円符など種類を分けて整備した。

(7) 大陸横断鉄道は，1850年代から着工され，カリフォルニアからはセントラル=パシフィック社が，東方からはユニオン=パシフィック社が建設を進めたが，1861～65年の**南北戦争**で建設は中断，戦争後の1869年にユタ州（当時は準州）のプロモントリー=ポイントで連結して完成した。また，この鉄道建設では中国人移民やアイルランド移民が主要な労働力となったが，その背景として中国はアヘン戦争・アロー戦争の賠償金と列強の経済的進出で困窮者が増えたこと，アイルランドは1840年代半ばに主食のジャガイモの不作から飢饉が起こり，アメリカへ渡る者が増えたことがあげられる。

(8) **メッカ**は預言者ムハンマドの生誕地であり，カーバ神殿の所在地で，イスラーム教最大の聖地である。カーバ神殿は元来アラブ多神教の神殿であったが，ムハンマドによってイスラーム教の聖堂とされた。高さ15メートルの立方形の建物で，東の角の下部に神聖視される黒石がはめ込まれている。メッカへの巡礼はイスラーム教の実践義務「五行（信仰告白・礼拝・喜捨・断食・巡礼）」の一つで「ハッジ」と呼ばれ，イスラーム暦12月に行われる。

⑼ 清朝は義和団事件の北京議定書で外国軍の北京駐留を認めたため，中国は半植民地状態に陥っていた。こうした中で清朝は遅まきながら延命のための改革を進めることになった（光緒新政）。改革は官制・学校制度の改革，殖産興業の推進，新軍と呼ばれる西洋式軍隊の整備などで，この結果清は財政難となったため増税をおこない，また外国から借款を得ようとし，借款の担保とするために民営の鉄道を国有化しようとはかった（**幹線鉄道国有化**）。これは当時利権回収運動を進めていた人々を憤激させ，国有化に反対する四川保路同志会が結成されていた四川省では1911 年 9 月に暴動が発生した。これに刺激された武昌の新軍が武装蜂起したことが辛亥革命の発端となった。

⑽ **アウトバーン**は，ドイツ語で“自動車専用道路”の意。ヒトラー以前から一部の工事は始まっていたが，ヒトラーは 1933 年の首相就任後，軍事的目的と失業対策の一環として本格的に建設を推進した。その大規模な計画，立体交差などの設計・工事方法とも世界道路史上画期的なものであり，現在も重要な幹線道路として使用されている。

解答例

⑴スサ
⑵アッピア街道
⑶サンチャゴ＝デ＝コンポステラ
⑷ソグド人
⑸陶磁器
⑹ⓐジャムチ（站赤） ⓑ牌符（牌子）
⑺南北戦争
⑻メッカ
⑼幹線鉄道国有化（鉄道国有化令）
⑽アウトバーン

67 19〜20世紀の植民地獲得競争と民族主義運動

(2007年度 第3問)

〔地域〕全地域 〔時代〕近代・現代 〔分野〕政治

近・現代の植民地・領土獲得競争，民族主義運動などについて多岐にわたり問われており，時代・地域・テーマは広範である。ヨーロッパ列強が東南アジア，アフリカ，西アジアなど世界全域で植民地・領土獲得競争を展開し，帝国主義的な政策が展開された時代からの出題。これに対する民族主義的運動の拡大や19世紀のアメリカ合衆国の非人間的な「インディアン」政策なども問われ，さまざまな側面から世界史というものをとらえているかどうかをもみようとしている。語句記述主体のため，解答しやすいが，問(6)のルワンダと問(10)のモンゴルに関する設問が答えにくく，ここで得点差が生じる可能性が大きい。

(1) イギリスは1786年に**ペナン**島を占領し，ナポレオン戦争中にはオランダ領だった海上交通の要衝**マラッカ**も占領した。さらに1819年には植民地官僚のラッフルズがジョホール王から**シンガポール**を買収して港市を建設し，1826年にはこの3つをあわせて海峡植民地とした。

(2)(a) インディアン強制移住法は1830年**ジャクソン**大統領が制定したもの。これによってインディアン部族の多くが，それまでの豊かな居住地から，ミシシッピ川以西に設定された西部の保留地へ強制的に移住させられた。チェロキー族がジョージア州からオクラホマ州へ約1万3000キロを移住させられ，途中で飢えや寒さなどで数千人の犠牲者を出したことは有名。このルートは「涙の道（涙の旅路）」として知られる。

(b) 「**マニフェスト=ディスティニー**」（**明白な天命**）は，1840年代にアメリカのジャーナリズムで用いられた言葉が一般化したもの。低い文明水準にあるアメリカ大陸の地域に対し，これを併合して文明化していくことは，アメリカ人が神から与えられた使命であるとする考え方。

(3) **リベリア**は，1822年アメリカ植民協会が解放奴隷を西アフリカの現在のモンロビアに入植させ，彼らが1847年独立を宣言して建国したアフリカ最初の黒人共和国である。現在国民の多数派はもとからのアフリカ人であり，アメリコ=ライベリアンとよばれる解放奴隷の子孫は少数派になっている。

(4) 「都市の名称として残している」というヒントではわかりにくいかもしれないが，「イギリス人宣教師」でアフリカ探検といえば**リヴィングストン**である。彼は南アフリカに宣教師として赴任，布教活動のかたわらザンベジ川水系を探検し，ヴィクトリア滝を発見した。1866年からナイル川の水源を探検中に行方不明が伝えられたが，アメリカ人ジャーナリストで探検家のスタンリーにより救出された。都市リヴィングストンは現ザンビアの南部，ジンバブエの国境付近，ザンベジ川右岸にある。

(5)(a) 「1880年代初め」に起こったエジプトの武装蜂起は，1881～82年の**ウラービー（オラービー）**の反乱。ウラービー大佐は，イギリスなどの外国による財政支配に対するエジプト人の不満を背景に「エジプト人のエジプト」を掲げ，1881年に反乱をおこし，国民の支持のもとに新内閣と新憲法を成立させた。しかしイギリスが武力介入したことからウラービー軍は敗北し，エジプトはイギリスの軍事占領下におかれることとなった。

(b) スーダンでイギリスに抵抗したのは**ムハンマド=アフマド**。エジプトを支配下に収めたイギリスはスーダンに支配の手を広げたが，マフディー（救世主）を称するムハンマド=アフマドはイギリスに対するジハード（聖戦）を指導し抵抗した。イギリスは，太平天国の乱の鎮圧に際して常勝軍を率いて活躍したことで知られるゴードン将軍の率いる軍を派遣したが，ハルトゥームでマフディー軍によって全滅させられ，ゴードンも戦死した。イギリスはその後，1899年にようやくマフディー軍を破り，スーダンを支配下におくことになる。

(6) やや難。「ルワンダ，ブルンジ，タンザニア」は，19世紀末にドイツ領東アフリカ植民地となった地域。第一次世界大戦におけるドイツの敗戦でルワンダはベルギーの植民地支配下におかれた。問題文に「19世紀末」とあるので正解は**ドイツ**。

ルワンダは遊牧民である少数派のツチ族が農耕民である多数派のフツ族を支配する体制が続いてきた。ドイツ・ベルギーは両民族の対立を利用することで植民地支配を維持してきた。1962年の独立後も両民族の対立が続き，1994年フツ族大統領暗殺により内戦が激化，フツ族によるツチ族の大量虐殺がおこった。

(7)(a) **アフガーニー**は，イラン生まれのイスラーム思想家・革命家。彼は世界各地を遍歴し，イスラーム世界がヨーロッパの帝国主義によって政治的・経済的に従属させられている状況を目にし，ムスリムが連携してこれを打破していく必要性を説いた。彼はエジプトのウラービーの反乱，イランのタバコ=ボイコット運動などイスラーム世界の反帝国主義運動に大きな影響を与えた。

(b) カージャール朝のもとで，財政を維持するため各種利権が外国人に売り渡されたが，1890年**タバコ**の専売利権がイギリス人に売り渡される契約が行われると，国内のタバコ商人，バザール商人などの不満が高まった。1891年アフガーニーの影響を受けた宗教指導者の呼びかけでイラン人は一斉に喫煙をやめ，タバコ=ボイコット運動を始め民族意識も高揚した。この結果，政府は利権を停止し，改革運動は勢いを増した。

(8) 「19世紀末にイタリア軍を打ち破り」とは，1896年に**エチオピア**がアドワの戦いで勝利したことを指している。その後，イタリアは1935年再びエチオピアを侵略，1936年エチオピア皇帝ハイレ=セラシエはイギリスに亡命し，エチオピアは一時イタリアの属領になった。しかし，イギリス軍によるエチオピア解放で帰国・復位している（1941年）。

⑼⒜ **ズデーテン地方**はチェコの北部，ドイツと国境を接する帯状の地域。中世からドイツ人の植民が行われ，第二次世界大戦前には約300万のドイツ人が住んでいた。ナチス=ドイツが成立すると，ズデーテン=ドイツ人党はヒトラーと結び「民族自決」を掲げドイツとの合併を要求した。ヒトラーもズデーテン割譲をチェコスロヴァキアに迫り，1938年この問題をめぐって，英・独・仏・伊の首脳によるミュンヘン会談が開かれた。この会談でズデーテン地方のドイツへの割譲が認められ，チェコスロヴァキアは解体へと向かった。

⒝ ミュンヘン会談に集まったのはイギリス首相**ネヴィル=チェンバレン**，フランス首相ダラディエ，イタリアのムッソリーニ，ドイツのヒトラーである。イギリス・フランスは戦争を回避するため，ミュンヘン会談でドイツに対する宥和政策をとり，ヒトラーの要求を受け入れた。

⑽ **主題：ソ連崩壊前後のモンゴルの政治・経済的な変化**

ポイント ①一党独裁を放棄 ②市場経済へ移行

難問。ソ連が1990年共産党の一党独裁を放棄したことを受けて，モンゴルでもこの年，人民革命党が一党独裁を放棄し，1992年新憲法が発布され，国名もモンゴル人民共和国からモンゴル国と改め，社会主義経済から市場経済に移行した。

解答例

⑴マラッカ・シンガポール・ペナンから2つ
⑵⒜ジャクソン ⒝マニフェスト=ディスティニー（明白な天命）
⑶リベリア（リベリア共和国）
⑷リヴィングストン
⑸⒜ウラービー（オラービー） ⒝ムハンマド=アフマド
⑹ドイツ
⑺⒜アフガーニー ⒝タバコ
⑻エチオピア（エチオピア帝国）
⑼⒜ズデーテン地方 ⒝ネヴィル=チェンバレン
⑽一党独裁を放棄し，モンゴル国と改称して市場経済に移行した。

68 政治的統合の諸形態と歴史 (2006年度 第3問)

〔地域〕アジア・ヨーロッパ 〔時代〕古代〜近世 〔分野〕政治

時代は古代から近世にかけて，地域はメソポタミア，西アジア，中央アジア，中国，ヨーロッパと広い範囲から出題されており，世界史上の政治的統合の諸形態というテーマで各地域の知識が問われているが，実質的には雑題方式となっている。問(1)の地図問題の選択法，問(3)の小論述以外はすべて記述法での出題。メソポタミアから近世ヨーロッパまで地域的に幅広く問われているが，いずれも世界史の基本的な事項なので，ここでは完答をねらってほしい。ニネヴェの地図上の位置などに意外と引っかかりやすいので注意が必要。

(1) アッシリアの首都には，ともにティグリス川流域のアッシュールとニネヴェがあるが，ここでは前7世紀にオリエント支配を確立したときの首都が問われているものと判断した。**ニネヴェ**は前8世紀末からアッシュールに代わって首都となった。位置はティグリス川東岸の(イ)。なお，地図の(ア)はサルデス，(ウ)はバビロン，(エ)はスサ，(オ)はペルセポリス。

(2) イスタンブールは，前7世紀**ギリシア**人植民市として建設された。ギリシア名は**ビザンティオン**，ラテン語読みではビザンティウム。ローマ帝国のコンスタンティヌス1世が330年この都市に首都を移転し，彼の名にちなんで名称をコンスタンティノープルと改めた。ローマ帝国の東西分裂の後，1453年まで東ローマ帝国（ビザンティオン・ビザンティウムにちなみビザンツ帝国とよばれる）の首都であった。1453年オスマン帝国のメフメト2世によって征服され，オスマン帝国の新しい首都としてイスタンブール（“イスラーム教徒の町”の意味といわれる）とよばれるようになった。

(3) **主題：春秋時代における尊王攘夷の歴史的意味**

ポイント ①尊王＝周王室を尊ぶ ②攘夷＝異民族を討つ

周は，侵入した異民族の犬戎(けんじゅう)によって前771年に鎬京(こうけい)を攻略され，翌前770年に都を東の洛邑(らくゆう)に移し，これ以降春秋時代が始まった。この時代，周王室の力は弱まったが，まだその権威は残っており，有力諸侯は周王の権威を利用しつつ，勢力拡大に努めた。諸侯に同盟を呼びかけその盟主（覇者）になるために用いられたスローガンがこの「尊王攘夷」である。

(4) **プトレマイオス朝**は，アレクサンドロス大王の部将で後継者（ディアドコイ）の一人であったプトレマイオスが前304年に建てた。女王クレオパトラはカエサル，次いでアントニウスと結んだが，オクタヴィアヌスとのアクティウムの海戦（前31年）に敗北し，翌年自殺。これによりプトレマイオス朝は滅亡（前30年），ローマはエジプトを併合し，属州に加えた。

(5)　**後ウマイヤ朝**は，アッバース朝により滅亡したウマイヤ家の一族が北アフリカを経てイベリア半島に渡り756年に開いた王朝で，首都は**コルドバ**におかれた。

(6)　モンゴル高原の遊牧諸族は，氏族・部族の長を同族の有力者が参加する集会で選出する習慣をもっていた。この集会が**クリルタイ**である。1206年に開かれたクリルタイでテムジンがチンギス=ハンの称号を受け，モンゴル帝国が成立した。モンゴル帝国でもハンの選定，遠征の決定や法令の発布など国家的重要事項がクリルタイで決定された。

(7)　洪武帝の第4子朱棣(しゅてい)は北平（北京）に燕王として封じられたが，次第に頭角を現し，洪武帝のあとを継いだ建文帝が各地の諸王の権限を削減する政策をとったことに反抗し軍事行動をおこした。彼は建文帝に誤った政策をとらせた側近を除くこと，すなわち「君側の奸を除き，帝室の難を靖んずる」をスローガンに南京（金陵）を攻略，帝位についた。これが靖難の役で，燕王は第3代**永楽帝**（成祖）として即位した。

(8)　シュタウフェン朝断絶により皇帝選出に混乱が生じ，イギリス・フランスが皇帝選出に介入して，1256～73年にはドイツで実質的に皇帝が不在となる大空位時代となった。1273年ハプスブルク家のルドルフ1世の即位でこの大空位時代は終わり，その後成立したルクセンブルク朝の**カール4世**が，1356年**金印勅書（黄金文書）**を発布し，7人の選帝侯と皇帝選挙の手続きを確認した。

(9)　教会大分裂（1378～1417年）は教皇のバビロン捕囚後いったんローマに戻された教皇庁が再びアヴィニョンとローマに分裂し，対立したことをいう。この間教皇の権威は失墜し，教会の世俗化，腐敗が進み，各地で教会の改革を求める運動が起こった。イングランド教会の独立を主張し，聖書の英語訳とその普及に努めたオクスフォード大学神学教授のウィクリフ，彼の説に共鳴して教会の土地所有や世俗化を批判し，聖書のチェコ語訳に努めたプラハ大学の神学教授フスなどの運動である。教会大分裂は**コンスタンツ宗教（公）会議**（1414～18年）で統一教皇を選出することで収拾されたが，この宗教会議は**フス**を召喚し，その説を異端として，彼を焚刑（火あぶりの刑）に処したことでも知られている。なお，この宗教会議当時ウィクリフはすでに死亡している。

(10)　スペインのフェリペ2世はプロテスタント（カルヴァン派）の多かったネーデルラントにカトリック信仰を強制した。これに反発したネーデルラントの住民は，オラニエ公ウィレムを指導者として独立運動を展開した。カトリック教徒が多かった南部10州が脱落したものの，北部7州は1579年**ユトレヒト同盟**を結成し，1581年ネーデルラント連邦共和国（オランダ共和国）の独立を宣言した。最終的には1609年の休戦条約でスペインからの独立を達成，その後ウェストファリア条約で正式に独立を各国から承認された。

解答例

⑴ⓐニネヴェ ⓑ—(イ)

⑵ⓐギリシア ⓑビザンティオン

⑶周王室を尊び，夷（異民族）を討ち払うというスローガン。

⑷プトレマイオス朝

⑸ⓐコルドバ ⓑ後ウマイヤ朝

⑹クリルタイ

⑺永楽帝

⑻ⓐ金印勅書（黄金文書） ⓑカール 4 世

⑼ⓐコンスタンツ宗教（公）会議 ⓑフス

⑽ユトレヒト同盟

69　人間とモノ，モノを通じた交流の歴史

（2005年度　第3問）

〔地域〕全地域　〔時代〕古代～近世　〔分野〕技術・社会

製鉄技術と鉄製武器，文字と書写道具・材料，金属貨幣，製紙法，馬，毛織物，農具，陶磁器，茶・コーヒーなどモノおよびモノの交流を通して，広く世界史の知識を求める問題。ここでは時間の縦の流れではなく，歴史の各時代のモノを通じての横の流れ，すなわち「交流」をテーマとしている。さらにモノというテーマで政治史や事件史でなく，日常的な生活や文化に焦点があてられている。こうした視点は，近年出版される歴史書でも多く見られるようになった。文化史・生活史・社会史など日常性の歴史は，歴史を深層の部分で理解するには欠かせないものである。解答で求められているのはモノの名前，人名，都市名などであるが，それらにかかわりをもつ歴史の背景は大きな広がりをもつ。なお，本問では図版が多用されているが，歴史の学習では文字だけでなく，地図や図版・写真などから豊かで具体的なイメージを得ておくことが大切なことを改めて認識させてくれる問題となっている。

(1)(a)　「海の民」は前13世紀の終わりから前12世紀初めにかけて，東地中海一帯の諸国・都市を攻撃した民族の総称。民族系統は不明。彼らの攻撃でエジプトは弱体化し，ヒッタイトは滅亡，ミケーネ文明も衰えた。その一派フィリスティア人は『旧約聖書』で**ペリシテ人**とよばれ，南パレスチナに定住し，イスラエル諸部族を軍事力で圧迫し，イスラエル王国のサウル王を戦死させた。

(b)　サウル王の死後，イスラエル諸部族を統一し王に選ばれたのは**ダヴィデ**である。彼はサウル王の武将で，サウル王に追放されていたが，その死後，ペリシテ人を撃破し，パレスチナ全土を掌握し，イェルサレムを首都とするヘブライ王国の基礎を固めた。

(2)　アッシリアの公用語は当時のメソポタミアで広く話されていたアッカド語と，内陸交易での活躍によって西アジアの国際商業語となっていたアラム語であった。

(a)　アッカド語は**楔形文字**で表記された。楔形文字は柔らかい粘土板に葦の茎や金属などのとがったペンを押しつけ，楔形の文字を記すもので，シュメール人が創始し，やがて言語系統の異なるセム語系やインド=ヨーロッパ語系の言語を表記するためにも用いられるようになった。

(b)　アラム語は**アラム文字**によって書き表された。アラム文字は22の子音からなる表音文字で，粘土板に刻まれた楔形文字とは違い，羊皮紙やパピルスのような紙に書かれた。このアラム文字は，アラム人の商業活動によって前9～前8世紀頃から西アジア一帯に普及し，ヘブライ文字，ソグド文字，ウイグル文字，モンゴル文字などの母体となったことでも知られている。なお，パピルスといえばエ

ジプトだが，設問文には「アッシリアの壁画に描かれた書記の図」とあるので，神官文字・神聖文字などにしないように注意しよう。パピルスはこの頃にはメソポタミアでも使用されるようになっていた。

(3) 図版Bは中国の戦国時代に用いられた青銅製貨幣で，刀銭は斉・燕で，布銭は韓・魏・趙で，環銭は秦・魏・斉で用いられた。ここで問われているのはこれらの貨幣が用いられた頃の中国に分立した領土国家，「戦国の七雄」**斉・楚・燕・韓・魏・趙・秦**である。このうち3つを書けばよい。

(4) **蔡倫**は後漢の宦官。彼の作った紙は蔡侯紙(さいこうし)とよばれ広く用いられたといわれる。蔡倫が紙の発明者とされてきたが，近年の考古学上の発掘により，紙はすでに前漢時代から存在していたことが明らかにされ，蔡倫は製紙技術の改良者として捉えられている。

(5)(a) 「軍用の動物」とあるのだから，すぐに**馬**だと見当がつくはず。

(b) 「13 世紀」「イタリア商人」から**マルコ=ポーロ**だとわかるだろう。彼の『世界の記述（東方見聞録)』には南インドの西海岸マラバル地方の王国で，ペルシアやアラビアから大量の軍馬が多くの国費を使って輸入されていることが記されている。

(6) 図版Cはヤン=ファン=アイク（ファン=アイク兄弟の弟）の『アルノルフィニ夫妻の肖像（結婚)』。ファン=アイク兄弟が活躍したネーデルラントのフランドル地方（今日のベルギー）は，中世におけるヨーロッパ随一の**毛織物**の産地として有名で，ブリュージュ・ガンなどの都市が栄えた。しかし，16 世紀以降，毛織物生産の中心はイギリスに移った。

(7) 図版Dは元の王禎の『農書』や明の**徐光啓**の**『農政全書』**に掲載された秧馬(おうば)という農具。苗を植えるときに用いた。徐光啓は礼部尚書（文部大臣）にもなった明の高官で科学者。イエズス会士と接触してキリスト教徒となり，マテオ=リッチとの共訳『幾何原本』も有名。『農政全書』60 巻は歴代の 250 種の農書文献を用い，それらを集大成したもの。

(8) デルフトはオランダ西部の都市。16 世紀から開始されたデルフト焼は，17 世紀には中国磁器を写した陶器と青色および多彩色の絵付けのタイルの生産によって一躍有名となり，その製品は広くヨーロッパ各国に輸出された。このデルフト焼に影響を与えた中国の陶磁器生産の中心地として有名な都市が**景徳鎮**。景徳鎮は中国江西省の窯業都市で唐代から白磁で有名であったが，宋代になると技術が急速に向上して，薄づくりのみごとな白磁（青白磁・影青）が量産され，海外輸出も始まった。明代の初期には政府直営の工場が置かれ，青花・五彩など豪華なさまざまの磁器が，官窯と民窯で作られた。明代末期からヨーロッパへの輸出がさかんになり，ヨーロッパ陶芸に大きな影響を与えた。その後デルフトに次いでドイツのマイセン，イギリスのウェッジウッドなどヨーロッパを代表する陶磁器が作り出された。

(9)　海外のプランテーションで生産された飲食物で近代のヨーロッパの生活文化に大きな影響を与えたものの中に紅茶とコーヒーがある。18世紀のイギリスの都市，特にロンドンには多くの「**コーヒーハウス**」が生まれた。「コーヒーハウス」は，新しい飲み物であるコーヒーや紅茶を飲み，タバコをくゆらせながらさまざまな身分の人々が自由に文化・政治・経済など種々の話題を活発に議論する社交場でもあった。情報の集まるコーヒーハウスから初期のジャーナリズムが生まれ，ここで株式や証券の取引も行われた。世界的に有名なロンドンの保険引き受け集団ロイズもこうしたコーヒーハウスから生まれたものである。フランスではこうした社交の場としてコーヒーを飲ませる店は「**カフェ**」とよばれた。カフェは文人や役者，芸術家のたまり場となり，革命期には行動的知識人が政治や芸術をめぐって議論をたたかわせ，新しい思想を練り上げるための場となっていた。

解答例

(1)(a)ペリシテ人　(b)ダヴィデ
(2)(a)楔形文字　(b)アラム文字
(3)斉・楚・燕・韓・魏・趙・秦から3つ
(4)蔡倫
(5)(a)馬　(b)マルコ＝ポーロ
(6)毛織物
(7)(a)農政全書　(b)徐光啓
(8)景徳鎮
(9)コーヒーハウス（カフェ）

70 書物の文化の歴史 （2004年度 第3問）

〔地域〕全地域 〔時代〕古代～現代 〔分野〕文化・技術

書物の文化の歴史に関する幅広い設問となっている。情報化時代の今日，多種多様な書物が出版されると同時に，出版文化そのものが大きな変化にさらされている。歴史の中に書物・情報・文化などにかかわるテーマを追求することが，今後もますます必要とされるであろう。本問では書物そのものというよりは書物に関連づけて，中国・朝鮮・欧米の文化・技術史から色々な設問を引き出している。最後の問⑽は歴史というよりは現在の情報メディアに関する知識を問うもので，時事的要素をもつ問題であり，解答しにくかったかもしれない。

⑴ 秦代の中国の思想統制は「焚書坑儒」という言葉で知られる。秦の天下統一後，丞相（宰相）となった李斯は，郡県制の徹底，焚書坑儒など始皇帝の統一政策のほとんどを立案している。李斯は商鞅・韓非などとともに**法家**の思想家。法家は抽象的な礼ではなく，法の厳格な施行と信賞必罰による統治を主張した学派。

⑵ 玄奘は629年長安を出発，西域を経てインドに赴いた。インドではハルシャ=ヴァルダナ王の厚遇を受け，**ナーランダー僧院**で学び，仏典・仏像を携え645年帰国した。ナーランダー僧院は，グプタ朝のクマーラグプタ1世が創建し，ハルシャ王の頃には数千人の僧徒がいたという。

⑶ 儒教の経典として，漢代以来，五経（『易経』『書経』『詩経』『礼記』『春秋』）が尊重されてきたが，朱子は**四書**（『大学』『中庸』『論語』『孟子』）を高く評価し，注釈をほどこした。科挙制は王朝とともに変遷があったが，宋代には州試（解試）→省試（礼部試）→殿試の3段階の制度が成立している。

⑷ 『大蔵経』は仏教聖典を総称したもので，『一切教』『三蔵』ともよばれる。木版印刷による『大蔵経』は最初宋で作られ，西夏・高麗・日本などに送られた。高麗では，11世紀前半この復刻版を出し，その版木が元軍侵入の戦火で消失すると，13世紀中期に再度復刻版を完成させた。これを**『高麗版大蔵経』**とよぶ。韓国の慶尚南道海印寺は今もこの版木を収蔵している。

⑸ ハングルは朝鮮王朝の第4代世宗が1446年に制定した朝鮮文字。当初「**訓民正音**」の名称で公布された。最初は庶民の教化のために制定されたものだが，次第に一般に普及し19世紀末公用文にも用いられるようになり，日本統治時代に「ハングル」という名称が作られた。「ハングル」は“大いなる文字”の意で，現在北朝鮮では唯一の文字とされ，韓国でもほとんどの文章はハングルで記されている。

⑹ **活版印刷**は1450年頃，ドイツの**グーテンベルク**により発明されたといわれる。グーテンベルクは規格を決め容易に交換できる金属活字を作り，油搾り機やぶどう搾り機にヒントを得てプレスを用いた。なお，世界最古の金属活字による印刷は，

14世紀の高麗において行われている（活字の材質は不明）。

⑺ **ルター**は，キリスト教信仰は聖書のみに頼るべきとし，1521年から，ヴァルトブルク城で『新約聖書』をラテン語訳からドイツ語に翻訳した。その後『旧約聖書』の翻訳も進め，1534年旧約・新約全巻が出版された。ルターは民衆に理解できるよう平易で力強いドイツ語を心がけ，標準ドイツ語成立への道を開いた。

⑻ 中国での言文一致の運動は白話（白話文学）運動といわれる。この白話運動の端緒になったのが1917年，胡適が啓蒙雑誌『**新青年**』（1915年の創刊当時の名称は『青年雑誌』。これを翌1916年改名）に載せた「文学改良芻議（ぶんがくかいりょうすうぎ）」である。その後魯迅らが『新青年』誌上で『狂人日記』などを発表し，白話運動を推し進めた。

⑼ ヘンリー=フォードが自動車の大量生産に用いた**ベルトコンベア方式**（**流れ作業方式**）を思い出したい。フォードは自動車をだれもが利用できる大衆車として生産することをめざし，T型フォードを発表した。自動車を安く，大量に生産するためベルトコンベアによる流れ作業を採用，部品の互換性を高め，仕事を細かく分け単純化し分業を徹底，ベルトコンベアに乗せて部品を移動させ，決まった作業を短時間で終えるようにし，生産能率を飛躍的に高めた。この大量生産方式は，**フォード=システム**ともよばれ，以降，20世紀の生産システムに多大な影響を与えた。

⑽ **電子計算機**（**コンピュータ**）は第二次世界大戦中に開発が進み，1946年アメリカで完成した。なお，パソコン（パーソナルコンピュータ）は小型化・軽量化された個人用のコンピュータのことで，1980年代に一般化しており，設問文にある「第二次世界大戦中」に開発された「新しい技術」にはそぐわない。

「新しい出版の形態」とは，電子出版といわれるもので，従来の紙に印刷された書籍とは異なり，CD-ROMやインターネットによってデータとして配布される。パソコンや携帯電話・タブレットの画面上で読むことができ，これらは電子書籍といわれる。

解答例

⑴法家

⑵ナーランダー僧院

⑶四書

⑷高麗版大蔵経

⑸訓民正音

⑹ⓐ活版印刷　ⓑグーテンベルク

⑺ルター

⑻新青年

⑼ベルトコンベア方式（流れ作業方式，フォード＝システム）

⑽電子計算機（コンピュータ）

71 交通手段の発展とその影響 (2003年度 第3問)

〔地域〕全地域 〔時代〕中世～近代 〔分野〕社会・技術

海上・陸上交通の発展について歴史的知識を問う問題。2003年度第1問と重なる部分もあり，歴史の分野でいえば社会史・技術史に分類される範囲である。こうした視点から歴史を見るのは興味深いが，あまり細かな事象に目を奪われると，歴史の大きな流れがつかめなくなることがある。設問の中にはかなり細かな知識を前提としているものもある。問(4)の設問文中のブリッジウォーター運河は教科書にはあまり出てこないが，正解自体は教科書レベルで解答可能である。問(6)大陸横断鉄道の略図も受験生をやや戸惑わせる設問で，地図を日ごろからよく利用しながら学習する必要があることを痛感する。問(7)は勘違いしやすい問題。問(10)ロンドンの地下鉄で1890年に採用された新技術を問う問題は，かなり細かい印象を受けるが，問題文をよく読めば「蒸気機関」後の車両として電気機関車を類推するのはそう難しくはないはずである。

(1) **鄭和**は，明の永楽帝に仕えた宦官でイスラーム教徒。1405～33年の間に，7回の南海への大航海の司令官を務めた。その主な目的は政府直営の海外貿易（朝貢貿易）の促進とされる。この航海は中国人に東南アジア方面に関する知識を提供し，華僑の進出の端緒ともなった。

(2) 問われているのはモンゴル帝国の**駅伝制**。こうした駅伝制はユーラシアの大帝国の巨大な版図を緊密に連絡する必要からオゴタイ=ハン時代に整備され，元朝時代には中国全域にも広げられた。モンゴル語で**ジャムチ**，中国語では**站赤**という。jamとはモンゴル語で“道”を意味し，ジャムチはそれをつかさどる人をいう。中国で站とよばれる駅は，站戸の供出による駅馬やその他必要物資を備え，公務旅行者や使節などに駅馬や食事を与え，接待を行った。

(3) **ダウ船**はアラビア海で使われた一本マストに大三角帆を張った200トン程度の木造帆船をさす。後には2本・3本マストを使うようになり，広くペルシア湾・紅海・インド洋における木造アラビア帆船の総称として用いられるようになった。インド洋では，11月から3月にかけて北東から南西に，4月から10月にかけて南西から北東に季節風が吹き，この季節風を利用して交易が行われた。なお，中国人が貿易で使用した帆船はジャンク船，大航海時代にヨーロッパ人が使用した帆船をガレオン船という。

(4) 「イギリス産業革命を代表するある都市」ということで，木綿工業の中心都市であるランカシャー地方の**マンチェスター**を導き出すのはそう難しくはないだろう。イギリスでの運河の建設は，産業革命開始に伴い大量の石炭を輸送する必要から盛んになった。1761年開通したブリッジウォーター運河は，ワースリーの石炭をストレトフォードなどの北西地方の急速に発展する都市に輸送するためのものであった。それはやがてマンチェスターまで延長され，マンチェスターおよびその周辺の産業に多大な影響を与え，さらにリヴァプールの貿易，特にアメリカ産原綿の輸入に役立った。その後バーミンガム運河，トレント-マージー運河（大幹線運河とも呼ぶ）が開削されるなど，18世紀半ばすぎから1830年ごろまで続いたいわゆる「運河狂時代」は，イギリスの工業地帯を結びつける運河網を作り上げたが，その後鉄道輸送に役割を譲ることになる。

(5) 蒸気船を実用化した**フルトン**はアメリカの技術者。パリに渡り，1803年セーヌ川で蒸気船の実験に成功した。アメリカに帰国後の1807年，ワットの蒸気機関を搭載した外輪船クラーモント号を建造した。この船はニューヨーク～オルバニー間約240kmを32時間で航走し，旅客輸送として商業的に成功した。これが世界最初の旅客汽船である。

蒸気機関を用いて初めて大西洋を横断した船はアメリカの**サヴァンナ号**。1819年アメリカ東岸サヴァンナを出港，27日と11時間を要してイギリスのリヴァプール港へ到着した。しかし実際に蒸気の力で航走したのは85時間にすぎず，大半は帆による帆走であった。

(6) オレゴン（1846年）とカリフォルニア（1848年）が正式にアメリカ領土となって以来，大陸横断鉄道建設の必要が叫ばれたが，奴隷制をめぐる南北の対立でその実現は遅れた。南北戦争開始後に，ネブラスカ州オマハから西へユニオン=パシフィック鉄道，カリフォルニア州サクラメントから東へセントラル=パシフィック鉄道の建設が決定された。南北戦争中は建設はそれほど進まなかったが，戦後，建設の速度は速められ，アイルランド人移民や中国人労働者が建設労働に従事し，1869年ユタ州プロモントリーで両者は結合し，オマハから太平洋までが結ばれた。その後，アメリカには次々と新しい大陸横断鉄道が完成し，カナダを含めると全部で9つの大陸横断鉄道があるが，略図で示されたものは以下のとおり。**(c)ユニオン=セントラル=パシフィック鉄道**（1869年開通），(e)サザン=パシフィック鉄道（1883年），(b)ノーザン=パシフィック鉄道（1883年），(a)カナダ=パシフィック鉄道（1886年），(d)アチソン=トピーカ=アンド=サンタフェ鉄道（1888年）。

(7) 「外圧に苦しむ旧体制が採用した欧化政策」の語句から，オスマン帝国のタンジマート（恩恵改革）は思い浮かぶだろうが，「1883年」時点での元首ということを熟慮しないと，1839年にタンジマートを開始したアブデュル=メジト1世と勘違いしてしまう可能性が高い。「1883年」時点での元首は，**アブデュル=ハミト2世**（位1876～1909年）である。アブデュル=ハミト2世は1876年に制定されたミドハト憲法を翌年勃発したロシア=トルコ戦争を口実に停止して専制政治を行ったが，1908年の青年トルコ革命で憲法は復活され，スルタンも翌年廃位された。オリエント急行の終着駅は，オスマン帝国の首都**イスタンブル**を素直に答えよう。

(8) 清朝末期，列強は租借地の拡大，鉱山採掘・鉄道敷設の権利獲得などでそれぞれの勢力圏を設定，中国分割を進めた。特に**鉄道敷設権**は，鉄道による収益とその沿線の利権をともない，また借款によって建設された鉄道は，抵当化され，運営に関する干渉権などを借款提供国が握ることで中国の植民地化を促した。

(9) シベリア鉄道は，モスクワからシベリアを横断して**ウラジヴォストーク**に至る鉄道幹線の通称。建設工事が着工されたのは1891年。工事はウラジヴォストークとウラル山脈の東側チェリャビンスクの両方から進められた。ロシアは路線短縮と満州（中国東北）進出のねらいから，チタからまっすぐにウラジヴォストークまで満州を横断する東清鉄道線を建設することを三国干渉の代償として清に承認させ，1905年までに全線が完成した。

(10) 世界最初の地下鉄は1863年に開通したロンドンの地下鉄である。しかし蒸気機関を使っていたため煙の排出の問題があり，排煙には種々の対策がとられていたが，「サーフィス=ライン（surface line，浅層線）」とよばれる浅い層の地下鉄には路線に限界があった。**電気機関車（電車）**の採用はその限界を突破する技術革新といえる。1890年に排煙の問題がない電気機関で動く地下鉄が，ロンドン市内テムズ河底を横切って開通した。この線は大きな鋼鉄の筒を地下に敷設する建設方法をとった。このような地下鉄は「チューブ（tube，深層線）」とよばれ，河底などどんなに深い地下でも自由に路線が選べることになったのである。

解答例

(1)鄭和
(2)ジャムチ（站赤，駅伝制）
(3)ダウ船
(4)マンチェスター
(5)フルトン，サヴァンナ号
(6)―(c)
(7)アブデュル＝ハミト2世，イスタンブル
(8)鉄道敷設権
(9)ウラジヴォストーク
(10)電気機関車（電車）

72　歴史の中の都市　（2002年度　第3問）

〔地域〕ヨーロッパ・アフリカ・西アジア　〔時代〕古代～近世　〔分野〕都市

歴史の中の都市をテーマとした問題である。略地図・図版も用い多彩な問題形式になっている。古代ギリシア・ローマの植民市，アフリカの都市，イスラーム都市，中世・近世の西欧の都市と，扱われている時代や地域の範囲は広い。かなり詳細な歴史の事実を知らないと解答できない専門的な内容で，全体的に難度が高い。例えば問(8)の正解となるヴェネツィアは「潟湖（ラグーナ）の島上」をヒントとしており，また特産品である「ガラス工芸品」を問うなど，教科書には述べられていない知識を問う問題が見られた。また，問(4)の図版Aアズハル大学の建物の写真は，知っていれば決定的なヒントになるが，知らない者にとっては迷いを増幅させるものだったかもしれない。

(1)(a)　1572年にサン=バルテルミの虐殺があったのは**パリ**。ローマ時代の名称はルテティアである。

(d)　第2回エジプト=トルコ戦争処理のための会議が開かれたのは**ロンドン**。このときイギリス・ロシア・オーストリア・プロイセンの間で締結されたロンドン4国条約（1840年）でエジプトにおけるムハンマド=アリーの主権とエジプト総督の地位の世襲が承認された。ローマ時代の名称はロンディニウム。

(b)は1806年ナポレオンが大陸封鎖令（ベルリン勅令）を発したベルリン。

(c)は1896年第1回オリンピック大会が開催されたギリシアのアテネ。

(2)　シラクサ・ミレトスのほかに古代ギリシア人が建設した都市を思い出せるか，またその位置を把握しているかどうかで差のつく問題。**ウ**の**マッサリア**は現在のマルセイユ，**キ**の**ビザンティオン**は現在のイスタンブルである。このほか，ギリシア人は，イタリア半島にネアポリス（ナポリ），タレントゥム（タラント）などを建設している。

(3)　難問。

(a)　「3世紀」にあった「アフリカの国」で，「紅海からインド洋へかけての通商路を掌握し」た国なのだから，アフリカ北東部の国であることは想像できるだろう。アクスム王国（紀元前後～後572年）はエチオピア高原北部の**アクスム**に都をおいた商業王国。アクスム王国の首都は教科書の本文には登場しないため，悩んだかもしれない。アラビア半島南部に住むセム語族のサバ語を話す諸族が紅海を渡って移住し，紀元前後ごろ，紅海貿易を支配していたローマ帝国の勢力が衰えると，紅海をまたいで現在のエチオピア北部からイエメンに及ぶアクスム王国を作りあげた。後1世紀ごろに書かれた『エリュトゥラー海案内記』は，アクスム王国がアフリカ内陸部から運ばれてくる象牙の集散地であったことを伝えている。

(b)　「3世紀」にあった「インド洋で活動していたアジアの国」とはササン朝ペル

シア。ササン朝ペルシアの首都は**クテシフォン**。アクスム商人は紅海の制海権を握った後，インドへの進出をはかり，商権をめぐりペルシア商人と争った。

(4) 図版A「10世紀に創建されたマドラサから発展した大学」とは，ファーティマ朝のもとで創建された**カイロ**のアズハル大学である。シーア派のファーティマ朝の建てたアズハル大学に対し，スンナ派を奉じたセルジューク朝では，宰相ニザーム=アルムルクが1067年にバグダードに**ニザーミーヤ学院**を創設した。同名の学院は，ニーシャープール，ヘラート，イスファハーンなど「東方各地の都市」にも設立され，スンナ派の神学と法学の授業が行われ，有能な官吏の養成をめざした。バグダードのニザーミーヤ学院はイスラーム諸学の中心的な地位を占め，学生数は数千人に達したという。教授陣には神学者ガザーリー，卒業生にはイランの大詩人サーディーなどがいた。

(5) 9世紀以降商業，植民，略奪，遠征などの活動を活発化させ，北西ヨーロッパに脅威を与えたのは，スカンディナヴィア半島やユトランド半島を原住地とする**ヴァイキング（ノルマン人）**である。ヴァイキングは，まず海岸の主要都市を襲い，続いて河川をさかのぼって内陸都市を略奪した。このため，「都市城壁の建設や再建が活発に行われた」のである。略奪活動と並んで定住も進み，セーヌ河口一帯に定着したヴァイキングはロロを首領として西フランク王国を脅かし，911年シャルル3世からその土地の領有を認められた。これが**ノルマンディー公国**である。

(6)(a) 「学生団体が大学運営の主体となった先駆的な大学」は北イタリアの**ボローニャ大学**。中世の大学には，学生が自治の中心となった大学と教授が中心となった大学があったが，ボローニャ大学は前者の代表。学生は地位の高い年輩者が多く，教授は彼らの家庭教師のような存在であり，それも学生の力を大きくした。

(b) 難問。教科書にはほとんど記載がない。「自治的な学生団体」**ウニヴェルシタス**（universitas）は，「大学」（university）の語源となった。

(7) 「戦術を一変させ」から**火砲の出現**を導き出したい。14世紀に出現した大砲は，古い城壁の防衛機能を無価値にし，その結果，外壁塁，稜堡の星形状の配置をもつ新しい築城の時代が始まった。砲弾による損傷をできるだけ少なくするため高く盛り土をし，半ば土中に埋めた稜堡状の高い城壁を構築した。側堡をもつ星形稜堡は城門から侵入してくる敵に側面砲火を浴びせることができるようになっていた。なお，図版Bとよく似た函館の五稜郭はフランス築城書のオランダ語訳本を参考にフランス軍人の指導のもとで設計・築城されている。

(8) 難問。「地中海沿岸の潟湖（ラグーナ）の島上」「中世後期」「商業港」から，“水の都”といわれた**ヴェネツィア**が連想できるかどうかがポイント。ヴェネツィアは，アドリア海の最も奥まった所にある潟湖（ラグーナ）の上に建設された。ヴェネツィアの特産品は**dのガラス工芸品**で，ヴェネツィアガラスの名で知られ，優れた技巧と華麗な装飾性にその特色がある。ヴェネツィアではガラス工芸職人を，ヴェネツィア沖のムラノ島に集中移住させ，技術を島から出さず手厚い保護政策を加え，17 世紀ごろまでヨーロッパ市場に独占的なガラス工芸品の供給を行った。

(9) 「レマン湖畔」から国はスイス，「プロテスタントのローマ」から，カルヴァンが宗教改革の指導者として迎えられて，厳格な神権政治を行ったことで知られる**ジュネーヴ**を連想できれば都市名が解答できる。**ルソー**の出身地がジュネーヴであることはかなり詳細な知識であろうが，「自然を重んじ文明化を批判した啓蒙思想家」から，“自然に帰れ”と主張したルソーを導き出すことは比較的容易だろう。

(10)(a) やや難。「1750 年ごろ」すなわち 18 世紀中期の商業・金融の中心都市として，表にない都市を考えなければならない。**アムステルダム**はネーデルラント連邦共和国（オランダ）の独立期に国際的中継貿易港となり，バルト海貿易の基礎のうえにイギリス，フランス，地中海沿岸地域，さらにアジア，西インド諸島との貿易を展開した。その後，英蘭戦争（1652〜74 年）にオランダが敗北してからは世界商業の覇権を失ったが，その後もヨーロッパの商業・金融の中心として栄えていた。しかし，18 世紀末にはゾイデル海が沈泥のために浅くなり，また，ナポレオン戦争時代にはイギリスの大陸封鎖で貿易は衰退し，19 世紀には商業・金融の中心は完全にイギリスのロンドンに移っている。

(b) 「16 世紀と 17 世紀に，2 度にわたり包囲された」都市といえば，1529 年と 1683 年の 2 度にわたってオスマン帝国軍によって包囲された**ウィーン**。

解答例

(1)（記号―都市） (a)―パリ　(d)―ロンドン
(2)（記号―都市） ウ―マッサリア　キ―ビザンティオン
(3)(a)アクスム　(b)クテシフォン
(4)(a)カイロ　(b)ニザーミーヤ学院
(5)(a)ヴァイキング（ノルマン人）　(b)ノルマンディー公国
(6)(a)ボローニャ　(b)ウニヴェルシタス
(7)大砲など火砲の出現
(8)ヴェネツィア，d
(9)ジュネーヴ，ルソー
(10)(a)アムステルダム　(b)ウィーン

73　近代以前の商業交易　（2001年度　第3問）

〔地域〕ユーラシア・アフリカ　〔時代〕古代〜近世　〔分野〕経済・文化

近代以前の商業交易について，東西文化の交流や政治諸勢力の衝突などを含め，幅広く問う問題である。地中海交易で活躍したフェニキア人，アケメネス朝下で商業活動に従事した民族，匈奴，サハラ砂漠の交易路，「海の道」，紙の伝播，北海・バルト海貿易，イブン=バットゥータの3大陸周遊，ポルトガルのアジア進出と，種々の商業交易の歴史を通じて，大きな視野で世界史を見ることを要求している。問われているのはさまざまな民族・文化の接触と交流の歴史を概観するための基本的知識ばかりであり，完答したい。

⑴　**シドン・ティルス**はともに現在のレバノン南西部に位置する。特に，ティルスは植民市カルタゴを建設したことでも重要である。フェニキア人がシナイ文字をもとに作った表音文字が，ギリシア人に伝わり，現在のアルファベットに発展した。

⑵　アケメネス朝ペルシア治下において交易活動に従事した民族としては，内陸の中継貿易に従事した**aのアラム人**と海上貿易に従事したフェニキア人が有名だが，アケメネス朝ペルシアの支配下におかれた小アジア西海岸のイオニア植民市の**cのギリシア人**もフェニキア人と同様，海上交易活動に従事していた。

⑶　「中国王朝が西域経営に乗り出す以前」とは，前漢武帝の時代に大月氏へ派遣された張騫により西域の実状が明らかになり，河西4郡（武威・張掖・酒泉・敦煌）が設置される以前のことをさしている。この時代，「モンゴル高原を支配して中央アジアの交易路を握った騎馬民族」は**匈奴**。前3世紀末，冒頓単于が諸部族を統一して強勢を誇り，前漢の建国者高祖（劉邦）も前200年の平城の戦いで冒頓単于に敗れ，和親政策をとっている。武帝は衛青・霍去病などに命じ匈奴攻撃を行わせ，匈奴をゴビ砂漠の北に追いやりオルドスや河西地方に勢力を伸ばすことができた。

⑷　西アフリカの**ガーナ王国**は，金を豊富に産出することで知られていた。イスラム商人は，サハラ砂漠の塩床から切り出した岩塩をもって，ガーナ王国に至り，これと交換した金をイスラム世界にもたらした。この交易でガーナ王国は栄えたが，11世紀モロッコのムラービト朝の攻撃を受け滅んだ。その後西アフリカはイスラム教を受容し，マリ王国・ソンガイ王国の中心都市トンブクトゥは隊商交易の終点として栄え，黒人による最初の大学も創設されている。

⑸　**義浄**は，法顕や玄奘のインドへの旅にならい，671年，広州から海路インドに向かい，20余年にわたって各地の仏跡を巡礼し，シュリーヴィジャヤ王国など南海諸国を経由して帰国。以後はもちかえった仏典の翻訳に没頭した。彼が著した『南海寄帰内法伝』『大唐西域求法高僧伝』は東西文化交渉史上の貴重な文献として知られる。

⑹　**タラス河畔の戦い**は，751年に高仙芝率いる唐軍が，中央アジア北部のタラス河

畔で750年に成立したばかりの**アッバース朝**イスラム軍に大敗したもの。勝利したイスラム勢力は中央アジアの支配を強固にした。文化史上では，捕虜となった中国人紙すき工から製紙技術が西方に伝えられたことが重要である。

⑺「都市同盟」とは，もちろんハンザ同盟のこと。ハンザ同盟に関する都市では，盟主となった**リューベック**のほか，在外4大商館がおかれたノヴゴロド・ベルゲン・ブリュージュ・ロンドンもおさえておきたい。

⑻⒜ **イブン=バットゥータ**は14世紀のアラブ人旅行家。モロッコのタンジール生まれ。1325年メッカ巡礼を志して故郷を出発。トゥグルク朝のインド，元代の中国，イベリア半島のグラナダ，アフリカのマリ王国など世界各地を訪れ，モロッコに帰郷して旅行記である『三大陸周遊記』をまとめた。

⒝ モンゴル帝国（元）に派遣され「大都の大司教」になったのはイタリア出身の**モンテ=コルヴィノ**。ローマ教皇ニコラウス4世の書簡を元の成宗に渡し，首都に滞在して布教活動に従事する許可を得，中国で初めてカトリックを布教した。

⑼ **バルトロメウ=ディアス**はポルトガルの航海者。国王ジョアン2世に命ぜられ，アフリカ西海岸に沿って南下し，1488年アフリカ大陸南端（いわゆる〈喜望峰〉。なお，アフリカの最南端はアガラス岬）に至り，この岬を〈嵐の岬〉と命名した。

⑽⒜ **ゴア**は，1510年に艦隊を率いて来航したポルトガルのアルブケルケによって占領され，アジアにおける交易とキリスト教伝道の根拠地とされた。以降，ポルトガルの拠点であり続けたが，1961年にインドによって接収された。

⒝ **マラッカ**はマレー半島南西岸にある港市。15世紀にイスラム化し，インド方面のイスラム商人がさかんに通商に訪れた。1511年，ポルトガルがここを奪取し東方経営の拠点とした。その後，1641年にはオランダが占領し，1824年にイギリス領となった。

解答例

⑴シドン・ティルス
⑵a・c
⑶匈奴
⑷ガーナ王国
⑸義浄
⑹アッバース朝，タラス河畔の戦い
⑺リューベック
⑻⒜イブン=バットゥータ ⒝モンテ=コルヴィノ
⑼バルトロメウ=ディアス
⑽⒜ゴア ⒝マラッカ

74　地中海世界の宗教と都市　（2000 年度　第 3 問）

〔地域〕地中海世界　〔時代〕古代・中世　〔分野〕宗教・都市

古代から中世にかけての地中海世界について，宗教と関連する都市の地理的位置の確認もあわせて問う問題。オリンピア，モンテ=カシノ，パレルモ，マラケシュなどの地図上の位置は日ごろから地図帳に親しんでいないと戸惑う可能性があり，得点差が出やすい。論述のうち問(3)と問(5)は教科書レベルであるが，問(2)は知識の応用が必要な問題となっておりやや書きにくい。世界史で地理的知識がまとまって問われると全体的な難度もアップする。日ごろから歴史地図を確認する作業の重要性を痛感させられる。

(1)　新バビロニア（カルデア）によるユダヤ人のバビロン捕囚（前 586〜前 538 年）について述べている。バビロンはユーフラテス河畔の都市。地図の位置は②。ユダヤ人は**アケメネス朝**のキュロス 2 世による新バビロニア（カルデア）征服で解放され，イェルサレムに帰還した。

(2)　**主題：オリンピアの祭典が 4 世紀末に禁止された理由**

ポイント　392 年のキリスト教国教化　→　異教の祭典は禁止

位置が⑬か⑭かで迷ったかもしれない。オリンピアはペロポネソス半島北西部にあるゼウスの神殿の所在地。「4 世紀末」という時代が，ギリシアにとってどういう時代であったかを考えたい。この時代，ギリシアはローマ帝国の支配下にあった。「4 世紀末」のローマ帝国といえば，392 年のテオドシウス帝によるキリスト教の国教化が思い出されよう。国教化によってキリスト教以外の宗教は厳禁となり，異教の神々に関係するオリンピアの祭典を禁止することになったのである。なお，祭典競技は 393 年テオドシウス帝の禁止令で行われなくなった。

(3)　**主題：ニケーア公会議における決定事項**

ポイント　①アリウス派…イエスに人性
②アタナシウス派…神とイエスは同質

キリスト教の教義統一のためコンスタンティヌス帝が召集した 325 年のニケーア公会議では，イエスは神に創造された人間であるとするアリウス派が退けられ，神とイエスは同質であるとするアタナシウスの説が正統とされた。アタナシウスの説は，聖霊も加えてのちに三位一体説として完成された。一方アリウス派はローマから追放され，ゲルマン人の間に広まっていった。

(4)　聖ベネディクトゥス（ベネディクト）は，モンテ=カシノ修道院を **6 世紀**（529 年）に創設した。モンテ=カシノはローマとナポリの中間に位置する山で位置は⑮。

(5) **主題：ギリシア正教会とローマ=カトリック教会の分裂の経緯**

ポイント ①レオン3世の聖像禁止令が端緒 ②11世紀に正式に分裂

⑪はコンスタンティノープル。ローマ教会は，普遍的（カトリック）とされたアタナシウス派の教義を奉じ，コンスタンティノープル教会とキリスト教世界の首位権を争うようになり，726年の東ローマ皇帝レオン3世の聖像禁止令を契機に対立を深めた。ローマ教会はゲルマン人布教に際して，聖像を必要としていたからである。その後ローマ=カトリック教会はフランク王国との連携を深め，800年にはカール大帝に西ローマ皇帝の帝冠を授与し，東ローマ帝国への対抗をさらに明確にした。こうしてローマとコンスタンティノープルの両教会は教義・組織も次第に別個のものとなり，1054年に互いに破門しあって正式に分離した。

(6) 「10世紀」「預言者ムハンマドの子孫であることを強調する君主」から，エジプトのシーア派王朝であるファーティマ朝とわかるはず。シーア派は4人の正統カリフのうち，ムハンマドの従弟でムハンマドの娘（ファーティマ）の夫であるアリーのみを認め，以後のカリフもその子孫がなるべきであるとする。ファーティマ朝はこの2人の血を引くと称するウバイド=アッラーフを君主としてチュニジアに建国され，969年エジプトを征服し，フスタートの北に首都**カイロ**を建設した。カイロの位置は⑧。

(7) 11世紀の南イタリアに新たに侵入した勢力はノルマン人。1130年ルッジェーロ2世がシチリアとナポリにまたがる**両シチリア王国**を建設した。首都は⑰のパレルモである。

(8) 11世紀に建国されたムラービト朝（1056～1147年）と混同しないように。12世紀前半に建てられたベルベル人の王朝は**ムワッヒド朝**（1130～1269年）。首都はモロッコのマラケシュ。地図の位置は㉔。マラケシュはムラービト朝の首都でもあった都市で，サハラ砂漠と北アフリカ，スペインを結ぶキャラバン交易をはじめ商工業・文化が栄えた。

(9) ⑦はイェルサレム。第1回十字軍はこの地をイスラム教徒から奪回し，1099年イェルサレム王国を建国したが，スンナ派の**アイユーブ朝**（1169～1250年）を建てた**サラディン**（**サラーフ=アッディーン**）が，ファーティマ朝を倒しエジプト・シリアを支配，イェルサレムをキリスト教徒から奪回した。これに対して英王リチャード1世などによって第3回十字軍がおこされたが，サラディンによって撃退されている。

(10) **コンスタンツ**はドイツとスイスとの国境近くに位置する小都市。地図の位置は⑲。1414～18年にドイツ皇帝ジギスムントの提唱で公会議が開催され，教会大分裂（大シスマ）に終止符がうたれた。ベーメン（ボヘミア）の宗教改革運動の指導者でプラハ大学の神学教授フスを喚問し，異端と認定し処刑したのもこの会議である。

解答例

⑴②，アケメネス朝

⑵⑭，ローマ帝国のキリスト教国教化で異教の祭典が禁止された。

⑶キリストの人性を強く認めるアリウス派を異端とし，父なる神と子なるキリストは同質とするアタナシウスの説が正統とされた。

⑷ 6 世紀，⑮

⑸ 8 世紀の東ローマ皇帝レオン 3 世の聖像禁止令を契機にローマ教会は独立性を強め，1054年に互いに破門しあって分裂した。

⑹カイロ，⑧

⑺両シチリア王国，⑰

⑻ムワッヒド朝，㉔

⑼アイユーブ朝，サラディン（サラーフ＝アッディーン）

⑽コンスタンツ，⑲

75　19〜20 世紀の世界経済　（1999 年度　第 3 問）

〔地域〕全地域　〔時代〕近代・現代　〔分野〕経済

19〜20 世紀の国際経済に関する問題である。租界，買弁，ドイツ関税同盟，オスマン帝国のタンジマート，合衆国へのヨーロッパ移民，ソ連のネップ，世界恐慌期のラテンアメリカ，法幣，世界銀行と IMF など設問は多岐にわたる。経済史の視点が重要視されており，全体的な難度は高く，やや受験生の盲点をつく形になった。問(3)はタンジマートの結果について直接言及している教科書は少なく，ある程度推理して論述することになる。なお，問(1)の買弁は高校の世界史からは姿を消した用語で，問(7)の法幣も言及している教科書はほとんどない。

(1)　**租界**は外国政府が中国政府から永久租借して個人に払い下げた土地や，外国人が中国人の地主から直接に租借するなどして取得された土地のこと。租界は形態上，一国が管轄する専管租界と複数国が管轄する共同租界にわけることができる。中国のいわゆる半植民地化が進行する過程で諸外国は租界の一般行政権まで事実上行使するようになったので，租界は中国の統治権が及ばない，まったく独立した地域となった。

買弁は難問。買弁は南京条約後，中国語や沿岸各港の商慣習に不案内な西欧の商社が中国人商人との商取引，関税事務などを委託した業者のこと。日清戦争以後，列強の中国侵略が本格化すると，列強は買弁資本を通して中国への資本進出や貿易拡大をはかった。

(2)(a)　**リスト**は歴史学派経済学の先駆者。フランクフルト=アム=マインに創設されたドイツ商工業同盟を指導して領邦間関税の撤廃を唱え，対外的には保護貿易を主張した。急進的な彼の思想は，保守勢力の強い反発を招いて一時アメリカ亡命を余儀なくされた。

(b)　ドイツ関税同盟は 1834 年プロイセン主導の下で発足した。ドイツ統一の主導権をプロイセンと争っていた**オーストリア**は，この関税同盟に参加していない。

(3)　**主題：オスマン帝国におけるタンジマートの結果**

ポイント　①借款導入などによる列強への経済的従属　②スルタンの専制化

タンジマートそのものの説明ではなく，「結果」を書くことが要求されている。タンジマートは，オスマン帝国の 1839〜76 年における一連の西欧化改革運動で，アブデュル=メジト 1 世のギュルハネ勅令によって開始された「上からの改革」である。

この改革の「結果」については，直接説明している教科書は少なく，ある程度，類推してまとめる必要があるだろう。タンジマート末年の 1876 年にアジア最初の憲法であるミドハト憲法が発布されているが，ロシア=トルコ戦争の勃発を理由として翌1877年に停止されている。タンジマートは，国家的諸制度の「近代化」を促進したが，その推進のためヨーロッパ諸国に借款を与え，オスマン帝国に対する経済的進出，すなわち経済的植民地化を促すことになった。また，「上からの改革」であったため，結果的にスルタンの専制を招き，ミドハト憲法も停止されるなど十分な改革の成果はあがらなかった。

(4)(a) 19世紀にヨーロッパからアメリカ合衆国に移民した者のうち約4分の1はイギリスからの移住者で，そのほぼ半分はアイルランド人。「19世紀後半」にイギリス（アイルランドを含む）に次いで合衆国への移民を多く出したのは**ドイツ**である。1848年のベルリン三月革命を契機として政治的亡命者が合衆国へ移民し，また，農村部における人口増加を背景に多くの農民も合衆国へ移民している。

(b) 「19世紀末」から増えた「東・南ヨーロッパ地域からの移民」は，それまでの北・西ヨーロッパからの「旧移民」に対して「新移民」とよばれる。このうち最も多くの合衆国への移民を出したのは**イタリア**である。次いでオーストリア=ハンガリー帝国，ロシアなどが続く。

(5) 国内の反革命勢力との内戦，外国による対ソ干渉戦争という状況の中でソヴィエト政府は戦時共産主義と呼ばれる強力な経済統制を断行した。しかし，中小工場の国有化，農民からの穀物の強制徴発，賃金の現物給与などは労働者や農民の労働意欲を減退させ，工業や農業に深刻な打撃を与えた。対ソ干渉戦争の失敗，反革命反乱の鎮圧の見通しがついた1921年，レーニンは経済建てなおしのため戦時共産主義を廃し，新経済政策（ネップ）を採用し，**中小企業の私的営業**を認め，農民に対する食糧の強制徴発をやめ，**農民による余剰生産物の自由販売**を認めた。この政策で経済は回復に向かったが，ネップはクラークと呼ばれる地主層や，ネップマンとよばれた資本家層を現出させたため，1928年からは本格的な計画経済である第1次五カ年計画が開始されることになった。

(6) ニューディール政策を実施したフランクリン=ローズヴェルトは，外交政策では，1933年にソ連を承認し，翌1934年にはフィリピンの10年後の独立を約束した。またラテンアメリカ諸国に対しては，従来の高圧的なやり方を改め，ハイチから軍隊を撤退させキューバの完全独立を承認するなどの**善隣外交**政策を推進した。

「食肉市場を確保」したいのだから牧牛が盛んな国である。**アルゼンチン**の首都ブエノスアイレスを中心とする乾燥地帯のパンパでは牧牛が盛んで，アルゼンチンは現在でもラテンアメリカ一の食肉生産国。パンパの農牧畜産業開発もイギリスの資本と技術によるところが多く，農牧畜産品の主要な市場はイギリスであった。

(7) 難問。**法幣**は，中国で1935年11月の幣制改革により通用することになった法定貨幣。それまでは雑多な貨幣が流通していたが，この改革で中央・中国・交通の3銀行（のち中国農民銀行が加わる）の発行する不換紙幣によって統一された。その価値を維持するため銀を国有化し，法幣をイギリス=ポンドに連結させた（1936年以降はアメリカのドルに連結）。したがって，「この改革を支援した有力な外国2カ国」は，法幣を連結させた**イギリス**と**アメリカ**である。

(8)(a) 1944年アメリカのニューハンプシャー州ブレトン=ウッズでの連合国通貨会議で第二次世界大戦後の通貨体制（ブレトン=ウッズ体制）が合意された。この合意（ブレトン=ウッズ協定）に基づき，**国際復興開発銀行**（**IBRD**），いわゆる**世界銀行**と**国際通貨基金**（**IMF**）の2つの国際経済・金融組織が1945年に設立された。

(b) **主題：「ドル=ショック（ドル危機）」の背景**

ポイント ベトナム戦争泥沼化 → 国際収支・財政赤字悪化 → ドルの価値下落

第二次世界大戦後，国際通貨制度は信頼の高かった米ドルを基軸通貨としてきた。しかしアメリカ経済は，ベトナム戦争やジョンソン大統領が推進した「偉大な社会」政策のための福祉予算の増加で財政赤字を招き，インフレが進み，国際収支の赤字が増大した。こうした中，1971年8月ニクソン大統領はドルと金の交換停止を発表し，ドルを実質的に切下げ，世界に衝撃を与えた（ニクソン=ショック）。この結果ドルの信用は大きく下落したため，西欧主要国，次いで日本も変動相場制に移行し，固定相場制を基礎とするブレトン=ウッズ体制は崩壊した。1971年12月にはスミソニアン協定が成立，一時的に固定相場制が復活したが，1973年には主要各国は変動相場制を再び採用し，現在に至っている。

解答例

(1)租界，買弁
(2)(a)リスト (b)オーストリア
(3)ミドハト憲法発布などが実現したが，借款導入により西欧諸国への経済的従属が進み，スルタンの専制化も招いた。
(4)(a)ドイツ (b)イタリア
(5)中小企業の私的営業を容認，農民による余剰生産物の自由販売を許可
(6)善隣外交，アルゼンチン
(7)法幣，イギリス・アメリカ
(8)(a)国際復興開発銀行（世界銀行，IBRD），国際通貨基金（IMF）
(b)ベトナム戦争による軍事費や「偉大な社会」のための財政赤字の増大が，国際収支の赤字を招き，「ドル危機」が深刻化した。

MEMO

MEMO

MEMO

難関校過去問シリーズ

東大の世界史

25カ年［第9版］

別冊 問題編

東大の世界史25カ年[第9版]　別冊 問題編

第1章　大論述

第2章　小論述・記述問題 Ⅰ

第3章　小論述・記述問題 Ⅱ

第１章　大論述

1

2023年度　第１問

近代世界は主に，君主政体や共和政体をとる独立国と，その植民地からなっていた。この状態は固定的なものではなく，植民地が独立して国家をつくったり，一つの国の分裂や解体によって新しい独立国が生まれたりすることがあった。当初からの独立国であっても，革命によって政体が変わることがあり，また憲法を定めるか，議会にどこまで権力を与えるか，国民の政治参加をどの範囲まで認めるか，などといった課題についても，さまざまな対応がとられた。総じて，それぞれの国や地域が，多様な選択肢の間でよりよい方途を模索しながら近代の歴史が進んできたといえる。

以上のことを踏まえて，1770年前後から1920年前後までの約150年間の時期に，ヨーロッパ，南北アメリカ，東アジアにおいて，諸国で政治のしくみがどのように変わったか，およびどのような政体の独立国が誕生したかを，後の地図Ⅰ・Ⅱも参考にして記述せよ。解答は，解答欄(イ)に20行以内で記述し，以下の８つの語句を必ず一度は用いて，それらの語句全てに下線を付すこと。

アメリカ独立革命	ヴェルサイユ体制	光緒新政	シモン＝ボリバル
選挙法改正*	大日本帝国憲法	帝国議会**	二月革命***

*イギリスにおける４度にわたる選挙法改正

**ドイツ帝国の議会

***フランス二月革命

地図Ⅰ(1815年頃)

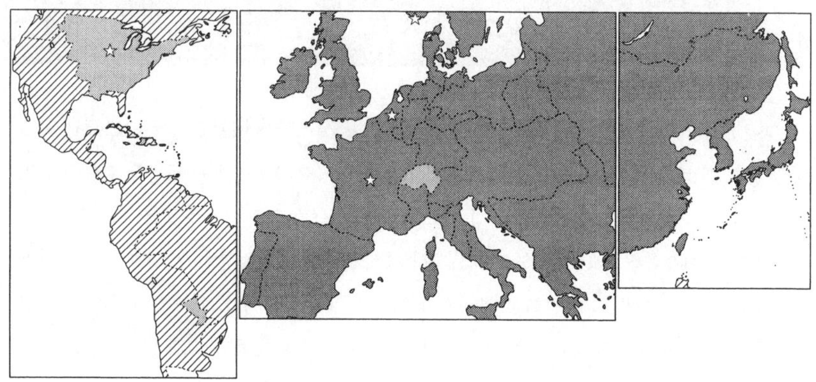

地図Ⅱ(1914年頃)

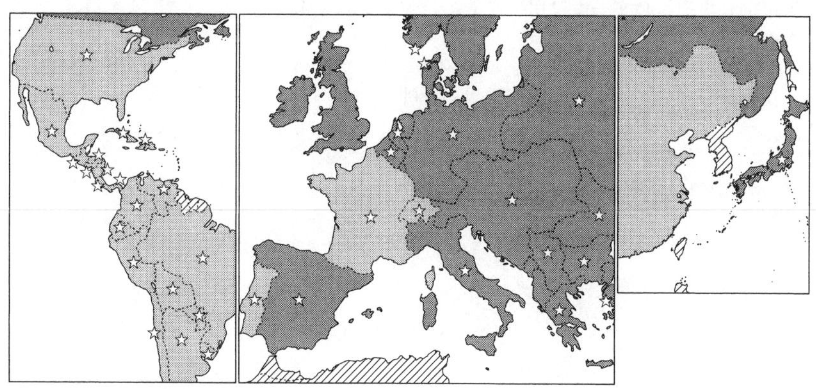

＊ ■は君主政，□は共和政の独立国，▨は植民地。☆は成文憲法を制定した主な国。(縮尺は図ごとに異なる)

2

2022年度　第1問

内陸アジアに位置するパミール高原の東西に広がる乾燥地帯と，そこに点在するオアシス都市は，ユーラシア大陸の交易ネットワークの中心として，様々な文化が交錯する場であった。この地は，トルコ化が進むなかで，ペルシア語で「トルコ人の地域」を意味するトルキスタンの名で呼ばれるようになった。トルキスタンの支配をめぐり，その周辺の地域に興った勢力がたびたび進出してきたが，その一方で，トルキスタンに勃興した勢力が，周辺の地域に影響を及ぼすこともあった。

以上のことを踏まえて，8世紀から19世紀までの時期におけるトルキスタンの歴史的展開について記述せよ。解答は解答欄(イ)に20行以内で記し，次の8つの語句をそれぞれ必ず一度は用い，その語句に下線を引くこと。

アンカラの戦い	カラハン朝	乾隆帝
宋	トルコ＝イスラーム文化	バーブル
ブハラ・ヒヴァ両ハン国	ホラズム朝	

3 2021年度 第1問

ローマ帝国の覇権下におかれていた古代地中海世界は，諸民族の大移動を契機として，大きな社会的変動を経験した。その際，新しく軍事的覇権を手にした征服者と被征服者との間，あるいは生き延びたローマ帝国と周辺勢力との間には，宗教をめぐるさまざまな葛藤が生じ，それが政権の交替や特定地域の帰属関係の変動につながることもあった。それらの摩擦を経ながら，かつてローマの覇権のもとに統合されていた地中海世界には，現在にもその刻印を色濃く残す，3つの文化圏が並存するようになっていった。

以上のことを踏まえ，5世紀から9世紀にかけての地中海世界において3つの文化圏が成立していった過程を，宗教の問題に着目しながら，記述しなさい。解答は，解答欄（イ）に20行以内で記し，次の7つの語句をそれぞれ必ず一度は用い，その語句に下線を付しなさい。

ギリシア語	グレゴリウス1世	クローヴィス	ジズヤ
聖像画（イコン）	バルカン半島	マワーリー	

4

2020年度　第1問

国際関係にはさまざまな形式があり，それは国家間の関係を規定するだけでなく，各国の国内支配とも密接な関わりを持っている。近代以前の東アジアにおいて，中国王朝とその近隣諸国が取り結んだ国際関係の形式は，その一つである。そこでは，近隣諸国の君主は中国王朝の皇帝に対して臣下の礼をとる形で関係を取り結んだが，それは現実において従属関係を意味していたわけではない。また国内的には，それぞれがその関係を，自らの支配の強化に利用したり異なる説明で正当化したりしていた。しかし，このような関係は，ヨーロッパで形づくられた国際関係が近代になって持ち込まれてくると，現実と理念の両面で変容を余儀なくされることになる。

以上のことを踏まえて，15世紀頃から19世紀末までの時期における，東アジアの伝統的な国際関係のあり方と近代におけるその変容について，朝鮮とベトナムの事例を中心に，具体的に記述しなさい。解答は，解答欄(イ)に20行以内で記述しなさい。その際，次の6つの語句を必ず一度は用いて，その語句に下線を付しなさい。また，下の史料A～Cを読んで，例えば，「○○は××だった（史料A）。」や，「史料Bに記されているように，○○が××した。」などといった形で史料番号を挙げて，論述内容の事例として，それぞれ必ず一度は用いなさい。

薩　摩　　下関条約　　小中華
条　約　　清仏戦争　　朝　貢

史料A

なぜ，（私は）今なお崇禎（すうてい）という年号を使うのか。清（しん）人が中国に入って主となり，古代の聖王の制度は彼らのものに変えられてしまった。その東方の数千里の国土を持つわが朝鮮が，鴨緑江を境として国を立て，古代の聖王の制度を独り守っているのは明らかである。（中略）崇禎百五十六年（1780年），記す。

史料B

1875年から1878年までの間においても，わが国（フランス）の総督や領事や外交官たちの眼前で，フエの宮廷は何のためらいもなく使節団を送り出した。そのような使節団を3年ごとに北京に派遣して清に服従の意を示すのが，この宮廷の慣習であった。

史料C

琉球国は南海の恵まれた地域に立地しており，朝鮮の豊かな文化を一手に集め，明とは上下のあごのような，日本とは唇と歯のような密接な関係にある。この二つの中間にある琉球は，まさに理想郷といえよう。貿易船を操って諸外国との間の架け橋となり，異国の珍品・至宝が国中に満ちあふれている。

5

2019年度　第1問

1989年（平成元年）の冷戦終結宣言からおよそ30年が経過した。冷戦の終結は，それまでの東西対立による政治的・軍事的緊張の緩和をもたらし，世界はより平和で安全になるかに思われたが，実際にはこの間，地球上の各地で様々な政治的混乱や対立，紛争，内戦が生じた。とりわけ，かつてのオスマン帝国の支配領域はいくつかの大きな紛争を経験し今日に至るが，それらの歴史的起源は，多くの場合，オスマン帝国がヨーロッパ列強の影響を受けて動揺した時代にまでさかのぼることができる。

以上のことを踏まえ，18世紀半ばから1920年代までのオスマン帝国の解体過程について，帝国内の民族運動や帝国の維持を目指す動きに注目しつつ，記述しなさい。解答は，解答欄(イ)に22行以内で記し，必ず次の8つの語句を一度は用いて，その語句に下線を付しなさい。

アフガーニー	ギュルハネ勅令	サウード家
セーヴル条約	日露戦争	フサイン=マクマホン協定
ミドハト憲法	ロンドン会議（1830）	

6 2018年度 第1問

近現代の社会が直面した大きな課題は，性別による差異や差別をどうとらえるかであった。18世紀以降，欧米を中心に啓蒙思想が広がり，国民主権を基礎とする国家の形成が求められたが，女性は参政権を付与されず，政治から排除された。学問や芸術，社会活動など，女性が社会で活躍する事例も多かったが，家庭内や賃労働の現場では，性別による差別は存在し，強まることもあった。

このような状況の中で，19世紀を通じて高まりをみせたのが，女性参政権獲得運動である。男性の普通選挙要求とも並行して進められたこの運動が成果をあげたのは，19世紀末以降であった。国や地域によって時期は異なっていたが，ニュージーランドやオーストラリアでは19世紀末から20世紀初頭に，フランスや日本では第二次世界大戦末期以降に女性参政権が認められた。とはいえ，参政権獲得によって，女性の権利や地位の平等が実現したわけではなかった。その後，20世紀後半には，根強い社会的差別や抑圧からの解放を目指す運動が繰り広げられていくことになる。

以上のことを踏まえ，19～20世紀の男性中心の社会の中で活躍した女性の活動について，また女性参政権獲得の歩みや女性解放運動について，具体的に記述しなさい。解答は，解答欄(イ)に20行以内で記述し，必ず次の8つの語句を一度は用いて，その語句に下線を付しなさい。

キュリー（マリー）	産業革命	女性差別撤廃条約（1979）
人権宣言	総力戦	第4次選挙法改正（1918）
ナイティンゲール	フェミニズム	

7

2017年度　第1問

「帝国」は，今日において現代世界を分析する言葉として用いられることがある。「古代帝国」はその原型として着目され，各地に成立した「帝国」の類似点をもとに，古代社会の法則的な発展がしばしば議論されてきた。しかしながら，それぞれの地域社会がたどった歴史的展開はひとつの法則の枠組みに収まらず，「帝国」統治者の呼び名が登場する経緯にも大きな違いがある。

以上のことを踏まえて，前2世紀以後のローマ，および春秋時代以後の黄河・長江流域について，「古代帝国」が成立するまでのこれら二地域の社会変化を論じなさい。解答は，解答欄(イ)に20行以内で記述し，必ず次の8つの語句を一度は用いて，その語句に下線を付しなさい。

漢字	私兵	諸侯	宗法
属州	第一人者	同盟市戦争	邑

8 2016年度 第1問

第二次世界大戦後の世界秩序を特徴づけた冷戦は，一般に1989年のマルタ会談やベルリンの壁の崩壊で終結したとされ，それが現代史の分岐点とされることが少なくない。だが，米ソ，欧州以外の地域を見れば，冷戦の終結は必ずしも世界史全体の転換点とは言えないことに気づかされる。米ソ「新冷戦」と呼ばれた時代に，1990年代以降につながる変化が，世界各地で生まれつつあったのである。

以上のことを踏まえて，1970年代後半から1980年代にかけての，東アジア，中東，中米・南米の政治状況の変化について論じなさい。解答は，解答欄(イ)に20行以内で記述し，必ず次の8つの語句を一度は用いて，その語句に下線を付しなさい。

アジアニーズ(注)	イラン=イスラーム共和国
グレナダ	光州事件
サダム=フセイン	シナイ半島
鄧小平	フォークランド紛争

(注) アジアの新興工業経済地域（NIES）

9　2015年度　第1問

近年，13～14世紀を「モンゴル時代」ととらえる見方が提唱されている。それは，「大航海時代」に先立つこの時代に，モンゴル帝国がユーラシア大陸の大半を統合したことによって，広域にわたる交通・商業ネットワークが形成され，人・モノ・カネ・情報がさかんに行きかうようになったことを重視した考え方である。そのような広域交流は，帝国の領域をこえて南シナ海・インド洋や地中海方面にも広がり，西アジア・北アフリカやヨーロッパまでをも結びつけた。

以上のことを踏まえて，この時代に，東は日本列島から西はヨーロッパにいたる広域において見られた交流の諸相について，経済的および文化的（宗教を含む）側面に焦点を当てて論じなさい。解答は，解答欄(イ)に20行以内で記述し，必ず次の8つの語句を一度は用いて，その語句に下線を付しなさい。なお，（　）で並記した語句は，どちらを用いてもよい。

ジャムチ	授時暦	染付（染付磁器）
ダウ船	東方貿易	博多
ペスト（黒死病）	モンテ=コルヴィノ	

10 2014年度 第1問

19世紀のユーラシア大陸の歴史を通じて，ロシアの動向は重要な鍵を握っていた。ロシアは，不凍港の獲得などを目ざして，隣接するさまざまな地域に勢力を拡大しようと試みた。こうした動きは，イギリスなど他の列強との間に摩擦を引きおこすこともあった。

以上のことを踏まえて，ウィーン会議から19世紀末までの時期，ロシアの対外政策がユーラシア各地の国際情勢にもたらした変化について，西欧列強の対応にも注意しながら，論じなさい。解答は，解答欄(イ)に20行以内で記述し，必ず次の8つの語句を一度は用いて，その語句に下線を付しなさい。

アフガニスタン	イリ地方	沿海州
クリミア戦争	トルコマンチャーイ条約	
ベルリン会議（1878年）	ポーランド	旅順

11

2013年度 第1問

大西洋からインド洋，太平洋にかけて広がる海を舞台にした交易活動は，17世紀に入り，より活発となり，それにともなって，さまざまな開発が地球上に広く展開されるようになった。それらの開発によって生み出された商品は，世界市場へと流れ込んで人々の暮らしを変えていったが，開発はまた，必要な労働力を確保するための大規模な人の移動と，それにともなう軋轢を生じさせるものであり，そこで生産される商品や生産の担い手についても，時期ごとに特徴をもっていた。

17世紀から19世紀までのこうした開発の内容や人の移動，および人の移動にともなう軋轢について，カリブ海と北アメリカ両地域への非白人系の移動を対象にし，奴隷制廃止前後の差異に留意しながら論じなさい。解答は，解答欄(イ)に18行以内で記し，必ず次の8つの語句を一度は用いて，その語句に下線を付しなさい。

アメリカ移民法改正（1882年）	リヴァプール	産業革命
大西洋三角貿易	奴隷州	ハイチ独立
年季労働者（クーリー）	白人下層労働者	

12　2012 年度　第 1 問

ヨーロッパ列強により植民地化されたアジア・アフリカの諸地域では，20 世紀にはいると民族主義（国民主義）の運動が高まり，第一次世界大戦後，ついで第二次世界大戦後に，その多くが独立を達成する。しかしその後も旧宗主国（旧植民地本国）への経済的従属や，同化政策のもたらした旧宗主国との文化的結びつき，また旧植民地からの移民増加による旧宗主国内の社会問題など，植民地主義の遺産は，現在まで長い影を落としている。植民地独立の過程とその後の展開は，ヨーロッパ諸国それぞれの植民地政策の差異に加えて，社会主義や宗教運動などの影響も受けつつ，地域により異なる様相を呈する。

以上の点に留意し，地域ごとの差異を考えながら，アジア・アフリカにおける植民地独立の過程とその後の動向を論じなさい。解答は解答欄(イ)に 18 行以内で記し，必ず次の 8 つの語句を一度は用いて，その語句に下線を付しなさい。

カシミール紛争	ディエンビエンフー	スエズ運河国有化
アルジェリア戦争	ワフド党	ドイモイ
非暴力・不服従	宗教的標章法(注)	

(注)　2004 年 3 月にフランスで制定された法律。「宗教シンボル禁止法」とも呼ばれ，公立学校におけるムスリム女性のスカーフ着用禁止が，国際的な論議の対象になった。

13　2011年度　第1問

歴史上，異なる文化間の接触や交流は，ときに軋轢を伴うこともあったが，文化や生活様式の多様化や変容に大きく貢献してきた。たとえば，7世紀以降にアラブ・イスラーム文化圏が拡大するなかでも，新たな支配領域や周辺の他地域から異なる文化が受け入れられ，発展していった。そして，そこで育まれたものは，さらに他地域へ影響を及ぼしていった。

13世紀までにアラブ・イスラーム文化圏をめぐって生じたそれらの動きを，解答欄(イ)に17行以内で論じなさい。その際に，次の8つの語句を必ず一度は用い，その語句に下線を付しなさい。

インド　　アッバース朝　　イブン=シーナー
アリストテレス　　医学　　代数学　　トレド
シチリア島

14

2010 年度 第1問

ヨーロッパ大陸のライン川・マース川のデルタ地帯をふくむ低地地方は，中世から現代まで歴史的に重要な役割をはたしてきた。この地方では早くから都市と産業が発達し，内陸と海域をむすぶ交易が展開した。このうち 16 世紀末に連邦として成立したオランダ（ネーデルラント）は，ヨーロッパの経済や文化の中心となったので，多くの人材が集まり，また海外に進出した。近代のオランダは植民地主義の国でもあった。

このようなオランダおよびオランダ系の人びとの世界史における役割について，中世末から，国家をこえた統合の進みつつある現在までの展望のなかで，論述しなさい。解答は解答欄(イ)に 20 行以内で記し，かならず以下の 8 つの語句を一度は用い，その語句に下線を付しなさい。

グロティウス　　コーヒー　　太平洋戦争　　長崎
ニューヨーク　　ハプスブルク家　　マーストリヒト条約
南アフリカ戦争

15

2009年度 第1問

次の文章は日本国憲法第二十条である。

第二十条 信教の自由は，何人に対してもこれを保障する。いかなる宗教団体も，国から特権を受け，又は政治上の権力を行使してはならない。
2．何人も，宗教上の行為，祝典，儀式又は行事に参加することを強制されない。
3．国及びその機関は，宗教教育その他いかなる宗教的活動もしてはならない。

この条文に見られるような政治と宗教の関係についての考えは，18世紀後半以降，アメリカやフランスにおける革命を経て，しだいに世界の多くの国々で力をもつようになった。

それ以前の時期，世界各地の政治権力は，その支配領域内の宗教・宗派とそれらに属する人々をどのように取り扱っていたか。18世紀前半までの西ヨーロッパ，西アジア，東アジアにおける具体的な実例を挙げ，この3つの地域の特徴を比較して，解答欄(イ)に20行以内で論じなさい。その際に，次の7つの語句を必ず一度は用い，その語句に下線を付しなさい。

ジズヤ	首長法	ダライ=ラマ	ナントの王令廃止
ミッレト	理藩院	領邦教会制	

16

2008年度 第1問

1871年から73年にかけて，岩倉具視を特命全権大使とする日本政府の使節団は，合衆国とヨーロッパ諸国を歴訪し，アジアの海港都市に寄航しながら帰国した。その記録『米欧回覧実記』のうち，イギリスにあてられた巻は，「この連邦王国の……形勢，位置，広狭，および人口はほとんどわが邦と相比較す。ゆえにこの国の人は，日本を東洋の英国と言う。しかれども営業力をもって論ずれば，隔たりもはなはだし」と述べている。その帰路，アジア各地の人々の状態をみた著者は，「ここに感慨すること少なからず」と記している。(引用は久米邦武『米欧回覧実記』による。現代的表記に改めた所もある。)

世界の諸地域はこのころ重要な転機にあった。世界史が大きなうねりをみせた1850年ころから70年代までの間に，日本をふくむ諸地域がどのようにパクス・ブリタニカに組み込まれ，また対抗したのかについて，解答欄(イ)に18行以内で論述しなさい。その際に，以下の9つの語句を必ず一度は使い，その語句に下線を付しなさい。

インド大反乱	クリミア戦争	江華島事件
総理衙門	第1回万国博覧会	日米修好通商条約
ビスマルク	ミドハト憲法	綿花プランテーション

17

2007年度 第1問

古来，世界の大多数の地域で，農業は人間の生命維持のために基礎食糧を提供してきた。それゆえ，農業生産の変動は，人口の増減と密接に連動した。耕地の拡大，農法の改良，新作物の伝播などは，人口成長の前提をなすと同時に，やがて商品作物栽培や工業化を促し，分業発展と経済成長の原動力にもなった。しかしその反面，凶作による飢饉は，世界各地にたびたび危機をもたらした。

以上の論点をふまえて，ほぼ11世紀から19世紀までに生じた農業生産の変化とその意義を述べなさい。解答は解答欄(イ)に17行以内で記入し，下記の8つの語句を必ず一回は用いたうえで，その語句の部分に下線を付しなさい。

湖広熟すれば天下足る	アイルランド	トウモロコシ	農業革命
穀物法廃止	三圃制	アンデス	占城稲

18

2006 年度　第 1 問

近代以降のヨーロッパでは主権国家が誕生し，民主主義が成長した反面，各地で戦争が多発するという一見矛盾した傾向が見られた。それは，国内社会の民主化が国民意識の高揚をもたらし，対外戦争を支える国内的基盤を強化したためであった。他方，国際法を制定したり，国際機関を設立することによって戦争の勃発を防ぐ努力もなされた。

このように戦争を助長したり，あるいは戦争を抑制したりする傾向が，三十年戦争，フランス革命戦争，第一次世界大戦という 3 つの時期にどのように現れたのかについて，解答欄(イ)に 17 行以内で説明しなさい。その際に，以下の 8 つの語句を必ず一度は用い，その語句の部分に下線を付しなさい。

ウェストファリア条約	国際連盟	十四カ条
『戦争と平和の法』	総力戦	徴兵制
ナショナリズム	平和に関する布告	

19

2005年度　第1問

人類の歴史において，戦争は多くの苦悩と惨禍をもたらすと同時に，それを乗り越えて平和と解放を希求するさまざまな努力を生みだす契機となった。

第二次世界大戦は1945年に終結したが，それ以前から連合国側ではさまざまな戦後構想が練られており，これらは国際連合など新しい国際秩序の枠組みに帰結した。しかし，国際連合の成立がただちに世界平和をもたらしたわけではなく，米ソの対立と各地の民族運動などが結びついて新たな紛争が起こっていった。たとえば，中国では抗日戦争を戦っているなかでも国民党と共産党の勢力争いが激化するなど，戦後の冷戦につながる火種が存在していた。

第二次世界大戦中に生じた出来事が，いかなる形で1950年代までの世界のありかたに影響を与えたのかについて，解答欄(イ)に17行以内で説明しなさい。その際に，以下の8つの語句を必ず一度は用い，その語句の部分に下線を付しなさい。なお，EECに付した（　　　）内の語句は解答に記入しなくてもよい。

大西洋憲章	日本国憲法	台　湾
金日成	東ドイツ	EEC（ヨーロッパ経済共同体）
アウシュヴィッツ	パレスチナ難民	

20 2004年度 第1問

1985年のプラザ合意後，金融の国際化が著しく進んでいる。1997年のアジア金融危機が示しているように，現在では一国の経済は世界経済の変動と直結している。世界経済の一体化は16，17世紀に大量の銀が世界市場に供給されたことに始まる。19世紀には植民地のネットワークを通じて，銀行制度が世界化し，近代国際金融制度が始まった。19世紀に西欧諸国が金本位制に移行するなかで，東アジアでは依然として銀貨が国際交易の基軸貨幣であった。この東アジア国際交易体制は，1930年代に，中国が最終的に銀貨の流通を禁止するまで続いた。

以上を念頭におきながら，16－18世紀における銀を中心とする世界経済の一体化の流れを概観せよ。解答は，解答欄(イ)を使用して，16行以内とし，下記の8つの語句を必ず1回は用いたうえで，その語句の部分に下線を付せ。なお（　　）内の語句は記入しなくてもよい。

グーツヘルシャフト(農場領主制)　　一条鞭法　　価格革命　　綿織物
日本銀　　東インド会社　　ポトシ　　アントウェルペン(アントワープ)

21

2003年度　第1問

私たちは，情報革命の時代に生きており，世界の一体化は，ますます急速に進行している。人や物がひんぱんに往きかうだけでなく，情報はほとんど瞬時に全世界へ伝えられる。この背後には，運輸・通信技術の飛躍的な進歩があると言えよう。

歴史を振り返ると，運輸・通信手段の新展開が，大きな役割を果たした例は少なくない。特に，19世紀半ばから20世紀初頭にかけて，有線・無線の電信，電話，写真機，映画などの実用化がもたらされ，視聴覚メディアの革命も起こった。またこれらの技術革新は，欧米諸国がアジア・アフリカに侵略の手を伸ばしていく背景としても注目される。例えば，ロイター通信社は，世界の情報をイギリスに集め，大英帝国の海外発展を支えることになった。一方で，世界中で共有される情報や，交通手段の発展によって加速された人の移動は，各地の民族意識を刺激する要因ともなった。

運輸・通信手段の発展が，アジア・アフリカの植民地化をうながし，各地の民族意識を高めたことについて，下記の9つの語句を必ず1回は用いながら，解答欄(イ)を用いて17行以内で論述しなさい。

スエズ運河	汽　船	バグダード鉄道
モールス信号	マルコーニ	義和団
日露戦争	イラン立憲革命	ガンディー

22　2002 年度　第 1 問

世界の都市を旅すると，東南アジアに限らず，オセアニアや南北アメリカ，ヨーロッパなど，至る所にチャイナ・タウンがあることに驚かされる。その起源を探ると，東南アジアの場合には，すでに宋から明の時代に，各地に中国出身者の集住する港が形成され始めていた。しかし，中国から海外への移住者が急増したのは，19 世紀になってからであった。その際，各地に移住した中国人は低賃金の労働者として酷使されたり，ヨーロッパ系の移住者と競合して激しい排斥運動に直面したりした。たとえば，米国の場合，1882 年には新たな中国人移民の流入を禁止する法律が制定された。米国がこのような中国人排斥法を廃止したのは第二次世界大戦中のことであり，大戦後にはふたたび中国からの移住者が増加した。

上述のような経緯の中で，19 世紀から 20 世紀はじめに中国からの移民が南北アメリカや東南アジアで急増した背景には，どのような事情があったと考えられるか，また海外に移住した人々が中国本国の政治的な動きにどのような影響を与えたか，これらの点について，解答欄(イ)を用いて 15 行以内で述べよ。なお，以下に示した語句を一度は用い，使用した場所に必ず下線を付せ。

植民地奴隷制の廃止	サトウキビ・プランテーション	
ゴールド・ラッシュ	海　禁	アヘン戦争
海峡植民地	利権回収運動	孫　文

23

2001年度　第1問

輝かしい古代文明を建設したエジプトは，その後も，連綿として5000年の歴史を営んできた。その歴史は，豊かな国土を舞台とするものであるが，とりわけ近隣や遠方から到来して深い刻印を残した政治勢力と，これに対するエジプト側の主体的な対応との関わりを抜きにしては，語ることができない。

こうした事情に注意を向け，

(1)　エジプトに到来した側の関心や，進出にいたった背景

(2)　進出をうけたエジプト側がとった政策や行動

の両方の側面を考えながら，エジプトが文明の発祥以来，いかなる歴史的展開をとげてきたかを概観せよ。解答は，解答欄の(イ)を使用して18行以内とし，下記の8つの語句を必ず1回は用いたうえで，その語句の部分に下線を付せ。

アクティウムの海戦	イスラム教	オスマン帝国
サラディン	ナイル川	ナセル
ナポレオン	ムハンマド・アリー	

24

2000 年度 第1問

大航海時代以降，アジアに関する詳しい情報がヨーロッパにもたらされると，特に18 世紀フランスの知識人たちの間では，東方の大国である中国に対する関心が高まった。以下に示すように，中国の思想や社会制度に対する彼らの評価は，称賛もあり批判もあり，様々だった。彼らは中国を鏡として自国の問題点を認識したのであり，中国評価は彼らの社会思想と深く結びついている。

儒教は実に称賛に価する。儒教には迷信もないし，愚劣な伝説もない。また道理や自然を侮辱する教理もない。（略）四千年来，中国の識者は，最も単純な信仰を最善のものと考えてきた。（ヴォルテール）

ヨーロッパ諸国の政府においては一つの階級が存在していて，彼らこそが，生まれながらに，自身の道徳的資質とは無関係に優越した地位をもっているのだ。（略）ヨーロッパでは，凡庸な宰相，無知な役人，無能な将軍がこのような制度のおかげで多く存在しているが，中国ではこのような制度は決して生まれなかった。この国には世襲的貴族身分が全く存在しない。（レーナル）

共和国においては徳が必要であり，君主国においては名誉が必要であるように，専制政体の国においては「恐怖」が必要である。（略）中国は専制国家であり，その原理は恐怖である。（モンテスキュー）

これらの知識人がこのような議論をするに至った18 世紀の時代背景，とりわけフランスと中国の状況にふれながら，彼らの思想のもつ歴史的意義について，解答欄(イ)を用いて 15 行以内で述べよ。なお，以下に示した語句を一度は用い，使用した場所には必ず下線を付せ。

イエズス会	科　挙	啓　蒙	絶対王政
ナント勅令廃止	フランス革命	身分制度	文字の獄

25

1999年度　第1問

　ある地域の歴史をたどると，そこに世界史の大きな流れが影を落としていることがある。イベリア半島の場合もその例外ではない。この地域には古来さまざまな民族が訪れ，多様な文化の足跡を残した。とりわけヨーロッパやアフリカの諸勢力はこの地域にきわめて大きな影響を及ぼしている。このような広い視野のもとでながめるとき，紀元前3世紀から紀元15世紀末にいたるイベリア半島の歴史はどのように展開したのだろうか。その経過について解答欄(イ)に15行以内で述べよ。なお，下に示した語句を一度は用い，使用した語句に必ず下線を付せ。

カスティリア王国	カール大帝	カルタゴ
グラナダ	コルドバ	属　州
西ゴート	ムラービト朝	

第 2 章　小論述・記述問題 I

26

2023 年度　第 2 問

水は人類にとって不可欠の資源であり，水を大量に供給する河川は，都市や文明の発展に大きく寄与した。また河川は，交通の手段となって文化や経済の交流を促したり，境界となったりすることもあった。このことに関連する以下の 3 つの設問に答えよ。解答は，解答欄（ロ）を用い，設問ごとに行を改め，冒頭に(1)～(3)の番号を付して記せ。

問(1)　長江は，東アジアで最も長い河川であり，新石器時代から文明を育み，この流域の発展は中国の経済的な発展を大きく促してきた。このことに関する以下の(a)・(b)の問いに，冒頭に(a)・(b)を付して答えよ。

(a)　中国では 3 世紀前半に，3 人の皇帝が並び立つ時代を迎えた。このうち，この川の下流域に都を置いた国の名前とその都の名前，および 3 世紀後半にその国を滅ぼした国の名前を記せ。

(b)　この川の流域の発展は，「湖広熟すれば天下足る」ということわざを生み出した。このことばの背景にある経済の発展と変化について，3 行以内で記せ。

問(2)　西アジアは一部を除いて，雨が少なく乾燥しており，大河が流れる地域がしばしば農業の中心地となった。そこには，ときに王朝の都が置かれ，政治や文化の中心地にもなった。これに関する以下の(a)・(b)・(c)の問いに，冒頭に(a)・(b)・(c)を付して答えよ。

(a)　次の**資料**は，ある王朝における都の建設の経緯を説明したものである。その王朝の名前と都の名前を記せ。

資　料

言うには，「ここは軍営地にふさわしい場所である。このティグリス川は我々と中国との隔てをなくし，これによってインド洋からの物品すべてが我々のもとに，またジャジーラやアルメニアまたその周辺からは食糧が至る。このユーフラテス川からは，それによってシリアやラッカまたその周辺からのあらゆるものが到着する」。こうしてマンスールはこの地に降り立ち，サラート運河周辺に軍営地を設営し，都のプランを定め，区画ごとに武将を配置した。

タバリー『預言者たちと諸王の歴史』

（歴史学研究会編『世界史史料 2』より，一部表記変更）

(b) **資料**中の下線部に関連して，のちの 9 世紀に活躍するようになったマムルークの特徴と，彼らがこの王朝で果たした役割とについて，2 行以内で記せ。

(c) **資料**に記されている都が建設されたのは，西アジアの政治的中心地として栄えたクテシフォンの近くにおいてであった。クテシフォンを建設した国の名前に言及しつつ，その国で起こった文化的変容について，言語面を中心に，2 行以内で記せ。

問(3) ナイル川はその流域に暮らす人々の生活を支えるとともに，人々の行きかう場ともなった。このことに関する以下の(a)・(b)の問いに，冒頭に(a)・(b)を付して答えよ。

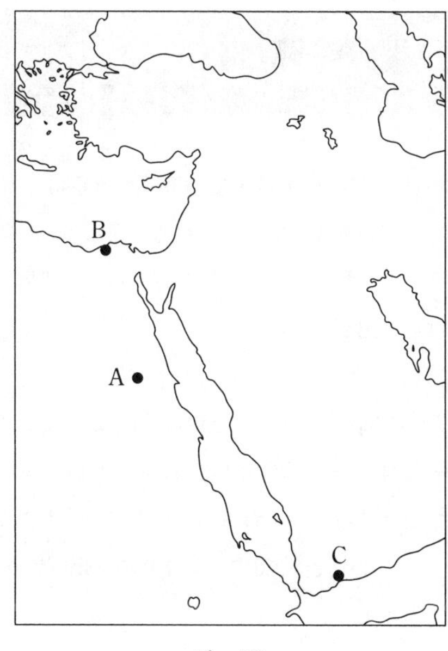

地 図

(a) **地図**中のＡで，ナセル政権下に作られた公共建造物は，この川の自然特性を利用した農業のあり方を決定的に変えることとなった。近代以前において，この川の自然特性を利用する形で展開した農業について，２行以内で説明せよ。

(b) **地図**中の都市Ｂはこの川の河口近くにあり，12 世紀から 15 世紀頃，国際的な東西交易の一翼を担う商人たちが，この都市と都市Ｃとの間で活発な交易を行った。この交易で扱われた物産と取引相手について，２行以内で説明せよ。

27

2022年度 第2問

支配や統治には，法や制度が不可欠である。それらは，基盤となる理念や思想と，それを具体化する運動を通じてつくられることが多い。このことに関連する以下の3つの設問に答えよ。解答は，解答欄（ロ）を用い，設問ごとに行を改め，冒頭に⑴～⑶の番号を付して記せ。

問⑴ イスラーム教が支配宗教となった地域や国家では，民族や出自にかかわらず，宗教を第一とする統治体制が敷かれることが多かった。そこでは，啓典『クルアーン（コーラン）』と預言者ムハンマドの言行がもとになったイスラーム法が重視された。このことに関する以下の⒜・⒝・⒞の問いに，冒頭に⒜・⒝・⒞を付して答えよ。

⒜ 最古の成文法の一つであるハンムラビ法典は，イスラーム法にも影響を与えたとされる。この法典が制定された時期と，その内容の特徴を，2行以内で説明せよ。

⒝ 14世紀に北アフリカの諸王朝に仕え，『世界史序説（歴史序説）』を著して王朝の興亡の法則性を説いた学者の名前を記せ。

⒞ 1979年のイラン革命では，イスラーム法に通じた宗教指導者（法学者）ホメイニらが中心となり，それまでのイランで推進されていた政策を批判した。このとき批判された政策について，2行以内で説明せよ。

問⑵ 中世から近世にかけてのヨーロッパでは，多くの国が君主を頂点とする統治体制のもとにあった。君主の権力に関しては，それを強化することで体制を安定させようとする試みや，それが恣意的にならないよう抑制する試みがみられた。このことに関する以下の⒜・⒝の問いに，冒頭に⒜・⒝を付して答えよ。

(a)　大憲章(マグナ＝カルタ)が作成された経緯を，課税をめぐる事柄を中心に，4行以内で説明せよ。

(b)　マキァヴェリが『君主論』で述べた主張について，2行以内で説明せよ。

問(3)　19世紀末の清では，日清戦争における敗北を契機に，国家の存亡をめぐる危機意識が高まった。この結果生じた運動について，以下の(a)・(b)の問いに，冒頭に(a)・(b)を付して答えよ。

(a)　この運動の中心となり，後に日本に亡命した2名の人物の名前を記せ。

(b)　この運動の主張と経緯を4行以内で説明せよ。

28

2021年度 第2問

歴史上では，さまざまな社会で，異なる形態の身分制度や集団間の不平等があらわれている。こうした身分や不平等は，批判され，撤廃されていくこともあれば，かたちを変えながら残存することもあった。このことに関する以下の3つの設問に答えなさい。解答は，解答欄(ロ)を用い，設問ごとに行を改め，冒頭に(1)～(3)の番号を付して答えなさい。

問(1) 身分制や身分にもとづく差別の状況は，国家による法整備，あるいは民衆の反乱のような直接的な働きかけだけでなく，社会的・経済的要因によっても左右されることがある。このことに関する以下の(a)・(b)の問いに，冒頭に(a)・(b)を付して答えなさい。

(a) 14世紀から15世紀にかけての西ヨーロッパでは，農民による反乱が起こる以前から，農民の地位は向上しはじめていた。その複数の要因を3行以内で説明しなさい。

(b) ロシアの農奴解放令によって農民の身分は自由になったが，農民の生活状況はあまり改善されなかった。それはなぜだったのかを3行以内で説明しなさい。

問(2) 16世紀後半以降，植民地となっていたフィリピンでは，19世紀後半，植民地支配に対する批判が高まっていた。このことに関する以下の(a)・(b)の問いに，冒頭に(a)・(b)を付して答えなさい。

(a) 小説『ノリ・メ・タンヘレ(われにふれるな)』などを通じて民族主義的な主張を展開した知識人が現れた。その人物の名前を記しなさい。

(b) 1896年に起きたフィリピン革命によって，フィリピンの統治体制はどのように変化していくか。その歴史的過程を4行以内で説明しなさい。

問(3) 1990年代，南アフリカ共和国において，それまで継続していた人種差別的な政策が撤廃された。このことに関する以下の(a)・(b)の問いに，冒頭に(a)・(b)を付して答えなさい。

(a) この政策の名称を片仮名で記しなさい。

(b) この政策の内容，および，この政策が撤廃された背景について，3行以内で説明しなさい。

29

2020年度　第2問

異なる文化に属する人々の移動や接触が活発になることは，より多様性のある豊かな文化を生む一方で，民族の対立や衝突に結びつくこともあった。民族の対立や共存に関する以下の3つの設問に答えなさい。解答は，解答欄(ロ)を用い，設問ごとに行を改め，冒頭に(1)〜(3)の番号を付して記しなさい。

問(1)　大陸に位置する中国では，古くからさまざまな文化をもつ人々の間の交流がさかんであり，民族を固有のものとする意識は強くなかった。しかし，近代に入ると，中国でも日本や欧米列強との対抗を通じて民族意識が強まっていった。これに関する以下の(a)・(b)の問いに，冒頭に(a)・(b)を付して答えなさい。

(a)　漢の武帝の時代，中国の北辺の支配をめぐり激しい攻防を繰り返した騎馬遊牧民国家の前3世紀末頃の状況について，2行以内で記しなさい。

(b)　清末には，漢民族自立の気運がおこる一方で，清朝の下にあったモンゴルやチベットでも独立の気運が高まった。辛亥革命前後のモンゴルとチベットの独立の動きについて，3行以内で記しなさい。

問(2)　近代に入ると，西洋列強の進出によって，さまざまな形の植民地支配が広がった。その下では，多様な差別や搾取があり，それに対する抵抗があった。これに関する以下の(a)・(b)の問いに，冒頭に(a)・(b)を付して答えなさい。

図　版

(a)　図版は，19世紀後半の世界の一体化を進める画期となった一大工事を描いたものである。その施設を含む地域は，1922年に王国として独立した。どこで何が造られたかを明らかにし，その完成から20年程の間のその地域に対するイギリスの関与とそれに対する反発とを，4行以内で記しなさい。

(b) オーストラリアは，ヨーロッパから最も遠く離れた植民地の一つであった。現在では多民族主義・多文化主義の国であるが，1970年代までは白人中心主義がとられてきた。ヨーロッパ人の入植の経緯と白人中心主義が形成された過程とを，2行以内で記しなさい。

問(3) 移民の国と言われるアメリカ合衆国では，移民社会特有の文化や社会的多様性が生まれたが，同時に，移民はしばしば排斥の対象ともなった。これに関する以下の(a)・(b)の問いに，冒頭に(a)・(b)を付して答えなさい。

(a) 第一次世界大戦後，1920年代のアメリカ合衆国では，移民や黒人に対する排斥運動が活発化した。これらの運動やそれに関わる政策の概要を，3行以内で記しなさい。

(b) アメリカ合衆国は，戦争による領土の拡大や併合によっても多様な住民を抱えることになった。このうち，1846年に開始された戦争の名，およびその戦争の経緯について，2行以内で記しなさい。

30

2019年度　第2問

国家の歴史は境界線と切り離せない。境界をめぐる争いは絶え間なく起こり，現地の生活を無視して恣意的に境界線が引かれることも頻繁であった。このことを踏まえて，以下の3つの設問に答えなさい。解答は，解答欄(ロ)を用い，設問ごとに行を改め，冒頭に(1)～(3)の番号を付して記しなさい。

問(1)　19世紀半ば以降，南アジアではイギリスによる本格的な植民地支配が進展した。英領インドを支配する植民地当局は1905年にベンガル分割令を制定したが，この法令は，ベンガル州をどのように分割し，いかなる結果を生じさせることを意図して制定されたのかを3行以内で説明しなさい。

問(2)　太平洋諸地域は近代に入ると世界の一体化に組み込まれ，植民地支配の境界線が引かれた。このことに関連する以下の(a)・(b)の問いに，冒頭に(a)・(b)を付して答えなさい。

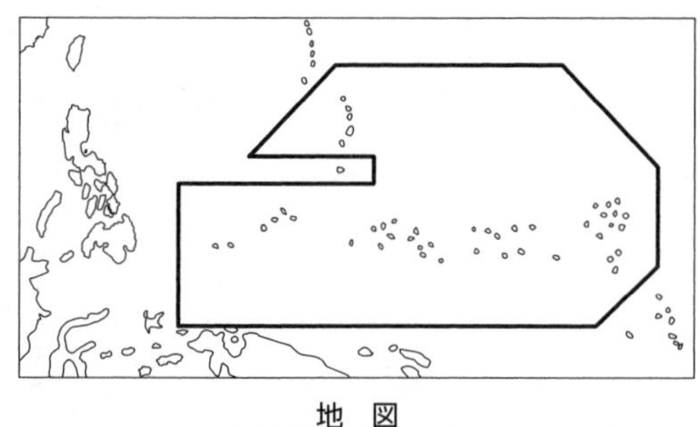

地　図

(a)　**地図**中の太線で囲まれた諸島が，19世紀末から1920年代までにたどった経緯を2行以内で説明しなさい。

(b)　ニュージーランドが1920～30年代に経験した，政治的な地位の変化について2行以内で説明しなさい。

問(3) 1990年代後半より，中国と韓国の間で，中国東北地方の帰属の歴史的解釈をめぐる対立が生じた。このことに関連する以下の(a)・(b)の問いに，冒頭に(a)・(b)を付して答えなさい。

(a) 当時の韓国の歴史教科書では，韓国史は「満州と韓半島」を舞台に展開した，とされている。その考え方の根底にある4～7世紀の政治状況について，2行以内で説明しなさい。

(b) 中国は，渤海の歴史的帰属を主張している。その根拠の1つとされる，渤海に対する唐の影響について，2行以内で説明しなさい。

31

2018年度 第2問

現在に至るまで，宗教は人の心を強くとらえ，社会を動かす大きな原動力となってきた。宗教の生成，伝播，変容などに関する以下の3つの設問に答えなさい。解答は，解答欄(ロ)を用い，設問ごとに行を改め，冒頭に(1)～(3)の番号を付して答えなさい。

問(1) インドは，さまざまな宗教を生み出し，またいくつもの改革運動を経験してきた。古代インドでは，部族社会がくずれると，政治・経済の中心はガンジス川上流域から中・下流域へと移動し，都市国家が生まれた。そして，それらの中から，マガダ国がガンジス川流域の統一を成し遂げた。こうした状況の中で，仏教やジャイナ教などが生まれた。また，これらの宗教はその後も変化を遂げてきた。これに関する以下の(a)・(b)・(c)の問いに，冒頭に(a)・(b)・(c)を付して答えなさい。

(a) 新たに生まれた仏教やジャイナ教に共通のいくつかの特徴を3行以内で記しなさい。

(b) 仏教やジャイナ教などの新宗教が出現する一方で，従来の宗教でも改革の動きが進んでいた。その動きから出てきた哲学の名称を書きなさい。

(c) 紀元前後になると，仏教の中から新しい運動が生まれた。この運動を担った人々は，この仏教を大乗仏教と呼んだが，その特徴を3行以内で記しなさい。

問(2) 中国においては，仏教やキリスト教など外来の宗教は，時に王朝による弾圧や布教の禁止を経ながらも，長い時間をかけて浸透した。これに関する以下の(a)・(b)の問いに，冒頭に(a)・(b)を付して答えなさい。

(a) **図版1**は，北魏の太武帝がおこなった仏教に対する弾圧の後に，都の近くに造られた石窟である。この都の名称と石窟の名称を記し，さらにその位置を**図版2**のA～Cから1つ選んで記号で記しなさい。

(b) 清朝でキリスト教の布教が制限されていく過程を3行以内で記しなさい。

図版1

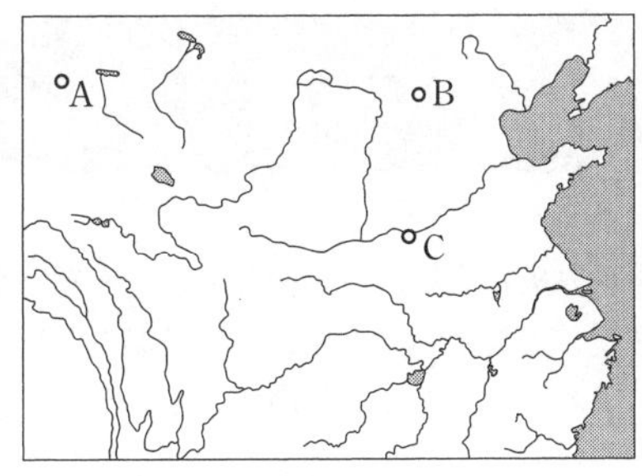

図版2

＊図版1は，編集の都合上，類似の写真と差し替えています。
（写真提供：ユニフォトプレス）

問(3) 1517年に始まる宗教改革は西欧キリスト教世界の様相を一変させたが，教会を刷新しようとする動きはそれ以前にも見られたし，宗教改革開始以後，プロテスタンティズムの内部においても見られた。これに関する以下の(a)・(b)の問いに，冒頭に(a)・(b)を付して答えなさい。

(a) 13世紀に設立されたフランチェスコ会（フランシスコ会）やドミニコ会は，それまでの西欧キリスト教世界の修道会とは異なる活動形態をとっていた。その特徴を2行以内で記しなさい。

(b) イギリス国教会の成立の経緯と，成立した国教会に対するカルヴァン派（ピューリタン）の批判点とを，4行以内で記しなさい。

32

2017年度 第2問

世界史に登場する国や社会のなかで，少数者集団はそれぞれに，多数者の営む主流文化との緊張のうちに独自の発展をとげてきた。各時代・地域における「少数者」に関する以下の3つの設問に答えなさい。解答は，解答欄(ロ)を用い，設問ごとに行を改め，冒頭に(1)～(3)の番号を付して記しなさい。

問(1)　ポーランド人の国家は14世紀後半から15世紀に隆盛したが，18世紀後半に至ってロシア，オーストリア，プロイセンによって分割された。ポーランド人はそれぞれの大国のなかで少数者となり，第一次世界大戦を経てようやく独立した。以下の(a)・(b)の問いに，冒頭に(a)・(b)を付して答えなさい。

(a)　ポーランド人の国家が隆盛した時期の状況と，その後衰退した背景について，3行以内で説明しなさい。

(b)　プロイセンの主導でドイツ人の統一国家が成立した際，ポーランド人以外にも有力な少数者集団が，国内の南部を中心に存在した。それはどのような人々であり，当時いかなる政策が彼らに対してとられたか，2行以内で説明しなさい。

問(2)　史上たびたび，アジアには広域支配を行う国家が登場し，民族的に多様な人々を治めるのに工夫をこらした。また，近代に入ると，国民国家の考え方が，多数派を占める民族と少数派の民族との関係にも大きな影響をもたらした。これらは，今日に至るまで民族の統合や衝突の背景となっている。以下の(a)・(b)の問いに，冒頭に(a)・(b)を付して答えなさい。

(a)　清朝は，藩部を掌握するために，どのような政策をとっていたのか，2行以内で説明しなさい。

(b)　1965年に独立国家シンガポールが成立した。その経緯について，シンガポールの多数派住民がどのような人々だったかについて触れながら，2行以内で説明しなさい。

問(3)　北アメリカ大陸各地でも，ヨーロッパ人植民以来の発展のなかで様々な少数者集団が生まれた。以下の(a)・(b)の問いに，冒頭に(a)・(b)を付して答えなさい。

(a)　カナダの国土面積の約15パーセントを占めるケベック州では，今日なお半数以上の住民が英語以外のある言語を母語としている。このような状況が生まれる前提となった，17世紀から18世紀にかけての経緯を2行以内で記しなさい。

(b) アメリカ合衆国では，南北戦争を経て奴隷制が廃止されたが，その後も南部諸州ではアフリカ系住民に対する差別的な待遇が続いた。その内容を1行でまとめ，その是正を求める運動の成果として制定された法律の名称と，そのときの大統領の名前を記しなさい。解答はそれぞれ行を改めて記しなさい。

33

2016年度 第2問

国家の経済制度・政策に関する，以下の3つの設問に答えなさい。解答は，解答欄(ロ)を用い，設問ごとに行を改め，冒頭に(1)～(3)の番号を付して記しなさい。

問(1) 西アジアでは，イスラームの成立以降，国家や社会のかたちに大きな影響を与える，独特の特徴をもつ経済制度が発展した。これらの制度に関する以下の(a)・(b)の問いに，冒頭に(a)・(b)を付して答えなさい。

(a) 10世紀にブワイフ朝が始めた土地・税制度は，同時代に発展した西ヨーロッパの封建制やビザンツ帝国のプロノイア制にも似た特徴をもち，その後のイスラーム諸王朝に受け継がれ，体系化された。この制度の名称を書きなさい。また行を改めて，この制度の特徴について2行以内で説明しなさい。

(b) 16世紀にオスマン帝国が導入した外国人商人に対する制度は，イスラーム法の理念にもとづき，交易の発展をはかることを目的としていた。この制度の名称を書きなさい。また行を改めて，この制度の内容，および後の時代に与えた影響について2行以内で説明しなさい。

問(2) 北インドでは，ティムールの末裔バーブルが，1526年，パーニーパットの戦いでロディー朝に勝利をおさめた。彼がムガル帝国の基礎を築いたとするならば，第3代のアクバルは，中央集権的な機構を整え，ムガル帝国を実質的に建設した人物であった。以下の(a)・(b)の問いに，冒頭に(a)・(b)を付して答えなさい。

(a) アクバルの時代に整備されたマンサブダール制について2行以内で説明しなさい。

(b) 第6代アウラングゼーブの時代には，ムガル帝国の領土は最大となったが，支配の弱体化も進んだ。この支配の弱体化について2行以内で説明しなさい。

問(3) 17世紀のイングランド（イギリス）およびフランスで実施された経済政策について，それらを推進した人物の名や代表的な法令をあげつつ，当時のオランダの動向と関連づけて4行以内で説明しなさい。

34

2015年度 第2問

国家の法と統治に関する，以下の3つの設問に答えなさい。解答は，解答欄(ロ)を用い，設問ごとに行を改め，冒頭に(1)〜(3)の番号を付して記しなさい。

問(1) ローマ法は，古代末期に編纂された(a)法の集大成を通じて，11世紀に西ヨーロッパで再発見された。その後，ローマ法の影響を受けて，(b)13世紀末〜14世紀初頭にイギリスやフランスでは，共通した方向性をもつ代表機関が生まれた。下線部(a)・(b)に対応する以下の問いに，冒頭に(a)・(b)を付して答えなさい。

(a) この法の集大成の編纂を命じた君主の名前①と，編纂の中心にいた法学者の名前②を，それぞれ行を改め，冒頭に①・②を付して記しなさい。

(b) この時期に生まれてくる国政にかかわる代表機関の性格ならびに君主との関係について，その代表機関の名称を1つはあげながら，2行以内で説明しなさい。

問(2) 唐の時代の中国では，成文法の体系化が進み，それにもとづいて国家の支配体制が構築された。中央には三省・六部を中核とする官制が整備され，地方には州県制がおこなわれた。これに関する以下の(a)・(b)の問いに，冒頭に(a)・(b)を付して答えなさい。

(a) この時代の法体系は，内容的にみて大きく4種類に区分できる。そのすべての名称と具体的な内容について，2行以内で説明しなさい。

(b) 三省は，それぞれ役割を分担しながら国家統治を実現していた。皇帝の発する詔勅は三省の間でどのように処理され，また三省と六部とはどのような関係にあったのか，2行以内で説明しなさい。

問(3) ロシアでは20世紀初頭まで皇帝が専制権力を保持した。これに対して革命運動の指導者や開明的な官僚や知識人は，憲法の制定が専制権力の抑制につながると考えた。以下の(a)・(b)の問いに，冒頭に(a)・(b)を付して答えなさい。

(a) 『大尉の娘』の作者①は立憲主義的な運動に関心をよせ，専制に批判的な作品を書いた。また，『父と子』の作者②は19世紀後半の農奴解放に影響を与えたが，そうした改革の動きは憲法草案の作成につながっていった。作家①と②の名前を，それぞれ行を改め，冒頭に①・②を付して記しなさい。

(b) 1905年に起こった第1次革命において，自由主義者による立憲主義を理想とする改革要求に対して，皇帝ニコライ2世はどのように対応したか。皇帝が発した文書の名称に触れながら，2行以内で説明しなさい。

35

2014年度 第2問

世界史上「帝国」は，様々な形態を取りながら各地に広範な影響を与えてきた。しかし，拡大とともに「帝国」は周辺地域からの挑戦を受けることになる。各時代における「帝国」に関する以下の設問に答えなさい。解答は，解答欄(ロ)を用い，設問ごとに行を改め，冒頭に(1)～(3)の番号を付して記しなさい。

問(1) ビザンツ帝国（東ローマ帝国）は，6世紀のユスティニアヌス帝の時代に地中海をとりまく多くの地域を征服し支配したが，彼の死後，次第にその支配地を失っていった。その過程で，ビザンツ帝国の歴史に特に大きな影響を与えたのが，トルコ系の人々が打ち立てた諸国家による攻撃であった。この経緯について4行以内で記述しなさい。

問(2) オランダでは，1602年にアジアとの貿易のためにオランダ東インド会社が設立された。オランダ海洋帝国を象徴するこの会社は，商業的利権の獲得と拡大のために，アジア各地で軍事的衝突や戦争を引き起こし，のちの本格的な植民地支配への下地をつくりだした。以下の(a)・(b)の問いに，冒頭に(a)・(b)を付して答えなさい。

(a) アジアにはすでにポルトガルが進出していたため，オランダ東インド会社はポルトガルの重要拠点を攻撃し，占領することがしばしばあった。そうした拠点のうち，最終的にオランダ側の手に落ち，オランダ東インド会社の拠点となったマレー半島にある海港都市の一つを挙げなさい。

(b) オランダ東インド会社は，17世紀から18世紀にかけて，次第にジャワ島内部への支配を強めた。この当時，ジャワ島内で発展した産業の一つが砂糖生産であり，砂糖生産に関わる技術や一部の労働力は中国から導入された。この背景にある中国側の国内事情を2行以内で記述しなさい。

問(3) 1946年に始まったインドシナ戦争は，1954年のジュネーヴ会議により終結した。しかし，この地域での共産主義勢力の拡大を恐れるアメリカ合衆国はこの会議の決定を認めず，その後およそ20年にわたり，ベトナムへの政治・軍事的介入を続けることになった。以下の(a)・(b)の問いに，冒頭に(a)・(b)を付して答えなさい。

(a) 1965年のはじめ，アメリカ合衆国はベトナムへの介入をさらに強化する決定を下した。この決定を下した大統領の名前とその内容を2行以内で記述しなさい。

(b) ベトナム戦争の戦費の拡大により，アメリカ合衆国の財政は悪化し，1971年にはその経済政策の変更を余儀なくされた。この新しい政策の内容とその国際的影響を2行以内で記述しなさい。

36　2013年度　第2問

国家と宗教の関わりについての，以下の3つの設問に答えなさい。解答は，解答欄(ロ)を用い，設問ごとに行を改め，冒頭に(1)～(3)の番号を付して記しなさい。

問(1)　紀元前1世紀に地中海世界を統一したローマは，その広大な帝国を統治するために，宗教をさまざまな形で支配政策に組み入れていった。パレスチナの地に生まれてローマ帝国内に信仰を広げたキリスト教は，皇帝による宗教政策との関わりで，(a)<u>はじめ激しく迫害されたが</u>，やがて(b)<u>紀元後4世紀前半には国家に受け入れられるようになった</u>。下線部(a)・(b)に対応する以下の問いに，冒頭に(a)・(b)を付して答えなさい。

(a)　キリスト教徒がローマ皇帝に迫害された理由を2行以内で説明しなさい。

(b)　キリスト教はローマ皇帝によってどのように公認されたか，その皇帝の名前と公認の理由に触れながら，2行以内で説明しなさい。

問(2)　中国では魏晋南北朝時代になると，国家との関わりのなかで，今日まで影響力をもつような宗教が現れた。以下の(a)・(b)の問いに，冒頭に(a)・(b)を付して答えなさい。

(a)　この時代には，鳩摩羅什が華北で国家の保護を受けて布教するなど，仏教が本格的に広まった。陸路や海路で西域やインドとの間を行き来して，仏教の普及につとめた人々の活動について，2行以内で説明しなさい。

(b)　北魏では，太武帝の保護を受け，その後の中国で広く信仰される宗教が確立した。その宗教の名称とその特徴，およびその確立の過程について2行以内で説明しなさい。

問(3)　メロヴィング朝フランク王国の急速な勢力拡大の背景には，その基礎を築いた王の改宗があったと考えられている。以下の(a)・(b)の問いに，冒頭に(a)・(b)を付して答えなさい。

(a)　他のゲルマン諸部族の王の大部分は，当時どのような宗教を信仰していたか，2行以内で説明しなさい。

(b)　このメロヴィング朝の王は，どのような宗教に改宗したのか，この王の名前とともに，2行以内で説明しなさい。

37

2012年度 第2問

人類の歴史のなかで，遊牧は農耕とならぶ重要な生活様式のひとつであった。遊牧民，とりわけ軍事力や機動力にすぐれた遊牧民の集団は，広域にわたる遊牧国家の建設や周辺の農耕・定住地域への侵入，大規模な移動などによって大きな役割をはたした。これをふまえて，以下の設問に答えなさい。解答は，解答欄(ロ)を用い，設問ごとに行を改め，冒頭に(1)〜(3)の番号を付して記しなさい。

問(1) 中央ユーラシアの草原地帯に出現した遊牧民のなかでも，4世紀になるとフン族が西進し，それとともにユーラシア西部に大変動がおこっている。やがて，5世紀後半には遊牧民エフタルが台頭し，周辺の大国をおびやかした。以下の(a)・(b)の問いに，冒頭に(a)・(b)を付して答えなさい。

(a) 5世紀におけるフン族の最盛期とその後について，2行以内で説明しなさい。

(b) エフタルに苦しめられた西アジアの大国を中心とした6世紀半ばの情勢について，2行以内で説明しなさい。

問(2) 中央ユーラシアを横断する大草原に住む遊牧トルコ人は，イスラーム世界の拡大とともにこれとさまざまな関係をもつようになり，その一部はやがて西アジアに進出して政権を樹立し，アラブ人やイラン人とならんで重要な役割をはたすことになった。以下の(a)・(b)の問いに，冒頭に(a)・(b)を付して答えなさい。

(a) 9世紀ごろになると，アッバース朝カリフの周辺にはトルコ人の姿が目立つようになった。彼らはアラビア語で何とよばれ，カリフは彼らをどのように用いたのか，2行以内で説明しなさい。

(b) 中央ユーラシアから西アジアに進出したトルコ人が建てた最初の王朝の名①と，この王朝が支持した宗派の名②を，冒頭に①・②を付して記しなさい。

問(3) 匈奴以来，モンゴル高原にはしばしば強力な遊牧国家が誕生し，中国の脅威となった。あるものは長城を境にして中国と対峙し，あるものは長城を越えて支配を及ぼすなど，遊牧民族の動静は，中国の歴史に大きな影響を与えつづけた。以下の(a)・(b)の問いに，冒頭に(a)・(b)を付して答えなさい。

(a) 漢の武帝の対匈奴政策と西域政策とのかかわりについて，2行以内で説明しなさい。

(b) 15世紀なかごろにはモンゴルのある部族が明の皇帝を捕虜とする事件がおこった。この部族の名①と事件の名②を，冒頭に①・②を付して記しなさい。

38

2011 年度　第2問

歴史上，帝国と呼ばれた国家は，多民族，多人種，多宗教を包摂する大きな領域をその版図におさめている場合が多かった。それらの国家の繁栄と衰退，差異や共通性，内外の諸関係について，次の3つの設問に答えなさい。解答は，解答欄(ロ)を用い，設問ごとに行を改め，冒頭に(1)〜(3)の番号を付して記しなさい。

問(1)　ローマはテヴェレ川のほとりに建設された都市国家にすぎなかったが，紀元前6世紀に，エトルリア人の王を追放して共和政となった。その後，周辺の都市国家を征服してイタリア半島全体を支配し，やがて地中海世界を手中におさめる大帝国となった。ローマが帝政に移行する紀元前後からおよそ200年にわたる時期はパクス=ローマーナとたたえられ，平和が維持された。以下の(a)・(b)の問いに，冒頭に(a)・(b)を付して答えなさい。

(a)　ローマの平和と繁栄を示す都市生活を支えていた公共施設について，2行以内で説明しなさい。

(b)　ローマの市民権の拡大について，2行以内で説明しなさい。

問(2)　中国の歴代王朝は，周辺諸国との間で儀礼に基づく冊封や朝貢といった関係をもった。しかし，その制度や実態は，王朝ごとに，また相手に応じて，多様であった。とりわけ対外貿易と朝貢との関係には，顕著な変化が見られる。明から清の前期（17世紀末まで）にかけて，対外貿易と朝貢との関係がどのように変化したかについて，海禁政策に着目しながら，4行以内で説明しなさい。

問(3)　1898年に勃発したアメリカ－スペイン戦争をきっかけとして，アメリカ合衆国は，(a)モンロー宣言によって定式化された従来の対外政策を脱し，より積極的な対外政策を追求しはじめた。とりわけこの戦争の舞台となったカリブ海や西太平洋，そして中国においては，戦後，(b)アメリカ合衆国の影響力が飛躍的に高まり，帝国主義列強間の力関係にも大きな変化がもたらされた。下線部(a)・(b)に対応する以下の問いに，冒頭に(a)・(b)を付して答えなさい。

(a)　この宣言の内容を，2行以内で説明しなさい。

(b)　この戦争後におけるアメリカ合衆国の対中国政策の特徴を，3行以内で説明しなさい。

39

2010年度 第2問

アジア各地には古くからそれぞれ独自の知の体系が発展し，それらを支える知識人たちも存在した。そして16世紀以降，ヨーロッパの知識・学問に接するようになるなかで，それらは次第に変容していった。アジア諸地域における知識・学問や知識人の活動に関する以下の3つの設問に答えなさい。解答は，解答欄(ロ)を用い，設問ごとに行を改め，冒頭に(1)〜(3)の番号を付して記しなさい。

問(1) 読書人などとよばれた中国前近代の知識人にとって，儒学と詩文は必須の教養であった。これらはいずれも，漢代までの知的営為の集積を背後にもつ。この集積は時として想起され，現代に至るまでその時々の中国社会に大きな影響を与えることがあった。以下の(a)・(b)の問いに，冒頭に(a)・(b)を付して答えなさい。

(a) それまで複数の有力な思想の一つにすぎなかった儒学が，他の思想とは異なる特別な地位を与えられたのは，前漢半ばであった。そのきっかけとなった出来事について2行以内で説明しなさい。

(b) 唐代に入ると詩文には様々な変化が起こった。文章については唐代中期以降，漢代以前に戻ろうとする復古的な気運が生まれた。唐代におけるその気運について2行以内で説明しなさい。

問(2) 14世紀半ば，東アジアは元の衰退にともない一時的に混乱した。しかし，1368年に明が建国されると，再び新たな安定の時期を迎え，知識人たちも活発に活動した。1392年に成立した朝鮮（李氏朝鮮）も，明の諸制度を取り入れながら繁栄し，知識人による文化事業が盛んにおこなわれた。以下の(a)・(b)の問いに，冒頭に(a)・(b)を付して答えなさい。

(a) 15世紀前半の朝鮮でなされた特徴的な文化事業について2行以内で説明しなさい。

(b) 明の末期になると，中国の知識人たちは，イエズス会宣教師がもたらしたヨーロッパの科学技術に強い関心を示した。その代表的な人物である徐光啓の活動について2行以内で説明しなさい。

問(3) 18世紀後半以降，ヨーロッパの侵略や圧力にさらされるようになると，アジアの知識人は自国の文化の再生や，政治・経済の再建を目指して改革運動をはじめた。かれらは，ヨーロッパの知識を吸収しつつ近代化・西欧化を推進しようとするグループと，逆に伝統の本来の姿を復活させようとするグループとに分かれて論争し合い，政治運動も展開した。これらの改革運動に関する以下の(a)〜(c)の問いに，冒頭に(a)〜(c)を付して答えなさい。

(a) 西アジアのアラビア半島では，ワッハーブ派が勢力を拡大した。この運動について3行以内で説明しなさい。

(b) インドでは，ラーム=モーハン=ローイが，女性に対する非人道的なヒンドゥー教の風習を批判するパンフレットを刊行するなどして，近代主義の立場から宗教・社会改革運動を進めた。この風習を何というか答えなさい。

(c) 中国では，曾国藩・李鴻章などの官僚グループが洋務運動とよばれる改革を進めた。この運動の性格について3行以内で説明しなさい。

40

2009年度 第2問

人口集中地としての都市は，古来，一定地域の中心として人々の活動の重要な場であり続けてきた。それらの都市は，周囲の都市や農村との関係に応じて，都市ごとに異なる機能を果たしてきたが，ある特定の地域や時代に共通する外観や特徴を示す場合もある。以上の点をふまえて，次の3つの設問に答えなさい。解答は，解答欄(ロ)を用い，設問ごとに行を改め，冒頭に(1)〜(3)の番号を付して記しなさい。

問(1) (a)紀元前8世紀のエーゲ海周辺では，ポリスとよばれる都市が古代ギリシア人によって形づくられた。ポリスはその後，地中海・黒海沿岸地域にひろがり，その数は1000を超え，ギリシア古典文明を生み出す基盤となった。ポリスはそれぞれが独立した都市国家であったため，ギリシア人は政治的には分裂状態にあったが，他方，(b)文化的には一つの民族であるという共通の認識をもっていた。下線部(a)・(b)に対応する以下の問いに，冒頭に(a)・(b)を付して答えなさい。

(a) ポリスの形成過程を，2行以内で説明しなさい。

(b) この共通の認識を支えた諸要素を，2行以内で説明しなさい。

問(2) 中国においては，新石器時代以来，城壁都市が建設され，やがて君主をいただく国となった。そうした国々を従えた大国のいくつかは，王朝として知られている。以下の(a)・(b)の問いに，冒頭に(a)・(b)を付して答えなさい。

(a) 最古とされる王朝の遺跡が20世紀初頭に発掘された。そこで出土した記録は，王朝の政治がどう行われたかを証言している。その政治の特徴を2行以内で説明しなさい。

(b) その後，紀元前11世紀に華北に勢力をのばした別の王朝は，首都の移転により時代区分がなされる。移転前と移転後の首都名を挙げ，移転にともなう政治的変化を2行以内で説明しなさい。

問(3) 西ヨーロッパでは，11世紀ころから商業活動が活発化し，さびれていた古い都市が復活するとともに，新しい都市も生まれた。(a)地中海沿岸や北海・バルト海沿岸の都市のいくつかは，遠隔地交易によって莫大な富を蓄積し，経済的繁栄を享受することになった。(b)また，強い政治力をもち独立した都市のなかには，その安全と利益を守るために，都市どうしで同盟を結ぶところも出てきた。下線部(a)・(b)に対応する以下の問いに，冒頭に(a)・(b)を付して答えなさい。

(a) 地中海における遠隔地交易を代表する東方交易について，2行以内で説明しなさい。

(b) 北イタリアに結成された都市同盟について，2行以内で説明しなさい。

41

2008年度 第2問

人類の歴史において，領土およびその境界は，しばしば政治的な争いや取引の対象となってきた。そして，過去に決められた領土や境界のあり方は，さまざまな形で現代世界の成り立ちに影を投げかけている。領土と境界の画定をめぐる歴史上の出来事に関する以下の三つの設問に答えなさい。解答は，解答欄(ロ)を用い，設問ごとに行を改め，冒頭に(1)～(3)の番号を付して記しなさい。

問(1) 1960年代，ソヴィエト連邦と中華人民共和国との間で政治的な対立が深まり，1969年には，アムール川（黒竜江）の支流ウスリー川にある中洲の領有をめぐって武力衝突が発生した。この両河川流域の領土帰属は，19世紀半ばにロシアが清と結んだ二つの条約で定められていた。これら二つの条約が結ばれた経緯とその内容について，4行以内で説明しなさい。

問(2) ゴラン高原をめぐるイスラエルとシリアの係争は，高原の西の境界に関する見解の不一致によっても複雑化している。イスラエルは(a)1923年に定められた境界を，シリアは(b)1967年6月4日時点での実効的な境界を主張している。この背景には，乾燥地帯では特に切実な水資源の奪い合いという問題もある。下線部(a)・(b)に対応する以下の問いに，冒頭に(a)・(b)を付して答えなさい。

(a) この境界は，当時のいかなる領域間の境界として定められたものか，2行以内で説明しなさい。

(b) この翌日に勃発した戦争について，2行以内で説明しなさい。

問(3) ヨーロッパ連合（EU）の直接の起源となったヨーロッパ石炭鉄鋼共同体（ECSC）は，ドイツとフランスの間の領土と資源をめぐる長年にわたる争いの解消と永続的な和解の構築を目指していた。ヨーロッパ議会をはじめとして和解を象徴する諸機関が存在しているアルザスの領有も，たびたび独仏対立の一因となってきた。このアルザスの1648年から第一次世界大戦後に至る帰属の変遷について，4行以内で説明しなさい。

42

2007 年度　第 2 問

歴史上，人々はさまざまな暦を用いてきた。暦は支配権力や宗教などと密接に関連して，それらの地域的な広がりを反映することが多かった。また，いくつかの暦を併用する社会も少なくない。歴史上の暦に関する以下の3つの設問に答えなさい。解答は，解答欄(ロ)を用い，設問ごとに行を改め，冒頭に(1)〜(3)の番号を付して記しなさい。

問(1)　西アジアにおける暦の歴史を概観すると，(a)古代メソポタミアや古代エジプトで暦の発達が見られ，のちにヨーロッパへ多大な影響を与えた。また，(b)7世紀にイスラーム教徒は独自の暦を作り出し，その暦は他の暦と併用されつつ広く用いられてきた。近代になって，西アジアの多くの地域には西暦も導入され，複数の暦が併存する状態となっている。下線部(a)・(b)に対応する以下の問いに，(a)・(b)を付して答えなさい。

(a)　古代メソポタミアと古代エジプトにおける暦とその発達の背景について，3行以内で説明しなさい。

(b)　イスラーム教徒独自の暦が，他の暦と併用されることが多かった最大の理由は何か。2行以内で説明しなさい。

問(2)　現在，私たちが用いている西暦は，紀元前1世紀に古代ローマで作られ，その後ローマ教皇により改良された暦を基礎としている。しかし，ヨーロッパにおいても，時代や地域によって異なる暦が用いられており，しばしば複数の暦が併用された。以下の問いに，(a)・(b)を付して答えなさい。

(a)　フランスでは，18世紀末と19世紀初めに暦の制度が変更された。これらの変更について，2行以内で説明しなさい。

(b)　ロシアでも，20世紀初めに暦の制度が変更された。この変更について，1行以内で説明しなさい。

問(3)　中国では古くから，天体観測に基づく暦が作られていたが，支配者の権威を示したり，日食など天文事象の予告の正確さを期するため，暦法が改変されていった。元〜清代の中国における暦法の変遷について，4行以内で説明しなさい。

43

2006年度　第2問

インド洋世界の中心に位置するインド亜大陸は，古来，地中海から東南アジア・中国までを結ぶ東西海上交通の結節点をなし，また，中央ユーラシアとも，南北にのびる陸のルートを通じてつながりを持ち続けてきた。以上の背景をふまえて，次の3つの設問に答えなさい。解答にあたっては，解答欄(ロ)を用い，設問ごとに行を改め，冒頭に(1)〜(3)の番号を付して記しなさい。

問(1)　インド亜大陸へのイスラームの定着は海陸両方の経路から進行した。そのうち，カイバル峠を通るルートによる定着過程の，10世紀末から16世紀前半にかけての展開を，政治的側面と文化的側面の双方にふれながら4行以内で説明しなさい。

問(2)　インド洋地域で，イギリスやフランスの東インド会社は，インド綿布を中心にした貿易活動から植民地支配へと進んだ。18世紀半ば頃のイギリス東インド会社によるインドの植民地化過程を，フランスとの関係に留意して4行以内で説明しなさい。

問(3)　ヨーロッパ列強にとって，インドにつらなるルートの重要性が増していくなかで，ヨーロッパとインド洋を結ぶ要衝であるエジプトは，次第に国際政治の焦点となっていった。18世紀末から20世紀中葉にいたるエジプトをめぐる国際関係について，以下の語句のすべてを少なくとも1回用いて，4行以内で説明しなさい。

ナポレオン　　　スエズ運河　　　ナセル

44

2005 年度 第 2 問

ギリシア人はみずからをヘレネスとよび，その国土をヘラスとよんでいた。アレクサンドロス大王の東征以後，ギリシア風の文化・生活様式はユーラシア西部に広く普及し，その後の世界にも大きな足跡を残している。このヘレニズムとよばれる文明の影響に関連する以下の3つの問いに答えなさい。解答は，解答欄(ロ)を用い，設問ごとに行を改め，冒頭に(1)～(3)の番号を付して記しなさい。

問(1) オリエントあるいは西アジアに浸透したヘレニズム文明は，さらにインドにも影響を及ぼしている。とりわけ，1世紀頃から西北インドにおいてヘレニズムの影響を受けながら発達した美術には注目すべきものがある。その美術の特質について，3行以内で説明しなさい。

問(2) ギリシア語が広く共通語として受容されたことは，その後の古代地中海世界における学問・思想のめざましい発展を促すことになった。それらはやがてイスラーム世界にも継承されている。このイスラーム世界への継承の歴史について，中心となった都市をとりあげながら，3行以内で説明しなさい。

問(3) ビザンツ世界やイスラーム世界と異なり，中世の西ヨーロッパは古代ギリシアやヘレニズムの文明をほとんど継承しなかった。ギリシア・ヘレニズムの学術文献が西ヨーロッパに広く知られるようになるのは，12 世紀以降である。これらの学術文献はどのようにして西ヨーロッパに伝わったのか。3行以内で説明しなさい。

45

2004年度　第2問

地中海東岸からアラビア半島にかけての地域で，ユダヤ教，キリスト教，イスラーム教という3つの一神教が誕生した。これらの宗教と西アジア・地中海沿岸地域の国家や社会は，密接な関わりを持った。このことに関連する以下の3つの問いに答えよ。解答は，解答欄(ロ)を用い，設問ごとに行を改め，冒頭に(1)～(3)の番号を付して記せ。

問(1)　新王国時代のエジプトから，ヘブライの民とよばれる人々は，モーセに率いられて脱出し，やがてパレスティナに定住の地を見出したという。前10世紀頃，ソロモン王の時代には栄華をきわめた。その後の数百年の間に，ヘブライ人は独自のユダヤ教を築きあげた。その成立過程について，彼らの王国の盛衰との関わりを考慮しながら，4行以内で説明せよ。

問(2)　キリスト教世界は8世紀から11世紀にかけて東西の教会に二分された。その2つの教会のいずれか一方と関わりの深いビザンツ帝国と神聖ローマ帝国とでは，皇帝と教会指導者との関係が大きく異なっている。11世紀後半を念頭において，その違いを4行以内で説明せよ。

問(3)　カリフとは「代理人」の意味で，預言者ムハンマドの没後，その代理としてムスリム共同体（ウンマ）の指導者となった人のことを指す。単一のカリフをムスリム共同体全体の指導者とする考えは近代に至るまで根強いが，政治権力者としてのカリフの実態は初期と後代では異なっていた。7世紀前半と11世紀後半を比較し，その違いを3つあげて4行以内で説明せよ。

46

2003年度 第2問

人類は，その初期から現代にいたるまでの長い歴史において，先行して存在した多様な文化を摂取，継承したうえで，新たな文化を創造し，次の世代へと伝えてきた。このことに関連する以下の設問(1)〜(10)に答えよ。解答は解答欄(ロ)を用い，設問ごとに行を改め，冒頭に(1)〜(10)の番号を付して記せ。

(A) ヨーロッパ人は，古代ギリシア・ローマの文化をヨーロッパ文化の源流のひとつとみなし，それを古典古代と呼んだ。ギリシアとローマの思想，文化を後のヨーロッパが受容していったことに関連する以下の問いに答えよ。

問(1) カロリング朝のフランク王国では，各地から学識ある聖職者が宮廷に招かれ，ラテン語文化が復興した。そのさい，聖書などの写本作成に尽力したイギリス出身の人物の名と，彼を宮廷に招いた王の名を記せ。

問(2) 平面幾何学を大成させたエウクレイデス（ユークリッド）が，研究活動を行った都市名を記せ。また彼の著作が，アラビア語訳からラテン語に翻訳されたのは，何世紀か。

問(3) 西欧中世の学問は，アラビア語やギリシア語からラテン語への翻訳活動により飛躍的に発展した。古代の哲学者［①］の論理学や自然学の著作の翻訳は，西欧に大きな影響を与え，また彼の著作を注釈したコルドバ生まれの哲学者［②］の著作の翻訳も，西欧の学問を発展させた。

文中の［①］，［②］に入る人物の名を記せ。

問(4) ルネサンス期のイタリアでは，古代の建築を模倣した教会が多く建てられた。そうした教会建築のうち，フィレンツェで建てられた大聖堂の名と，そのドームを設計した建築家の名を記せ。

問(5) イタリア戦争はルネサンス期に半世紀以上にわたってくりひろげられた。この戦争の誘因となったイタリアの政治状況について2行以内で記せ。

問(6) ドイツ生まれのある考古学者は，少年時代に愛読した叙事詩中の出来事が史実を反映していると信じて，小アジアのトロヤ（トロイア）を発掘した。この考古学者の名と叙事詩の作者の名を記せ。

(B) インドと中国は，古代以来相互に影響をあたえつつ独自の文化をはぐくみ，日本を含む周囲の地域に大きな影響を残してきた。このことに関連する以下の問いに答えよ。

問(7) 儒教は古代中国におこり，東アジアで広く研究されてきた思想である。漢王朝のときに国教としての地位を築き，宋王朝のときに新しい体系化がなされた。この体系化のさきがけをなした北宋の思想家で，南宋の思想家に影響を与えた人物を一人あげよ。また，この新しい儒教は，その後中国でどのように扱われたか，1行以内でまとめよ。

問(8) 道教は，仏教に刺激され，民間信仰と神仙思想に古来の［①］思想を取り込んでできた宗教である。この思想が説いた内容は，漢字4字で［②］と表現できる。

文中の［①］，［②］に入る語句を記せ。

問(9) グプタ朝時代のインドは，古典文化の黄金期で，サンスクリット文学が栄えた。この時代の王チャンドラグプタ2世の宮廷詩人で，戯曲「シャクンタラー」を残した作者の名をあげよ。また，このころ完成した叙事詩の名前を一つだけあげよ。

問(10) 7世紀に入ると，チベットに古代統一王朝が現れた。この王朝の下で，後世に残されるこの地域の文字がはじめて作られ，新たに取り入れた仏教と固有の民間信仰とを融合させた独自の宗教が生まれた。この統一王朝を中国の史書では何と称したか。その名称を漢字で記せ。

47 2002 年度 第2問

次に述べるX，Y，Zは，19 世紀以降まで数世紀にわたり存続したアジアの大王朝である。これらの王朝には，独自性と共通性がみられたが，それらに関し，以下の(1)〜(12)の設問をよく読み，各設問に答えよ。解答は，解答欄(ロ)を用い，設問ごとに行を改め，冒頭に(1)〜(12)の番号を付して記せ。

(A) 各王朝は，それぞれ本拠地を移動させながら，形成され発展した。

問(1) Xの本拠地について，移動前と移動後の地点を地図中の記号から選び，ア→イのように記せ。

問(2) Yは，16 世紀前半に前王朝をこの地の戦いで撃破し，自己の王朝を創始した。その戦いの地の位置を地図中の記号で示せ。

問(3) Zが崩壊した後に，Zの支配民族は共和国をつくった。Zの首都の位置と新たな共和国の首都の位置を，地図上の記号でア→イのように記せ。

(B) 各王朝は，被支配者の信仰や宗教や慣習について，時には融和策で，時には弾圧策で臨んだ。

問(4) Xは，反抗する思想の統制と並行して，大叢書を編集した。その叢書の名前を記せ。

問(5) Yは，16〜17 世紀の間に宗教政策を大きく変えた。その変化を，関係する二人の皇帝の名を用い，3行以内で説明せよ。

問(6) Zには，異教徒処遇の制度があった。その通称を記し，特徴を，2行以内で説明せよ。

(C)　3王朝には，それぞれ少数民族が広大な領域を支配するという共通性があった。

問(7)　Xは，自己の軍事組織を支配地域に拡大した。それら軍事組織の構成員に対して与えられた土地の名称を記せ。

問(8)　YとZには，それぞれジャーギール制，ティマール制と呼ばれる類似の制度がみられた。両者の共通の特徴を2行以内で記せ。

(D)　各王朝には，支配に反抗する動きが見られた。

問(9)　Xの統治の初期に，大きな反乱が生じた。この反乱の名称の由来となった地域を，すべて地図中の記号から選んで記せ。

問(10)　Yの統治に対して，17世紀後半に強く抵抗した王国があった。その本拠地の位置を，地図中の記号で示せ。

問(11)　Zの支配下では，18世紀に宗教的復古主義を唱える宗派が王国建設運動をおこした。その運動の中心地を，地図中の記号で示せ。

問(12)　これらの動きの対象となった3つの王朝名を，それぞれにX，Y，Zの記号を付して記せ。

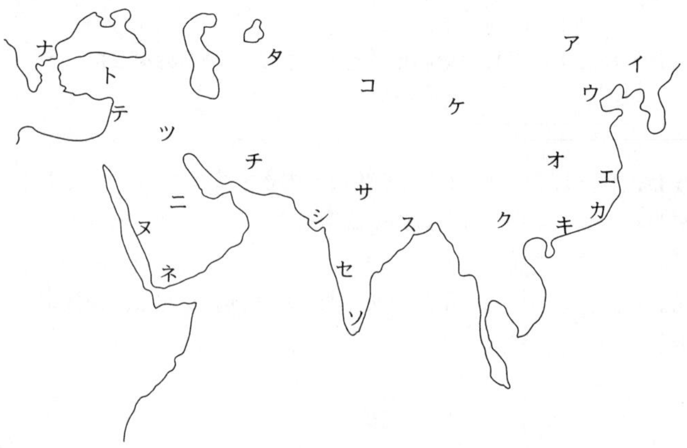

48 2001年度 第2問

20世紀の戦争と平和に関連する以下の(A)〜(C)の文を読み，設問(1)〜(9)に答えよ。解答は解答欄(ロ)を用い，設問ごとに行を改め，冒頭に(1)〜(9)の番号を付して記せ。

(A) 20世紀前半には，国際平和の確立や新しい国際秩序のための原則が，欧米諸国によって表明された。次のａ〜ｃは，それに関連する宣言や条約の抜粋である。

ａ.「すべての国家に政治的独立と領土保全を相互に保障する目的で，全般的な諸国家の①連合組織が結成されなければならない」

ｂ.「②本条約締結国は，国際紛争解決のため戦争に訴えることを非とすると宣言する」

ｃ.「ナチズムの暴政が最終的に破壊された後，すべての国民にたいし，彼らの国境内において，安全で，恐怖と貧困から解放される生活を保障する講和が確立されることを，③両国は希望する」

問(1) 日本は下線部①の連合組織に参加し，後に脱退した。脱退の経緯を2行以内で記せ。

問(2) 下線部②の本条約とはなにか。その名称を記せ。

問(3) 下線部③の両国とはどこの国か。両国の国名を記せ。

(B) 20世紀の西アジアの歴史をふりかえってみると，現代の中東諸国の原型は第一次世界大戦後にできあがったことがわかる。しかし，戦後イギリスやフランスの委任統治下におかれたアラブ地域では，アラブ人の意志とは無関係に将来の国境線が画定され，とりわけイギリス統治下のパレスティナには多くの④ユダヤ人が入植してアラブ人の生存を脅かした。その結果として起こった⑤一連の戦争と紛争は，この地域の人々にはかりしれない打撃を与えた。1993年9月，紛争の当事者はワシントンで⑥歴史的な協定を結んだが，中東和平への道はなお容易ではない。

問(4) 下線部④に関連して，19世紀末からヨーロッパのユダヤ人の間には，パレスティナに帰還しようという政治的な運動が生まれた。この運動の名称を記せ。

問(5) 下線部⑤の戦争のなかには，1948 年 5 月に始まった第一次中東戦争（パレスティナ戦争）がある。この戦争の結果どのようなことが起こったか，２行以内で説明せよ。

問(6) 下線部⑥の協定の名称を記せ。

(C) 第二次世界大戦後の米ソ両国の対立による「冷たい戦争」は，アジア・アフリカ諸国をさまざまな形で巻き込んだ。しかしその一方で，これらの国々のなかから，東西陣営のはざまで第三勢力を築く動きも起こった。この動きを代表するのが，1955 年にインドネシアで開催されたアジア・アフリカ会議である。

問(7) アジア・アフリカ会議で活躍した中国の有力政治家で，第三勢力結集のために重要な役割をはたした人物の名前を漢字で記せ。

問(8) 平和外交を主張していたインドは，アジア・アフリカ会議でも指導的な役割を担った。しかしインドは，ある地域の帰属問題をめぐって独立直後に隣国のパキスタンと激しく対立し，戦火を交えている。この地域の名称を記せ。

問(9) やがて，アジア・アフリカ諸国のなかから，地域ごとのまとまりを基盤とした政治・経済協力機構が誕生した。その例として，1963 年にアフリカ諸国により結成された組織の名称を記せ。

49 2000 年度 第2問

統合と排除の動きは，民族や宗教などの違いによって各時代・各地域で繰り返し見られた。これに関連する以下の設問(1)〜(10)に答えよ。解答は解答欄(ロ)を用い，設問ごとに行を改め，冒頭に(1)〜(10)の番号を付して記せ。

(A) 下の表は中華人民共和国における 1990 年現在の少数民族統計の一部である。この表に関する以下の設問に答えよ。

民　族		人 口 数
① 蒙古族	Mongolian	4,802,407 人
② 回　族	Hui	8,612,001
③ 蔵　族	Tibetan	4,593,072
④ 維吾爾族	Uygur	7,207,024
⑤ 苗　族	Miao	7,383,622
⑥ 彝　族	Yi	6,578,524
⑦ 壮　族	Zhuang	15,555,820
⑧ 布依族	Bouyei	2,548,294
⑨ 朝鮮族	Korean	1,923,361
⑩ 満　族	Man	9,846,776

（中国国家統計局編『中国統計年鑑』1998 年版より）

問(1) ①の民族の一部は，ロシア革命の影響下に起きた独立運動の結果，中国から独立した。この運動の中心になった組織の名を記し，その指導者の名を 1 名記せ。

問(2) ③の民族が居住するティベットでは，1959 年に反乱が起こり，ダライ=ラマ 14 世は国外に亡命した。その亡命先の国名を記せ。またダライ=ラマという称号は 14 世紀のティベット仏教改革以後に生じたが，この改革を進めた派の名称を記せ。

問(3) ⑨の民族が中国に移住した原因の一つは，日本による朝鮮の植民地化・保護国化の動きだった。この動きに反対して起きた武力抗争の名称を記せ。また 1919 年の三・一運動後，この民族は中国内に臨時政府を立てたが，それが置かれた都市の名を記せ。

問(4) 乾隆帝の時代に作られた『五体清文鑑』という書物は，清の領域内で用いられた五つの文字の対照辞書である。それらのうち，漢字，ウイグル文字を除く三つの文字は，表の①～⑩のどの民族と関係が深かったか。民族名に付した番号で答えよ。

(B) スペインによる征服以前，独自の文明を開花させていたメソアメリカやアンデスの諸地域は，16 世紀以降植民地支配のもとに統合された。しかしながら，先住民・黒人・混血層はさまざまな差別を受けた。

問(5) インカ帝国は文字をもたなかったが，アンデスの広大な領域を支配していた。この帝国の交通・情報手段について 1 行以内で記せ。

問(6) 征服後スペイン国王は，キリスト教の布教を条件に，征服者・植民者に先住民を委ね，労働力の徴発や貢納の強制を認めた。この制度の名称を記せ。またこの制度を批判し，『インディアスの破壊についての簡潔な報告』を著して先住民の人権を擁護するために尽力したドミニコ会修道士の名を記せ。

問(7) 植民地時代に用いられた(a)先住民と白人，(b)黒人と白人，との間に生まれた人々を示す名称をそれぞれ記せ。

(C) ドイツに成立したナチス政権は，政治的反対派を排除しただけでなく，ユダヤ人などさまざまな少数派を迫害した。

問(8) ナチスの党首ヒトラーを首相に任命した大統領の名を記せ。また首相となったヒトラーは，政府に立法権を委ねる法律を成立させて議会を無力化したが，この法律の名称を記せ。

問(9) 第二次世界大戦が始まりドイツの勢力圏が拡大するにつれて，ユダヤ人迫害の動きはヨーロッパ各地に広がった。ドイツに敗れたフランスは国土の大半を占領され，南部にはナチスに協力的な政権が成立した。ユダヤ人迫害にも加担したこの政権の名称を記せ。また国家元首としてこの政権を指導した人物の名を記せ。

問(10) ドイツに併合・占領された国のなかで最も多くのユダヤ人が虐殺された国の名を記せ。またユダヤ人のなかには迫害を逃れてパレスティナへ移住する者も多かったが，イギリスは 1939 年 5 月，パレスティナに受け入れるユダヤ人の数を大幅に制限した。この制限がおこなわれたのはなぜか，1 行以内で記せ。

50　1999 年度　第 2 問

以下の(A)〜(C)は 15 世紀〜20 世紀の経済史に関する問題である。これを読んで，設問(1)〜(8)に答えよ。解答は解答欄(ロ)を用い，設問ごとに行を改め，冒頭に(1)〜(8)の番号を付して記せ。

(A)　次頁の図Aは，ヨーロッパ各地の生活物資の代表としての小麦の価格を集成したグラフである。期間は大航海時代に先立つ 1450 年から産業革命に先立つ 1750 年まで，縦軸は小麦 100 リットル当りの価格を銀の重量（グラム）であらわす（対数目盛り）。ヨーロッパの最高価格が網のかかった帯の上端に，最低価格が下端にあらわれ，この帯のなかにすべての地域の小麦価格がおさまる。15 世紀から 18 世紀にかけて外の世界と交渉しつつ大きく成長したヨーロッパ経済の動向を考えながら，このグラフを読みとり，次の設問に答えよ。

問(1)　このグラフによれば，1500 年から 1600 年の間にヨーロッパ全域で価格が上昇し，ほとんど 3 倍から 4 倍になっている。この現象を何とよぶか。漢字 5 字以内で答えよ。

問(2)　1450 年のヨーロッパにおける小麦の最高価格と最低価格との比は 6.8 であったが，1750 年の最高価格と最低価格との比は 1.8 に縮小している。このことの背景にはどのような変化があったか。2 行以内で記せ。

問(3)　グラフ内の折れ線は，地中海沿岸 a，北西ヨーロッパ b，北東ヨーロッパ c の代表的な都市における価格変動をしめす。中世末から近代にかけて経済活動の中心が移動したこと，a と b は 17 世紀前半に交差して相対的位置が交代していること，c はほとんど常にヨーロッパの最低値に近いことに注目しながら，この期間のヨーロッパの商工業と農業をめぐる地域間の関係について，3 行以内で記せ。

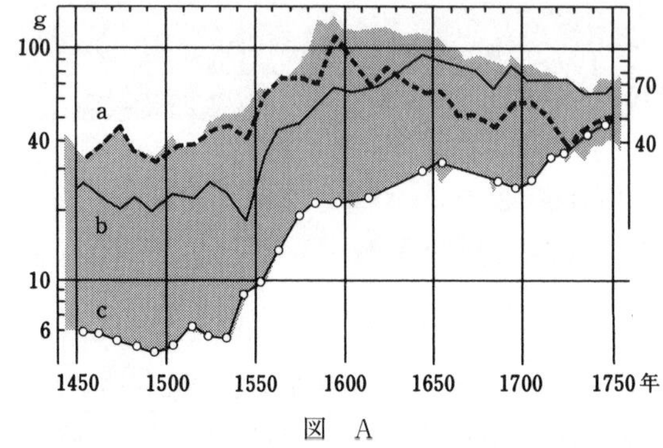

図　A

(B)　19〜20世紀の南アジアや東南アジアでは，生産と交易の形態は大きく変動した。

問(4)　次の表Aのａ〜ｄは，1828〜60年度のインドの主な貿易相手国である。数値は，各相手国に関してインドの商品輸出額からインドへの商品輸入額を差し引いた貿易収支で，マイナスは輸入超過を示す。この表のａとｂの二つの国との貿易収支に関して，この期間にみられる顕著な変動を生じさせた理由はなにか。ａ，ｂそれぞれの国の名称と主な取引商品に言及しつつ，４行以内で記せ。

表　A　　　　　　　　　　　（単位　百万ルピー）

	a	b	c	d	その他
1828年度	18.9	21.0	4.8	4.5	8.5
1834年度	13.9	31.4	3.2	2.7	7.6
1837年度	15.1	40.6	7.2	3.0	4.9
1839年度	25.4	10.1	5.7	9.0	12.8
1850年度	− 2.4	53.6	1.8	2.2	10.7
1860年度	−57.1	102.5	6.4	5.6	37.4

問(5)　19世紀後半から20世紀にかけては，南アジアや東南アジアでは，輸出向けの一次産品生産が発展し，そのために多数の労働者が海外から移動した。ビルマとマレー半島の２地域について，こうした特徴を持つ産品として最も重要なものを，両地域合わせて３品目挙げよ。解答は，ビルマについては(イ)，マレー半島については(ロ)の符号を付して，産品の名を記せ。

(C) 16世紀～19世紀の東アジアや東南アジアでは，様々な勢力によって交易の拠点が設けられ，それぞれ特色ある貿易が行われた。

問(6) 右下の地図B上のaの港市では，16世紀後半から18世紀にかけて盛んな国際交易が行われていた。この港市の名を記せ。また，改行して，そこで行われていた交易の主要な内容を1行以内で述べよ。

問(7) 地図上のb島は17世紀に経済上，軍事上の要地として注目され，諸勢力の争奪の的となった。17世紀にこの島を支配した三つの主要な勢力に言及しつつ，その勢力の交替の過程を3行以内で述べよ。

問(8) 18世紀に地図上のc地点で，中国・ロシア間の国境と貿易方法を定める条約が結ばれた。この貿易を通じて中国に輸入された主な産品を一つ挙げよ。また，中国・ロシア間の東部国境線について，1800年時点と1900年時点での国境線を地図上のイ～ニのなかからそれぞれ一つ選び，「1800―ホ，1900―ヘ」のように記号で記せ。

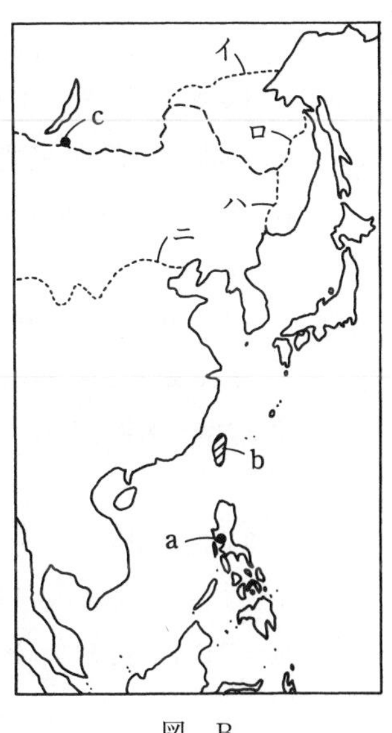

図 B

第３章　小論述・記述問題Ⅱ

51

2023年度　第３問

健康への希求および病気は，まさに現在進行形でわれわれが経験しつつあるように，政治・経済・文化などさまざまな方面において，人類の歴史に影響を与えてきた。そして人類はそれらに対応するために，医学を発達させてきた。このことに関連する以下の設問(1)～(10)に答えよ。解答は，解答欄(ハ)を用い，設問ごとに行を改め，冒頭に(1)～(10)の番号を付して記せ。

問(1)　歴史上，影響力の大きい政治家が疫病に倒れることもあった。紀元前５世紀，アテネのペリクレスは全ギリシアを二分する戦争の最中に病死し，その後アテネの民主政は混乱していくことになる。この戦争の名称を記せ。

問(2)　14世紀半ばのヨーロッパは，ペストの流行に見舞われた。このペスト流行を経験した作者が，これを背景として人間の愛や欲望などをイタリア語で赤裸々につづった物語の名称を記せ。

問(3)　明代の中国では，科学技術への関心の高まりとともに医学・薬学が発達した。16世紀末に李時珍が編纂し，江戸時代初期に日本に伝来した，薬物に関する書物の名称を記せ。

問(4)　18世紀にジェンナーによって考案された種痘は，牛痘苗を用いて天然痘を予防するものであり，19世紀には，ジャワ島のオランダ東インド会社の根拠地から日本の長崎にもたらされた。この根拠地であった都市の当時の名称を記せ。

問(5)　19世紀には世界各地でコレラの流行が繰り返されたが，同世紀後半には細菌学が発達し，様々な病原菌が発見された。結核菌やコレラ菌を発見したドイツの医師のもとには，日本の北里柴三郎が留学して破傷風菌の純粋培養に成功し，破傷風の血清療法を確立した。このドイツの医師の名前を記せ。

問(6) 1980年代以降，温室効果ガスによる地球温暖化の危険性が強く認識されるようになった。温暖化の影響には，低緯度地域の感染症がより寒冷な地域へ広がることも含まれる。1990年代後半，日本で開催された国際会議で，温室効果ガス削減の数値目標が設定された。この取り決めの名称を記せ。

問(7) 今日の嗜好品は，過去においてしばしば薬品としての意味をもった。ある嗜好飲料は唐代に民衆に普及し，後に欧米にも広がり，これに関する貿易問題がアヘン戦争の原因にもなった。この飲料の名称を記せ。

問(8) 仏教では病が生・老・病・死という四苦の一つとされる。その経典の編纂やスリランカへの布教を行った王が統治し，インド亜大陸を最初にほぼ統一した王朝の名称を記せ。

問(9) イスラーム医学は古代ギリシアの医学をもとに発展した。アリストテレスの著作にもとづいて哲学を追究するのみならず，医学者として『医学典範』を著し，ラテン語名アヴィケンナとして中世以降のヨーロッパの医学に影響を与えた人物の名前を記せ。

問(10) 漢代の医学書には，天体の運行と人間生活との関係を議論する思想がしばしば見られる。その思想を唱えた集団の名称を記せ。

52

2022年度　第3問

戦争や軍事的な衝突は，国際秩序や権力のあり方を大きく変えただけでなく，人々の生活や意識にも多大な影響を与えてきた。このことに関連する以下の設問(1)～(10)に答えよ。解答は，解答欄(ハ)を用い，設問ごとに行を改め，冒頭に(1)～(10)の番号を付して記せ。

問(1)　イスラーム教成立以前のアラビア半島には，エチオピア高原を拠点とする王国が紅海を渡ってたびたび侵攻し，イエメン地方に影響力を及ぼしていた。4世紀にキリスト教を受容したこの王国の名称を記せ。

問(2)　1096年に遠征を開始した十字軍は，イェルサレム王国などの十字軍国家を建設した。当初，イスラーム勢力の側は地方勢力の分立により，十字軍に対抗することができなかった。しかし，13世紀末になって十字軍の最後の拠点アッコン(アッコ，アッカー)が陥落し，十字軍勢力はシリア地方から駆逐された。このときアッコンを陥落させた王朝の名称を記せ。

問(3)　1511年にポルトガルはマラッカを占領した。マラッカは東南アジアの海上交易の一大中心拠点であったため，ムスリム商人たちは拠点をマラッカから移動させて対抗し，東南アジア各地の港に新たな交易中心地が発展することになった。こうして新たに発展した交易港のうち，スマトラ島北西部にあり，インド洋に面した港市の名前を記せ。

問(4)　16世紀，アメリカ大陸に進出したスペイン人征服者たちは，多数の先住民を殺害し，現地の社会を破壊した。また，彼らは征服地の農園や鉱山などで先住民に過酷な労働を強制した。スペイン人征服者のこのような行為を告発し，先住民の救済を訴えて『インディアスの破壊についての簡潔な報告』を著した人物の名前を記せ。

問(5)　プロイセンは，ナポレオン軍に敗れて首都を制圧され，フランスとの過酷な内容の講和条約の締結を余儀なくされた。国家存亡の危機を目の当たりにして，連続講演「ドイツ国民に告ぐ」をおこない，国民意識の覚醒を訴えた哲学者の名前を記せ。

問(6)　ヨーロッパ諸国も加わった多国間戦争のさなか，ナイティンゲールは38名の女性看護師とともにオスマン帝国に派遣され，その首都イスタンブルの対岸にある傷病兵のための病院で，看護体制の改革に尽力した。この戦争でオスマン帝国側に立って参戦した国のうち，サルデーニャ以外の2か国の名を記せ。

問(7)　南北戦争後のアメリカ合衆国では，北部を中心に工業発展がめざましく，西部も開拓によって農業が発展した。合衆国の東西を結んで人・物・情報の流れを促し，経済発展に大きく寄与した鉄道は何と呼ばれるか。その名称を記せ。

問(8)　第一次世界大戦に敗れたドイツでは，帝政が崩壊し，当時，世界で最も民主主義的といわれたヴァイマル憲法を擁する共和国が成立した。この憲法は，代議制民主主義の弱点を補うというねらいから，国民に直接立法の可能性を与え，同時に国民の直接選挙で選ばれる大統領に首相任免権や緊急措置権など大きな権限を与えていた。世界恐慌のさなか，1932年に大統領に再選され，翌年にヒトラーを首相に任命した人物の名前を記せ。

問(9)　1945年8月14日，日本はポツダム宣言を受諾して降伏した。翌15日には昭和天皇がラジオを通じてポツダム宣言受諾を国民に明らかにした。その日本の占領下にあったインドネシアでは，8月17日にインドネシア共和国の成立が宣言されたが，この宣言を読み上げ，インドネシア共和国の初代大統領となった人物の名前を記せ。

問(10)　第3次中東戦争の結果，イスラエルは占領地をさらに拡大させ，それによって多数の難民が新たに発生した。一方，占領地に残ったパレスチナ人住民のあいだで，1987年末から投石などによるイスラエルに対する抵抗運動が始まった。この抵抗運動の名称をカタカナで記せ。

53

2021年度 第3問

人類の歴史を通じて，多様な集団が，住んでいた場所を離れて他の地域に移動した。移動の原因は政治・経済・宗教など多岐にわたり，自発的な移動も多かったが，移動を強制されることもあった。こうした移動の結果，先住民が圧迫されることも少なくなかった一方で，新しい文物がもたらされたり，新しい国家が築かれたりすることもあった。このことに関連する以下の設問(1)〜(10)に答えなさい。解答は，解答欄(ハ)を用い，設問ごとに行を改め，冒頭に(1)〜(10)の番号を付して記しなさい。

(1) ユーラシア大陸の東西を結ぶ「絹の道」では，さまざまな民族が交易に従事しており，その中でもイラン系のソグド人は，中央アジアから中国にいたる地域に入植・定住して交易ネットワークを築いた。ソグド人の出自をもつとされ，唐王朝で節度使を務めた人物が755年に起こした反乱の名称を記しなさい。

(2) 北欧に住んでいたノルマン人は，8世紀頃から南方に移動しはじめ，各地を襲撃してヴァイキングとして恐れられたほか，フランスのノルマンディー公国やイングランドのノルマン朝のように新しい国家や王朝を築くこともあった。彼らが地中海に築いた国家の名称を記しなさい。

(3) 9世紀以降，トルコ系の人びとは，軍事奴隷として売却されて，あるいは部族集団を保ちつつ，中東や南アジアに移動して，各地で権力を握るようになった。トルコ系の支配者のもとで10世紀後半にアフガニスタンで成立し，10世紀末から北インドへの侵攻を繰り返した王朝の名称を記しなさい。

(4) 16世紀以降にヨーロッパの人間が南北アメリカ大陸を征服した結果，この地は先住民(インディオ)，ヨーロッパ系白人，アフリカ系黒人からなる複雑な社会に作りかえられていった。とりわけ中南米地域では，彼らの間の混血も進んだ。このうち，先住民と白人との間の混血の人々を表す名称を記しなさい。

⑸ 16世紀までの台湾では，先住民が各地で部族社会を維持していたが，17世紀にオランダ人が進出して，この地をアジア貿易の拠点とした。その後，東シナ海域で貿易活動に従事しながら反清活動を行っていた人物とその一族がオランダ人を駆逐し，この地を支配した。この人物の名前を記しなさい。

⑹ カリブ海地域にヨーロッパ諸国が築いた植民地のプランテーションでは，黒人奴隷が使役された。彼らの一部は，フランス植民地で反乱を起こし，自由な黒人からなる独立国家ハイチを築いた。本国は独立の動きを弾圧しようとしたが失敗した。弾圧を試みたフランスの指導者の名前を記しなさい。

⑺ 18世紀後半からヨーロッパの諸国は南太平洋探検を本格化し，「発見」した地を支配下においた。その一つにイギリスが領有したニュージーランドがあるが，この地でイギリス人入植者によって武力で制圧された先住民の名称を記しなさい。

⑻ 19世紀を通じて，ヨーロッパから多数の人々がアメリカ合衆国に移民したが，19世紀半ばからはアイルランドからの移民が際立って増加した。そのきっかけとなった出来事の名称を記しなさい。

⑼ 日本統治下の朝鮮では，土地を失った農民の一部が中国東北部や日本への移住を余儀なくされた。また武断政治に抵抗する人々の一部も，中国に渡って抗日運動を行った。朝鮮での三・一独立運動は鎮圧されたが，この年に朝鮮人は上海で抗日運動の団体を統合してある組織を結成した。この組織の名称を記しなさい。

⑽ 1950年代の西ドイツの急速な経済成長の大きな支えとなったのは，第二次世界大戦の敗戦で失った地域からの引き揚げ者や，社会主義化した東ドイツからの避難民であった。だが1960年代以降は，彼らの移動が制限されて労働力が不足したため，他のヨーロッパやアジア諸国から大量の労働移民を受け入れるようになった。この移動制限を象徴する建造物の名称を記しなさい。

54

2020年度 第3問

人間は言語を用いることによってその時代や地域に応じた思想を生みだし，またその思想は，人間ないし人間集団のあり方を変化させる原動力ともなった。このことに関連する以下の設問(1)〜(10)に答えなさい。解答は，解答欄(ハ)を用い，設問ごとに行を改め，冒頭に(1)〜(10)の番号を付して記しなさい。

問(1) 古代ギリシアの都市国家では，前7世紀に入ると，経済的格差や参政権の不平等といった問題があらわになりはじめた。ギリシア七賢人の一人に数えられ，前6世紀初頭のアテネで貴族と平民の調停者に選ばれて，さまざまな社会的・政治的改革を断行した思想家の名を記しなさい。

問(2) この思想集団は孔子を開祖とする学派を批判し，人をその身分や血縁に関係なく任用しかつ愛するよう唱える一方で，指導者に対して絶対的服従を強いる結束の固い組織でもあった。この集団は秦漢時代以降消え去り，清代以後その思想が見直された。この思想集団の名を記しなさい。

問(3) キリスト教徒によるレコンキスタの結果，イスラーム教勢力は1492年までにイベリア半島から駆逐された。その過程で，8世紀後半に建造された大モスクが，13世紀にキリスト教の大聖堂に転用された。この建造物が残り，後ウマイヤ朝の首都として知られる，イベリア半島の都市の名を記しなさい。

問(4) 10世紀頃から，イスラーム教が普及した地域では，修行などによって神との一体感を求めようとする神秘主義がさかんになった。その後，12世紀頃から神秘主義教団が生まれ，民衆の支持を獲得した。その過程で，神秘主義を理論化し，スンナ派の神学体系の中に位置づけるなど，神秘主義の発展に貢献したことで知られる，セルジューク朝時代に活躍したスンナ派学者の名を記しなさい。

問(5) 華北では金代になると，道教におけるそれまでの主流を批判して道教の革新をはかり，儒・仏・道の三教の融合をめざす教団が成立した。これは華北を中心に勢力を広げ，モンゴルのフビライの保護を受けるなどして，後の時代まで道教を二分する教団の一つとなった。この教団の名を記しなさい。

問(6) アラビア半島で誕生したイスラーム教は西アフリカにまで広がり，13世紀以降には，ムスリムを支配者とするマリ王国やソンガイ王国などが成立し，金などの交易で繁栄した。両王国の時代の中心的都市として知られ，交易の中心地としてだけではなく，学術の中心地としても栄えたニジェール川中流域の都市の名を記しなさい。

問(7) 清代に入ると，宋から明の学問の主流を批判し，訓詁学・文字学・音韻学などを重視し，精密な文献批判によって古典を研究する学問がさかんになった。この学問は，日本を含む近代以降の漢字文化圏における文献研究の基盤をも形成した。この学問の名を記しなさい。

問(8) 19世紀半ば頃イランでは，イスラーム教シーア派から派生した宗教が生まれ，農民や商人の間に広まった。この宗教の信徒たちは1848年にカージャール朝に対して武装蜂起したが鎮圧された。この宗教の名を記しなさい。

問(9) アダム=スミスにはじまる古典派経済学は19世紀に発展し，経済理論を探究した。主著『人口論』で，食料生産が算術級数的にしか増えないのに対し，人口は幾何級数的に増えることを指摘して，人口抑制の必要を主張した古典派経済学者の名を記しなさい。

問(10) 19世紀から20世紀への転換期には，人間の精神のあり方について，それまでの通念を根本的にくつがえすような思想が現れた。意識の表層の下に巨大な無意識の深層が隠れていると考え，夢の分析を精神治療に初めて取り入れたオーストリアの精神医学者の名を記しなさい。

55

2019年度 第3問

歴史上，人の移動によって世界各地の異なる文化が交わり，知識や技術，ものが伝播し，その結果，人々の生活や意識に変化がもたらされた。このことに関連する以下の設問(1)〜(10)に答えなさい。解答は，解答欄(ハ)を用い，設問ごとに行を改め，冒頭に(1)〜(10)の番号を付して記しなさい。

問(1) アレクサンドロス大王の東方遠征によりエジプト，ギリシアからインダス川に至る大帝国が樹立されると，その後300年ほどの間に東西文化の融合が進み，ポリスの枠にしばられない普遍的な立場から価値判断をしようとする考えが生まれてきた。このような考え方を何というか，記しなさい。

問(2) 季節風の発見により活発になったインド洋交易は，各地の産物のみならず，様々な情報ももたらした。1世紀にこの交易に携わったギリシア人が，紅海からインド洋にかけての諸港市やそこで扱われる交易品について記録した書物の名を記しなさい。

問(3) ユーラシアの東西に位置した後漢とローマ帝国は，何度か直接の交流を試みた。97年に西方の「大秦」に使者を派遣した後漢の西域都護の名を記しなさい。

問(4) 唐の時代，多くの仏教僧がインドを訪れ，経典や様々な情報を持ち帰った。それらの仏教僧のうち，海路インドを訪れ，インドおよび東南アジアで見聞した仏教徒の生活規範・風俗などを『南海寄帰内法伝』として記録した人物の名を記しなさい。

問(5) ノルマン人は，8世紀後半から海を通じてヨーロッパ各地へ遠征し，河川をさかのぼって内陸にも侵入した。彼らの一派が建てたキエフ公国は何という川の流域にあるか。川の名を記しなさい。

問(6) インド洋交易の主役となったムスリム商人は，10世紀以降，アフリカ東岸のモンバサやザンジバルなどに居住した。彼らの活動に伴ってアラビア語の影響を受けて発達し，アフリカ東海岸地帯で共通語として用いられるようになった言語の名を記しなさい。

問(7) 13世紀に教皇の命を受けてカラコルムを訪れた修道士(a)は，旅行記を書き，モンゴル帝国の実情を初めて西ヨーロッパに伝えた。また十字軍への協力を得るためフランス王によってモンゴル帝国に派遣された修道士(b)も，貴重な報告書を残している。これらの修道士の名を，冒頭に(a)・(b)を付して記しなさい。

問(8) ヨーロッパ人によるアメリカ大陸の征服が，労働力としての酷使や伝染病の伝播によって先住民に災厄をもたらした一方で，アメリカ大陸原産の作物は世界各地に広がって栽培され，飢饉を減らし，人口の増大を支えるという恩恵をもたらした。これらの作物の名を，2つ記しなさい。

問(9) インドの伝統技術によって生産された，ある植物の花から紡がれ織られた製品は，丈夫で洗濯に強く，染色性にもすぐれていることから，17世紀にはヨーロッパでも人気を博し，さかんに輸入されるようになった。この製品の名を記しなさい。

問(10) 宗教の自由を求めてイギリスから北米大陸に渡ったピューリタンは，入植地をニューイングランドと呼んだ。やがて東部海岸地域にイギリスの13植民地が築かれるが，このうち北部のニューイングランドの植民地の名を2つ記しなさい。

56

2018年度　第3問

世界史において，ある地域の政治的・文化的なまとまりは，文字・言語や宗教，都市の様態などによって特徴づけられ，またそれらの移り変わりに伴って，まとまりの形も変化してきた。下に掲げた図版や地図，資料を見ながら，このような，地域や人々のまとまりとその変容に関する以下の設問(1)～(10)に答えなさい。解答は解答欄(ハ)を用い，設問ごとに行を改め，冒頭に(1)～(10)の番号を付して記しなさい。

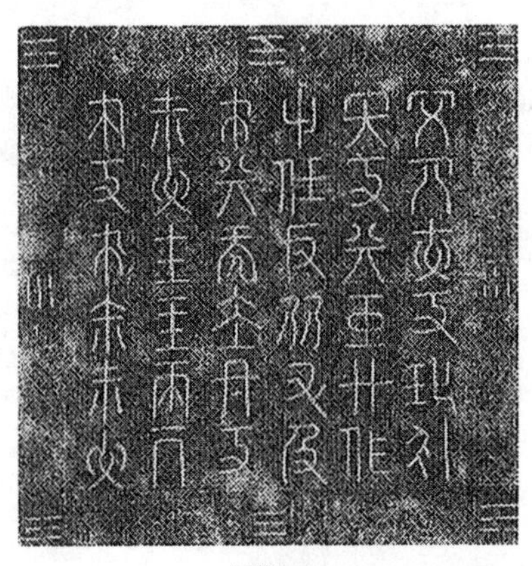
図版a

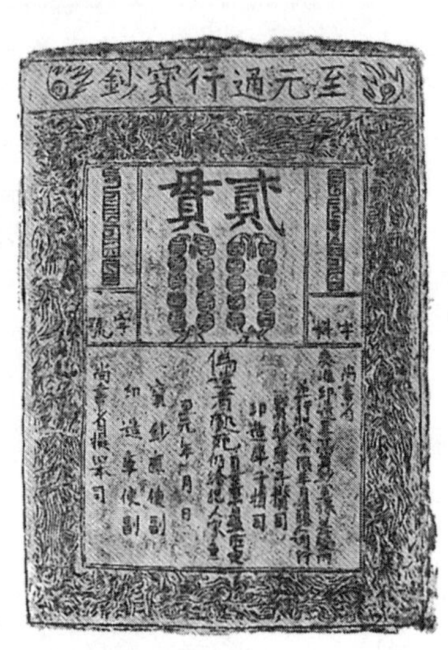

図版b

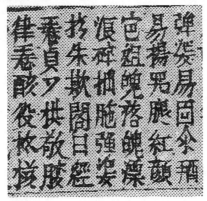

図版c

問(1) 10〜13世紀頃のユーラシア東方では，新たに成立した王権が，独自の文字を創出して統治に用いるという事象が広く見られた。**図版a**は，10世紀にモンゴル系の遊牧国家が創り出した文字である。この国家が，南に接する王朝から割譲させた領域を何というか，記しなさい。

問(2) 13世紀にモンゴル高原に建てられた帝国は，周囲の国家をつぎつぎに併合するとともに，有用な制度や人材を取り入れた。**図版b**は，この帝国が，滅ぼした国家の制度を引き継いで発行した紙幣であり，そこには，領内から迎えた宗教指導者に新たに作らせた文字が記されている。その新たな文字を何というか，記しなさい。

問(3) **図版c**に含まれるのは，インドシナ半島で漢字を基にして作られた文字であり，13世紀に成立した王朝の頃に次第に用いられるようになった。この王朝は，その南方にある，半島東岸の地域に領域を拡大している。漢字文化圏とは異なる文化圏である，その領域にあった国を何というか，記しなさい。

地図

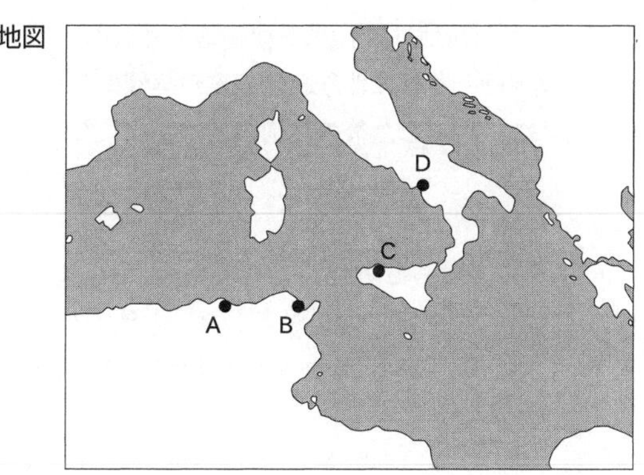

問(4) 430年，**地図**中の**都市A**の司教は，攻め寄せてきた部族集団に包囲される中，その生涯を閉じた。(a)若い頃にマニ教に関心を示し，その膨大な著作が中世西欧世界に大きな影響を及ぼした，この司教の名前を記しなさい。(b)また，この攻め寄せてきた部族集団は数年後には**都市B**も征服した。この部族集団名を記しなさい。解答に際しては，(a)・(b)それぞれについて改行して記述しなさい。

問(5) 次の資料は，**地図**中の**都市C**に関する1154年頃の記述である。下線部①は，直前の時期に起きたこの都市の支配者勢力の交替に伴って，旧来の宗教施設［ あ ］が新支配者勢力の信奉する宗教の施設に変化したことを述べている。この変化を1行で説明しなさい。

アル＝カスル地区は，いにしえの城塞地区で，どこの国でもそう呼ばれている。三つの道路が走っており，その真ん中の通りに沿って，塔のある宮殿，素晴らしく高貴な館，多くの［あ］，商館，浴場，大商人の店が立ち並んでいる。残りの二つの通りに沿っても美しい館，そびえ立つ建物，多くの浴場，商館がある。この地区には，①大きな［あ］，あるいは少なくともかつて［あ］とされた建物があり，今は昔のようになっている。

イドリーシー『遠き世界を知りたいと望む者の慰みの書』
（歴史学研究会編『世界史史料2』より，一部表記変更）

問(6) ウルグアイなど南米で勇名を馳せたある人物は，1860年9月に**地図**中の**都市D**に入り，サルデーニャ王国による国民国家建設に大きな役割を果たした。その一方で，彼の生まれ故郷の港町は同年4月にサルデーニャ王国から隣国に割譲され，その新たな国民国家に帰属することはなかった。この割譲された港町の名前を記しなさい。

問(7) **地図**中の**都市A**を含む地域は近代以降植民地とされていたが，20世紀後半に起きたこの地域の独立運動とそれに伴う政情不安が契機になり，宗主国の体制が転換することになった。この転換した後の体制の名称を記しなさい。

資料X

世界で［い］のようにすばらしい都市は稀である。…［い］は，②信徒たちの長ウスマーン閣下の時代にイスラームを受容した。…ティムール=ベグが首都とした。ティムール=ベグ以前に，彼ほどに強大な君主が［い］を首都としたことはなかった。

バーブル（間野英二訳）『バーブル=ナーマ』（一部表記変更）

資料Y

ティムールがわれわれに最初の謁見を賜った宮殿のある庭園は，ディルクシャーと呼ばれていた。そしてその周辺の果樹園の中には，壁が絹かもしくはそれに似たような天幕が，数多く張られていた。…今までお話ししてきたこれらの殿下（ティムール）の果樹園，宮殿などは，［い］の町のすぐ近くにあり，そのかなたは広大な平原で，そこには河から分かれる多くの水路が耕地の間を貫流している。その平原で，最近，ティムールは自身のための帳幕を設営させた。

クラヴィホ（山田信夫訳）『ティムール帝国紀行』（一部表記変更）

問(8)　次の図ア～エのうち，**資料X・Y**で述べられている都市[　い　]を描いたものを選び，その記号を記しなさい。

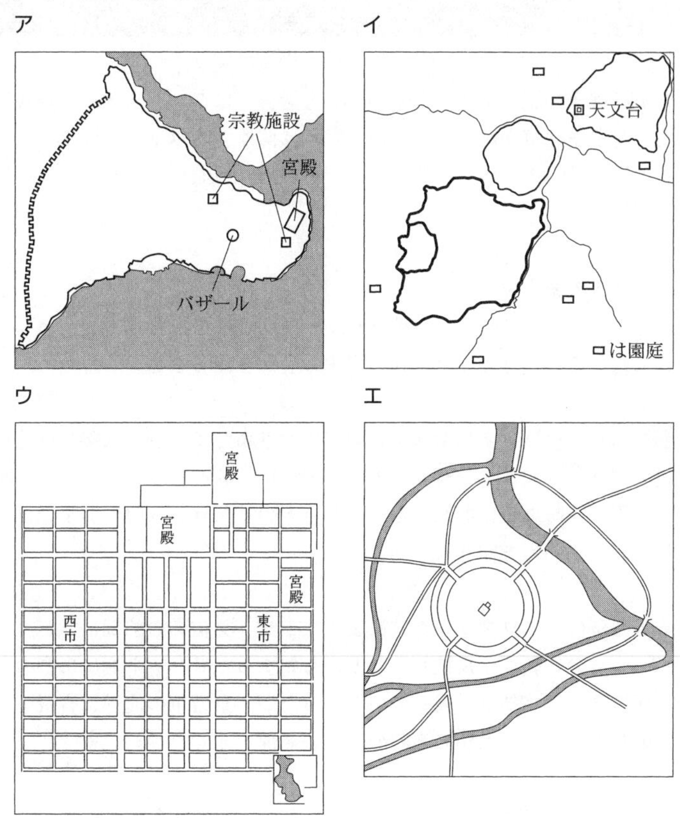

問(9)　(a)**資料X**中の下線部②の記述は正確ではないが，[　い　]を含む地域において，住民の信仰する宗教が変わったことは事実である。この改宗が進行する以前に，主にゾロアスター教を信仰し，遠距離商業で活躍していた，この地域の人々は何と呼ばれるか，その名称を答えなさい。(b)また，下線部②に記されている人物を含む，ムスリム共同体の初期の4人の指導者は特に何と呼ばれるか，その名称を記しなさい。解答に際しては，(a)・(b)それぞれについて改行して記しなさい。

問(10)　**資料X**は，もと[　い　]の君主であった著者の自伝である。この著者が創設した王朝の宮廷で発達し，現在のパキスタンの国語となった言語の名称を記しなさい。

57

2017年度　第3問

人類の歴史は戦争の歴史であったといっても過言ではない。古代から現代に至るまで世界各地で紛争や戦争が絶えなかった。戦争に関連する以下の設問(1)〜(10)に答えなさい。解答は解答欄(ハ)を用い，設問ごとに行を改め，冒頭に(1)〜(10)の番号を付して記しなさい。

問(1)　パルティアの領土を引き継いだササン朝は，西方ではローマ帝国としばしば戦火を交えた。260年のエデッサの戦いでは，ローマ軍を打ち破ってウァレリアヌスを捕虜とした。このときのササン朝の君主の名前を記しなさい。

問(2)　北部を除くイベリア半島全体を支配下におさめたイスラーム勢力は，ピレネー山脈を越えて南西フランスに侵攻したが，732年，トゥール・ポワティエ間の戦いでフランク王国の騎馬軍に敗北した。このときのイスラーム勢力およびフランク王国のそれぞれの王朝名を記しなさい。

問(3)　三十年戦争は，ハプスブルク家によるカトリック信仰の強制に対して，ベーメン（ボヘミア）の新教徒が反抗したことから始まった。バルト海に影響力をもっていたある新教国は，当初は参戦していなかったが，皇帝軍の北進に脅威を抱いて途中から参戦した。この新教国の当時の国王の名前を記しなさい。

問(4)　ナポレオンは，1798年，イギリスのアジアへの通商路を遮断するためエジプトに遠征し，在地のマムルークをカイロから追放し，さらにエジプトの奥地やシリアにも転戦した。この後，フランス軍は1805年にイギリス艦隊に大敗した。ジブラルタル付近で起こったこの戦いの名称を記しなさい。

問(5)　清では，1860年代から，西洋の軍事技術などを導入して富国強兵をめざす政策が推進され，兵器工場なども建てられた。この政策において，曾国藩，左宗棠とともに中心的役割を果たした人物の名前を記しなさい。

問(6)　19世紀後半，南下政策を進めるロシアは，オスマン帝国からの独立をめざすバルカン地域を支援し，オスマン帝国と戦い，勝利した。このとき，締結された条約によって，ロシアはひとたびはバルカン地域での勢力を大幅に強めた。この条約の名称を記しなさい。

問(7) 19 世紀末のスーダンでは，アフリカ縦断政策を進めるイギリスと，アフリカ横断政策を進めるフランスが対立し，軍事衝突の危機が生じたが，フランスの譲歩により衝突は回避された。この事件の名称を記しなさい。

問(8) インドシナでは，1941 年に共産党を中心として，統一戦線が結成された。この組織は，植民地からの独立をめざして日本やフランスと戦った。この組織の名称を記しなさい。

問(9) 1963 年に 3 か国の間で調印された部分的核実験禁止条約（PTBT）は，地下実験を除く核兵器実験を禁じている。この 3 か国の名称を記しなさい。

問(10) 17 世紀の前半に活躍したある法学者は，戦争の悲惨さに衝撃をうけて『戦争と平和の法』と題した書物を著し，軍人や為政者を規制する正義の法を説いた。この法学者の名前を記しなさい。

58

2016年度 第3問

民衆の支持は，世界史上のあらゆる政治権力にとって，その正当性の重要な要素であった。また，民衆による政治・社会・宗教運動は，様々な地域・時代における歴史変化の決定的な要因ともなった。世界史における民衆に関連する以下の設問(1)〜(10)に答えなさい。解答は，解答欄(ハ)を用い，設問ごとに行を改め，冒頭に(1)〜(10)の番号を付して記しなさい。

問(1) 古代ギリシアの都市国家における民主政は，成年男性市民全員が直接国政に参加する政体であり，アテネにおいて典型的に現れた。紀元前508年，旧来の4部族制を廃止して新たに10部族制を定め，アテネ民主政の基礎を築いた政治家の名前を記しなさい。

問(2) 秦の圧政に対して蜂起し，「王侯将相いずくんぞ種あらんや」ということばを唱えて農民反乱を主導した人物の名前を記しなさい。

問(3) 古代ローマの都市に住む民衆にとって最大の娯楽は，皇帝や有力政治家が催す見世物であった。紀元後80年に完成し，剣闘士競技などが行われた都市ローマ最大の競技施設の名称を記しなさい。

問(4) ドイツに始まった宗教改革は，領主に対する農民蜂起に結びつく場合もあった。農奴制の廃止を要求して1524年に始まったドイツ農民戦争を指導し，処刑された宗教改革者の名前を記しなさい。

問(5) インドでは15世紀以降，イスラーム教の影響を受け，神の前での平等を説く民衆宗教が勃興した。その中で，パンジャーブ地方に王国を建ててイギリス東インド会社と戦った教団が奉じた，ナーナクを祖とする宗教の名称を記しなさい。

問(6) 植民地化が進むインドで1857年に起こり，またたく間に北インドのほぼ全域に広がった大反乱は，旧支配層から民衆に至る幅広い社会階層が参加するものであった。この反乱のきっかけを作り，その主な担い手ともなったインド人傭兵の名称を記しなさい。

問(7) プロイセン=フランス戦争（普仏戦争）に敗れたフランス政府は 1871 年 1 月に降伏した。その後結ばれた仮講和条約に反対し，同年 3 月，世界史上初めて労働者などの民衆が中心となって作った革命的自治政府の名称を記しなさい。

問(8) 孫文が死去した年に上海で起こった労働争議は，やがて労働者や学生を中心とする，不平等条約の撤廃などを求める反帝国主義運動へと発展した。この運動の名称を記しなさい。

問(9) インドシナにおいてベトナム青年革命同志会を結成して農民運動を指導し，フランス植民地支配に対する抵抗運動の中心となった人物の名前を記しなさい。

問(10) 1989 年に中国では学生や市民による民主化要求運動が起こったが，それはソ連のゴルバチョフが中国を訪問していた時期とも重なっていた。そのゴルバチョフが国内改革のために掲げた，「立て直し」を意味するロシア語のスローガンの名称を記しなさい。

59

2015年度　第3問

ユネスコの世界記憶遺産は，昨年，日本から南九州市の知覧特攻隊遺書，中国から南京事件および慰安婦に関する資料，韓国から慰安婦に関する資料の登録の動きがあり，話題を集めた。記憶遺産は，人類の歴史を後世に伝える直筆文書，書籍，絵画，地図，音楽，写真，映画などの貴重資料を登録・保護するものである。記憶遺産に関連する以下の設問(1)～(10)に答えなさい。解答は，解答欄(ハ)を用い，設問ごとに行を改め，冒頭に(1)～(10)の番号を付して記しなさい。

問(1)　記憶遺産登録のハリウッド映画『オズの魔法使』（1939年）を制作したメトロ=ゴールドウィン=メイヤー社は，総力戦体制の下で戦時プロパガンダ的な作品を制作したことでも知られる。アメリカ政府がヨーロッパ情勢にかんがみて，1941年にイギリス支援のために成立させた法律の名称を記しなさい。

問(2)　チリの記憶遺産の中に，南米で活発な宣教活動にあたった宗教教団に関連する文書群がある。1534年に設立され，1540年に教皇から認可されたこの教団の名称を答えなさい。

問(3)　韓国では光州事件に関連する文書群が記憶遺産に登録されている。この民主化運動の弾圧を指示した軍人で，後に大統領となった人物の名前を記しなさい。

問(4)　清の科挙合格者名を記した掲示物が記憶遺産に登録された。官僚制の近代化を図るために科挙の廃止を主張し，西洋式の新建陸軍の創設にも大きな役割をはたした清末の政治家の名前を記しなさい。

問(5)　19世紀以降，植民地支配は東南アジアに及んだが，タイだけは独立を維持した。軍事・行政・司法の近代化を推進して，現在のラタナコーシン朝（チャクリ朝，バンコク朝）の礎を作り，その治世の記録が記憶遺産に登録されている王の名前を記しなさい。

問(6)　オランダ東インド会社に関する記録は，スリランカ，インドネシア，インドの3カ国から記憶遺産に登録されている。オランダ東インド会社の活動は約200年に及んだが，オランダ本国が占領されたことを契機に解散した。その占領者の名前を記しなさい。

問(7)　ヒンドゥー教のシヴァ神に関連する文書群がインドの記憶遺産に登録されている。この文書群は現在，インド南部にある，フランス植民地の中心だった都市に保管されている。この都市名を記しなさい。

問(8)　スエズ運河は記憶遺産に登録されている。第二次世界大戦後の民族独立運動の高まりの中でスエズ運河の国有化を宣言し，イギリス，フランス，イスラエルと戦った大統領の名前を記しなさい。

問(9)　記憶遺産に登録されている 1507 年刊行の世界地図は，世界地図にアメリカという名称が初めて記載されたことで知られている。この地図の図法には，地球中心の天動説を唱えた 2 世紀の天文・数学者の影響が色濃く見られる。この人物の名前を記しなさい。

問(10)　1940 年 6 月に放送されたある BBC 演説は，レジスタンスの重要な音声記録として記憶遺産となっている。自由フランス政府を組織し，この演説を通して，亡命先のロンドンから対独抗戦を宣言した指導者の名前を記しなさい。

60

2014年度 第3問

人間の生存の基礎である生産は，それぞれの時代・地域でさまざまな様相を呈しながら，歴史の発展に大きな役割を果たしてきた。技術，制度，労働者，生産物など，生産に関連する以下の事柄についての設問(1)〜(10)に答えなさい。解答は，解答欄(ハ)を用い，設問ごとに行を改め，冒頭に(1)〜(10)の番号を付して記しなさい。

問(1) 古代の世界において，武器・農工具に用いる鉄の生産は重要な意味をもった。西アジアで最初に鉄製武器を生産し，用いたとされる民族の名称を記しなさい。

問(2) 古代ギリシアのポリスにおいては，生産活動はおもに奴隷や地位の低い住民が担っていた。このうちスパルタにおいて「周辺に住む人」という意味をもち，工業生産に従事する割合の高かった住民の名称を記しなさい。

問(3) 古代の東西交易を象徴する中国産のある繊維の生産は，ユスティニアヌス帝期ビザンツ帝国への原料生産技術の伝播を経て，その後ヨーロッパ各地に広まった。この技術の名称を記しなさい。

問(4) 中国江南では，新たな穀物品種の導入により農業生産が増大した。北宋の時代に現在のベトナムに当たる地域から伝来し，長江下流域の水田地帯に普及した稲の品種を記しなさい。

問(5) 西ヨーロッパでは中世都市が発展すると，おもに手工業生産者からなるツンフトとよばれる組織が形成され，彼らが主体となるツンフト闘争が各地で起こった。この闘争は誰に対する何を求めた闘争だったか。1行以内で記述しなさい。

問(6) エルベ川以東の東ヨーロッパ地域では，近世に入ると領主の農業生産への関与が強まり，グーツヘルシャフトと呼ばれる独特の経営形態が発達した。この農業経営の特色を，当時の交易の発展と関連づけて30字以内で記述しなさい。

問(7) マルクスとエンゲルスは，1848年に『共産党宣言』をあらわして，社会主義社会を実現するための労働者の国際的団結を訴えた。その後，この理念を実現するための組織が結成され，マルクスがその指導者となった。この組織の名称と結成の場所を記しなさい。

問(8) インドで1930年に組織された民族運動においては，政府の専売するある物品を生産することが象徴的な意味をもった。その専売品の名を含む運動の名称を，その指導者の名とともに記しなさい。

問(9) アメリカ合衆国のローズヴェルト大統領は，1929年に起こった世界恐慌に対処し，景気を回復させるためにニューディール政策を実施した。政府が経済に積極的に介入・統制するために制定された法律を2つ記しなさい。

問(10) 第二次世界大戦後，アメリカ合衆国の支援を受けつつ経済を復興させた西ヨーロッパ諸国は，より一層の発展のために経済統合を推進した。現在のヨーロッパ連合（EU）への発展の基礎となる，1952年に発効した西ヨーロッパ最初の経済統合機構の名称を記しなさい。

61

2013年度 第3問

世界史において少数ながら征服者や支配者となったり，逆に少数ゆえに激しい差別や弾圧を受けたりしながら，さまざまな時代や地域で重要な役割を果たした人々がいた。また，こうした少数派に関わる事象が歴史の流れのなかで大きな意味をもつこともあった。これらをふまえて，以下の質問に答えなさい。解答は，解答欄(ハ)を用い，設問ごとに行を改め，冒頭に(1)〜(10)の番号を付して記しなさい。

問(1) 歴史上，少数の征服者が，異質な文化をもつ多数の土着住民を統治した「征服王朝」は数多く存在する。このような征服者の住民統治策について述べた次の文章①〜③のなかで，誤りを含むものの番号を記しなさい。

① スペインは，その中南米やフィリピンの統治で，住民へのカトリックの普及をはかった。

② 元は，その中国統治にあたって，科挙試験を一貫して重視し，南人の士大夫層を積極的に登用した。

③ 清は儒学の振興につとめる姿勢を示したが，反満・反清的な言論は，「文字の獄」などで厳しく取り締まった。

問(2) 少数派の宗教的信仰が，国家や既存宗教勢力から異端視され，迫害され，逆に反体制集団の紐帯となっていく場合がある。中国の白蓮教もこのような信仰だった。白蓮教の活動は，南宋から近代にかけて知られているが，14世紀に白蓮教徒が起こしたといわれ，元の支配に終焉をもたらす上で大きな役割を果たした反乱は，何と呼ばれているか。その名称を記しなさい。

問(3) ヒンドゥー教は，現代の東南アジアでは，一部の人々が信仰する少数派の宗教であるが，かつては大きな影響力を有していた。13世紀にジャワに成立し，島嶼部の交易の覇権を握って繁栄した王国も，ヒンドゥー教を信奉し，その文化的優位性をインド世界との結びつきに求めていた。ジャワにおける最後のヒンドゥー王国といわれる，この王国の名称を記しなさい。

問(4) 16世紀のムガル帝国では，第3代皇帝の治世下でジズヤが廃止され，人口比では少数であるイスラーム教徒の支配者層と，多数派のヒンドゥー教徒住民との間の融合が模索された。この改革を行った皇帝の名前を記しなさい。

問(5) この民族は，その主な居住地域が歴史的な経緯からトルコ，イラク，イラン，シリアなどに国境線で分断されているため，各国における少数派となっている。また，第3回十字軍と戦ったサラーフ=アッディーン（サラディン）も，この民族の出身である。この民族の名称を記しなさい。

問(6) 南アフリカ共和国では，白人による少数支配体制のもと，多数派である非白人に対する人種差別と人種隔離の政策が採られていた。このアパルトヘイトに反対する運動に献身し，長い投獄生活を経て1993年にノーベル平和賞を受賞した後に，大統領となった人物の名前を記しなさい。

問(7) 近世ヨーロッパでは教会公認の天動説に対して，地動説を唱えた少数の学者たちは自説の撤回や公表回避をしばしば強いられた。そうしたなかで，地動説の主張を曲げずに宗教裁判にかけられ，処刑されたイタリア人学者の名前を記しなさい。

問(8) 19世紀末のフランスでは反ユダヤ主義や排外主義の風潮が高まり，ユダヤ系のドレフュス大尉がドイツのスパイ容疑で終身刑を宣告された。これに対して彼の無実を主張した自然主義作家の名前を記しなさい。

問(9) 1968年チェコスロヴァキアでは民主化を求める動きが高まり，政府も民主化，自由化を推進したが，ソ連を中心とする東欧の5か国は軍事介入し，圧倒的な武力を背景に圧迫を加えてこの民主化の動きを阻止した。「プラハの春」と呼ばれる，この動きを推し進めた政府指導者の名前を記しなさい。

問(10) 北アメリカの先住民であるインディアンは白人による圧迫を受けて，しだいに居住地域を限定されるようになった。とりわけ，アメリカ合衆国大統領ジャクソンは立法によって，ミシシッピー川以西の保留地に移ることを彼らに強いた。この法の名称を記しなさい。

62

2012年度 第3問

さまざまな時代に造られた建築や建造物のなかには，現在，世界の観光資源として非常に重要なものがある。しかもそれらは，それらを擁する国家や都市の歴史の雄弁な証言者となっている。この点をふまえて，以下の質問に答えなさい。解答は，解答欄(ハ)を用い，設問ごとに行を改め，冒頭に(1)～(10)の番号を付して記しなさい。

問(1) アテネの軍事上の拠点であったアクロポリスには，紀元前5世紀，ペリクレスの命でポリスの守護神であるアテナ女神を祀るパルテノン神殿が建てられた。この神殿の建築様式は何か，様式名を記しなさい。

問(2) 8世紀ごろの東南アジアにおいて仏教が盛んだったことを示す遺跡として，ボロブドゥール寺院があげられる。ボロブドゥール寺院がある場所はどこか，今日の島名を記しなさい。

問(3) 前近代のヨーロッパでは，時代ごとにある特定の建築様式がほぼ全域にわたって広まった。人里離れた修道院によく見られる，小さな窓，重厚な壁，高度の象徴性を特徴とする建築を何様式と呼ぶか，様式名を記しなさい。

問(4) アンデス山中に威容を誇るマチュピチュは，インカ帝国を代表する遺跡だが，この帝国は16世紀にスペイン人征服者ピサロによって滅ぼされた。征服が行われたとき，スペインを統治していた国王の名前を記しなさい。

問(5) 明と清の宮殿だった紫禁城は，今日では故宮博物院として参観客に開放されている。明ははじめ金陵（南京）を都としていたが，1421年に北京に遷都した。このときの皇帝は誰か，名前を記しなさい。

問(6) グラナダにあるアルハンブラ宮殿は，イベリア半島最後のイスラーム王朝の時代に建設された。1492年，スペイン王国によって攻略されたこの王朝名を記しなさい。

問(7) ヴェルサイユ宮殿は，絶対王政期の国王の権威を象徴する豪華絢爛な宮殿である。18世紀にプロイセンのフリードリヒ大王が，ヴェルサイユ宮殿を模倣してポツダムに造らせた宮殿の名称を記しなさい。

問(8) アフリカ南部にあるジンバブエ共和国の国名は，そこに残る石造建築物に由来しているが，以前には，イギリス人の名前にちなんだ国名だった。19世紀末にケープ植民地首相を務めたそのイギリス人の名前を記しなさい。

問(9) 広島の原爆ドームは，核兵器の惨禍という記憶を留めるための重要な史跡である。広島への原爆投下の前月，米・英・ソの三国会談に参加し，その後に原爆投下を指示したアメリカ合衆国大統領の名前を記しなさい。

問(10) 1973年チリでピノチェト将軍によるクーデタがおき，かつて造幣所だったため「モネダ（貨幣）宮」と呼ばれていた大統領府が攻撃されて，社会主義政権を率いていた大統領が死亡した。この大統領の名前を記しなさい。

63

2011年度　第3問

火を自由にあつかえるようになると，人類は調理を知り，さまざまな食糧を手に入れることになった。食生活が安定するとともに，人類の生活圏は拡大していく。これに関連して，以下の設問(1)～(10)に答えなさい。解答は，解答欄(ハ)を用い，設問ごとに行を改め，冒頭に(1)～(10)の番号を付して記しなさい。

問(1)　麦作は乾燥した西アジアで始まった。この麦を水に浸して発芽させたものからビールができることは，すでにシュメール人もエジプト人も知っていたという。大河のほとりにあるために灌漑施設をめぐらし，豊かな穀物生産にもとづく文明は，文字を発明したことでも名高い。それぞれの文字名を記しなさい。

問(2)　漢の武帝は内政の充実とともに，西域などへの対外遠征にも積極的であった。そのために軍事費がかさみ，それをまかなうために鉄などを専売品とした。このとき専売品とされた飲食物が2つあるが，それぞれの名称を記しなさい。

問(3)　ワイン生産のもとになる葡萄の栽培は，ローマ帝国の拡大とともに北上したという。その北限をなすライン・ドナウ両河の北側一帯には古くからゲルマン系の諸族が住んでいた。それらのなかで帝国内を蹂躙し，やがて5世紀になると北アフリカに王国を建てた部族がいる。この部族名を記しなさい。

問(4)　11世紀後半から，西ヨーロッパでは森林や荒野の開墾が進み，農法も改良されて，収穫は播種量の3倍から6倍ほどに上昇した。生産高に余剰が生まれ，それらが取引される交易拠点には都市が目立ってくる。やがて，これらの都市は領主に対して自治を主張するようになった。このことを讃える名高い格言があるが，それを記しなさい。

問(5)　マレー半島に興ったマラッカ王国は，15世紀には東西貿易の中継地として栄えた。ジャワ商人などによってマラッカに運ばれたジャワやモルッカ諸島の産物の中で，当時の需要の増大によってヨーロッパ向けにも輸出された国際商品は何か。その名称を記しなさい。

問(6)　15世紀末以前のアメリカ大陸では麦や米の栽培は知られていなかったが，独自の農耕技術にもとづいて，ほかの作物が栽培されていた。それらは，以後，世界中に広まり，人口の増大にも寄与している。これらの作物名を2つ記しなさい。

問(7) 16世紀初頭にマラッカを占領した国は，ラテンアメリカに大きな領土を有し，そこで黒人奴隷を導入して大規模なサトウキビのプランテーション栽培をしたことでも知られている。この国名およびそのラテンアメリカの領土名を記しなさい。

問(8) ビルマは19世紀後半以降のエーヤーワディー川のデルタ地帯の開発で，世界有数の米の輸出地となった。ビルマの最後の王朝となったコンバウン朝についての次の①～④の文章のうち，誤りを含むものの番号を1つ記しなさい。

① 18世紀に成立した。

② シャムに攻め込んでアユタヤ朝を滅ぼした。

③ イギリスとの間で三次にわたる戦争を戦った。

④ イギリスの植民地支配下で1947年まで存続した。

問(9) 酒を楽しむ歴史は長いが，飲酒を禁止したり制限したりする試みも，古くから繰り返されてきた。ドイツでは，1933年に政権を握ったナチスのもとで断種法が制定され，慢性アルコール依存症患者も，強制的な不妊手術の対象に入れられた。こうした優生学的発想は，この政党の政権が第二次世界大戦の時期にかけて展開した，ユダヤ人などの大量殺戮にもつながった。この大量殺戮は何と呼ばれているかを記しなさい。

問(10) ベトナムは，第二次世界大戦以前には，世界有数の米輸出地だったが，大戦後は戦乱のため米作が停滞し，一時は食糧輸入国になった。ベトナムが米輸出国の地位を回復するのは1989年からであり，これは1986年にはじまる改革の成果とみなされている。このベトナムの改革は何と呼ばれているかを記しなさい。

64

2010年度 第3問

人類は有史以来，司馬遷の『史記』やギボンの『ローマ帝国衰亡史』，さらにはホイジンガの『中世の秋』などのすぐれた歴史叙述を生みだしてきた。しかし世界史教科書の記述では，文学・哲学の著作や芸術・科学技術の業績と比べて，歴史書の紹介が十分とはいえない。とはいえ歴史書は，それぞれの時代や人々の生き方と分かち難く結び付いている。そこで以下の歴史叙述に関わる文章A・B・Cのなかで，下線を付した部分に関する設問に答えなさい。解答は，解答欄(ハ)を用い，設問ごとに行を改め，冒頭に(1)～(10)の番号を付して記しなさい。

A　中世ヨーロッパにおいては神学が重視され，歴史叙述もその影響下にあった。このような思考の枠組を脱し，人間のありのままの姿や歴史を見つめようとしたのがルネサンス期の(1)人文主義であり，そこではギリシア・ローマの古典文化が再発見されたのである。その古典期ギリシアでは，(2)世界最古の個人による歴史叙述が試みられており，そうした伝統のなかで地中海世界における(3)ローマ興隆史，あるいは建国史を究めようとする歴史家も登場した。やがて古代末期になると，(4)キリスト教の信仰を正当化する歴史叙述も生まれるようになった。

問(1)　政治を，宗教や道徳から切りはなして現実主義的に考察したフィレンツェの失意の政治家は，『ローマ史論』とともに，近代政治学の先駆となる作品も書いている。この人物の名と作品の名を記しなさい。

問(2)　それまでは年代記のような記録しかなかったが，ギリシア人の一人はペルシア戦争の歴史を物語風に叙述し，もう一人はペロポネソス戦争の歴史を客観的・批判的に叙述した。それぞれの歴史家の名を記しなさい。

問(3)　前2世紀のローマ興隆を目撃し，実用的な歴史書を書いたギリシア人がおり，ローマ建国以来の歴史をつづったアウグストゥス帝治世下のローマ人もいる。それぞれの歴史家の名を記しなさい。

問(4)　キリスト教最初の『教会史』を書いた教父作家が現れる一方，神学とともに歴史哲学の書でもある『神の国』を著して，後世の人々の信仰や思想に大きな影響をあたえた教父作家も出現した。それぞれの教父作家の名を記しなさい。

B アラム文字に由来する突厥文字は，中央ユーラシアで活躍した北方遊牧民の最古の文字と見られる。この文字によってオルホン碑文など(5)突厥の君主や歴史に関する貴重な記録が残された。中央ユーラシアから西アジアに目を転じれば，14世紀の(6)アラブの歴史家は『歴史序説（世界史序説）』を書いて，都市民と遊牧民との交渉を中心に王朝興亡の歴史の法則性を求めたが，その鋭い歴史哲学は，現在でも新鮮な示唆に富んでいる。ほぼ同時期のイランでも，イル=ハン国のガザン=ハンの宰相ラシード=アッディーンは，(7)壮大な歴史書をペルシア語で記述したが，それは，ユーラシアの東西をまたにかけて支配したモンゴル帝国の歴史を知る重要史料となっている。

問(5) 突厥の歴史は，現在の西アジアのある国につながっている。その国の名を答えよ。また突厥の前に現れた匈奴の最盛期の君主名を記しなさい。

問(6) チュニジアに生まれたこの歴史家は，エジプトの大法官などをつとめ，シリアに軍をすすめたティムールと会見したことでも知られる。この人物の名を記しなさい。

問(7) この歴史書の名を記しなさい。

C 広大な植民地をかかえるイギリスの20世紀を代表する歴史家として，トインビー（1889―1975）とカー（1892―1982）をあげることができる。トインビーはギリシア・ローマ史の研究者として出発したが，長期化した(8)第一次世界大戦に世界史を見直す手がかりを見出し，40年の歳月をかけて「文明」を構成単位とする全12巻の大著『歴史の研究』を完成させた。カーは外交官となった直後に起きた(9)1917年のロシア革命に大きな衝撃を受け，膨大な史料と対話を重ね，30年以上を費やして10巻におよぶ『ソヴィエト・ロシア史』を完成させた。一方，イギリスの植民地であった(10)インドでも，優れた歴史書が書かれた。

問(8) 第一次世界大戦の体験から『西洋の没落』を著して西洋文明の衰退を予言し，大きな反響をよんだ歴史家の名を記しなさい。

問(9) ロシア革命の指導者の一人で『ロシア革命史』を著し，世界革命論を唱えた人物はだれか。また，ロシア革命を批判したのち，ヒトラーの政権が成立すると対ドイツ宥和政策にも反対し，大部の『第二次大戦回顧録』を残したイギリスの政治家は誰か。これら2人の名を記しなさい。

問⑽　インドの独立運動に参加し，1947 年の独立直後に首相を務めた政治家は，すぐれた歴史認識の持ち主でもあり，獄中で『インドの発見』を書いた。この人物の名を記しなさい。

65 2009 年度 第 3 問

人類の歴史においては，無数の団体や結社が組織され，慈善・互助・親睦などを目的とする団体と並んで，ときには支配勢力と対立する宗教結社・政治結社・秘密結社もあらわれた。このような団体・結社に関する以下の質問に答えなさい。解答は，解答欄(ハ)を用い，設問ごとに行を改め，冒頭に(1)〜(10)の番号を付して記しなさい。

問(1) 18 世紀末の中国では，世界の終末をとなえる弥勒下生信仰に基づく宗教結社が，現世の変革を求めて四川と湖北との境界地区などで蜂起したが，おもに郷勇などの自衛組織に鎮圧された。この宗教結社がおこした乱の名称を記しなさい。

問(2) フランス革命期，ジャコバン派の独裁体制が打倒され，穏和派の総裁政府が樹立されると，革命の徹底化と私有財産制の廃止を要求する一部の人々は，秘密結社を組織して武装蜂起を計画したが，失敗し弾圧された。この組織の指導者の名を記しなさい。

問(3) 保守的なウィーン体制下，イタリアでは自由と統一を求める政治的秘密結社がつくられ，数次にわたり武装蜂起と革命を試みたが，1830 年代には衰退した。この秘密結社の名称を記しなさい。

問(4) ウィーン体制下のロシアでは，青年貴族将校たちが農奴制廃止や立憲制樹立をめざして複数の秘密結社を組織し，皇帝アレクサンドル 1 世が急死した機会をとらえて反乱を起こしたが，鎮圧された。この反乱の名称を記しなさい。

問(5) アメリカ合衆国では，南北戦争の結果，黒人奴隷制が廃止されると，南部諸州を中心に白人優越主義を掲げる秘密結社が組織され，黒人に暴力的な迫害を加えた。この秘密結社の名称を記しなさい。

問(6) 19 世紀後半の朝鮮では，在来の民間信仰や儒仏道の三教を融合した東学が，西洋の文化や宗教を意味する西学に対抗しつつ農民の間にひろまった。東学の信徒たちは 1894 年に大反乱をおこし，日清戦争の誘因をつくった。この反乱を指導した人物の名を記しなさい。

問(7)　日露戦争の時期の東京では，華僑社会とも深いかかわりをもつ中国の革命運動家たちが集まり，それまでの革命諸団体を結集した新たな政治結社を組織した。この政治結社の名称を記しなさい。

問(8)　20 世紀初めの英領インドでは，ムスリム（イスラーム教徒）の指導者たちにより，ムスリムの政治的権利を擁護する団体が組織された。この団体は，国民会議派と協力した時期もあったが，やがてムスリムの独立国家建設を主張するようになった。この団体の名称を記しなさい。

問(9)　フランス支配下のベトナムでは，ファン=ボイ=チャウらがドンズー（東遊）運動を組織し，日本への留学を呼びかけたが，この運動は挫折した。その後，ファン=ボイ=チャウらは広東に拠点を移し，1912 年に新たな結社をつくり，武装革命をめざした。この結社の名称を記しなさい。

問(10)　1930 年代のビルマ（ミャンマー）では，ラングーン大学の学生などを中心にして民族主義的団体が組織され，やがてアウン=サンの指導下に独立運動の中核となった。この団体の名称を記しなさい。

66 2008年度 第3問

世界史ではヒトやモノの移動，文化の伝播，文明の融合などの点で，道路や鉄道を軸にした交通のあり方が大きな役割を果たしてきた。これに関連して，以下の設問(1)〜(10)に答えなさい。解答は，解答欄(ハ)を用い，設問ごとに行を改め，冒頭に(1)〜(10)の番号を付して記しなさい。

問(1) アケメネス朝ペルシアでは，王都と地方とを結ぶ道路が「王の道」として整備された。そのうち幹線となったのは，サルディスと王都の一つとを結ぶものであった。その王都の名称を記しなさい。

問(2) 「すべての道はローマに通じる」とは名高い格言である。これらの舗装された道は軍道として造られたものであるが，その最初の街道はすでに前4世紀末に敷設されている。このローマとカプアとを結ぶ最古の街道の名称を記しなさい。

問(3) 中世ヨーロッパでは聖地巡礼が盛んになり，キリスト教徒の巡礼の旅が見られるようになった。ローマやイェルサレムと並んで，イベリア半島西北部にあり聖地と見なされた都市はどこか。その都市の名称を記しなさい。

問(4) 中国産の絹が古くから西方で珍重されたことから，それを運ぶ道は一般にシルクロードとよばれる。この道を経由した隊商交易で，6〜8世紀ころに活躍したイラン系商人は何とよばれているか。その名称を記しなさい。

問(5) シルクロードと並ぶ「海の道」は，唐代から中国の産品を西に運んだ。絹と並ぶ主要産品の一つは，それに因む「海の道」の別名にも使われている。この主要産品の名称を記しなさい。

問(6) モンゴル帝国では駅伝制度が整備され，ユーラシア大陸の東西を人間や物品がひんぱんに往来した。とくに中国征服後はすべての地域で駅伝制度が完備した。この駅伝制度の名称(a)と，公用で旅行する者が携帯した証明書の名称(b)を，冒頭に(a)・(b)を付して記しなさい。

問(7) アメリカ合衆国における大陸横断鉄道の建設は，移民を労働者として利用しながら進められた。それは西部開拓を促しただけでなく，合衆国の政治的・経済的な統一をもたらすことになった。この鉄道建設が遅れる要因となった出来事の名称を記しなさい。

問(8) オスマン帝国のスルタン，アブデュルハミト2世は，各地のムスリム（イスラーム教徒）の歓心を買うために，巡礼鉄道（ヒジャーズ鉄道）を建設したが，ムスリム巡礼の最終目的地はどこであったか。その地名を記しなさい。

問(9) 1911年の辛亥革命は，清朝が外国からの借款を得て，ある交通網を整備しようとしたことへの反発をきっかけとして生じた。この交通網をめぐる清朝の政策の名称を記しなさい。

問(10) 世界恐慌によって再び経済危機に直面したドイツでは，失業者対策が重要な問題となった。ヒトラーは政権掌握後，厳しい統制経済体制をしいて，軍需産業の振興とともに高速自動車道路の建設を進めた。この道路の名称を記しなさい。

67
2007年度 第3問

19世紀から20世紀には，世界各地で植民地・領土獲得競争や民族主義運動が広範に展開した。こうした動きに関する以下の設問(1)〜(10)に答えなさい。解答は，解答欄(ハ)を用い，設問ごとに行を改め，冒頭に(1)〜(10)の番号を付して記しなさい。

問(1) イギリスは19世紀初めからマレー半島に植民地形成を進め，20世紀初めにはイギリス領マレー植民地が完成した。その中で，海峡植民地として統合された地域内の港市の名称を二つ記しなさい。

問(2) 独立後のアメリカ合衆国は領土を徐々に太平洋岸にまで広げ，西部にも多くの人々が移住するようになった。この間，アメリカ先住民は土地を奪われ，居住地を追われた。以下の問いに(a)・(b)を付して答えなさい。

(a) 先住民をミシシッピ川以西の保留地に追いやることになった「インディアン強制移住法」が制定された当時のアメリカ合衆国大統領は誰か。その名を記しなさい。

(b) 当時の白人たちは，アメリカの西部への拡大を神から与えられた「使命」と考えていたとされるが，この「使命」を端的に示す用語を記しなさい。

問(3) 奴隷貿易がその終焉を迎える中で，北米などの奴隷を解放しアフリカ大陸の開拓地に入植させる試みがなされた。西アフリカでは，アメリカ植民協会によって開拓された解放奴隷の居住地が，19世紀半ばに共和国として独立した。この国の名称を記しなさい。

問(4) 19世紀半ばから後半にかけて，アフリカ内陸部における植民地建設にさきがけるかたちで，探検が行われた。こうした探検に従事した探検家の中に，現在までその名をアフリカにおける都市の名称として残しているイギリス人宣教師がいるが，その名を記しなさい。

問(5) エジプトでは1880年代初めに武装蜂起が起こったが，イギリスはこれを制圧してエジプトを事実上の保護下においた。その後，イギリスはスーダンに侵入し，そこでも強い抵抗運動に出会ったが，1899年には征服に成功した。エジプトにおける武装蜂起の指導者名(a)とスーダンでの抵抗運動の指導者の名(b)を，(a)・(b)を付して記しなさい。

問(6)　ルワンダでは，少数派のツチ人と多数派のフツ人が激しく対立する内戦の中で，1994年には大量虐殺が引き起こされた。この事件の背景には，かつての西欧列強による植民地支配の影響が認められる。19世紀末に現在のルワンダ，ブルンジ，タンザニアを植民地化し，ルワンダではツチ人にフツ人を支配させたヨーロッパの国はどこか。その名称を記しなさい。

問(7)　カージャール朝下のイランでは，パン=イスラーム主義の影響の下で，イギリスが持つ利権に抵抗する運動が起こり，民族意識が高揚し，1905年には立憲革命が起こった。この運動に影響を与えた思想家の名(a)と，イギリスが利権を有していた主要な商品作物の名称(b)を，(a)・(b)を付して記しなさい。

問(8)　アフリカでは西欧列強による植民地化が進んだが，19世紀末にイタリア軍を打ち破り独立を維持した国がある。この国は1936年にムッソリーニ政権下のイタリアに併合されたが，まもなく独立を回復した。この国の名称を記しなさい。

問(9)　第一次世界大戦後の東ヨーロッパには，「民族自決」の原則に基づき新しい国民国家が数多く生まれた。だが，その国境線と民族分布は必ずしも一致しておらず，民族紛争の火種を残した。以下の問いに(a)・(b)を付して答えなさい。

(a)　ドイツ人が多数居住していたことを理由に，ナチス=ドイツが割譲を要求した，チェコスロヴァキア領内の地域の名称を記しなさい。

(b)　この割譲要求をめぐって，1938年に英・仏・伊・独の首脳によるミュンヘン会談が開催された。このときフランスとともに対独宥和政策をとったイギリス首相の名を記しなさい。

問(10)　中国で辛亥革命が起こると，外モンゴルでは中国からの独立を目指す運動が進み，その後ソ連の援助を得て，社会主義のモンゴル人民共和国が成立した。ソ連崩壊前後のこの国の政治・経済的な変化について，1行以内で説明しなさい。

68　2006 年度　第3問

世界史上，政治的な統合のあり方は多様であった。帝国や同盟的連合など，その形態には，近代の国民国家とは異なるさまざまな特徴がみられた。こうした政治的な統合の諸形態に関連する以下の設問(1)〜(10)に答えなさい。解答は，解答欄(ハ)を用い，設問ごとに行を改め，冒頭に(1)〜(10)の番号を付して記しなさい。

問(1)　鉄製の武器や戦車の使用で強大化したアッシリアは，前 7 世紀にオリエント全土を支配する大帝国を築いた。その首都の名(a)を，(a)の記号を付して記しなさい。また，その位置として正しいもの(b)を地図上の(ア)〜(オ)の中から選び，(b)の記号を付して記しなさい。

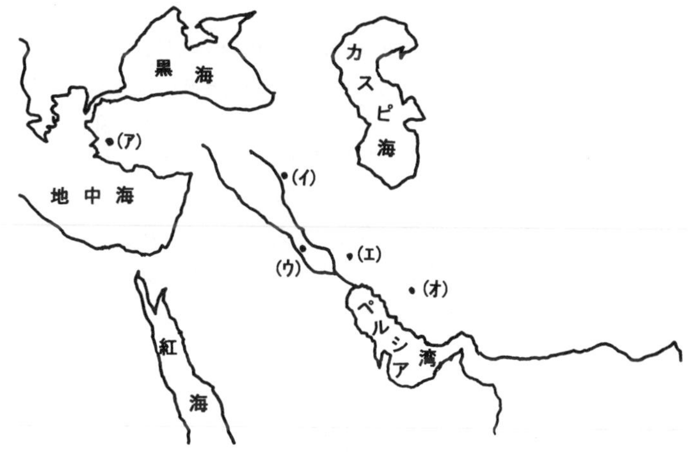

問(2)　地中海と黒海を結ぶ要衝の地にあるイスタンブールは，起源をたどれば前 7 世紀に［(a)］人によって建設された都市であった。文中の［(a)］に入る語と，この都市の建設当初の名(b)を，(a)・(b)の記号を付して記しなさい。

問(3)　中国の春秋時代には，覇者と呼ばれる有力者が「尊王攘夷」を唱えて盟約の儀式を主宰したといわれる。「尊王攘夷」とは何のことか。ここでいう「王」とは何かを含めて，1 行以内で説明しなさい。

問(4) ローマ帝国の首都ローマには各地の属州からさまざまな物資がもたらされ，その繁栄を支えた。なかでもエジプトはローマの穀倉として重要であった。このエジプトを属州とする際にローマが倒した王朝の名を記しなさい。

問(5) イスラーム教徒は，ムハンマドの布教開始から1世紀もたたないうちに，広大なイスラーム帝国を樹立した。しかしその後，しだいに地域的な王朝が分立していった。イベリア半島では，8世紀後半に，[(a)]を王都とする王朝が出現し，独自のイスラーム文化を開花させた。文中の[(a)]に入る都市の名と，この王朝の名(b)を，(a)・(b)の記号を付して記しなさい。

問(6) 遊牧民族の国家は，諸軍事集団の連合体という性格が強く，君主（ハン）の選定や遠征の決定など重要な事項が有力者の合議によって定められた。チンギス=ハンの即位の際にも開かれたこのような会議をモンゴル語で何と呼ぶか，記しなさい。

問(7) 帝政時代の中国の政治体制は中央集権的な官僚統治体制と言われるが，皇帝の一族や勲功のあった者に「王」の称号を与えて領地を世襲的に統治させることもしばしば見られた。明代初期に燕王として北平に封ぜられ，のち反乱を起こして皇帝の位を奪った人物は誰か。皇帝としての通称でその名を記しなさい。

問(8) 13世紀後半に，ドイツは皇帝のいない「大空位時代」を迎えた。その後，有力諸侯を選帝侯とし，彼らの選挙によって皇帝を選ぶ原則が定められた。その原則を定めた文書の名(a)と，それを定めた皇帝の名(b)を，(a)・(b)の記号を付して記しなさい。

問(9) 中世ヨーロッパでは，ローマ教皇を頂点とするカトリック教会が，宗教的な普遍権威として存在していた。だが中世後期になると，各国の地域的な独立性が増して教皇の権威は弱まり，3人の教皇が並立する「教会大分裂」が生じた。この「教会大分裂」を克服して，新たな教皇を選んだ会議の名称(a)と，このときに異端として火刑に処せられた人物の名(b)を，(a)・(b)の記号を付して記しなさい。

問(10) プロテスタント系住民が多かったネーデルラント北部では，16世紀後半に入ると，支配者のスペイン王フェリペ2世が大規模な宗教迫害を行なった。それに対して北部7州は，同盟を結んで反乱を起こし，最終的には連邦制の国家を形成するにいたった。このときに，北部7州が結んだ同盟の名称を記しなさい。

69 2005 年度 第3問

人間はモノを作り，交換し，移動させながら，生活や文化，他者との関係を発展させてきた。こうした人間とモノとの関わり，モノを通じた交流の歴史に関連する以下の設問(1)〜(9)に答えなさい。解答は，解答欄(ハ)を用い，設問ごとに行を改め，冒頭に(1)〜(9)の番号を付して記しなさい。

問(1) 鉄製武器を最初に使用したことで知られるヒッタイトの滅亡は，製鉄技術が各地に広まる契機となった。ヒッタイトを滅ぼした「海の民」の一派で，製鉄技術をパレスチナに伝えた民族の名称(a)と，この民族を打ち破って，この地を中心に王国を発展させた人物の名(b)を，(a)・(b)の記号を付して記しなさい。

問(2) 文字の種類や書体と，書写の道具や材料との間には密接な関係がある。図版Aは紀元前8世紀のアッシリアの壁画に描かれた書記の図で，おのおの左手に粘土(a)とパピルス(b)を持ち，2つの公用語で記録をとっている。それぞれの材料に記された文字の名称を，(a)・(b)の記号を付して記しなさい。

問(3) 古代中国では，広域的交易網が活発に利用されるにつれ，図版Bに示したような中国史上最初の金属貨幣が出現した。この種の貨幣を用いていた国家は複数あり，覇権を争っていた。その複数の国家のうちから任意の3つを選び，その名称を漢字で記しなさい。

問(4) 古代より西方ではパピルスや羊皮紙などが書写材料として用いられていた。一方，中国では漢の時代のある宦官が，高価な絹や，かさばる竹簡・木簡に代わって，樹皮や麻くず，魚網を混ぜ合わせた比較的良質な紙を作ったとされている。この人物の名を記しなさい。

問(5) 前近代の社会では，動物も人間も消耗品的なモノの一種として扱われることが少なくなかった。南インドには，この地で繁殖することのむずかしい軍用の動物が，アラビアやイランから海路で継続的に輸入された。この動物の名称(a)と，この交易について13世紀に記録を残したイタリア商人の名(b)を，(a)・(b)の記号を付して記しなさい。

図版A

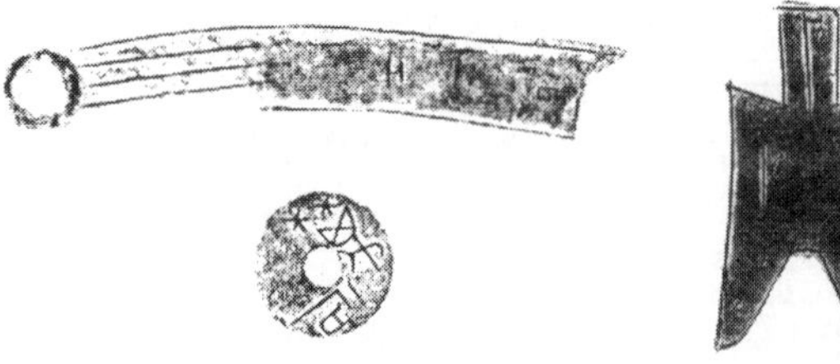

図版B

問(6) 図版Cは画家ヤン・ファン・アイクが1434年に制作した油彩画で，これにはネーデルラントの都市ブリュージュ（ブルッヘ）に派遣されたメディチ家の代理人とその妻の結婚の誓いが描かれている。この時代のネーデルラントは，イタリア諸都市と並んで，この絵の中にも描かれているあるモノの生産で栄えたが，やがてその生産の中心はイギリスへ移っていった。この製品の名称を記しなさい。

問(7) 人々はさまざまな農具を開発し，工夫をこらして自然に働きかけ，耕地を増やしてきたが，中国では，そうした営みが書物の形で提供され，やがて膨大な蓄積を誇るようになった。図版Dに示したのは，明代の農書に掲載された道具で，起源は古い。古代以来の蓄積と内外の新しい知見をまとめて成ったこの農書の名称(a)と，その編者の名(b)を，(a)・(b)の記号を付して記しなさい。

問(8) アジア各地よりヨーロッパに輸出された陶磁器は，食器としての用途の他に美術品としてもおおいに人気を博し，模倣品の製作を促した。図版Eはそのうちの1つで，明が滅びて中国からの輸入が激減した17世紀の後半に，代替品として生まれたデルフト焼の皿である。このモデルとなった中国陶磁器の生産中心地の都市名を漢字で記しなさい。

問(9) ロンドンやパリのような都市では，17世紀頃から，海外のプランテーションなどで生産された飲食物が流行し，それらをたしなむ社交場が出現した。18世紀に入ると，そこには学者や文人，商人たちが多く集まり，政治を語り，芸術を論じた。またそこでの情報交換を通じて，身分を越えた世論の形成が促された。この社交場の名称を記しなさい。

図版C

図版D

図版E

70 2004年度 第3問

書物の文化は，製作方法の改良や識字率の高まりなどの影響で，時代とともに大きく変化してきた。このような書物の文化の歴史に関連する以下の設問(1)〜(10)に答えよ。解答は，解答欄(ハ)を用い，設問ごとに行を改め，冒頭に(1)〜(10)の番号を付して記せ。

問(1) 書物は思想の倉庫であるため，しばしば思想の統制をはかろうとする者たちの破壊の対象となった。秦代の中国で起こった焚書はその典型である。この時，統制をはかろうとした宰相らが依拠していた学派の名前を記せ。

問(2) 宗教の発展には典籍による教義の研究が大きな役割を果たしている。仏典を求めて，インドへ渡った玄奘らがその目的を果たしえたのは，教義を研究する僧院がそこにあったからである。この僧院の名称を記せ。

問(3) 宋代の印刷文化は儒教の典籍を中心としたが，それは科挙制の重要性が増したことと密接に関係していた。朱熹によって重視されたため，科挙試験対策に必修のものとなった経典の総称を記せ。

問(4) 韓国の海印寺には，13世紀に作られ，ユネスコの世界文化遺産に登録された8万枚をこえる版木がある。この版木による印刷物の名称を記せ。

問(5) 近代になってから韓国の出版物の多くは，日本の漢字仮名交じりと同様に，漢字ハングル交じりで作成されてきたが，近年ではハングルのみとする傾向が強まっている。このハングルは15世紀の制定当時，どのように呼ばれていたのか，その名称を記せ。

問(6) 15世紀中頃のヨーロッパで発明されたこの技術によって，それまでの写本と比べて，書物の値段が大幅に安くなり，書物の普及が促進された。この技術(a)の名称と発明者(b)の名前を(a)，(b)を付して記せ。

問(7) 1520年代初めにドイツ語に翻訳された聖書を普及させるうえで，印刷工房が大きな役割を果たした。この翻訳を行った人物の名前を記せ。

問(8) かつて，書かれる言葉と話される言葉とは区別されるべきものであった。中国においても，20 世紀になると，そのような考えを打ち破って，書かれる言葉こそ話される言葉と一致すべきであるとの主張が盛んになった。そのような主張を掲載した代表的な雑誌名を記せ。

問(9) 1920 年代のアメリカ合衆国では，新聞や雑誌の発行部数が急速にのびたが，その背景には大量生産・大量消費時代の到来があった。この時代に導入された代表的な大量生産方式の名称を記せ。

問(10) 第二次世界大戦中，アメリカ合衆国で新しい技術の開発が始められた。1980 年代になると，この技術に基づいてインターネットなどを利用した新しい出版の形態が生み出された。この技術の名称を記せ。

71

2003 年度　第 3 問

近世から 19 世紀までに人類は，産業革命とならんで，海上や陸上の交通手段の飛躍的な発展を体験した。その発展は，人や物の大規模な移動をひき起し，世界各地の人びとの暮らしに大きな影響を与えた。しかし交通手段の発展は，その支配をめぐって国際紛争をひきおこす原因ともなった。そこで以下の設問(1)～(10)に答えよ。解答は解答欄(ハ)を用い，設問ごとに行を改め，冒頭に(1)～(10)の番号を付して記せ。

問(1)　近代以前にあっては航海術の水準は，ヨーロッパもアジアもさほどの違いはなかった。すでに 15 世紀の明代中国は，インド洋を越えてアフリカ東海岸まで進出するほどの航海術や造船技術を持っていた。その時代に大艦隊を率いて大遠征をおこなった中国の人物の名を記せ。

問(2)　モンゴル帝国では，首都から発する幹線道路沿いに約 10 里間隔で駅が設けられ，駅周辺の住民に対して，往来する官吏や使臣への馬や食料の供給が義務づけられていた。この制度によって帝国内の交通は盛んになり，東西文化の交流も促された。この制度の名称を記せ。

問(3)　1498 年に喜望峰を回航したバスコ・ダ・ガマ船団を迎えたのは，マリンディ，モンバサなど，東アフリカの繁栄する商港群であった。それらはインド洋・アラビア海・紅海にまたがって広がるムスリム商人の海上貿易網の西の末端をなしていた。これらムスリム商人が使っていた帆船の名を記せ。

問(4)　18～19 世紀は「運河時代」と呼ばれるように，西ヨーロッパ各地で多くの運河が開削され，19 世紀の鉄道時代の開幕まで産業の基礎をなした。ブリッジウォーター運河が，最初の近代的な運河である。それは，イギリス産業革命を代表するある都市へ石炭を運搬するために開削された。その都市の名称を記せ。

問(5)　1807 年に，北米のハドソン川の定期商船として，世界で初めて商業用旅客輸送汽船が建造された。これを建造した人物の名を記せ。また 1819 年に，補助的ではあったが蒸気機関を用いてはじめて大西洋横断に成功した船舶の名称を記せ。

問(6)　1869年に開通した大陸横断鉄道を正しく示しているのは，図の(a)～(e)のどれか。1つを選び，その記号を記せ。

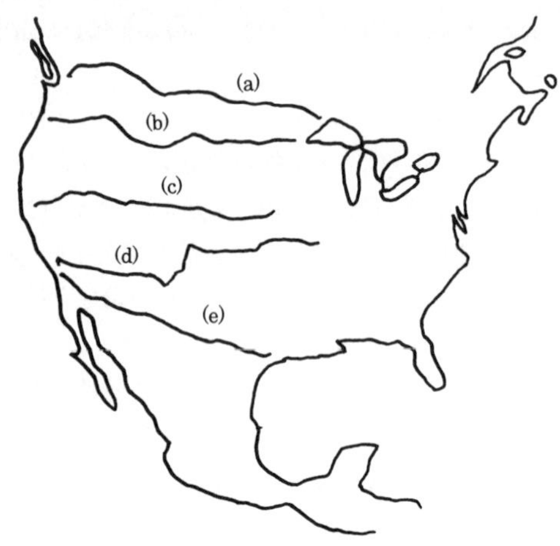

問(7)　1883年10月4日にパリを始発駅として運行を開始したオリエント急行は，ヨーロッパ最初の国際列車であり，近代のツーリズムの幕開けを告げた。他方で，終着駅のある国にとっては，その開通はきびしい外圧に苦しむ旧体制が採用した欧化政策の一環であった。オリエント急行の運行開始時のこの国の元首の名と，終着駅のある都市の名を記せ。

問(8)　アジア地域における大量交通手段は，欧米から技術と資本を導入して建設されることになり，そのためしばしば欧米列強の内政干渉の口実と，経済支配の手段にもなった。欧米列強が清朝末期に獲得した交通手段に関係する権利を一つ，その名称を記せ。

問(9)　1891年に始まったシベリア鉄道の建設は，日露戦争のさなかの1905年に終った。このシベリア鉄道の起点をウラルのチェリャビンスクとすると，終点のある都市はどこか。その名称を記せ。

問(10)　ロンドンの地下鉄は1863年に開通したが，蒸気機関を使っていたためにその経路は地表すれすれの浅い路線に限られていた。1890年に画期的な新技術が採用され，テムズ川の川底を横切る新路線が開通した。ひきつづき同じ技術を用いてパリに1900年，ベルリンに1902年，ニューヨークに1904年にそれぞれ地下鉄が設けられた。その画期的な新技術とは何か。その名称を記せ。

72 2002年度 第3問

文明は都市の誕生とともに始まったといわれる。人間の歴史上に花開いた文明が多様であるように，都市もまた地域や時代によって様々な形態や機能をもち，変貌し続けている。都市に関する以下の設問(1)〜(10)に答えよ。解答は，解答欄(ハ)を用い，設問ごとに行を改め，冒頭に(1)〜(10)の番号を付して記せ。

問(1) 広大なローマ帝国内には多くの都市が建設された。それらの都市のなかには，今日まで栄えているものも少なくない。以下の(a)〜(d)の文章の中から，起源がローマ帝国の時代に遡る都市について書いたものを2つ選んで，その記号と都市名をそれぞれ記せ。

(a) サン=バルテルミ祭日に，多くの新教徒がこの都市で殺された。

(b) ナポレオンは，この都市で大陸封鎖令を発した。

(c) 第一回オリンピック大会が，この都市で開催された。

(d) ムハンマド=アリーは，この都市で開かれた会議でエジプト総督の地位の世襲を認められた。

問(2) 次の地図上の記号カはシラクサ，クはミレトスを示しており，いずれも古代ギリシア人が建設した都市であった。同じく古代ギリシア人が建設した都市を2つ，地図上の記号ア〜コ（カとクを除く）の中から選び，その記号と都市名をそれぞれ記せ。

地 図

問(3) 歴史上，首都の名称がそのまま国名として通用している例は少なくない。3世紀にローマの勢力が後退した機をとらえて，紅海からインド洋へかけての通商路を掌握して発展したアフリカの国(a)もその1つである。(a)の商人は，同じくインド洋で活動していたアジアの国(b)の商人と，インドの物産や中国から運ばれてくる絹の購入を巡って競い合った。この2つの国の首都の名称を，それぞれ(a)(b)の記号を付して記せ。

問(4) 図版Aに示したのは，10世紀に創建されたマドラサから発展した大学である。この大学が所在する都市名(a)と，これに対抗する形で東方各地の都市に設立されたマドラサの名称(b)を，それぞれ(a)(b)の記号を付して記せ。

図版 A

図版 B

問(5) 西ヨーロッパでは，9世紀後半から10世紀前半まで都市城壁の建設や再建が活発に行われた。この時代に北西ヨーロッパの諸集落を襲い，城壁建設を促す要因をつくった人々の呼称(a)と，彼らが北西ヨーロッパにつくった国の名称(b)を，それぞれ(a)(b)を付して記せ。

問(6) 西ヨーロッパでは，中世盛期以降多くの都市に大学が創設された。このうち，当初から学生団体が大学運営の主体となった先駆的な大学がおかれたイタリアの都市名(a)と，この自治的な学生団体の呼称(b)を，それぞれ(a)(b)を付して記せ。

問(7) 図版Bは16世紀の城壁をもった都市を示している。このような突き出た稜堡(りょうほう)をもった城壁は，16世紀以降さかんにつくられた。戦術を一変させ，こうした城壁をつくらせた理由はなにか。10字以内で答えよ。

問(8) 図版Cの都市は，地中海沿岸の潟湖（ラグーナ）の島上にある。中世後期に東方と西方を結ぶ商業港として栄えたこの都市の名称を記せ。また当時から今日まで，この都市の特産品として有名なのは次のどれか。1つを選び，その記号を記せ。

a　刀剣類　　b　毛織絨毯（じゅうたん）　　c　加工ダイヤモンド
d　ガラス工芸品　　e　手描き更紗（さらさ）

図版 C

問(9) 宗教改革の一大拠点となり，「プロテスタントのローマ」と呼ばれたレマン湖畔の都市名を記せ。またこの都市出身で，自然を重んじ文明化を批判した啓蒙思想家の名を記せ。

問(10) 次の表は，1750年ごろの都市人口を推定し，当時のヨーロッパ七大都市を示したものである。このうち(a)は商業・金融の中心として知られ，また(b)は16世紀と17世紀に，2度にわたり包囲された歴史をもつ。それぞれの都市名を，(a)(b)を付して記せ。

順位	都市名	推定人口
1	ロンドン	675000
2	パ　リ	570000
3	ナポリ	339000
4	(a)	210000
5	リスボン	185000
6	(b)	175000
7	マドリード	160000

＊編集の都合上，図版A～Cについては類似の写真に差し替えています。
写真提供：ユニフォトプレス

73

2001年度　第3問

近代以前の世界においても，商業交易はたんなる物の交換という性格をこえて，人々の社会や生活のありように深く影響をあたえる営みであった。それにより人々は新たな情報を獲得し，また異なる文化や思想にふれることができた。このような商業交易に関する以下の設問(1)～(10)に答えよ。解答は，解答欄(ハ)を用い，設問ごとに行を改め，冒頭に(1)～(10)の番号を付して記せ。

問(1)　東地中海で交易をはじめたフェニキア人は，前12世紀頃には西地中海まで進出するようになった。このころ，フェニキア本土において，彼らは主として2つの都市を拠点としていた。その2つの都市名を記せ。

問(2)　アケメネス朝ペルシアにおいては，交通網が整備され，国際交易がさかんになった。こうした交易活動にたずさわった商人は，主としてどのような人々であったか。次のなかから2つを選び，その記号を記せ。

a　アラム人　　b　カルデア人　　c　ギリシア人
d　シュメール人　　e　ヒッタイト人

問(3)　中国王朝が西域経営に乗り出す以前に，モンゴル高原を支配して中央アジアの交易路を握った騎馬民族がある。その民族の名称を漢字で記せ。

問(4)　4世紀以後，サハラ砂漠を越える交易がはじまり，地中海地域に西アフリカ産の金がもたらされ，西アフリカにはサハラ砂漠産の岩塩が運ばれるようになった。この交易活動を基盤として，8世紀までには西アフリカに王国が成立した。その国名を記せ。

問(5)「海の道」は，季節風を利用して開かれた交通路である。7世紀にこの交通路を使って中国とインドの間を往復し，インドの仏典を中国にもたらした僧は誰か。その人名を記せ。

問(6)　紙は中国で発明され，西アジアを経てヨーロッパにもたらされた。そのきっかけは，東西交易の要地であった中央アジアをめぐって，8世紀に中国王朝とイスラム王朝の軍が衝突したことだとされている。このイスラム王朝の名称と戦いの名称を記せ。

問(7) 12世紀頃には，アルプス以北の地域でも商業交易が発展し，とくに北海・バルト海沿岸で大きな商業圏が成立した。この地域の都市は，商業権益を守るために，都市同盟を結成した。この都市同盟の盟主となったバルト海沿岸の都市名を記せ。

問(8) モンゴル帝国の成立以来，東西の文化や宗教の交流がますますさかんになった。この広大な世界を旅し，『三大陸周遊記』を書いた人物(a)は誰か。また，ローマ教皇によりモンゴル帝国に派遣され，大都の大司教となった人物(b)は誰か。それぞれの人名を，(a)(b)を付して記せ。

問(9) ポルトガルは，15世紀はじめから，新たな交易路を求めてアフリカ西岸の探検に乗り出していた。こうした活動の結果，初めてアフリカ南端の喜望峰にまで到達した人物がいる。その人名を記せ。

問(10) 16世紀，ポルトガルはそれまでイスラム商人が中心となっていたインド洋貿易圏に進出し，1510年にはインドの一都市(a)を，さらに翌年には東南アジアの一都市(b)を相次いで拠点とした。それぞれの都市名を，(a)(b)を付して記せ。

74

2000年度　第3問

地中海をとりまく地域を地中海世界とよべば，そこは古代オリエントの神々，そしてギリシア・ローマの神々の世界だった。そこから神は唯一であることを主張するユダヤ教が生まれ，やがてキリスト教・イスラム教という一神教が発展する。次の地図の①から㉔は地中海世界の宗教に関連する都市を示す。これらの都市に関する以下の設問(1)〜(10)に答えよ。解答は解答欄(ハ)を用い，設問ごとに行を改め，冒頭に(1)〜(10)の番号を付して記せ。

問(1)　新興国に征服され，強制移住させられたユダ王国の住民は，約50年後に解放された。移住先の都市の位置を地図の番号で答えよ。また解放した王朝名を記せ。

問(2)　オリンピアでは，前776年以来，4年に一度祭典が開催されていた。オリンピアの位置を地図の番号で答えよ。この祭典は後4世紀末に禁止された。その理由は何か，1行以内で答えよ。

問(3)　⑩の地で325年に開かれた公会議で決定したことを2行以内で答えよ。

問(4)　聖ベネディクトゥス（ベネディクト）は，ベネディクト会の母院とみなされる修道院を開き，修道士が守るべき戒律を定めた。この修道院が創設された世紀を記し，その位置を地図の番号で答えよ。

問(5)　⑪は東ヨーロッパに広がったキリスト教のある教会の中心だった。この教会とローマ・カトリック教会の分裂の経緯について2行以内で記せ。

問(6)　10世紀には，預言者ムハンマドの子孫であることを強調する君主がカリフを称した王朝があった。この王朝が同世紀後半に建設した新首都の名前を記し，その位置を地図の番号で答えよ。

問(7)　11世紀の南イタリアには新たな勢力が侵入し，やがて12世紀前半にはイスラム教徒に寛容な王国を建設する。この王国名を記し，その首都の位置を地図の番号で答えよ。

問(8) 12世紀前半に，ベルベル人のイスラム改革運動により新王朝が建設される。この王朝名を記し，同世紀半ば以降その首都になった都市の位置を地図の番号で答えよ。

問(9) ⑦はユダヤ教，キリスト教，イスラム教の共通の聖地である。スンナ派イスラム王朝の君主は，12世紀末，この都市をキリスト教徒の手から奪い返した。このスンナ派王朝名と君主の名前を記せ。

問(10) 14世紀後半に始まる西方キリスト教会大分裂（大シスマ）は，15世紀はじめの公会議でようやく終結した。この公会議が開かれた都市名を記し，その位置を地図の番号で答えよ。

75 1999年度 第3問

19〜20世紀の世界経済は，後発諸国家や後発地域の人々とその動向に大きな影響をあたえる一方，さまざまな対応を生み出し，他方で，新しい国際経済秩序を求める動きもよびおこした。これに関する問(1)〜(8)に答えよ。解答は解答欄(ハ)を用い，設問ごとに行を改め，冒頭に(1)〜(8)の番号，(a)，(b)の符号を付して記せ。

問(1) アヘン戦争後に結ばれた南京条約で，清朝はイギリス人が開港場に居留することを認めた。その後，こうした外国人の居留地は清朝の行政権が及ばない特別な地域として拡大し，対外関係の窓口として特殊な発展をとげた。このような地域は何と呼ばれるか。また，こうした地域では外国商社と特に関係の深い中国人商人が成長した。彼らは何と呼ばれるか。それぞれ漢字2字で名称を記せ。

問(2) 後発地域における国家建設には，経済基盤の準備が重要な意味をもった。1834年，ドイツ連邦内の諸国がドイツ関税同盟を発足させたことは，後のドイツ統一の基礎となった。

(a) 関税同盟を早くから提唱し，一時アメリカ合衆国に亡命しながら，著作を通じて関税同盟の設立や保護関税の導入を働きかけたドイツの経済学者はだれか。その名を記せ。

(b) 当時のドイツ連邦構成国であったある有力国家は，この関税同盟には加わらなかった。その国名を記せ。

問(3) オスマン帝国は，19世紀なかば，西欧化の改革であるタンジマートを実施して，旧来のイスラーム国家から法治主義にもとづく近代国家への移行を目指した。タンジマートはどのような結果をもたらしたか。2行以内で説明せよ。

問(4) 近代の人口増や工業化による大きな社会変動は，ヨーロッパから大量の移民をアメリカ合衆国に送り出した。

(a) 19世紀の合衆国への主要な移民送り出し地域は，北・西ヨーロッパであった。この地域で，19世紀後半，合衆国への移民を，イギリス（アイルランドを含む）についで多く出した国はどこか。その国名を記せ。

(b) 19世紀末からは，東・南ヨーロッパ地域からの移民が多くなった。19世紀末から1920年にかけて，この地域の国で合衆国への移民をもっとも多く出した国はどこか。その国名を記せ。

問(5) ソヴィエト政権は戦時共産主義のもとで，極度の国家統制による経済政策を進めようとしたが失敗した。このため，1921 年には新経済政策（ネップ）を導入した。ネップの具体的な内容を二つあげよ。

問(6) 1930 年代，ローズヴェルト政権のもとで，ラテンアメリカ諸国との関係改善が具体化した。合衆国のこの政策は何と呼ばれるか。その名称を記せ。また，この時期に食肉市場を確保するため，イギリスとの経済関係を強めたラテンアメリカの国はどこか。その国名を記せ。

問(7) 辛亥革命で中華民国が成立したのちも，中国では軍事力を擁する地方勢力が割拠し，国家の統一は進まなかった。しかし，1920 年代末に成立した南京国民政府は，1935 年，通貨の統合にようやく成功した。この統合された通貨を何と呼ぶか。その名称を記せ。また，この改革を支援した有力な外国 2 カ国の国名を記せ。

問(8) 第二次世界大戦末，連合国はブレトン=ウッズで戦後の国際経済再建構想を協議し，ドルを機軸とする二つの国際経済・金融組織の設立に合意した。

(a) この二つの組織の名称を記せ。

(b) 国際基軸通貨としてのドルの地位は，1960 年代末から 1970 年代初めにかけて大きく動揺する。その背景について 2 行以内で説明せよ。